中国特色社会主义
法治理论与实践系列研究生教材 | 4

法律硕士专业学位研究生案例研究指导丛书

刑法学案例研究指导

主编　王志远

撰稿人（以姓氏笔画排序）

王志远　王彦强　吴飞飞

陈雄飞　秦雪娜　喻海松

曾文科

中国政法大学出版社

2019·北京

图书在版编目（ＣＩＰ）数据

刑法学案例研究指导/王志远主编. —北京：中国政法大学出版社, 2019.8
ISBN 978-7-5620-9128-8

Ⅰ.①刑…　Ⅱ.①王…　Ⅲ.①刑法－案例－中国　Ⅳ.①D924.05

中国版本图书馆CIP数据核字(2019)第177822号

出　版　者　　中国政法大学出版社
地　　　址　　北京市海淀区西土城路 25 号
邮　　　箱　　fadapress@163.com
网　　　址　　http://www.cuplpress.com (网络实名：中国政法大学出版社)
电　　　话　　010-58908435(第一编辑部) 58908334(邮购部)
承　　　印　　北京中科印刷有限公司
开　　　本　　720mm×960mm　1/16
印　　　张　　22.5
字　　　数　　356 千字
版　　　次　　2019 年 8 月第 1 版
印　　　次　　2019 年 8 月第 1 次印刷
印　　　数　　1～5000 册
定　　　价　　59.00 元

作者简介

王志远 1977年3月生，中国政法大学刑事司法学院教授，博士生导师。撰写前言、专题四、专题九。

王彦强 1981年11月生，南京师范大学法学院副教授。撰写专题六、专题十。

吴飞飞 1981年8月生，最高人民检察院法律政策研究室三级高级检察官、教授。撰写专题一、专题二、专题十二。

陈雄飞 1974年8月生，研究员，北京德恒律师事务所合伙人、刑事业务部负责人，中国行为法学会司法行为研究会副秘书长。撰写专题十三、专题十四。

秦雪娜 1985年11月生，北京理工大学法学院讲师，硕士生导师。撰写专题五、专题七、专题十一。

喻海松 1980年6月生，最高人民法院研究室刑事处副处长。撰写专题十六、专题十七。

曾文科 1989年7月生，中国政法大学刑事司法学院讲师，硕士生导师，刑法学研究所副所长。撰写专题三、专题八、专题十五。

序 言

　　法学学科是实践性很强的学科。2017 年 5 月 3 日，习近平总书记考察中国政法大学时对法学教育和法治人才培养提出了明确要求。他指出："法学教育要处理好法学知识教学和实践教学的关系。学生要养成良好的法学素养，首先要打牢法学基础知识，同时要强化法学实践教学。"如何使学生学习法治理论的同时，能够深入了解中国法治实践，拥有解决实际问题的知识和能力，是法学教育必须解决的首要问题。

　　法律硕士专业学位研究生教育最注重实践教学，日益成为法学教育的主要形式。近十几年来，法律硕士专业学位研究生教育快速发展，无论是举办高校数量还是招生规模都一路高企，呈现出一派繁荣景象。随着应用型硕士与学术型硕士的分野，二者之间在培养模式、培养标准、教学方式、教材体系等方面有何区别等问题亟待研究。可以说，法律硕士与法学硕士最大的区别在于人才培养目标不同，法律硕士培养应当服务、服从于法治实践，为实务部门培养具有法律专业素养和职业精神的优秀人才。有鉴于此，构建有别于学术型硕士的培养模式、制定统一的培养标准、改革教育教学方法、编写高质量教材，成为法律硕士专业学位研究生教育的当务之急。

　　法律硕士培养规律和实践表明，案例教学是强化实践教学的重要方式，也是增强学生问题意识，提高解决问题能力的有效途径。案例教学不仅能够使学生深入了解法治工作实际，提高他们正确适用法律的能力，而且可以促进理论和实践的有机结合，提升他们的理论素养。

　　中国政法大学作为全国第一批法律硕士专业学位研究生培养单位和第一所设立法律硕士学院的高校，在法律硕士专业学位研究生培养方面积累了一定经验。为进一步推动法律硕士专业学位研究生教学改革，深化培养模式改革，打通知识教学与实践教学之间的壁垒，强化实践教学和案例教学，学校组织有较高理论素养和实践能力的教师编写了《中国特色社会主义法治理论与实践系列研究生教材之法律硕士专业学位研究生案例研究指导丛书》（以下简称"案例研究指导丛书"），帮助学生从案例研究入手，更好地学习法学知识，掌握专业技巧，提高实践能力，以适应日益增长的社会需求。

案例研究指导丛书坚持以中国特色社会主义法治理论为指导，坚持从中国国情和实际出发，融通世界先进经验与中国智慧，结合中国法治实践，在夯实学生法学专业基础的同时，注重培养学生的理想信念、家国情怀、人文精神和责任担当，提高学生发现问题、分析问题、解决问题的能力，形成运用法律思维和法治方法分析解决问题的自觉意识。

衷心希望这套教材能够在法律硕士专业学位研究生培养中发挥积极作用，成为广大法律硕士专业学位研究生的案头必读书。

是为序！

中国政法大学　马怀德
2019 年 4 月 12 日

刑法应用能力与案例分析方法

　　刑法，归根到底是一种旨在维护最基本秩序的社会治理工具，具有极强的应用性。因此，刑法学首要研究如何合理解释进而适用刑法，而对于刑事法治人才培养而言，则首要在于培养其刑法应用能力，也就是直面具体案件时"发现问题—分析问题—解决问题"的能力。本教材的编写宗旨，正是指向这种能力的培养。

　　目前我国刑法解释学研究内容，主要包括三个方面：一是解释理论体系的设定；二是解释立场的选择；三是依据解释理论对刑法条文进行解释。解释理论的体系设定，是为解释提供方法论和解释工具。没有体系性的解释理论设定，就不能形成解释的对话环境，解释就难以被他人理解。可以说，刑法学总论研究的问题，基本都与解释理论的体系设定相关，如在犯罪论中，犯罪构成理论就是刑法分则条文的解释工具。解释立场的选择，主要涉及"实质解释论"与"形式解释论"的争议。在我们看来，两者实际上都不能否定"实质判断"在刑法解释过程中的作用，关键是在允许实质因素的作用发挥到何种程度这个问题上有争议。对此，本书赞成"实质解释论"的立场，即只要不破坏社会一般人的稳定规范预期，在形式逻辑允许的范围之内，实质的判断因素应当发挥更大的作用。

　　就当前的研究现状而言，问题较多的方面是依据解释理论对刑法条文进行解释适用，而其中主要的问题在于，我们长期以静态的刑法条文为对象，把解释刑法的过程视为对单纯的刑法条文含义的确定过程。然而大量的实践证明，刑法条文含义的确定过程，实际上是包含客观事实评价在内的一个动态过程。德国学者卡尔·拉伦茨指出，被法律规则所涵摄的并不是事实本身，这也没有什么可能性，实际上被涵摄的毋宁是司法者对于案件事实的陈述。[1]而此种案件事实陈述的获得，是一种"诠释学意义上的循环"[2]结构的结果，此即"在大前提和生活事实间之眼光的往返流转"的过程。具体而言，就是"以被描述的案件事实为起点，判断者进一步审查，可以适用在案件事实的法条有哪些，根据这些法条的构成要件再进一步补充案件事实，假使法条本身不适宜作立即的涵摄，便须针对案件情境作进一步的具体化。只有在考虑可能是判断依据的法条之下，成为陈述的案件事实才能获得最终的形式；而法条的选择乃至必要的具体化，又必须考量被判断的案件事实。"[3]卡尔·拉伦茨的上述论述告诉我们，具体的刑法解释适用过程，并非简单的"是与不是"意义上的纯客观的、价值无涉的形式判断，而是刑法规范含义和案件事实评价之间"最佳契合状态"的动态寻求过程。

刑法规范含义和案件事实评价之间"最佳契合状态"的动态寻求视野下的刑法适用，更多地体现为在诸多符合形式逻辑的案件处理方案之间进行评价选择的过程。例如：

犯罪嫌疑人黄某系某市"公共汽车公司"下属"小公共汽车出租公司"的的士司机。2004年8月1日晚22时40分左右，黄某驾驶牌照为"AT×××"的捷达出租车行驶到远大路军凯宾馆附近，遇到要求乘车的姜某和另一名青年男子，两人上车后称其行程目的地是某市场。当车行至目的地附近一建材超市旁时，坐在副驾驶员座上的姜某要求黄某在建材超市后面的铁门边停车。姜某未等出租车停稳就掏出长约20厘米的一把水果刀威胁司机黄某，并与其同伙一起开始实施抢劫，二人从黄某身上抢走现金200元和TCL2188手机一部。姜某及其同伙为防止黄某开车追赶，将出租车钥匙拔下，下车时将车钥匙丢在汽车左前轮旁的地上，后沿车尾方向逃离。其后，黄某下

---

〔1〕［德］卡尔·拉伦茨：《法学方法论》，陈爱娥译，商务印书馆2003年版，第152页。

〔2〕［德］卡尔·拉伦茨：《法学方法论》，陈爱娥译，商务印书馆2003年版，第162页。

〔3〕［德］卡尔·拉伦茨：《法学方法论》，陈爱娥译，商务印书馆2003年版，第162页。

车拾回钥匙，将车左前门反锁，然后启动车辆围绕其停车处左侧房子寻找姜某二人。当车行至某家居建材区 D1－40 号门前的三角坪时，黄某终于发现姜某与同伙正准备搭乘一辆从事载客营运的摩托车离开，于是驾车撞击摩托车前轮。姜某与同伙不得已往某布艺城方向逃跑。黄某继续驾车追赶，姜某则拿出刀边跑边持刀回头朝黄某挥舞。其后，姜某与他的同伙分开逃跑，姜某跑进了一个带有矮铁柱围栏的空坪内，黄某紧追姜某至距离其 2 米的空坪围栏外停车。相持大约 10 秒钟后，姜某开始跑向距围栏几米处的布艺城西头楼梯台阶。黄某见状迅速驾车从后撞击姜某，并将其撞倒在楼梯台阶处，导致姜某当场倒地死亡。黄某随后拨打了 110 报警电话，并如实向公安机关陈述了事情的经过。

该案例所反映的情况在 2005 年前后曾经被大量报道，引起了广泛的社会关注。这里主要的问题是可否将此种情况下的被告人黄某认定为正当防卫，而其中最为关键的是黄某的行为是否符合正当防卫的时间条件。对此，在逻辑上存在两种不同的解释，而且均可以视为符合逻辑：一种解释认为抢劫犯姜某对黄某的不法侵害尚未结束，因为其对黄某财产的侵害状态一直在持续；另一种解释认为所谓的不法侵害已经开始、尚未结束，是针对不法侵害行为而言的，即抢劫行为已经结束，所以不再构成正当防卫。

问题是，对于这两种符合逻辑的解释，我们应当做何种选择呢？刑事司法的目的并非仅在于解决当前的案件，更为重要的是发挥其确证被违反的规范，引导人们正确行事的作用。在这个意义上，做何种解释方案选择最有利于引导人们做合理的选择呢？这可能会有不同的看法，但至少有一点是肯定的，如果我们将这种情况认定为正当防卫，那么在我国刑法肯定针对抢劫行为可以实施无限防卫的情况下，会引导出一种极端漠视生命的状态：遇到此类情况，直接撞死即可，这是绝对不允许的。所以我们认为应当选择第二种解释，不认为黄某的撞人行为尚处于正当防卫的时间条件范围内，不构成正当防卫。这显然是一种后果主义的考量，同时也是借助形式逻辑之外的因素进行的一种考量。关于这种后果考量，德国学者克里勒在其教授资格论文《法之获取理论——由宪法解释问题所发展》中提出了令人瞩目的观点，即裁判涉及设定或不设定规范于共同利益，或者相对更根本之群体利益所可能有的后果……如果规范的后果侵害了较其所保护的利益更为根本的利益，即使在文本清楚时，也要通过解释来避免这种后果。[1]

对于借助形式逻辑之外的资源，在符合形式逻辑之刑法解释适用方案当中进行评价选择之能力的培养，无论是对刑法学研究，学生培养还是对刑事司法实践而言，都是至关重要但是并未引起广泛重视的问题。在一定意义上，引起社会普遍关注的"于欢案""赵宇案""天津大妈非法持枪案"等，问题所在都可以归结为刑事司法评价能力的欠缺。刑法适用评价选择能力的养成，固然需要深厚的社会科学积淀和丰富的社会生活经验作为前提，但如果没有具体案件处理的操作性训练，没有对具体案件关键问题的正确捕捉，即使前两者条件具备，也断无可能。本教材的用力方向之一，就是借助典型案例分析这一方式，通过对案件核心法律问题的提示和基本分析路径的科学呈现，让学生对于合逻辑刑法解释适用方案的选择问题有所体察，并初步领会其原则和过程。因此，本教材并未过分专注于教义学体系逻辑的坚守，甚至没有对刑法学知识体系作全面总结。

然而，对刑法司法评价选择能力的强调，并不意味着轻忽逻辑的价值和意义。一方面，逻辑是评价选择的边界，是罪刑法定原则实现的保障；另一方面，逻辑是评价选择结论的呈现形式，有助于保障法律论证的合理性和权威性。就此而言，逻辑论证能力，也是刑法应用能力培养的重要方面。而这其中，运用既有的逻辑前提严密演绎，以正确涵摄案件事实，是逻辑论证能力的重要方面；但更为重要的，则是使既有逻辑范畴更为精细，体系更为自洽，并加以创造性补充。例如：

根据 2006 年发改委等发布的《关于进一步整顿药品和医疗服务市场价格秩序的意见》，县及县以上医疗机构销售药品，以实际购进价为基础，顺加不超过 15% 的加价率作价。在此背景下，某私营医院由于药品进价较低，且售价受药品加成规定的限制，在从国家医保基金中获利方面较国营医院差距较大。所以该私营医院负责人决定虚报药品进价，抬高售价，从而提高基数，更多地从国家医保基金当中获得利润。该案审理过程中，当地药品加成的限制性规定被依据国家政策取消。有法官认为，鉴于规则的变化，应当适用从旧兼从轻的原则，对该案当中的被告人作出无罪判决。

---

[1] 参见张青波：《理性实践法律：当代德国的法之适用理论》，法律出版社 2012 年版，第 119 页。

关于刑法溯及力问题，我国刑法所采取从旧兼从轻原则，犯罪行为当时的法律认为是犯罪，而新刑法不认为是犯罪的，只要这种行为未经审判或者判决尚未确定，就应当适用新刑法，即新刑法具有溯及力。就此而言，认为上述案件当中的被告人应当被认定无罪，也不无道理：因为药品加成限制被取消，所以被告人及其医院从国家医保基金中多获得利润似乎无可厚非。但是我们并不赞成这样的分析逻辑，这种分析并未真正围绕需要评价的危害行为，相反用"应否多获利润"代替了"虚构进价，抬高售价"这一核心问题，明显存在偷换概念的问题。若将分析的重心重新放在被告人应受刑法评价的"虚构进价，抬高售价"这一危害行为之上，那么我们不难发现，上述案件中的规则改变并不涉及对这一行为法律性质的改变，[1]规则改变所涉及的不过是危害行为发生的背景或者说动因。所以并不应当适用从旧兼从轻原则，认定被告人无罪。

在上述分析过程中，我们可以总结得到以下法教义学启示：应当区别"关涉行为性质的规则变化"和"关涉行为动因的规则变化"这两种情况，而只有在前者发生之时，才存在从旧兼从轻原则的适用问题。在笔者看来，这就是刑法教义学逻辑分析的魅力所在。如果没有法教义学逻辑上的上述区分，可能分析结论呈现的清晰性和说服力都会大打折扣。

总之，刑法适用过程中的评价选择结论绝不能绕过有力的逻辑论证而直接得以呈现。而强有力的法律逻辑论证能力，脱离开具体的案件与问题，是难以得到有效发挥的。因此作为本教材的第二个着力点，我们在编写方式上有意为强化培养逻辑论证能力留下了空间。

最后需要强调的是，刑法解释论研究，目的在于构建以刑法典为依据的一个逻辑自洽的法教义学体系。德国学者汉斯·海因里希·耶赛克和托马斯·魏根特认为，刑法教义学旨在研究法规范的内容和概念结构，并寻找概念构成和系统学的新方法，试图将法律素材编排成一个逻辑自洽的体系。作为法律规则与司法实践之间的沟通桥梁，刑法教义学以对司法实践活动进行批判性比较、总结和检验为基础，解释现行法律的含义，以服务于司法机关

---

〔1〕　在吉林于润龙案中，国务院"国发〔2003〕5号文件取消了黄金收购许可证审批"，这里的规则改变，直接涉及了危害行为的行为性质。

逐渐翻新地、适当地适用刑法，最终实现最大程度地促进法安全和法公正的目标。[1]可见，刑法教义学是基于刑法规范的概念内容和结构，通过解释论路径构建起来的系统化知识体系，目的在于指导刑法适用，确保法安全和法公正的实现。如果说服务于法安全和法公正实现的逻辑自洽的刑法教义学体系，是刑法解释学研究的最终目标，那么对于法学人才的培养而言，养成体系化的思维能力，并且在具体问题的解决过程中保持逻辑自洽，就是非常重要的问题了。某种意义上说，相对于刑法司法评价选择能力和逻辑论证能力，体系化思维能力至关重要，因为如果同一个司法者在其所处理的案件当中不能保持自身逻辑的充分自洽，甚至不能保证同案同判，那么将大大折损司法权威。

相对于抽象的标榜价值前提，在具体层面上贯彻价值立场，保持逻辑一致，并非易事。这需要以案例分析为平台的大量操作性训练。只有针对现实发生的案件事实，以事实和法律的最佳契合状态为标准，运用刑法法律逻辑和"在法律意义上人们应当如何行为"在内的，来自法内部和外部的诸多论据，不断地在评价选择原则和特定问题解决方案之论证理由之间作沟通性努力，个人化的一贯立场才能够得到充分体现。而实际上，这样的过程也正是法教义学体系的有效形成过程。

本教材系中国政法大学《中国特色社会主义法治理论与实践系列研究生教材之法律硕士专业学位研究生案例研究指导丛书》的一个重要组成部分，其编写团队于2018年1月成立，人员范围包括高校教师、司法实务精英和优秀律师。

本书各部分撰写分工为（以姓氏笔画为序）：

王志远：前言、专题四、专题九；

王彦强：专题六、专题十；

吴飞飞：专题一、专题二、专题十二；

陈雄飞：专题十三、专题十四；

秦雪娜：专题五、专题七、专题十一；

---

〔1〕〔德〕汉斯·海因里希·耶赛克、托马斯·魏根特：《德国刑法教科书》（总论），徐久生译，中国法制出版社2001年版，第53页。

喻海松：专题十六、专题十七；

曾文科：专题三、专题八、专题十五。

在本教材编写过程当中，博士研究生齐一村、邹玉祥、张玮琦，硕士研究生赵纯、范晓迪、刘蕾、王晓薇、陈昊、张笑天等在文献整理和校对方面付出了辛苦努力，在此表示感谢。

本书编写团队
2019 年 5 月

图书总码

目　录

| 专题一 |

罪刑法定与刑法解释

📑 知识概要

<table>
<tr>
<td rowspan="5">罪刑法定原则</td>
<td>基本含义</td>
<td>法无明文规定不为罪，法无明文规定不处罚。</td>
</tr>
<tr>
<td rowspan="2">思想渊源</td>
<td>
（1）三权分立学说体现了权力分立与制衡的思想。国家权力分为立法权、司法权与行政权，三者相互分离，相互制衡，以保证权力得到监督。立法者负责制定法律，司法者负责适用法律，从而为罪刑法定原则提供了思想渊源。
（2）心理强制说认为，人是趋利避害的动物，如果实现规定什么行为成立犯罪以及所受到的惩罚，便可以促使行为人在犯罪获得的好处与受到的处罚之间权衡，从而做出行为选择。
（3）民主主义：诸如犯罪与刑罚这些关系到国民基本和重大事项的内容，必须由国民或者国民选举的代表（在我国，就是指全国人民代表大会及其常委会）以立法方式加以决定，即刑事立法体现国民的意志。
（4）尊重人权主义（国民预测可能性原则）：为了不限制国民的行为与创造欲望，事先规定犯罪与刑罚的内容，可以促使国民预测自己行为的法律效果，从而维护人权。
</td>
</tr>
<tr>
<td rowspan="3">派生原则</td>
<td>1. 禁止溯及既往。仅限于禁止不利于行为人的溯及既往，但允许有利于行为人的溯及既往（从旧兼从轻）。</td>
</tr>
<tr>
<td>2. 禁止习惯法。刑法渊源只能是最高立法机关依法制定的刑事成文实体法律规范，这是民主主义的当然要求（国民意志的体现）。其他法律性文件不能创设刑法罚则，例如行政法规与规章、习惯法、判例都不能成为刑法的渊源，但可能成为理解构成要件要素的材料。</td>
</tr>
<tr>
<td>3. 禁止类推解释。类推解释是指对于法律没有明文规定的行为，适用类似规定定罪处罚。这是一种司法恣意的做法，不被允许。但刑法理论允许有利于行为人的类推解释。</td>
</tr>
</table>

续表

罪刑法定原则	派生原则	4. 明确性原则。刑法的明确性具有相对性，即借助刑事立法与刑法理论的合力共同实现，即二者结合在一起，使法律规定明确的，刑法条文就具有明确性；只有当法律规定和理论都不能将刑法条文意义阐释清楚，刑法条文才可能欠缺明确性。
		5. 禁止绝对不定期刑。由于罪刑法定原则是为了限制国家刑罚权，为了更大限度地约束法官，限制其自由裁量权，不允许立法时不设定相应的刑罚种类和刑期，而将刑种与刑期完全交由法官决定，所以，刑罚禁止绝对不定刑。
		6. 禁止处罚不当罚的行为。由于刑罚是最严厉的制裁措施，刑罚的适用应保持补充性、谦抑性，适用范围应当合理适当。

📚 经典案例

案例一：高某引诱、容留、介绍卖淫案[1]

一、基本案情

犯罪嫌疑人高某因 2017 年 2 月实施介绍卖淫行为，于同年 4 月被法院以介绍卖淫罪判处拘役 4 个月。刑满释放后其又于同年 9 月 6 日介绍嫖客沈某至陈某（女）处实施卖淫嫖娼行为，高某于当日被公安机关抓获。

二、法律问题

《最高人民法院、最高人民检察院关于办理组织、强迫、引诱、容留、介绍卖淫刑事案件适用法律若干问题的解释》（以下简称《组织卖淫解释》）第 8 条规定，引诱、容留、介绍他人卖淫，具有下列情形之一的，应当依照《刑法》第 359 条第 1 款的规定定罪处罚：①引诱他人卖淫的；②容留、介绍 2 人以上卖淫的；③容留、介绍未成年人、孕妇、智障人员、患有严重性病的人卖淫的；④1 年内曾因引诱、容留、介绍卖淫行为被行政处罚，又实施容留、介绍卖淫行为的；⑤非法获利人民币 1 万元以上的。

本案中，高某在 1 年内曾因介绍卖淫被刑事处罚后，又介绍卖淫，是否

---

[1] 本案例系真实案例，由于被告人的后一行为最终并未被起诉到法院，因此网上并无完整的裁判文书。

能解释为《组织卖淫解释》第 8 条第 1 款第 4 项，按介绍卖淫罪处罚？

三、法理分析

一种意见认为，根据《组织卖淫解释》第 8 条第 1 款第 4 项的规定，1 年内曾因介绍卖淫行为被行政处罚，又实施介绍卖淫行为的，即可构成介绍卖淫罪。根据"举轻以明重"的原理，1 年内曾因介绍卖淫行为受过刑事处罚，又实施同类违法行为的，更应当被评价为刑事犯罪行为。

另一种意见认为，高某的前一刑事处罚表明其已对自身行为造成的社会危害承担了刑事责任，再与后续行为一起合并确定罪责，有"一事二罚"之嫌。因此，犯罪嫌疑人高某（前述案例中的嫌疑人）的行为不构成介绍卖淫罪。

我们认为，1 年内曾因介绍卖淫行为被刑事处罚又实施介绍卖淫行为不能构成介绍卖淫罪。主要理由如下：

第一，《组织卖淫解释》第 8 条规定，引诱、容留、介绍他人卖淫，具有下列情形之一的，应当依照《刑法》第 359 条第 1 款第 4 项的规定定罪处罚：1 年内曾因引诱、容留、介绍卖淫行为被行政处罚，又实施容留、介绍卖淫行为的。该条是对引诱、容留、介绍卖淫罪构成条件的限定。第 4 项明确了该种情形下构成犯罪的前行为的基本特征，包括时间特征，即 1 年内；行为性质特征，即曾经实施引诱、容留、介绍卖淫行为；程度特征，即受到过行政处罚。该项的设定主要是为了从刑事政策的角度，限制刑事打击面。尤其是对前行为的程度特征进行限定时，该项并未规定受过刑事追究，这区别于盗窃解释等将刑事追究与行政处罚并列的规定。因此，按照罪刑法定的基本原理，不宜对前行为进行扩大解释。

第二，关于"举轻以明重"的刑法原理。我们认为，该原理一般是在对行为人进行入罪评价时加以适用，悖离有利于被告人原则，如果为了追究被告人的刑事责任而适用"举轻以明重"，则有类推解释之嫌，违背罪刑法定原则。

第三，关于"一事不二罚"原则。否定此时嫌疑人不构成介绍卖淫罪是否基于"一事不二罚"的基本原理值得研究。所谓"一事不二罚"源于刑法当中的"禁止重复评价原则"，简单讲就是禁止用同一标准对同一行为进行两次及以上的评价。因前一违法犯罪行为受到过行政处罚或者刑事追究而在后一行为入罪时适当降低入罪门槛，前后对行为的评价适用的并不是同一标准。在前行为受过行政处罚时适用的是行政法规，与刑事法律并不属于同一范畴；即使是前行为受过刑事处罚而对后行为降低处罚门槛的情况下，虽然前后适用依据属于同一范畴，但是依据的标准和评价的对象并不是完全相同的，不违背"一事不二罚"原则。这种情况更多地是基于行为人主观恶性大、人身危险性强的立法政策考虑，在前行为受到刑事处罚后，对后一性质相同的行为降低入罪标准，其与累犯的刑罚理念相同，适用的也并非同一法规。因此，我们不赞同认为"高某的前一刑事处罚表明其已对自身行为造成的社会危害承担了刑事责任，再与后续行为一起合并确定罪责，有一事二罚之嫌"的观点。

四、参考意见

法无明确规定不为罪，法无明文规定不处罚。《组织卖淫解释》明确规定，只有在"1年内曾被行政处罚"的情况下，才能对后一介绍卖淫行为直接按照本解释定罪处罚。在本解释不存在兜底性条款的情况下，并没有为本案行为提供解释空间，不可以适用该条的规定。

案例二：陈某1非法经营柴油案

1-1

一、基本案情

自2009年年初开始，被告人陈某1未取得相关证照，擅自在××贸易广场内私设一加油点，通过中石化揭阳分公司业务员黄某丁向该公司购买柴油，用于贩卖给挂靠在××货运站的运输线路货车、××货物运输站内的货车、叉车、食堂等，从中获取非法利益。该加油点由被告人林某负责管理，被告人陈某 2 负责将陈某 1 购买柴油的部分款项汇入黄某丁的账户，被告人林某甲负责油款结算。2012 年 6 月该加油点被有关部门查处，现场扣押加油罐 3 个，0# 柴油 12.885 吨（价值 105 657 元）。

二、法律问题

《刑法》第 225 条规定，违反国家规定，有下列非法经营行为之一，扰乱市场秩序，情节严重的，处 5 年以下有期徒刑或者拘役，并处或者单处违法所得 1 倍以上 5 倍以下罚金；情节特别严重的，处 5 年以上有期徒刑，并处违法所得 1 倍以上 5 倍以下罚金或者没收财产：①未经许可经营法律、行政法规规定的专营、专卖物品或者其他限制买卖的物品的；②买卖进出口许可证、进出口原产地证明以及其他法律、行政法规规定的经营许可证或者批准文件的；③未经国家有关主管部门批准非法经营证券、期货、保险业务的，或者非法从事资金支付结算业务的；④其他严重扰乱市场秩序的非法经营行为。

1. 本案中非法经营柴油的行为属于上述哪种情形？

2. 商务部《成品油市场管理办法》以及《国务院对确需保留的行政审批项目设定行政许可的决定》等文件是否属于《刑法》第 225 条第 1 项规定的"法律、行政法规"范畴？

三、法理分析

《刑法》第 225 条规定的非法经营罪属于破坏社会主义市场经济秩序罪中的"扰乱市场秩序"类犯罪，根据刑法条文以及最高人民法院《关于准确理解和适用刑法中"国家规定"的有关问题的通知》（以下简称《国家规定通知》）等相关司法解释的规定，对本罪行为方式的认定应当严格把握，失之过宽则可能使本罪成为"口袋罪"，干扰正常合法的市场经济秩序；失之过严则不利于打击犯罪，放纵严重影响市场秩序的犯罪行为。因此，应当正确理解和准确判断本罪条文规定的各项内容。对于本条各款项的具体适用顺序应当是首先判断行为是否符合本条前三项明确列举的情形，如果不符合则根据《国家规定通知》进行严格判断和逐级向最高人民法院请示。除此以外，则不能以本罪论处。

对无证经营柴油的行为如何认定存在四种意见：

第一种意见认为，无证经营柴油的行为可以适用《刑法》第225条第1项的规定，即属于"未经许可经营法律、行政法规规定的专营、专卖物品或者其他限制买卖物品"。理由在于，《行政许可法》第12条第1、2项规定，下列事项可以设定行政许可：①直接涉及国家安全、公共安全、经济宏观调控、生态环境保护以及直接关系人身健康、生命财产安全等特定活动，需要按照法定条件予以批准的事项；②有限自然资源开发利用、公共资源配置以及直接关系公共利益的特定行业的市场准入等，需要赋予特定权利的事项。第14条规定，本法第12条所列事项，法律可以设定行政许可；尚未制定法律的，行政法规可以设定行政许可；必要时，国务院可以采用发布决定的方式设定行政许可。《国务院对确需保留的行政审批项目设立行政许可的决定》（以下简称《保留行政许可决定》）是国务院根据《行政许可法》第12条、14条的规定制定的规范性文件。按照《国务院决定对确需保留的行政审批项目设定行政许可的目录》，石油成品油的批发、仓储、零售经营需要由商务部或省级人民政府商务行政主管部门进行资格审批，《保留行政许可决定》同时规定，国务院有关部门应当对实施本决定所列各项行政许可的条件等作出具体规定，并予以公布。《成品油市场管理办法》即是由商务部制定的对加强成品油市场监督管理，规范成品油经营行为作出的规定。《成品油市场管理办法》第3条规定，国家对成品油经营实行许可制度。第4条规定，本办法所称成品油是指汽油、煤油、柴油及其他符合国家产品质量标准、具有相同用途的乙醇汽油和生物柴油等替代燃料。第5条规定，申请从事成品油批发、仓储经营资格的企业，应当向所在地省级人民政府商务主管部门提出申请，省级人民政府商务主管部门审查后，将初步审查意见及申请材料上报商务部，由商务部决定是否给予成品油批发、仓储经营许可。第6条规定，申请从事成品油零售经营资格的企业，应当向所在地市级（设区的市，下同）人民政府商务主管部门提出申请。地市级人民政府商务主管部门审查后，将初步审查意见及申请材料报省级人民政府商务主管部门。由省级人民政府商务主管部门决定是否给予成品油零售经营许可。2008年最高人民法院刑事审判第二庭回复公安部经济犯罪侦查局《关于对未经行政许可审批经营成品油批发业务是否构成非法经营罪的意见》中明确，珠海某石油化工有限公司在未取得合法有效的《成品油批发经营批准证书》的情况下，进行成品油批发经营，属于违反国家规定，未经许可经营法律、行政法规规定的限制买卖物品的行为。对于扰乱市场秩序，情节严重的，可以非法经营罪追究刑事责任。

第二种意见认为，无证经营柴油的行为可以适用《刑法》第 225 条第 4 项的规定，即属于"其他严重扰乱市场秩序的非法经营行为"。该意见认为《保留行政许可决定》不直接属于"法律、行政法规"，《宪法》第 89 条规定，国务院根据宪法和法律，规定行政措施，制定行政法规，发布决定和命令。从该条文表述可见，行政法规和决定是并列关系，而非包容关系。《立法法》对行政法规的制定主体、涉及内容、通过程序、备案要求等作出明确规定，较之决定、命令的制定和颁布更为严格。但是认为《保留行政许可决定》属于《刑法》中的"国家规定"。

第三种意见认为无证经营闭杯闪点≤60℃柴油（根据国务院《危险化学品安全管理条例》，闭杯闪点≤60℃的柴油属于危险化学品）的行为可以适用《刑法》第 225 条第 1 项规定，无证经营闭杯闪点＞60℃柴油的行为可以适用《刑法》第 225 条第 4 项规定。该种意见主要结合了前两种意见的主要观点，采取了折中的立场。

第四种意见认为，无证经营闭杯闪点＞60℃柴油的行为不构成犯罪（经营闭杯闪点≤60℃柴油的行为是按照国务院《危险化学品安全管理条例》可适用《刑法》第 225 条第 1 项的规定认定的行为）。该意见认为经营闭杯闪点＞60℃柴油的行为不属于国务院《危险化学品安全管理条例》的范围，同时认为，从《刑法》第 225 条的规定看，应当认为，立法是要将对专营、专卖、限制买卖制度的刑法保护限定在"法律、行政法规规定的专营、专卖物品或者其他限制买卖物品"的范围内，如果对无证经营非法律、行政法规规定的专营、专卖物品或者其他限制买卖物品的行为转而适用《刑法》第 225 条第 4 项的规定，则将使《刑法》第 225 条第 1 项有关"法律、行政法规"的限定失去意义，不符合立法精神。

四、参考意见

对无证经营柴油等成品油的行为，应结合行为的社会危害性和《刑法》的相关规定，符合非法经营罪的基本构成的，可以考虑按照非法经营罪定罪处罚。一是从对成品油管理的相关行政法规的规定角度进行考虑。根据《成品油市场管理办法》规定，成品油是指汽油、煤油、柴油及其他符合国家产品质量标准、具有相同用途的乙醇汽油和生物柴油等替代燃料，其经营行为需按照《保留行政许可决定》和《成品油市场管理办法》纳入行政许可管理范围，其无证经营行为应按《无照经营查处取缔办法》（现已失效）（国务院令第370号）予以查处，情节严重的，应追究刑事责任。二是从无证经营成品油的社会危害性方面进行考虑。无证经营成品油的黑加油点、黑加油车是非标油、走私油等非法油品的主要销售渠道。非标油、走私油在扰乱成品油市场秩序，造成正规企业经营困难的同时，带来一系列环保、安全等方面问题。重型柴油车使用黑加油点、黑加油车销售的非标高硫柴油，严重削弱了油品质量升级对环境改善的积极效果；黑加油点、黑加油车存在较大的安全隐患，相关原因引起的火灾、爆炸等时有发生；走私油、非标油泛滥造成国家财政收入大量损失。三是从司法实践可操作性上分析，如对闭杯闪点不同的柴油区别对待，将加大监管难度，降低无证经营行为的违法违规成本，不利于成品油市场秩序的维护和行业的健康发展。另外，认为经营闭杯闪点≤60℃柴油的行为按照国务院《危险化学品安全管理条例》可适用《刑法》第225条第1项的规定认定，实际上是从该类柴油具有的危害公共安全的角度进行的刑法惩处，与非法经营罪属于破坏社会主义市场经济秩序的同类法益并不一致。

案例三：刘某行侵犯著作权罪

1-2

一、基本案情

被告人刘某行于2013年11月份，从周某裕手中接手位于琼中县城营工巷集贸市场内的琼中营根某杂货店，此后并未到工商部门办理相关变更手续，继续经营琼中营根某杂货店。刘某行在经营琼中营根某杂货店期间，在未取得国家音像制品销售许可证的情况下，以非法谋取利润为目的，多次从外地购进非法音像制品用于出售从而获利。2014 年 12 月 8 日，琼中县文化广电出版体育局文化市场稽查队执法人员在刘某行经营的琼中营根某杂货店检查时，发现刘某行未经许可，销售音像制品一批，并对现场销售的 1974 张（其中淫秽光碟 150 张）涉嫌非法销售的音像制品进行登记保存。2015 年 10 月 20 日，经海南省文化广电出版体育厅鉴定，该批样本属于电子音像制品，但未经合法出版单位出版，未载明出版者、制作者、发行者、出版日期等事项，认定该批音像制品为非法出版物。法院认为被告人刘某行违反我国《著作权法》的规定，无音像制品经营许可证，以营利为目的，未经著作权人许可，零售他人非法复制的著作权人的音乐、电影、电视等音像制品，数量达 1824 张，情节严重，其行为已构成侵犯著作权罪，判处有期徒刑 1 年，并处罚金 2000 元。

二、法律问题

1. 如何认定《刑法》第 217 条当中的"发行"行为？

2. 本案中的行为究竟属于侵犯著作权罪当中的"发行"，还是侵犯销售侵权复制品罪当中的"销售"，抑或两者都是？

三、法理分析

该问题的出现以及在实践中各地做法不一的主要原因不仅在于《刑法》对于侵犯著作权罪和销售侵权复制品罪的规定不甚明了，更是因为相关司法解释的出现，使得该两个罪名之间的关系"剪不断理还乱"。

根据《刑法》第 217 条的规定，以营利为目的，未经著作权人许可，复制发行其文字作品、音乐、电影、电视、录像作品、计算机软件及其他作品，违法所得数额较大或者有其他严重情节的构成侵犯著作权罪。第 218 条以营利为目的，销售明知是《刑法》第 217 条规定的侵权复制品，违法所得数额巨大的，构成销售侵权复制品罪。

在两个罪名设定后，陆续出现了几个司法解释及司法解释性质文件，对该两个罪名以及侵犯著作权罪中的"复制发行"的具体内涵作出进一步明确。2004 年 12 月 22 日实施的《最高人民法院、最高人民检察院关于办理侵犯知识产权刑事案件具体应用法律若干问题的解释》第 5 条规定，以营利为目的，实施《刑法》第217条所列侵犯著作权行为之一，违法所得数额在3万元以上的，属于"违法所得数额较大"；具有下列情形之一的，属于"有其他严重情节"，应当以侵犯著作权罪判处3年以下有期徒刑或者拘役，并处或者单处罚金：①非法经营数额在5万元以上的；……违法所得数额在15万元以上的，属于"违法所得数额巨大"，非法经营数额在25万元以上的，属于"有其他特别严重情节"，应当以侵犯著作权罪判处3年以上7年以下有期徒刑……第6条规定，以营利为目的，实施《刑法》第218条规定的行为，违法所得数额在10万元以上的，属于"违法所得数额巨大"，应当以销售侵权复制品罪判处3年以下有期徒刑或者拘役，并处或者单处罚金。

2007年4月5日实施的《最高人民法院、最高人民检察院关于办理侵犯知识产权刑事案件具体应用法律若干问题的解释（二）》第1条规定，以营利为目的，未经著作权人许可，复制发行其文字作品、音乐、电影、电视、录像作品、计算机软件及其他作品，复制品数量合计在500张（份）以上的，属于《刑法》第217条规定的"有其他严重情节"；复制品数量在2500张（份）以上的，属于《刑法》第217条规定的"有其他特别严重情节"。第2条规定，《刑法》第217条侵犯著作权罪中的"复制发行"，包括复制、发行或者既复制又发行的行为。

2011年1月10日实施的《关于办理侵犯知识产权刑事案件适用法律若干问题的意见》（以下简称《意见》）第12条规定，关于《刑法》第217条规定的"发行"的认定及相关问题，"发行"包括总发行、批发、零售、通过信息网络传播以及出租、展销等活动。非法出版、复制、发行他人作品，侵犯著作权构成犯罪的，按照侵犯著作权罪定罪处罚，不认定为非法经营罪等其他犯罪。

根据上述规定，有观点认为，复制发行指的是复制或者发行或者复制且发行的行为，并认为这是一种扩大解释，并未违反罪刑法定原则，因为对构成要件的解释不能停留在法条的字面含义上，必须以保护法益为指导，在法定形式范围之内，将值得科处刑罚的行为合理地解释为犯罪。《刑法》和刑法运行处于内外协调状态才能发挥最佳刑法功能，将"复制发行"解释为包括单独的"批发"和"零售"行为符合我国的刑事政策，有利于知识产权的保护。

但是这种观点不当架空了《刑法》第218条的规定，使得后者失去存在的必要。我们认为，应对《刑法》第217条当中的复制发行进行限缩性理解，即包括复制，以及复制且发行的行为。也就是说，此处的发行，限于复制后发行。

首先，虽然司法解释规定侵犯著作权罪中的"发行"行为包含"批发、零售"，但是属于该条规定中"发行"行为之一的"批发、零售"行为，应有别于《刑法》第218条规定中的"销售"行为。《刑法》中规定了第217条和第218条，从条文本身来看，两者的立法目的和保护的客体不尽相同。设立侵犯著作权罪，旨在打击未经著作权人或邻接权人许可而复制、直接侵犯著作权或邻接权的行为；而设立销售侵权复制品罪，则旨在打击没有复制行为，只是单纯销售侵权复制品、间接侵犯著作权或邻接权的行为，后者所保护的对象涵盖了市场内销售正版作品的经营秩序。而且，该《意见》中的"发行"行为虽然包含"批发、零售"行为，但不能倒推"批发、零售"行为就一律是《刑法》第217条规定的"发行"行为。在没有取消第218条罪名的情况下，将销售行为一律划定为第217条规定的"发行"行为，是对"发行"行为作了扩大的理解。复制是发行的前提和手段，发行是复制的目的和结果，两者应相互依存，如果仅仅是单纯的复制而不将侵权作品销售出去的行为，明显不具有刑事可罚性，因此第217条规定的"发行"行为应是与复制紧密联系的销售行为。本案中的行为属于单纯的销售行为，与复制行为并无任何联系，不应认定属于第217条规定的"发行"行为。

其次，《最高人民法院、最高人民检察院关于办理侵犯知识产权刑事案件具体应用法律若干问题的解释》第14条规定，实施《刑法》第217条规定的侵犯著作权犯罪，又销售该侵权复制品，构成犯罪的，应当依照《刑法》第217条的规定，以侵犯著作权罪定罪处罚。可以看出，该解释认为复制发行和销售并不是同一行为，行为人可能实施"复制发行"行为从而构成侵犯著作权罪，同时又可能额外实施销售该侵权复制品的行为，显然认为复制发行和销售并不是同一个概念。那么之所以对后一销售行为不再单独定销售侵权复制品罪，是因为销售的是"该"侵权复制品，该行为可以包含在发行概念当中。如果实施侵犯著作权的行为，又销售明知是他人的侵权复制品，构成犯罪的，应当数罪并罚。将发行理解为复制并发行，符合该解释的制定逻辑。如果将发行等同于销售理解，则不能很好的解释为什么会存在上述差异。

最后，如果将侵犯著作权罪中的发行解释为销售，只是从数量上限制，即大量销售或者批发的行为，那么218条的"销售"就只能理解为零售，也会造成架空后者的后果，也不符合立法逻辑。因为从入罪数额的规定来看，销售侵权复制品罪的起刑点较高，远大于侵犯著作权罪。按照上述解释，零售行为数额巨大才处罚，批发行为只要数额较大就入罪的处理结果不符合逻辑，而且零售的数额一般也不会达到数额巨大。

四、参考意见

出于维护刑法体系的协调性，在《刑法》第 218 条已经将故意销售侵权复制品定为犯罪的情况下，为了保持法条之间的合理逻辑关系，《刑法》第 217 条中规定的各种犯罪行为就必须有别于第 218 条规定的故意销售侵权复制品行为。为了符合立法和司法解释的逻辑，将第 217 条中的"复制发行"理解为"复制或复制且销售"更合适。在此理解下，本案中单纯销售的行为并不属于第 217 条当中的"复制发行"行为。同时销售侵权复制品罪客观方面的构成要件是"违法所得数额巨大"，而本案并没有证据证明被告人刘某行的违法所得已达到数额巨大的标准即 10 万元，故被告人刘某行销售侵权复制品的行为情节显著轻微，危害不大，属于一般违法行为，不应认定为犯罪。

📚 拓展案例

案例一：王某军销售玉米案

1－3

一、基本案情

被告人王某军，又名王某在，男，1970 年 9 月 13 日出生，农民。2014 年 11 月至 2015 年 1 月期间，被告人王某军在未依法取得工商行政管理机关颁发的营业执照和未申请办理粮食收购资格的情况下，在内蒙古自治区巴彦淖尔市临河区白脑包镇附近村内收购玉米，并将所收购的玉米卖给巴彦淖尔市粮油公司杭锦后旗蛮会分库，从中获取利润。其中收购高某军等十户村民玉米共 118 674 公斤，收购总价为218 288.6元。案发后，被告人王某军主动退缴获利的6000元。

2016年1月29日，内蒙古自治区巴彦淖尔市临河区人民检察院以被告人王某军涉嫌非法经营罪，向临河区人民法院提起公诉。2016年4月15日，临河区人民法院判决被告人王某军犯非法经营罪，判处有期徒刑1年，缓刑2年，并处罚金2万元。王某军退缴的非法获利人民币6000元，由侦查机关上缴国库。判决后，原审被告人王某军未上诉，临河区人民检察院未抗诉，该判决生效。

2016年12月16日，最高人民法院作出再审决定书，认为原生效判决适用法律错误，指令巴彦淖尔市中级人民法院对本案进行再审。2017年2月14日，巴彦淖尔市中级人民法院撤销内蒙古自治区巴彦淖尔市临河区人民法院刑事判决，判决被告人王某军无罪。

二、法律问题

未依法申请粮食收购资格收购玉米并出售的行为，是否属于《刑法》第225条第4项规定的"其他严重扰乱市场秩序的非法经营行为"？

三、重点提示

对本案的准确认定，应当结合被告人无证无照收购玉米行为的性质和后果等综合判断。根据相关行政法律法规的规定，被告人王某军的行为具有行政违法性，但其行为的危害后果达不到与《刑法》第225条明确规定的非法经营行为相当的程度，不属于第4项规定的"其他严重扰乱市场秩序的非法经营行为"。《粮食流通管理条例》第7条规定："粮食经营者，是指从事粮食收购、销售、储存、运输、加工、进出口等经营活动的法人、其他经济组织和个体工商户。"本案中，王某军向农民收购玉米再向粮库出售，赚取差价，属于粮食经营行为。案发时王某军未向工商行政管理部门申请办理过从事经营活动的法人营业执照或个体工商户营业执照，其从事粮食收购经营活动，属于无照经营，违反了《无照经营查处取缔办法》（现已失效）第2条"任何单位和个人不得违反法律、法规的规定，从事无照经营"的规定。《粮食流通管理条例》第9条第1款规定，依照《公司登记管理条例》等规定办理登记的经营者，取得粮食收购资格后方可从事粮食收购活动。《粮食收购资格审核管理暂行办法》（现已失效）第8条规定"凡常年收购粮食并以营利为目的，或年收购量达到 50 吨以上的个体工商户，必须取得粮食收购资格。年收购量低于 50 吨的个体工商户从事粮食收购活动，无须申请粮食收购资格。个体工商户申请粮食收购资格的条件是须具备筹措经营资金 3 万元以上的能力"。本案被告人王某军向农民年收购玉米的数量远超过 50 吨，其未依法申请粮食收购资格而收购玉米的行为，违反《粮食流通管理条例》《粮食收购资格审核管理暂行办法》（现已失效）的规定，具有行政违法性。但是，《粮食流通管理条例》第 3 条规定"国家鼓励多种所有制市场主体从事粮食经营活动，促进公平竞争。依法从事的粮食经营活动受国家法律保护。严禁以非法手段阻碍粮食自由流通"。第 5 条规定，"粮食经营活动应当遵循自愿、公平、诚实信用的原则，不得损害粮食生产者、消费者的合法权益，不得损害国家利益和社会公共利益"。被告人王某军无证无照经营粮食买卖的行为，在粮农和粮食收购企业之间起到桥梁与纽带的作用，减轻了农民卖粮的负累，未损害粮食生产者的利益，也未损害消费者的合法权益，不能认定其行为严重扰乱了市场秩序，不具备与《刑法》第 225 条规定的其他非法经营行为相当的社会危害性，因而不具有刑事处罚必要性。

没有办理粮食收购许可证及工商营业执照买卖玉米的行为违反了国家粮食流通管理的有关规定，但尚未达到严重扰乱市场秩序的危害程度，不具备与非法经营罪相当的社会危害性和刑事处罚必要性，不构成非法经营罪。

案例二：杨某利用职务之便盗窃案

1 - 4

一、基本案情

四川省双流县人民法院判决认定，2013 年 11 月 15 日凌晨 3 时许，被告人杨某趁在位于双流县公兴镇的四川顺丰速运有限公司分拣线上班之机，采取大物件掩藏小物件以躲避扫描的方式，盗走输送带上一部小米 3TD 手机后供其自用。经鉴定，被盗手机价值人民币1999元（以下币种同）。四川省双流县人民法院认为，被告人杨某以非法占有为目的，秘密窃取他人财物，数额较大，其行为已构成盗窃罪。鉴于被告人杨某当庭自愿认罪，且属初犯，被盗财物已追回，可对其从轻处罚。据此，依照《刑法》第264条、第52条、第53条的规定，判决：被告人杨某犯盗窃罪，判处罚金人民币3000元。

被告人杨某盗窃案，杨某系初犯、当庭自愿认罪、被盗手机追回并发还失主，盗窃金额为1999元，判决结果为单处罚金人民币3000元。两案盗窃金额和量刑情节相当，判决结果差距很大，原判对杨某的量刑畸轻，特抗诉并提请二审改判。

二审法院认为，原审被告人杨某在快递公司上班，但忽视了杨某窃取的手机系其经手的本单位财物这一案件事实，致适用法律错误，应予纠正。原审被告人杨某作为顺丰公司的工作人员，利用经手本单位财物的职务之便，采用盗窃方法侵占本单位价值1999元的财物，其行为应属职务侵占性质，但因侵占的财物价值未达到职务侵占罪数额较大的定罪起点1万元，依法不应以犯罪论处。

二、法律问题

1. 职务侵占罪与盗窃罪之间是何种关系？
2. 利用职务便利盗取单位财物是否绝对排斥盗窃罪的成立？

三、重点提示

职务侵占罪与盗窃罪的法条本身存在一定的交叉关系，即在对财物的转移占有这种行为类型上，盗窃罪可谓是一般规范，其强调所有人都不得转移占有他人的财物，而职务侵占罪可谓是特殊规范，特殊强调具有一定职业身份的人，不得利用自身的职务便利转移占有单位财物，两者是一般与特殊的关系。在出现法条竞合的一般情况下，应适用特殊法优先于一般法的原则适用特殊规范，但是本案中，特殊规范（职务侵占罪）由于立案起点较高（数额较大的起点为6万），因此如若适用特殊规范将导致被告人无罪释放的结果。这就会引发这样一个不合逻辑的悖论，如果一个普通人盗取了同样的犯罪数额，显然会被以盗窃罪追究刑事责任。这无疑会进一步增加普通民众的不公平观感：为何"无身份者"违反"不得盗窃"的行为规范时有罪，而"有身份者"却无罪？这种司法处理方式片面强调对特殊人群采取"特殊规范"，而忽视对特殊规范之外一般规范的普遍贯彻。

不仅如此，如果本案适用职务侵占罪，法律要求所有人不得偷盗的行为规范在此情况下就受到了挑战，不符合"有法必依、违法必究"的精神，无法满足规范贯彻的普遍性要求，也不利于刑事法网的严密性。因此，本案应适用盗窃罪的规定对杨某进行定罪处罚。

拓展资料

1 – 5

| 专题二 |

形式解释与实质解释

📚 知识概要

刑法解释的形式与实质之争并不是一个新的论题，但是其价值内涵却始终伴随着中国刑法学的发展而不断地得到填充与完善，作为中国刑法学学派之争的重要组成部分，刑法解释的形式与实质之争始终是刑法学者的关注焦点。在明确形式与实质概念之前，有必要指出的是，该语词的核心内涵并不是从一开始即是固定不变的。源于德日刑法理论中的形式与实质之争在不同的历史时期具有不同的内涵与外延。早期的形式与实质之争仅仅体现在构成要件方面，而不涉及刑法的基本立场之争，与今日之内涵并无关联。具体如下表所示。

	对构成要件的理解（与违法性的关系）	意义或目的	代表人物
形式解释	与法的价值判断相分离的、纯粹形式的、记述的、价值中立的犯罪类型；规范的要素属于违法性的内容，主观的要素属于责任的内容，只有客观的、记述的要素才是构成要件的内容。	使犯罪类型的外部轮廓变得更加清晰明确，以便于实现刑法的保障机能。	贝林
实质解释	构成要件具有推定违法的功能，既包含主观的要素也包含规范的要素；构成要件就是立法者在众多值得用刑罚处罚的违法行为中以法律的方式对其进行类型化的区分。因此，构成要件是违法行为的类型，凡是能说明违法性的要素都应该是构成要件要素。	对构成要件进行价值填充，赋予其规范意义使之符合人们的认知。	麦茨格

由此，我们不难看出，早期的形式与实质之争仅仅是在刑法本体论的意义上对犯罪论的逻辑推演的不同结果而已，主要体现为对构成犯罪的各个要素的理解不同，并没有涉及刑法的立场之争。随着刑法学的发展，如今认为刑法解释的构成要件是中立无色之形式解释的观点已鲜有人赞同，很少再有人会反对构成要件同时包含事实和价值两种判断的说法。总的来说，早期的形式与实质之争促进了学者对于构成要件的认识，在一定程度上也给犯罪论体系的构建带来了深刻的影响。如果说过去的形式与实质之争是事实与价值之争，涉及的是是否需要价值填充的问题，那么今日的形式与实质之争则可以说是发生在价值论内部，解决的是如何进行价值填充的问题。

	如何进行价值填充	是否可以超出语词的核心范畴	刑事法治的任务	遭到的批判
形式解释论	对构成要件的解释应是刑法在自身的范畴内进行的逻辑展开，在刑法本体论意义上对刑法规范进行逻辑推演，不需要考虑刑事政策等法外价值。	绝对不能认为入罪不可以，出罪时可以；刑法规范应以社会通念为基础，只要不符合社会通念，无论怎样要处罚，也认为是不符合构成要件的。	保障人权，防止刑法肆意；刑法解释应该符合人们对刑法条文的通常理解。	形式解释仅仅局限在核心概念之内，不利于保护法益，也不利于罪刑均衡，相当于没有解释。
实质解释论	要充分地考虑刑罚的目的和效果，从规范保护目的、可容许的风险、构成要件的效力范围等要素出发，要求构成要件的解释要符合目的理性而不再是二元论意义上的与事实相对应的价值判断。	可以超出语词的核心范畴，在其边缘概念上对其解释，并不违背罪刑法定。社会通念是会变化的，而且社会通念的边界是有幅度的，就像某个区域不能突然由黑变白，而是有逐渐变淡、变弱的过程，在这种灰色地带依然要考虑须罚性。	保护法益，使刑法随着社会的演进而变化。刑法不再只是用来保障形式的自由，而是社会平衡、社会整合、社会控制的工具。	形式解释论者对于实质解释论者最大的批判在于认为实质解释以须罚性等实质判断为出发点，进而可能突破语词的涵慑范围、违背国民预期、侵犯国民自由。

在风险社会的背景之下，客观上的确有必要强化刑法对社会的保护。随着公众对安全需求的提高，随着控制与管理风险成为主导性的公共政策，我国刑

法理论很难不对之作出回应而完全摆脱实质化的影响。另一方面，对于个体的自由保障而言，实质解释论和实质刑法观的确蕴含着不容忽视的内在危险。如何在形式与实质之间探求最佳契合点，这是刑法学者永恒的讨论话题。

经典案例

案例一：李某传播淫秽物品牟利罪

2 - 1

一、基本案情

2016 年 12 月 1 日至 10 日期间，被告人李某在中山市米尼特信息科技有限公司登记注册开发的直播 APP "LOLO" 直播平台上注册主播账号，后登录账号进行色情淫秽直播表演赚取观众打赏的主播"魅力值"获利。其中被告人李某被取证的一段直播视频，点击率合计 32844 人次以上。经鉴定，上述一段直播视频属于淫秽物品。

2017 年 3 月 1 日，被告人李某在海南省儋州市中国热带农业科学院附属幼儿园 3 楼教室被公安人员抓获。归案后，被告人李某如实供述了自己的主要罪行。

上述事实，被告人李某在庭审过程中亦无异议，并有经庭审质证、认证的抓获经过、搜查笔录、扣押笔录及扣押清单、淫秽表演视频截图、现场照片、辨认笔录，鉴定意见，证人何某、陈某 1、刘某、李某 1、鲁某、张某、王某、钟某、陈某 2、李某 2、沈某、蔡某、郑某、魏某的证言，被告人李某的供述及户籍材料等证据予以证实，足以认定。

法院认为，被告人李某无视国家法律，以牟利为目的，制作、传播淫秽物品，其行为已构成制作、传播淫秽物品牟利罪，应依法惩处。被告人李某归案后如实供述自己的主要罪行，依法可以从轻处罚。公诉机关指控被告人李某犯制作、传播淫秽物品牟利罪的事实清楚，证据确实、充分，罪名成立，本院予以支持。依照《刑法》第 363 条第 1 款、第 67 条第 3 款及《最高人民法院、最高人民检察院关于办理利用互联网、移动通讯终端、声讯台制作、复制、出版、贩卖、传播淫秽电子信息刑事案件具体应用法律若干问题的解释（二）》第 1 条第 2 款第 4 项之规定，判决如下：被告人李某犯制作、传播淫秽物品牟利罪，判处有期徒刑 1 年，并处罚金人民币 1 万元。

二、法律问题

网络淫秽直播行为可否被解释为淫秽物品？

三、法理分析

我国《刑法》第 367 条就淫秽物品的界定进行了规定，其中第 1 款规定："本法所称的淫秽物品，是指具体描绘性行为或者露骨宣扬色情的诲淫性的书刊、影片、录像带、录音带、图片及其他淫秽物品。"

有观点认为，从我国立法作出的界定来看，淫秽物品的种类虽然相当丰富，却都具有某种形式的载体，如书刊、影片、录像带等。即便在该款中包含有"其他淫秽物品"这样的兜底式规定，根据刑法解释原理中的同类解释原则，其他淫秽物品也需要与书刊、影片、录像带等具有相当性。然而裸体直播与书刊、影片、录像带等存在较大差异。一方面，裸体直播具有观看的即时性，即观众只能在特定时间通过特定方式观看，而不能直接地满足其随时播放观看的需求。这样看来，裸体直播更类似于淫秽表演的行为。另一方面，虽然裸体直播具有具体描绘性行为或者露骨宣扬色情的诲淫性的特征，但是裸体直播的情形中不存在对其进行存储、记录的载体。而这也是裸体直播与淫秽物品之间最大的区别所在。如果将裸体直播解释为淫秽物品进而达到入罪的效果，显然有超出文字固有含义的类推解释之嫌。

我们认为，尽管淫秽表演这种形式不具备客观的有形载体，但是仍应该解读为本罪当中的淫秽物品。首先，随着电子信息技术的发展，网络信息、网络数据对现实生活的作用可以无需借助传统的客观载体而直接进行，甚至由于其普及性、快捷性等特征，网络淫秽信息对群众的影响范围更广泛。因此刑法对信息载体的形式要求也在随着时代的发展而不断变化，从有形载体到无形载体是必然趋势，是应对时代变化的必然选择。其次，所谓的物品，刑法也并未明确将其限制为客观有体物，按照无体物来理解也并不超出字词的文义范围。最重要的是，淫秽表演同其他淫秽物品一样具有淫秽性，这是淫秽物品的共同本质属性，而不是客观有体物性。因此不必过多纠缠于信息有无载体这一问题，而是重点判断是否具有淫秽性。刑法应当根据保护法益的需要及时进行调整，对淫秽物品的认定，应当坚持发展的观点，在不超出文意的范围内，适当调整其规制范围。

传播淫秽物品牟利罪同时还要求具有传播行为，传播是指散布或使他人得到或获取，具有一定范围的公然性，能够使不特定多数人使用。在本案中，李某通过网络直播平台，向不特定多数人进行淫秽表演，其中被告人李某被取证的一段直播视频，点击率合计 32 844 人次以上，可见其具有传播行为。同时，李某以获取观众打赏为目的进行淫秽表演，主观上具有故意牟利的心理，故本案李某的行为构成传播淫秽物品牟利罪。

四、参考意见

在网络信息时代，网络数据当中裹杂着众多危害内容，且不同于以往，其本身并不需要一定的有形载体就可以直接影响到人们的情感和生活。在无体物被民事法律所认可的情况下，淫秽物品的解读重心应在于淫秽性，而不在于是否具有客观有形载体。

案例二：胡某非法行医案

2 - 2

一、基本案情

被告人胡某，女，2007 年 2 月 12 日犯非法行医罪，被判处有期徒刑 7 个月，并处罚金人民币 1 万元；2009 年 9 月 8 日犯非法行医罪，被判处拘役 5 个月，并处罚金人民币 1 万元；2010 年 12 月 14 日犯非法行医罪，被判处有期徒刑 1 年，并处罚金人民币 2 万元；2012 年 12 月 28 日犯非法行医罪，被判处有期徒刑 1 年 2 个月，并处罚金人民币 1 万元。因涉嫌犯非法行医罪，于 2014 年

8 月 14 日被刑事拘留，同年 9 月 13 日被逮捕。现羁押于武汉市第一看守所。

2014 年 7 月至 8 月期间，被告人胡某、艾某夫妻与被告人卢某为了谋取非法利益，在无医生执业资格的情况下，由被告人卢某向被告人胡某介绍孕妇，被告人胡某使用其购买的一部 lw－180（手掌式）专用 B 型超声诊断仪，被告人艾某驾驶鄂 a×××××号"五菱宏光"面包车，在本市黄陂区盘龙城经济开发区为多名妇女进行胎儿性别鉴定。

原审认为，被告人胡某系未取得医生执业资格的人，多次因犯非法行医罪被判刑后，又多次为多名孕妇非法进行非医学需要的胎儿性别鉴定，属于法律对非法行医罪规定的"其他情节严重"的情形。

二、法律问题

《最高人民法院关于审理非法行医刑事案件具体应用法律若干问题的解释》（以下简称《非法行医解释》）仅规定了被行政处罚后再行医的构成犯罪，没有规定受过刑事处罚的如何处理，是否比照适用？

三、法理分析

《非法行医解释》第 2 条规定，具有下列情形之一的，应认定为《刑法》第 336 条第 1 款规定的"情节严重"：①造成就诊人轻度残疾、器官组织损伤导致一般功能障碍的；②造成甲类传染病传播、流行或者有传播、流行危险的；③使用假药、劣药或不符合国家规定标准的卫生材料、医疗器械，足以严重危害人体健康的；④非法行医被卫生行政部门行政处罚两次以后，再次非法行医的；⑤其他情节严重的情形。

本案中，被告人多次被刑事处罚后依旧实施非法行医行为，其行为显然不符合前四项的条件，而该种情形是否符合《非法行医解释》第 2 条第 5 项的规定按非法行医罪定罪处罚，值得研究。

首先，被告人在被判处非法行医罪刑满释放后实施的行为并不属于前三项所列明的对被害人身体健康造成一定损害和或者足以严重危害人体健康的情形。

其次，被告人实施的行为是在多次被刑事处罚之后实施的。而第 4 项明确规定，只有在前两次行为受到行政处罚后才对后一行为按非法行医罪处理。根据罪刑法定原则，无法将刑事处罚解释为行政处罚，否则就突破了文义的涵摄范围，违背了人们的规范预期。

最后，本案行为可以解释为第5项规定的"其他情节严重的情形"。第5项属于兜底性条款，对兜底性条款的理解应当本着同质原则，结合前述规定的实质内涵加以解读。也就是说，如果非法行医行为不属于前三项规定的行为类型，但是对被害人的身体健康权产生了一定的损害或者潜在的威胁，或者可能导致危及公共卫生安全，或者属于屡教不改，在受到国家有关机关处罚后依旧严重违反卫生条例非法行医，严重破坏医疗秩序，都分别与前述规定同质（甚至比第4项情形更为严重），就可以按照第5项"其他情节严重的情形"处理。而且根据体系解释的方法，第4项以及第5项规定的行为，对非法行医行为不要求达到危及身体健康和公共卫生安全的程度，否则可以直接按照前三项的规定处理。之所以有第4项、第5项的规定，是基于行为人主观恶性大、人身危险性强的立法政策考虑，认为在这种情况下，行为人具有同等严重的可罚性，即使行为未能达到一般的程度标准，也认为同样属于情节严重。

因此，本案中被告胡某因非法行医罪被多次处以刑罚后，依然实施非法行医行为，即使其不符合前四项的规定，但是可以将其解读为第5项的其他情节严重的情形，按照非法行医罪定罪处罚。

四、参考意见

兜底性条款的设置目的就在于应对多变的社会生活，但对其又不能无限地过度解读，必须按照一定的方法和途径结合相关条款的具体规定统一地理解。

案例三：宋某强迫交易罪

2-3

一、基本案情

被告人宋某与被害人潘某同村，自小认识有20余年。宋某曾在潘某处玩百家乐赌博输钱，欠有外债。案发前一个月，宋某找潘某借钱 1 万元给孩子买奶粉，潘某同意借款并且表示不用打借条，什么时候有钱再还。2017 年 4 月 14 日下午，宋某又找潘某借钱，遭到拒绝。当日 18 时许，宋某驾车送潘某回家，当车行驶至开放环岛附近时，宋某把车锁锁上，同时从副驾驶后背套拿出菜刀晃。潘某问宋某拿菜刀干什么，宋某说不想活了。宋某从驾驶室车门处拿出一把壁纸刀，用壁纸刀架在自己脖子上，用菜刀架在潘某后脑上，跟潘某说今天必须给他 40 万元人民币，他要去还高利贷。潘某说给不了，宋某就架着刀说咱俩今天谁也别活了。潘某要去银行转账，宋某要求其用手机银行转账 40 万元。潘某要求宋某给其打借条，宋某又把刀拿出来晃，潘某因害怕就说不打条就不打吧。之后潘某怕宋某赖账，想着去宋某家跟其媳妇说宋某从自己这里要走 40 万元，正好证明一下今天的事。结果二人到了宋某楼下，宋某又不让潘某上去。二人蹲下抽了根烟，这时潘某妻子打电话让其回去吃饭，宋某开车将其送回家。潘某到家后给宋某打电话约其出来聊聊，被宋某拒绝。潘某于次日报警。

二、法律问题

以暴力、胁迫手段逼迫被害人借钱的行为，应当如何定性？是抢劫还是强迫交易？

三、法理分析

检察院意见主要包括：①被害人潘某否认是借款，宋某此前曾多次借款，均遭被害人拒绝，因此，被害人不可能借款给宋某。②宋某未出具借款凭证，此前二人借款来往中均出具借款凭证，此次借款却不出具借款凭证，不符合常理，也与二人此前的借款习惯相悖。③本案不符合强迫交易罪的特征。强迫交易罪侵害的客体虽然是复杂客体，但主要是市场交易秩序。而本案宋某的行为对人身和财产权益的危害明显高于对市场交易秩序的危害，其侵害的客体更符合抢劫罪的犯罪构成。

法院的观点如下：①关于抢劫罪的适用。抢劫罪是严重危害人身安全的暴力侵财性犯罪，刑罚设置上较其他侵财性犯罪较重。本案如果定抢劫罪，属于抢劫罪加重情节中的"抢劫数额巨大",在有期徒刑10年以上量刑,根据体系解释的原理,(符合该情节)其不法程度、危害程度应当与抢劫罪的其他加重情节(入户抢劫、抢劫银行或金融机构、多次抢劫、抢劫致人重伤或死亡、持枪抢劫)相当,但综合评估本案的社会危害性,与抢劫罪其他加重情节所体现的社会危害性并不相当。②关于强迫交易罪的适用。强迫交易罪是指以暴力、威胁手段强买强卖商品、强迫他人提供商品或者接受服务等行为。强迫交易罪同时具有强迫性和交易性的本质,刑期设置较抢劫罪要轻。二罪在行为手段上虽然都存在"使用暴力、胁迫方式",但一般而言,强迫交易罪的暴力程度会轻于抢劫罪。另外,二罪在主观故意上也存在根本性区别,即抢劫罪以非法占有为目的。而强迫交易罪因不平等的对价和交易特征,行为人往往不具有非法占有目的。

《最高人民检察院关于强迫借贷行为适用法律问题的批复》(以下简称《批复》)中规定,以暴力、胁迫手段强迫他人借贷,属于《刑法》第226条第2项规定的"强迫他人提供或者接受服务",情节严重的,以强迫交易罪追究刑事责任;同时构成故意伤害罪等其他犯罪的,依照处罚较重的规定定罪处罚。以非法占有为目的,以借贷为名采用暴力、胁迫手段获取他人财物,符合《刑法》第263条或者第274条规定的,以抢劫罪或者敲诈勒索罪追究刑事责任。因此,对于不以非法占有为目的,采用暴力、威胁手段强迫他人借贷,在不宜认定为抢劫罪的前提下,可以考虑的罪名即为强迫交易罪。

我们认为,强迫交易罪与抢劫罪在行为方式上并不是排斥关系,某一行为可能同时符合这两个罪的构成要件。不能因为《刑法》规定了强迫交易罪就认为凡是有交易的情况下都不成立抢劫罪。但是,从罪刑相适应的角度分析,两罪之间在行为的严重性上存在一定的程度差异。如果是轻微的暴力、胁迫行为,并没有压制被害人反抗的,不可能成立抢劫罪。并且根据最高人民法院2005年出台的《关于审理抢劫、抢夺刑事案件适用法律若干问题的意见》(以下简称《意见》)规定:"从事正常商品买卖、交易或者劳动服务的人,以暴力、胁迫手段迫使他人交出与合理价钱、费用相差不大钱物,情节严重的,以强迫交易罪定罪处罚;以非法占有为目的,以买卖、交易、服务为幌子采用暴力、胁迫手段迫使他人交出与合理价钱、费用相差悬殊的钱物的，以抢劫罪定罪处刑……"可见，也可以根据交易是否等价、是否合理，以及行为人是否具有非法占有目的等方面来区分。

在本案中，宋某强行借钱的行为根据最高人民检察院《批复》中的规定，以暴力、胁迫手段强迫他人借贷，属于《刑法》第226条第2项规定的"强迫他人提供或者接受服务"，但是也并不意味着排除了抢劫罪的适用空间。在客观上，宋某用刀胁迫潘某向其转账40万，其行为足以压制被害人反抗，所以在行为的暴力程度上，似乎与抢劫罪更为相当。而且在客观上，虽然强迫借钱的行为被《批复》解释为强迫提供服务，但是我们认为，这种服务是完全不等价的，不符合最高法《意见》的精神。因为宋某在借钱之前，已经欠了数额较大的外债，已经入不敷出，且之前多次向被害人借钱均遭到拒绝，可见这本身并不是在有预期还款能力的情况下进行的交易行为。

另外，根据《批复》及《刑法》关于强迫交易罪和抢劫罪的相关规定，在判断是认定为强迫交易罪还是抢劫罪时，行为人是否具有非法占有目的也是重要因素。对于非法占有目的的认定，需要结合案件具体的客观情况综合判断。检察机关根据宋某借款前的财产状况和被潘某拒绝的事实，以及借款后的种种躲避、不愿打欠条等行为推断宋某具有非法占有目的。而法院则根据两人是好友关系，此前有过大额借贷往来，且在案发前一个月，宋某曾找潘某借钱1万元给孩子买奶粉，潘某同意借款并且表示不用打借条，什么时候有钱再还等一系列情况认为此次宋某再次去找潘某借款，存在合理性。因此无法认定宋某具有非法占有目的，根据存疑有利于被告的原则，认为宋某不具有非法占有目的。

四、参考意见

在处理强迫交易罪与抢劫罪、敲诈勒索罪之间的关系时，首先，要明确各自的犯罪构成内容，抓住各自的违法行为类型，而不是相互间的对立点；其次，在强迫借款的情况下，还要看是否约定了合理的利息。既然是借款，就应该有利息，如果仅仅答应还款，仅说明对借款不具有非法占有目的，但是对利息上有认定非法占有目的的余地。

拓展案例

案例一：潘某某、刘某某盗窃案

2 - 4

一、基本案情

2015 年 5 月，被告人刘某某对被告人潘某某提议，以潘某某将被害人带至事先准备的租房按摩，被告人刘某某趁被害人不备之机，盗走其财物的方式，盗取他人财物。同时，被告人刘某某还传授被告人潘某某具体实施犯罪的方法。

2015 年 5 月 9 日 8 时 40 分许，被告人潘某某将被害人余某某带至位于重庆市南川区××街道××巷××号事先租好的出租房内，让余某某脱掉外衣、外裤而为其按摩。按照事先的安排，被告人刘某某伺机将余某某放置于外裤口袋内的 17 000 余元现金盗走。因听见声响，余某某起身便发现其外裤被挪动和裤包里的用红色塑料袋装好的现金被盗，遂来到该出租房客厅，发现系被告人刘某某所为，即让刘某某归还现金，被告人刘某某不给，双方继而发生了对现金的拖扯。此时，被告人潘某某走到该客厅，被告人刘某某见状，为了阻止余某某拿回现金，将装着现金的红色塑料袋交给被告人潘某某，并叫潘某某逃跑。被告人潘某某取得现金后逃跑，被告人刘某某见状也逃离现场。随后二被告人将所获赃款分掉并挥霍一空。

公诉机关认为，被告人刘某某、潘某某之行为构成抢劫罪，被告人刘某某系主犯、被告人潘某某系从犯，二被告人应受相应的刑罚处罚。

二、法律问题

1. 本案中的行为可否评价为为抗拒抓捕而当场使用暴力？
2. 可否按转化型抢劫罪来处理？

三、重点提示

《刑法》第 269 条规定，犯盗窃、诈骗、抢夺罪，为窝藏赃物、抗拒抓捕或者毁灭罪证而当场使用暴力或者以暴力相威胁的，按照《刑法》第 263 条（即抢劫罪）的规定定罪处罚。

刑法学上的转化型抢劫罪中"使用暴力"，是指犯罪分子对抓捕的人故意实施殴打、伤害等危及他人身体健康和生命安全的行为。如果暴力程度显著轻微或者无使用暴力加害他人的意图，只是为了挣脱抓捕而冲撞他人的，可以不认为是使用暴力，仍按原来的罪论处。如果有以撞人等方法加害他人而致使其受伤或死亡的，以抢劫罪论处。也就是说，转化型抢劫的暴力行为同样要求达到压制被害人反抗、足以造成被害人轻伤以上的程度。在认定某行为是否可以按照转化型抢劫的条款处理时，需要看其行为是否是发生在盗窃罪、诈骗罪、抢劫罪着手之后，且其是否具有窝藏赃物、抗拒抓捕或者毁灭罪证这三种主观目的之一，再进一步结合暴力的程度以及时间的连续性等条件综合判断。法条虽然仅仅简单用"使用暴力"的字样进行规定，但是必须对其进行实质性的理解，否则会不当拓宽抢劫罪的处罚范围。

案例二：吕某某侵犯通信自由案

2 – 5

一、基本案情

2010 年 7 月 10 日 13 时许，被告人吕某某在本市二七区航海路与京广路汽车客运总站自称名叫杨某某，以 4500 元的价格将自己的 QQ 号码 79461 卖给被害人张某。2010 年 7 月 12 日，被告人吕某某用办公室内的电脑，通过 QQ 网站申诉的手段将该 QQ 号码 79461 索回。公安机关接被害人报案后，于 2010 年 7 月 27 日将被告人吕某某抓获。当日，将 4500 元退还被害人张某。

二、法律问题

盗窃 QQ 号应定盗窃罪还是侵犯通讯自由罪？

三、重点提示

随着互联网的日益普及，QQ 因其在通信功能上所具备的方便快捷的技术特征，被越来越多的用户所接受，已成为目前国内流行的网络通信方式。根据《全国人大常委会关于维护互联网安全的决定》第 4 条第 2 项的规定，非法截获、篡改、删除他人电子邮件或者其他数据资料，侵犯公民通信自由和通信秘密的，依照《刑法》有关规定追究刑事责任。被告人吕某某在明知 QQ 号码 79461 转让给他人的情况下，又通过向网站申诉的手段将该 QQ 号码索回，使拥有该 QQ 号码的用户无法使用。被告人的行为造成了侵犯公民通信自由和通信秘密的后果，情节严重，其行为已构成侵犯通信自由罪。

依照我国法律规定，盗窃罪的犯罪对象是公私财产。但我国的相关法律尚未将 QQ 号码等虚拟财产纳入《刑法》保护的财产之列。QQ 号码不属于刑法意义上的财产保护对象。因此，公诉机关对被告人吕某某提出盗窃罪的指控，指控罪名所涉及的犯罪对象与法律规定不符，被告人吕某某的行为不构成盗窃罪。

案例三：暴力逼迫债权人写收条案[1]

一、基本案情

新余市中级人民法院经公开审理查明：2009 年 4 月，被害人彭某根、习某华、彭某韦合伙经营位于江西省新余市渝水区下村镇的高山选矿厂。2010 年 4 至 5 月间，被告人习某珠为迫使彭某根等人转让该厂，多次指使习某红、习某某，以每去一次每人发 50 元钱为条件，组织本村部分老人、妇女到厂里，采取关电闸、阻拦货车装货等方式阻碍生产，并对工人进行威胁。2010 年 11 月、2011 年 4 月，彭某根、习某华、彭某韦三人先后被迫将该选矿厂以

---

[1]　最高人民法院刑事审判一至五庭主办：《刑事审判参考》（总第 102 集），法律出版社 2016 年版，第 55~60 页。

390万元的价格转让给习某珠。习某珠陆续支付了彭某根222万元，但仍欠彭某根75万元，彭某根多次讨要未果。2011年7月3日21时许，在新余市暨阳五千年娱乐城301包厢内，习某珠指使艾某等人殴打彭某根，并逼迫彭某根写下收到习某珠购买高山选矿厂所欠75万元的收条。经鉴定，彭某根所受身体损伤构成轻微伤乙级。另查明，2011年9月8日晚，被告人习某珠、习某兵等人与李某、被害人王某等人在新余市华祥苑茶楼商谈履行购矿合同一事。期间，李某要求习某兵离开，习某兵与王某发生争执。习某珠指使陈某（在逃）等人持刀将王某砍至轻伤。

新余市中级人民法院认为，被告人习某珠等人以关电闸、阻拦货车装货等胁迫手段强迫被害人彭某根等人转让高山选矿厂，情节严重，其行为已构成强迫交易罪；习某珠等人故意伤害被害人王某身体，致其轻伤，其行为又构成故意伤害罪。关于习某珠等人是否构成抢劫罪的问题，经查，虽无法认定彭某根书写收条的具体内容，但习某珠等人采取暴力手段逼迫彭某根书写收条，其目的是消除或减少习某珠所欠彭某根的债务，侵犯了彭某根的财产权利，故习某珠等人还构成抢劫罪。习某珠等人所犯数罪，依法应予并罚。在抢劫罪共同犯罪中，习某珠授意犯罪，系主犯。该抢劫犯罪因意志以外的原因而未得逞，系抢劫未遂，依法可减轻处罚。据此，依照《刑法》第226条、第263条、第234条第1款、第23条、第25条第1款、第69条之规定，判决如下：被告人习某珠犯强迫交易罪，判处有期徒刑3年；犯抢劫罪，判处有期徒刑2年；犯故意伤害罪，判处有期徒刑1年，决定执行有期徒刑5年6个月。

二、法律问题

在拖欠被害人钱款的情况下，以暴力、胁迫手段逼迫被害人书写收条的行为，应当如何定性？属于犯罪既遂还是未遂？

三、重点提示

对本案被告人的行为能否被认定为抢劫罪，关键要看财产性利益是否属于抢劫罪的犯罪对象。这一问题在理论和实践中存在很多争议，导致司法实践中的困惑以及司法不统一的现象。我国现行《刑法》中并没有直接规定侵犯财产罪的犯罪对象包括财产性利益，也没有单独设立利益罪，但是，刑法理论界普遍的观点认为，财产性利益可以作为财产犯罪的对象。随着社会交易方式、财产形态的日渐多样化，作为刑法中的财产犯罪的对象，"财产"概念的内涵和外延也呈现逐渐扩张的趋势。财产既包括有形的财物，也包括各种财产性利益。加强对财产性利益的法律保护，是市场经济发展的必然要求。

敲诈勒索罪与抢劫罪的主要区别在于客观方面，即行为的内容、方式、手段不同。抢劫罪以当场实施暴力或以暴力相威胁作为行为内容，当场取得财物；而敲诈勒索罪的行为内容则一般仅限于威胁，取得财物可以在当场，但更多的是在威胁、要挟之后的一定期限内取得。当然，有的敲诈勒索犯罪，行为人也可能使用一定程度的暴力，但这种暴力的程度尚未达到足以"使被害人不能反抗或者不敢反抗"的程度，否则就应当认为构成抢劫罪。

一般认为，犯罪行为构成既遂，通常是以该行为满足某一罪名的全部犯罪构成要件为依据。抢劫罪侵犯的是复杂客体，从对财产权的侵犯角度来看，认定抢劫罪既遂与否一般应以行为人是否实际控制了他人财产为标准。

💿 拓展资料

2 - 6

| 专题三 |

目的解释与类推解释

知识概要

由于法律总是基于过往的经验而制定的，所以总会出现立法当初所未能预想到的情况。此时从立法论上提出法律的修改建议并推动立法完善当然是可选择的方法，但许多时候出于法律安定性、立法技术与成本等多种因素的考虑，未必能够及时修改法律。当法律尚未修改，新的情况已经出现时，司法者为了获得妥当的案件处理结论，就不得不对法律进行解释，以期弥补对法律文本的过往理解与新的案件事实之间的空隙。刑法也是如此。因此，刑法解释有其必要性。

在进行刑法解释时，应采取客观解释论，而不是主观解释论。即刑法解释的目标应是存在于刑法规范中的客观意思，而不是立法者制定刑法规范时的主观意思或立法原意。[1]另外，由于必须遵循罪刑法定原则，实现刑法的人权保障的机能，所以刑法解释不能超出刑法用语可能具有的含义；由于刑法的目的在于保护法益，所以刑法解释不能违背保护法益的目的；由于《宪法》是制定刑法的法律根据，所以刑法解释也不能违反《宪法》。

刑法的解释方法可以分为解释技巧与解释理由两部分。

---

〔1〕 高翼飞、高爽："立场选择与方法运用：刑法解释的'道'和'器'——以刑法修正案相关罪名为例展开"，载《中国刑事法杂志》2012 年第 10 期。

刑法的解释方法	
解释技巧	解释理由
平义解释、宣言解释、扩大解释、缩小解释、反对解释、类推解释、比附、补正解释等。	文理解释、体系解释（含当然解释）、历史解释（不同于主观解释论）、比较解释、目的解释（论）等。
一次只能使用一种解释技巧。	一次可以具备多个解释理由。

刑法中的解释技巧包括平义解释、宣言解释、扩大解释、缩小解释、反对解释、类推解释、比附、补正解释等。根据罪刑法定原则，禁止对被告人不利的类推解释与比附。对一个刑法条文中的某个概念的解释，只能采用一种解释技巧。例如，进行了扩大解释就不可能同时采用缩小解释。具体采用哪种解释技巧，则取决于后述解释理由。

经常成为问题的是如何区分扩大解释与（不利于被告人的）类推解释。如果只是扩大解释，则不违背罪刑法定原则，是刑法上允许的解释技巧；如果是有利于被告人的类推解释，也不违背罪刑法定原则，刑法上也允许；如果是不利于被告人的类推解释，则违背了罪刑法定原则，是被刑法禁止的。

一般而言，在区分扩大解释与类推解释时，需要考虑以下三个因素：①与通常语义的距离。②处罚的必要性。③某解释在其他案件中的可行性。如果关于某用语的解释与该用语的通常语义或核心语义距离较近，在相关案件中处罚的必要性很大，且在该案中作出这种解释不会在其他案件中产生负面效果，那么将这种解释认定为扩大解释较为合适。反之，如果关于某用语的解释与该用语的通常语义或核心语义距离较远，在相关案件中处罚的必要性不大，且在该案中作出这种解释会对其他案件产生负面效果，那么很有可能将这种解释认定为（不利于被告人的）类推解释。

扩大解释	（不利于被告人的）类推解释
● 不违背罪刑法定原则	● 违背罪刑法定原则
➤ 与通常语义的距离近	➤ 与通常语义的距离远
➤ 处罚的必要性大	➤ 处罚的必要性小
➤ 某解释在其他案件中的可行性高	➤ 某解释在其他案件中的可行性低

刑法中的解释理由包括文理解释、体系解释（含当然解释）、历史解释（不同于主观解释论）、比较解释、目的解释（论）等。解释一个刑法条文中的某个概念的理由可以有多种。根据罪刑法定原则的要求，解释刑法条文时不能突破文理解释的范围，但在诸解释理由中，目的解释（而非立法者的原意）具有绝对性，对任何问题的刑法解释都必须具有符合刑法目的的理由。

但是，有时为了达到保护法益的目的（换言之，为了满足处罚的必要性）而对用语进行扩张解释时，往往会遇到用语可能具有的含义边界，一旦超出该边界，就沦为了类推解释。所以，合理的刑法解释一方面要能实现刑法的任务或目的，另一方面要恪守罪刑法定原则。下面以"财产性利益""毁坏""淫秽物品"这三个用语为例，展示在具体案件中如何运用刑法解释技巧、如何寻找刑法解释理由。

📖 经典案例

案例一：罗某抢劫案

3-1

一、基本案情

原审被告人罗某 2015 年 12 月 4 日因犯盗窃罪被遵义市汇川区人民法院判处有期徒刑 6 个月，并处罚金人民币 1000 元；2016 年 6 月 1 日因吸毒被行政拘留 15 日，同年 6 月 3 日被强制隔离戒毒 2 年。2016 年 6 月 3 日因涉嫌犯抢劫罪被刑事拘留，同年 6 月 15 日被逮捕。现羁押于遵义市第二看守所。

遵义市红花岗区人民法院审理遵义市红花岗区人民检察院指控被告人罗某犯抢劫罪一案于 2016 年 11 月 18 日作出（2016）黔 0302 刑初 632 号刑事判决。宣判后，遵义市红花岗区人民检察院提出抗诉。

原判认定：2016 年 5 月 31 日 11 时许，被告人罗某在遵义市汇川区昆明路乘坐朱某驾驶的贵C××号出租车至汇川区松庄小区11栋附近路段准备下车时，被告人提出无钱支付车费，下次再支付，驾驶员朱某未同意，罗某遂拿出携带的一把不锈钢水果刀，采取持刀威胁驾驶员朱某的方式拒绝支付车费并离开现场。

2016年5月31日14时许，被告人罗某在汇川区高桥乘坐郑某驾驶的贵C××号出租车至红花岗区官井南隧道出口下行（忠庄方向）约200米路段时，以持不锈钢水果刀相威胁的方式劫取被害人郑某现金人民币20元。

2016年5月31日18时许，被告人罗某主动到公安机关投案，并如实供述了在官井南隧道出口路段持刀抢劫出租车驾驶员20元的犯罪事实，以及在松庄小区持刀威胁出租车驾驶员拒付车费的事实。

原判根据上述事实和相关证据判决：①被告人罗某犯抢劫罪，判处有期徒刑4年6个月，并处罚金人民币5000元。②扣押在案的作案工具不锈钢水果刀一把予以没收。

遵义市红花岗区人民检察院的抗诉意见及支抗意见：遵义市红花岗区人民法院对罗某采取持刀威胁的方法拒付车费的事实不认定为抢劫罪，属于适用法律错误，请二审依法纠正。一审判决量刑在检察院量刑建议范围之内，并无不当。具体理由如下：抢劫罪是以非法占有为目的，以暴力、胁迫或者其他方法，强取公私财物的行为，侵犯的是财产法益，属于财产犯罪。第一，财产犯罪的对象是财物，包括狭义的财物与财产性利益，债权属于财产性利益。基于劳务与服务产生的债权属于财产性利益。本案中出租车驾驶员朱某为原审被告人罗某的乘车行为付出了相应的劳务，罗某采取持刀威胁的方法拒付车费，迫使朱某免除自己债务的行为，具有非法占有财物的目的。第二，抢劫罪在侵犯财产法益的同时也侵害他人生命、身体、自由。抢劫罪的行为手段是当场采用暴力、胁迫或者其他方法来压制对方反抗或使被害人产生恐惧心理而不敢反抗。本案中罗某采用持刀威胁的方式使被害人产生恐惧心理，该胁迫的方法足以压制被害人反抗，迫使被害人免除自己的债务，给被害人特定的财产造成了损失。

原审被告人罗某的辩解意见：一审判决适用法律正确，量刑恰当。其没有对朱某实施抢劫的故意和行为，该次不能认定抢劫罪，检察院抗诉意见不当。

经审理查明，原判认定"2016 年 5 月 31 日上诉人罗某在遵义市汇川区昆明路乘坐朱某驾驶的贵 C××号出租车，采取持刀威胁驾驶员朱某的方式拒绝支付车费并离开现场及其在汇川区高桥乘坐郑某驾驶的贵 C××号出租车时，采取持刀相威胁的方式劫取被害人郑某现金人民币 20 元及罗某主动到公安机关投案，并如实供述了在官井南隧道出口路段持刀抢劫出租车驾驶员 20 元的犯罪事实以及在松庄小区持刀威胁出租车驾驶员拒付车费"的事实清楚。

遵义市中级人民法院认为，原审被告人罗某以非法占有为目的，采用持刀相威胁的方法劫取他人现金 20 元并持刀威胁拒付他人车费，其行为构成抢劫罪，原判对其行为定性准确，本院予以确认。

关于抗诉机关所提"罗某持刀威胁他人拒绝支付他人车费的行为构成抢劫罪"的抗诉理由，经查，抢劫罪的对象不仅包括财物，还包括财产性利益。罗某搭乘出租车即与出租车驾驶员产生劳务关系，基于此产生的债权属于财产性利益。本案中出租驾驶员朱某为原审被告人罗某乘车行为付出了相应的劳务，罗某采取持刀威胁的方法使被害人产生恐惧心理而不敢反抗，放弃出租车费用，罗某的该行为应认定为抢劫罪。抗诉机关的抗诉理由成立，予以采纳。原判未认定罗某持刀威胁迫使出租车司机放弃出租车费的行为为抢劫罪不当，予以纠正。

关于本案量刑，原审综合原审被告人罗某有自首情节、累犯及认罪态度等情况，对其判处有期徒刑 4 年 6 个月，并处罚金人民币 5000 元，并无不当。检察院出庭认为原审量刑恰当的意见，予以采纳。鉴于检察机关以及原审被告人罗某对量刑并无异议，原审判决认定的事实清楚，量刑适当，审判程序合法，确无改判之必要，据此，依照《刑事诉讼法》（2012 年修正）第 225 条第 1 款第 1 项之规定，裁定如下：维持遵义市红花岗区人民法院（2016）黔 0302 刑初 632 号刑事判决。

二、法律问题

1. 作为财产犯罪行为对象的"公私财物"是否包含"财产性利益"？
2. 如何理解"财产性利益"的范围？

三、法理分析

《刑法》第 263 条规定，"以暴力、胁迫或者其他方法抢劫公私财物的，处 3 年以上 10 年以下有期徒刑，并处罚金；有下列情形之一的，处 10 年以上有期徒刑、无期徒刑或者死刑，并处罚金或者没收财产：……"。可见，《刑法》规定抢劫罪的对象是"公私财物"。不仅仅是抢劫罪，刑法分则第五章所规定的侵犯财产的犯罪，几乎都以"公私财物"作为行为对象。《刑法》中虽然没有明确定义什么是"公私财物"，但在总则中分别规定了公共财产与公民私人所有财产的范围。即《刑法》第 91 条规定了公共财产的范围，"本法所称公共财产，是指下列财产：①国有财产；②劳动群众集体所有的财产；③用于扶贫和其他公益事业的社会捐助或者专项基金的财产。在国家机关、国有公司、企业、集体企业和人民团体管理、使用或者运输中的私人财产，以公共财产论"。《刑法》第 92 条规定了公民私人所有财产的范围，"本法所称公民私人所有的财产，是指下列财产：①公民的合法收入、储蓄、房屋和其他生活资料；②依法归个人、家庭所有的生产资料；③个体户和私营企业的合法财产；④依法归个人所有的股份、股票、债券和其他财产"。

可见，公私财产中除了有体物外，还包括无体物与财产性利益。那么，作为财产犯罪行为对象的"公私财物"是否等同于"公私财产"呢？本书认为二者的含义相同。如果将财物的概念仅限于有体物与无体物，甚至仅限于有体物，则不能应对时代的发展，不能满足保护法益的要求。例如，以往提及盗窃罪、诈骗罪等财产犯罪时，观念上是以现金作为典型的被害财物；但随着电子化支付方式的发展，如今更多的案件表现为通过盗窃、诈骗的方式将被害人银行账户中记载的存款数额转移到行为人自己的银行账户中。在后者的场合，被害对象并不是现金这种实实在在的有体物，侵害的是被害人对银行的债权。即当被害人将现金存入银行后，被害人就失去了对现金这一有体物的占有，现金变为由银行占有，相应地，被害人获得对银行的债权，表现为记载在银行账户中的存款数额。行为人是通过盗窃的方式将他人对银行的债权转变为了自己对银行的债权，或通过诈骗的方式使他人将自己对银行的债权变成行为人对银行的债权。被害人对银行所享有的债权，就是一种典型的财产性利益。如果认为公私财物中不包括这种财产性利益，那么盗窃或骗取债权的行为都不能以盗窃罪、诈骗罪定罪处罚，不利于保护国民的利益。换言之，侵害他人财产性利益的行为具有与侵害他人有体物同等的处罚必要性，从目的解释的角度看，有必要将财产性利益解释为包含在"公私财物"

的范围内。另外，这一解释也没有违背当今一般国民的预测可能性，不违反罪刑法定原则，至多说这是扩大解释，而非类推解释。

因此，只要具备管理可能性、转移可能性与价值性，无论是有体物、无体物，还是财产性利益，都属于作为财产犯罪行为对象的"公共财物"。以财产性利益作为行为对象时，既可能表现为行为人的积极财产增加，例如通过敲诈勒索的方式使得被害人将账户里面的存款（实际上是被害人针对银行的债权）转到行为人的账户中；也可能表现为行为人的消极财产减少，例如通过诈骗的方式使得被害人免除了支付对价的债务。需要注意的是，使得对方免除非法债务的，不成立财产犯罪。例如，嫖客通过欺骗的方式令卖淫女免除其支付嫖资的债务的，不成立诈骗罪；但是，一旦嫖客已经支付嫖资，又从卖淫女手中将该嫖资骗回的，由于卖淫女对嫖资的占有值得刑法保护，所以此时针对嫖资可以成立诈骗罪。

较有争议的是劳务是否属于"财产性利益"？第一种观点认为，所有劳务都属于财产性利益；第二种观点认为，只有具有明确的市场价格的劳务才属于财产性利益；第三种观点认为，劳务本身不是财产性利益，只有劳务的对价才是财产性利益，使得他人免除该对价的，才有可能成立财产犯罪。例如，通过暴力手段压制被害人反抗，让被害人替自己天天跑腿取快递的，根据第一种观点可以成立抢劫罪，而第二、第三种观点则认为不成立抢劫罪。又如，通过胁迫手段压制被害人反抗，让不愿接单的出租车司机提供客运服务的，根据第一、第二种观点，在出租车司机提供服务的时点犯罪就既遂了，即便事后支付了对价也不影响犯罪的成立；而第三种观点则认为，只有出租车司机提供服务后继续压制其反抗使其免除支付车费这一债务时，成立抢劫既遂。可见，第一、第二种观点实际上保护的是被害人是否愿意提供劳务的意思活动自由，与被害人的财产性利益未必具有直接关系；而第三种观点着眼于劳务的对价，免除对价意味着行为人消极财产的减少，此时才符合财产犯罪的罪质。

四、参考意见

本案中行为人采取持刀威胁的方式劫取被害人现金人民币 20 元的行为中，被害财物是作为有体物的现金，该行为构成抢劫罪自不待言。行为人还采取持刀威胁被害人的方式拒绝支付车费，迫使被害人放弃出租车费、免除自己债务，该行为的本质是通过威胁的方法压制被害人的反抗从而使得行为人消极的财产减少，构成针对财产性利益的抢劫罪。这里的财产性利益并不是指被害人提供出租车客运服务这一劳务本身，而是指该劳务的对价，即出租车费。遵义市红花岗区人民检察院在抗诉意见及支抗意见中指出，"财产犯罪的对象是财物，包括狭义的财物与财产性利益，债权属于财产性利益。基于劳务与服务产生的债权属于财产性利益"。遵义市中级人民法院也在二审裁定书中指出，"抢劫罪的对象不仅包括财物，还包括财产性利益。罗某搭乘出租车即与出租车驾驶员产生劳务关系，基于此产生的债权属于财产性利益"。在本书看来，上述检察院与法院的见解是正确的。

案例二：倪某某故意毁坏财物案

3 – 2

一、基本案情

被告人倪某某于 2004 年注册成立旭强公司。2009 年左右，被告人倪某某开发了网络金手指软件，雇用销售人员，以该软件具有自动点击百度搜索推广的广告商的网站，能够实现迅速耗尽广告商广告费用、促使投放广告下线的功能，对外销售该软件牟利。后大量客户购买该软件，并使用该软件恶意点击竞争对手在百度上的推广链接，导致竞争对手的广告费被无端消耗。后经投诉，百度公司赔偿相关客户广告费损失共计 2.97 万元。期间，为避免客户使用网络金手指软件所实施的点击被百度网识别为无效点击，被告人倪某某多次升级软件，帮助客户绕开百度网排除非正常点击因素的限制。2013 年3 月 20 日，被告人倪某某在旭强公司被公安机关抓获，到案后如实供述了主要犯罪事实。

上海市长宁区人民检察院认为，被告人倪某某的行为已构成故意毁坏财物罪及提供侵入、非法控制计算机信息系统的程序、工具罪，因两罪之间具有竞合关系，应择一重罪按照提供侵入、非法控制计算机信息系统的程序、工具罪定罪处罚，被告人系坦白，提请上海市长宁区人民法院依法审判。

辩护人提出被告人的行为不构成犯罪。若认定为犯罪，鉴于被告人具有坦白情节等，建议从轻处罚并宣告缓刑。辩护人认为被告人无罪的理由如下：

首先，被告人的行为不构成提供侵入、非法控制计算机信息系统的程序、工具罪。……

其次，被告人的行为也不构成故意毁坏财物罪。第一，被告人实施的行为是开发、销售涉案软件，并未故意毁坏他人财物。第二，现有证据不足以证实百度公司客户被恶意消耗的广告费与被告人开发、销售的软件之间的因果关系。

针对控辩双方的意见，结合本案事实和证据，上海市长宁区人民法院评判如下：

1. 被告人的行为是否构成提供侵入、非法控制计算机信息系统的程序、工具罪。……因此，被告人倪某某提供的网络金手指软件虽然干扰了百度网站正常计算点击量和正确计费，但现无证据证明网络金手指软件具有侵入、非法控制计算机信息系统的功能，故被告人的行为不构成提供侵入、非法控制计算机信息系统的程序、工具罪。辩护人与此相关的辩护意见，予以采纳。

2. 被告人的行为是否构成故意毁坏财物罪。故意毁坏财物罪是指被告人故意非法毁灭或损坏公私财物，数额较大或情节严重的行为。这里的毁坏既包括对财物的有形毁坏行为，也包括使财物的效用贬损的行为。

本案中，首先，客户从被告人倪某某处购买涉案软件，用于恶意点击竞争对手在百度网站上的推广链接，会直接导致竞争对手在该网站搜索推广系统的资金被无端消耗，进而导致其推广链接快速下线，无法起到正常的广告效果，该行为直接侵害了竞争对手的财产权，且行为人主观上无非法占有目的，只是恶意消耗竞争对手的广告资金。该行为可以认定为故意毁坏财物行为。

其次，百度公司提供的《关于从搜索推广系统日志认定金手指点击的说明》与盘石公司司鉴［2013］物检字第65号司法鉴定检验报告书均证实了向百度公司投诉的32个商家网站被他人使用金手指软件恶意点击的事实。辩护人关于现有证据不足以证实客户广告费损失与金手指软件之间的因果关系的意见，与查明的事实不符，不予采纳。百度公司针对客户投诉，根据点击日志判断后，对客户的损失进行了赔偿，数额为2.97万元。上述赔付费用应认定为客户因金手指软件恶意点击而遭受的损失。

再次，被告人倪某某作为涉案软件的开发者，在销售该软件过程中，宣称该软件具有批量点击功能，诱导并提供软件帮助客户恶意点击竞争对手的搜索推广链接，从而恶意消耗竞争对手的资金，促使竞争对手的广告快速下线。上述行为足以认定被告人倪某某主观上具有毁坏他人财物的故意，客观上为直接实施者提供了涉案软件，应对该故意毁坏财物行为承担刑事责任。辩护人关于被告人并非故意毁坏财物行为的直接实施者，不应对客户广告费受损的行为承担刑事责任的意见，无法律依据，不予采纳。

综上，上海市长宁区人民法院认为，被告人倪某某诱使他人使用其提供的软件，恶意点击、消耗竞争对手的广告费，导致竞争对手财物损失，数额较大，其行为已构成故意毁坏财物罪，依法应予惩处。公诉机关指控的事实清楚，但定性不当，予以纠正。被告人倪某某到案后能如实供述主要犯罪事实，依法可从轻处罚。辩护人建议对被告人从轻处罚的意见，予以采纳。

判决如下：①被告人倪某某犯故意毁坏财物罪，判处有期徒刑1年6个月，缓刑1年6个月。（缓刑考验期限，从判决确定之日起计算。）②扣押在案的作案工具予以没收，违法所得予以追缴。

二、法律问题

1. 如何解释故意毁坏财物罪中的"毁坏"？

2. 本案中被告人诱使他人使用其提供的软件，恶意点击、消耗竞争对手的广告费，导致竞争对手财物损失，数额较大的行为，是否属于故意毁坏财物的行为？

三、法理分析

《刑法》第275条规定："故意毁坏公私财物，数额较大或者有其他严重情节的，处 3 年以下有期徒刑、拘役或者罚金；数额巨大或者有其他特别严重情节的，处 3 年以上 7 年以下有期徒刑。"关于故意毁坏财物罪中"毁坏"的解释，一直是学说中备受争议的问题。

其中涉及三类案件。第一类是通过对财物行使有形力，导致财物的完整性受到明显毁损的案件，例如用砖头将他人的电脑砸碎。第二类是通过对财物行使有形力，虽未造成财物的完整性受到明显毁损，但导致财物的效用减少或者丧失的案件，例如将他人分装的大量不同纽扣相混合。第三类是虽然没有直接对财物行使有形力，但使财物的效用减少或者丧失的案件，例如将他人的鸟笼打开导致名贵小鸟飞走。物理毁弃说认为只有第一类案件中的行为属于"毁坏"财物，有形侵害说则认为第一类与第二类案件中的行为都属于"毁坏"财物，而效用侵害说认为上述三类案件中的行为都属于"毁坏"财物。支持物理毁弃说与有形侵害说的学者往往指责效用侵害说对于"毁坏"的解释过于宽泛，超出了扩大解释的范围，有类推解释之嫌，违背罪刑法定原则。

如前一个案例分析所述，财产犯罪的对象，即"公私财物"中不仅包括有体物、无体物，还包括财产性利益。故意毁坏财物罪属于财产犯罪，其行为对象当然也应该包括财产性利益。既然有可能针对财产性利益成立故意毁坏财物罪，那么就不可能要求所有的毁坏行为都对行为对象的完整性造成损害，也不可能要求所有的毁坏行为都直接针对行为对象行使有形力。尤其是在现代社会，毁坏他人财产性利益的案件越来越多，例如侵入他人计算机系统将他人的股票低价抛售导致他人财产损失，这些案件不可能认定为其他财产犯罪，如果不解释为故意毁坏财物罪，将留下巨大的法律漏洞。考虑到刑法的安定性，这种漏洞应当首先通过刑法解释的方法弥补，唯有穷尽解释方法仍然不能弥补时才考虑刑事立法的手段。从这一点上看，效用侵害说正是在不修改法律的前提下有效运用刑法解释的方法满足处罚的必要性，符合目的解释的要求。另一方面，从"毁坏"的语义来看，并没有限定为行使有形力从物理上变更或者消灭财物的形体，其本质含义正是使财物的效用丧失或者减少。从效用减损的角度，而非物理毁坏或有形力侵害的角度来理解"毁坏"，并没有超出现代国民的预测可能性，不能说这是类推解释。

需要注意的是，所谓效用侵害，既包括因物理上、客观上的损害，也包括因心理上、感情上的缘故，而导致财物的效用减少或者丧失。例如，将他人的戒指丢入大海的，属于因物理上、客观上的损害导致财物的效用减少或者丧失；将污物投入他人的银质器具，使得他人不再使用该器具的，属于因心理上、感情上的缘故而导致财物的效用减少或者丧失。进一步而言，"效用"还包括美观方面的效用，在艺术品的场合，侵害艺术品的美观性从而使得其艺术价值减损的，当然属于"毁坏"；在建筑物的场合，即便没有侵害该建筑物的土木结构，但减损了该建筑物的欣赏价值的，也属于"毁坏"。

此外，效用侵害既包括财物本身的丧失，也包括被害人对财物占有的丧失。例如，将他人的白金项链单纯藏匿起来的，由于缺少利用意思（非法占有目的），不能成立盗窃罪等，只能考虑成立故意毁坏财物罪。无论是将该项链熔毁，还是丢入大海，还是单纯藏起来，从被害人的视角来看，都是不再占有该项链，从而丧失了该项链对于被害人的价值。在这个意义上，可以说这些情形都应解释为"毁坏"了该项链。

最后，行为是否属于毁坏，效用是否减损，与财物能否修复、能够找回没有关系。换言之，不能因为财物可以修复、可以找回就否认财物被毁坏或效用减少或丧失的事实。当然，如果通过简单的方法立即就能修复、找回的，也难以认定为效用上的减损达到了值得动用故意毁坏财物罪予以处罚的程度，也就没有必要认定为该罪。

四、参考意见

本案中被告人的行为是诱使他人使用其提供的软件，恶意点击、消耗竞争对手的广告费，导致竞争对手财物损失，数额较大。如果从物理毁弃说或有形侵害说的立场出发，被告人的行为难以认定为"毁坏"财物。但正如上海市长宁区人民法院在判决书中所指出的，"故意毁坏财物罪是指被告人故意非法毁灭或损坏公私财物，数额较大或情节严重的行为。这里的'毁坏行为'既包括对财物的有形毁坏行为，也包括使财物的效用贬损的行为"。可见，法院并没有采取物理毁弃说或有形侵害说，而是采取了效用侵害说。根据效用侵害说，虽然被告人提供的软件并没有使得被害人的某个有体物在完整性上遭受破坏，也没有对被害人的某个有体物行使有形力，但确实造成了被害人的财产损失，在这一点上，可以说"毁坏"了被害人的财物。

另需注意的是，以故意毁坏财物罪为代表的毁弃型财产犯罪与以盗窃罪、诈骗罪、侵占罪等为代表的领得型财产犯罪之间的区分点在于，成立领得型财产犯罪需要具备利用意思，而成立毁弃型财产犯罪则不需要具备利用意思。利用意思是指，遵从财物的用途对其进行利用、处分。上海市长宁区人民法院在判决书中也明确指出，"行为人主观上无非法占有目的，只是恶意消耗竞争对手的广告资金"，并没有利用该广告资金的意思，因此不能成立其他领得型财产犯罪，只成立故意毁坏财物罪。

综上，本书也认为本案被告人应成立故意毁坏财物罪。

案例三：吴某、徐某制作、复制、出版、贩卖、传播淫秽物品牟利案

3 – 3

一、基本案情

2012 年 10 月至 2015 年 6 月间，被告人吴某在淫秽色情网站"草榴社区"上注册和购买了 8400327、212121 等账号，利用该账号在"草榴社区"上发布 3000 余篇淫秽色情帖文，上传 2264 部淫秽色情视频，然后再通过关注度为裸聊网站打广告，并向网站收取广告费用，获利共计人民币 2 446 145.05 元。

2012 年 10 月至 2015 年 7 月间，被告人徐某在淫秽色情网站"草榴社区"上注册和购买了"尘封追忆""雪至夕霜"等账号，利用该账号在"草榴社区"上发布 2000 余篇淫秽色情帖文，上传 545 部淫秽色情视频，然后再通过关注度为裸聊网站打广告，并向网站收取广告费用，获利共计人民币 1 489 936.60 元。

2015 年 7 月 17 日，被告人吴某在其住处被民警抓获。同年 8 月 7 日，被告人徐某主动到公安机关投案。

掇刀区人民法院认为，被告人吴某、徐某以牟利为目的，利用互联网传播淫秽视频，情节特别严重，其行为均已构成传播淫秽物品牟利罪。被告人吴某如实供述自己的罪行，可以从轻处罚。被告人徐某犯罪以后主动投案，并如实供述自己的罪行，系自首，可以从轻处罚。被告人吴某、徐某已退缴部分违法所得，可以从轻处罚。依照《刑法》第363条第1款、第67条第1款、第3款、第64条，《最高人民法院、最高人民检察院关于办理利用互联网、移动通讯终端、声讯台制作、复制、出版、贩卖、传播淫秽电子信息刑事案件具体应用法律若干问题的解释》第1条、第2条的规定，判决：

一、被告人吴某犯传播淫秽物品牟利罪，判处有期徒刑13年，并处罚金人民币80万元；被告人徐某犯传播淫秽物品牟利罪，判处有期徒刑10年，并处罚金人民币40万元。

二、对被告人吴某的违法所得人民币2 446 145.05元予以追缴（含公安机关扣押的80万元）；对被告人徐某的违法所得人民币1 489 936.60元予以追缴（含公安机关扣押的76万元）；对被告人吴某以违法所得购买的鄂H××号现代牌汽车一辆予以追缴（汽车执行款项折抵违法所得）。

原审被告人吴某及其辩护人提出：上诉人吴某系初犯，且归案后如实供述自己的罪行，积极退赔部分赃款，原判量刑过重。吴某的辩护人另提出：上诉人吴某发布的淫秽视频不能通过境内网站浏览，社会危害性较小。原审被告人徐某及其辩护人提出：①上诉人徐某系初犯，且具有自首情节，原判量刑过重；②上诉人徐某发布的淫秽视频不能通过境内网站浏览，社会危害性较小。原审被告人徐某另提出：其传播的淫秽物品数量系400多部，并非原判认定的545部。

关于上诉人徐某提出"其传播的淫秽物品数量系400多部，并非原判认定的545部"的上诉理由。经审查，远程勘验检查笔录证实侦查机关在徐某"草榴社区"账号内共下载视频文件546部，（掇）公某字〔2016〕001号鉴定书证实上述546部视频文件中，有545部文件属于淫秽视频。故上诉人徐某提出的该上诉理由不能成立，不予采纳。

荆门市中级人民法院认为，上诉人（原审被告人）吴某、徐某以牟利为目的，利用互联网传播淫秽视频，情节特别严重，其行为均已构成传播淫秽物品牟利罪。上诉人吴某如实供述自己的罪行，可以从轻处罚。上诉人徐某犯罪以后主动投案，并如实供述自己的罪行，系自首，可以从轻处罚。上诉人吴某、徐某已退缴部分违法所得，可以从轻处罚。

关于上诉人吴某及其辩护人提出"上诉人吴某系初犯，且归案后如实供述自己的罪行，积极退赔部分赃款，原判量刑过重"及上诉人徐某及其辩护人提出"上诉人徐某系初犯，且具有自首情节，原判量刑过重"的上诉理由及辩护意见。经审查，原判已经认定了上诉人吴某、徐某的上述情节，并在量刑时予以了充分考虑。二上诉人传播淫秽物品牟利"情节特别严重"，依法应判处10年以上有期徒刑或者无期徒刑，并处罚金或者没收财产，原判根据二上诉人的犯罪情节及悔罪表现，在法定刑幅度内对二上诉人分别处刑并无不当。故二上诉人及其辩护人提出的上述上诉理由及辩护意见不能成立，不予采纳。

关于上诉人吴某的辩护人、上诉人徐某及其辩护人提出"二上诉人发布的淫秽视频不能通过境内网站浏览，社会危害性较小"的上诉理由及辩护意见。经审查，上诉人吴某、徐某均系通过境内网站登录"草榴社区"账号后上传的淫秽视频，侦查机关的远程勘验检查笔录及证人高某的证言也均能证实在境内网站可以浏览"草榴社区"论坛。故上诉人及其辩护人提出的该上诉理由及辩护意见亦不能成立，不予采纳。

原判认定事实清楚，证据确实、充分，适用法律正确，量刑适当。审判程序合法。依照《刑事诉讼法》（2012年修正）第225条第1款第1项之规定，裁定如下：驳回上诉，维持原判。

二、法律问题

1. 在网络上传播的淫秽视频是否属于淫秽物品？
2. 如何判断物品的淫秽性及行为人对淫秽性的认识？

三、法理分析

《刑法》第363条第1款规定："以牟利为目的，制作、复制、出版、贩卖、传播淫秽物品的，处3年以下有期徒刑、拘役或者管制，并处罚金；情节严重的，处3年以上10年以下有期徒刑，并处罚金；情节特别严重的，处10年以上有期徒刑或者无期徒刑，并处罚金或者没收财产。"关于淫秽物品的范围，第367条规定，"本法所称淫秽物品，是指具体描绘性行为或者露骨宣扬色情的海淫性的书刊、影片、录像带、录音带、图片及其他淫秽物品。有关人体生理、医学知识的科学著作不是淫秽物品。包含有色情内容的有艺术价值的文学、艺术作品不视为淫秽物品"。在判断涉案物品是否属于"淫秽物品"时，需分别对"物品"与"淫秽性"进行考察与解释。

在1997年《刑法》（自1997年10月1日期施行）实施的当时，电子计算机尚未普及、网络传播途径尚不发达，第367条第1款例示的淫秽"物品"，即"书刊、影片、录像带、录音带、图片"都是实实在在可以触摸到的物体（即有体物）。如果采用主观解释论，探求立法者制定刑法规范时的主观意思或立法原意，那么当时的立法者可能难以想象得到通过网络传播淫秽音频、文字、图像、视频等的情形，这些通过数字媒体技术呈现出来的信息难以被认定为淫秽"物品"。根据这种观点，将网络上的淫秽视频等解释为淫秽物品，可能属于违背罪刑法定原则的类推解释。但是，在《刑法》未修改的情况下，不将通过网路传播淫秽信息甚至以此牟利的行为作为犯罪处理，会形成巨大的处罚漏洞，不利于保护法益。所以，应采取客观解释论的立场，以存在于刑法规范中的客观意思作为刑法解释的目标。如此一来，以牟利为目的无论是传播淫秽的纸质画册还是传播淫秽的网络视频，从维护人类正常性行为观念与秩序的角度来看，具有同等处罚必要性。而且，将淫秽的网络视频等解释为淫秽物品也不违背当下一般国民的预测可能性。因此，这种解释不是类推解释，至多属于扩大解释，不违背罪刑法定原则，反而是有利于保护法益的目的解释。

这样的解释也得到了司法解释的赞同。例如，《最高人民法院、最高人民检察院关于办理利用互联网、移动通讯终端、声讯台制作、复制、出版、贩卖、传播淫秽电子信息刑事案件具体应用法律若干问题的解释（一）》（以下简称《淫秽电子信息犯罪解释（一）》）第1条规定，"以牟利为目的，利用互联网、移动通讯终端制作、复制、出版、贩卖、传播淫秽电子信息，具有下列情形之一的，依照刑法第363条第1款的规定，以制作、复制、出版、贩卖、传播淫秽物品牟利罪定罪处罚：……利用聊天室、论坛、即时通信软件、电子邮件等方式，实施第1款规定行为的，依照刑法第363条第1款的规定，以制作、复制、出版、贩卖、传播淫秽物品牟利罪定罪处罚"。可见，该司法解释中承认将淫秽电子信息解释为淫秽物品的合理性，并不认为这是类推解释。

此外，某物品是否属于"淫秽"物品，属于构成要件该当性的判断。构成要件要素可以分为记述的构成要件要素与规范的构成要件要素，前者是只要通过感觉的认识就可以获得其内容的要素，而后者是只有通过精神的理解才能获得其内容的要素。换言之，记述的构成要件要素不需要加入价值判断，而规范的构成要件要素需要通过价值判断才能断定。"淫秽"就属于规范的构成要件要素。结合《刑法》第367条的规定可知，"淫秽"的实质属性在于无端挑起人们的性欲和损害普通人的正常的性行为观念；判断时应当遵循的原则是，客观地从作品的整体性、淫秽描写与作品的关联性方面来判断是否属于淫秽物品。另外，由于传播淫秽物品牟利罪是故意犯罪，所以即便客观上传播的是淫秽物品，还需要行为人对此具有认识。根据外行人平行评价理论，对于规范的构成要件要素，只要行为人认识到一般人的评价结论，就能够认定其具有故意。例如，"淫秽"属于规范的构成要件要素，行为人虽然不认为其贩卖的物品是"淫秽"的，但认识到这是一般人所认为的"下流的""黄色的"物品时，即可认定行为人对该要素具有故意。

四、参考意见

本案中两被告人以牟利为目的，利用互联网传播的帖文、视频属于淫秽物品，且认识到这些物品的淫秽性，属于传播淫秽物品牟利的行为。根据《淫秽电子信息犯罪解释（一）》第1条、第2条的规定，两被告人的行为构成传播淫秽物品牟利罪，且达到了"情节特别严重"的程度。

拓展案例

案例一：古某某盗窃案

3-4

一、基本案情

被告人古某某受雇于董某勇、何某娟夫妇经营的面粉店，并同住在化州市东山街道办朝南路化州市第八小学教师宿舍西楼 301 号房。2014 年 3 月 8 日 23 时许，被告人古某某趁被害人董某勇、何某娟夫妇外出之机，便产生盗窃的歹念，用手拆开董某勇夫妇房间的门锁，进入房间内盗走人民币 2000 元、玉石手镯 2 个（翡翠玉镯 1 个、玛瑙玉镯 1 个）、紫罗兰玉手链 1 条、白色珍珠项链 1 条（未进行核价）、第 4 套连号人民币珍藏册 1 套等物品及古某某借何某娟人民币 19 000 元的借据 1 张。然后逃离现场，并将借据销毁。经化州市物价局价格认证中心鉴定，被盗的物品共价值人民币 3850 元。

原判认为，被告人古某某无视国家法律，以非法占有为目的，采取秘密手段盗窃被害人人民币 2000 元和财物一批共价值人民币 3850 元及将其已出具给被害人人民币 19 000 元的借据盗走，后将借据销毁，使其所欠被害人的债务消灭，从而非法占有他人财物，盗窃数额较大共人民币 24 850 元，其行为已构成盗窃罪，依法应当在"处 3 年以下有期徒刑、拘役或者管制，并处或者单处罚金"的法定刑幅度内追究其刑事责任。被告人归案后能如实供述自己的罪行，并能当庭自愿认罪，依法可以从轻处罚。鉴于追回部分赃物返还给被害人，减少了被害人的经济损失，可酌情对被告人从轻处罚。作出如下判决：被告人古某某犯盗窃罪，判处有期徒刑 1 年 6 个月，并处罚金人民币 1 万元。

原审被告人古某某不服，提出上诉称：其盗窃被害人的财物金额应为人民币 5850 元，其从被害人家拿走的借据是其父亲签名，没有其本人的签字和指模，不具有法律效力，其在归案后如实供述借款的事实，并表示出狱后尽快还清欠款，对被害人的债务没有任何影响，故原判将借据所载的人民币 19 000 元作为盗窃的数额属认定事实错误。

经审理查明，上诉人古某某从被害人何某娟家中盗窃的借据为古某某父亲古某国所写，内容大致为："古某某欠何某娟人民币 19 000 元。古某国"。

二、法律问题

1. 涉案借据是否属于被害人的债权凭证？能否用以证明被害人对行为人享有债权？

2. 本案中的被害财物是借据本身，还是可用该借据用以证明的债权？

3. 财产性利益是否是盗窃罪的行为对象？盗窃借据是否意味着被害人债权丧失，财产性利益受到了侵害？

4. 盗窃借据的行为完成后，是否已经盗窃既遂？

三、重点提示

盗窃罪的对象是否包含财产性利益，这一问题在刑法理论中具有争议。不同于德、日等大陆法系国家的刑事立法，我国刑法当中并未对"财物"进行区分，因此我国盗窃罪当中的"财物"仍有包含财产性利益的空间，这也是目前理论和实践当中比较有力的观点。虽然财产性利益可以成为盗窃行为的对象，但是并不是所有财产性利益均有前述资格，必须要契合盗窃罪的行为类型，即可被他人转移占有。借据一般被认为是证明借贷合同关系之债的必然凭据，是出借人向借款人交付借款时，借款人向出借人出具的一种借贷事实的依据，可以理解为出借人对债务人的债权凭证。在本案中，需要着重考虑的是被害人对行为人所具有的债权是否可以转移占有？是否随着借据的转移而转移？如果借据是实现债权的唯一工具，那么借据的被转移是否可按借据背后所蕴含的债权价值来认定？对这些问题的不同理解将会得出不同的结论，但无论得出何种结论，一定要符合盗窃罪的犯罪行为类型，即行为人以非法占有为目的，违背他人意志转移他人占有的财物，变为自己占有或者第三人占有。

案例二：林某故意毁坏财物案

3 – 5

一、基本案情

2013 年 3 月 30 日、4 月 21 日、4 月 26 日、4 月 30 日及 5 月 19 日，被告

人林某至×有限公司（以下简称×公司），位于北京市朝阳区，因劳资纠纷，在该公司办公室的玻璃门、玻璃墙以及室外墙壁上刻画"讨薪、讨债"等字样，造成经济损失共价值人民币 13 217.6 元。

一审法院认为，被告人林某遇事不能正确处理，故意毁坏公司财物，数额较大，其行为侵犯了公司的财产权利，触犯了刑法，已构成故意毁坏财物罪，依法应予惩处。鉴于被告人林某当庭表示对自己行为的错误性有一定的认识，同时考虑到本案确因劳动纠纷引发，故对被告人林某酌予从轻处罚并适用缓刑。据此，判决：被告人林某犯故意毁坏财物罪，判处拘役 3 个月，缓刑 3 个月。

上诉人林某的主要上诉理由为：其第一次在玻璃上刻字，此后均在原字体上描字，该种方式不能造成门的损坏，不妨碍门的使用功能……

上诉人林某的辩护人的主要辩护意见为：原判认定 2013 年 4 月 26 日林某在李某办公室内墙上刻画的事实证据不足，被害单位进行了四次玻璃更换的证据不足，被刻字的玻璃门不需要进行更换，完全可以修复……林某不具有毁坏财物的主观故意。

二、法律问题

1. 玻璃门的美观是否属于该财物的效用？破坏美观但不影响门的一般使用功能的，是否属于"毁坏"？

2. 被害单位的玻璃门在被刻画后，产生的划痕和字迹内容是否必然导致财物效用的部分丧失或者减少？被害单位对于上述被毁坏的玻璃门进行更换是否具有合理性？

3. 财物能否修复是否影响"毁坏"的认定？

三、重点提示

故意毁坏财物罪所保护的客体当中包含财物的使用价值，只要行为人的行为使得财物全部或部分丧失了使用价值，达到数额较大或其他严重情节即可构成该罪。在本案当中，虽然被告的行为并没有使得被害单位的玻璃门无法使用，但是作为单位的门面，经被告人的刻画行为后，显然会影响门的使用价值，被害单位对其进行更换具有合理性。财物能否修复并不影响毁坏的认定,否则科技高度发达的今天,故意毁坏财物罪的规制范围将被限缩到极其微小的范围,并不符合本罪的立法目的。

🗐 拓展资料

3 − 6

实行行为

📖 知识概要

康德："法律关注行为的外部，道德关注人的内心。"作为刑法理论最重要的概念之一，实行行为是使各种犯罪的构成要件在外部上具有自身特色的最主要的要素。

就实行行为的本质而言，其具有有体性、有意性及有害性三个特点。有体性表现为，实行行为于客观上而言是人的身体活动；有意性表现为，实行行为于主观上是受行为人的意识支配的；有害性表现为，实行行为是在法律上对社会有害的身体活动。

从形式上理解，实行行为是刑法分则条文罪状所规定的危害行为。这意味着，某些行为即便与结果之间存在着某些理论上所认可的因果关系，然而行为本身若并不能被涵摄入构成要件的内容，则不被认为是刑法意义上的"实行行为"。例如，某甲与某乙素有仇恨，某甲怂恿某乙乘坐飞机出行，寄望于某乙在空难中死亡，后某乙听从某甲劝说，乘坐飞机，果因意外的空难而死，这里某甲的怂恿因不符合刑法分则条文故意杀人罪罪状的规定，因而并不能被认定为实行行为。

从实质上理解，实行行为是能够直接造成损害结果和危险结果、具体危险的行为。这意味着，实行行为至少要是具有引起损害结果和危险结果发生可能性的行为，即对法益造成现实紧迫直接危险的行为，且这种行为在构成要件之中是被类型化的。纯粹的危险降低的行为并非实行行为，例如乙从楼上跌落，甲将垫子扔向乙将要坠至的地点，乙最终受到了较轻的伤害，那么甲的行为并不是刑法上的实行行为。

实行行为	概念	刑法分则规定的构成要件的行为	在客观上是人的身体活动,包括积极活动和消极活动。		
			在主观上受行为人的意识支配,是行为人主观意志的表现。		
			在法律上是对社会有害且被法律所规制的身体活动。		
	特征	形式特征	行为必须符合刑法规定的具体犯罪的构成要件。		
		实质特征	对法益造成现实紧迫直接危险的类型性行为。(类型性的法益侵害行为)	判断参考因素	(1)结合行为人的主观意图,如果属于为犯罪准备工具、制造条件的行为不属于着手;(2)考察行为与犯罪对象是否直接接触或接近;(3)考察行为是否对法益造成直接的危险;(4)考察行为是否能直接造成法益侵害的结果。
	开始时点	着手	客观说(开始实施与犯罪构成要件密切相关的行为)。		
			主观说(行为人的犯罪意思被确定无疑地表现出来就是着手)。		
			实质客观说(开始产生法益侵害性的行为就是着手)。		
			折中说(结合行为人主观计划和客观行为来判断)。		
	表现形式	作为	以积极的身体动作实施刑法所禁止的行为,包括利用自己、他人、工具、动物等。		
		不作为	在能够履行特定义务的情形下,消极不履行义务,因而造成法益侵害结果的发生。		
		持有	行为人对于法律所禁止支配的特定物品予以控制的状态。		
	过失犯的实行行为	过失犯在构成要件层次审查的重点在于对"客观注意义务"的违反。这种"注意义务"直接体现了对法益的保护。	(1)行为违反了客观注意义务而产生法益侵害的危险;(2)这种危险(结果)是在客观注意义务的保护范围内。	注意义务之来源	(1)法律法令、规章制度规定的注意义务;(2)习惯、常理所要求的注意义务(包括职务业务上的要求和生活习惯等)。此义务来源不必具有特殊的法律形式,但须具备刑法的目的,即该义务直接体现了对法益的保护。

经典案例

案例一：赵某抢劫、盗窃案

4 - 1

一、基本案情

赵某来到宁都县梅江镇南外路 78 号 1 栋 1 单元 501 室被害人赵某 2 家门前，采取攀爬钻窗的方式进入赵某 2 家欲实施盗窃。赵某试图先将赵某 2 家大门打开以便及时逃跑，因大门用钥匙反锁未果，且被赵某 2 家人察觉。赵某躲进厨房内，从厨房内拿起一把水果刀，至客厅持刀与赵某 2 家人对峙，并以伤害赵某 2 家的小孩及自杀相威胁。赵某 2 将大门钥匙扔给赵某后，赵某用钥匙打开大门逃离现场。

二、法律问题

对赵某以自杀相威胁的行为是否应认定为转化型抢劫？

三、法理分析

根据我国《刑法》第 264 条，盗窃罪，是指以非法占有为目的，窃取他人占有的数额较大的财物，或者多次盗窃、入户盗窃、携带凶器盗窃、扒窃的行为。其中入户盗窃是五种盗窃罪形式之一，即非法进入供他人家庭生活，与外界相对隔离的住所盗窃。赵某晚上爬窗进入受害人家中行窃，并且后来趁机携带已经窃取的钻戒一枚逃走，客观上具有盗窃的行为，主观上具有盗窃的故意，符合盗窃罪的构成要件，即已经盗窃既遂。

其是否符合《刑法》第 269 条规定的转化型抢劫，我们需要进一步分析。该条规定，犯盗窃、诈骗、抢夺罪，为窝藏赃物、抗拒抓捕或者毁灭罪证而当场使用暴力或者以暴力相威胁，以抢劫罪定罪处罚。可见"犯盗窃、诈骗、抢夺罪"是转化型抢劫罪定罪的前提条件，要求已经着手实施前述三种行为，并不要求既遂，赵某在这个要件上是完全符合的。"当场使用暴力或者以暴力相威胁"首先需要行为具有当场性，即行为发生在盗窃的现场或者行为人刚离开现场就被他人发现并抓捕，"当场"应理解为行为人实施盗窃、诈骗、抢夺行为的现场以及被人追捕的整个过程与现场。案件中赵某为抗拒抓捕而以自杀相威胁，发生于受害人家中，即犯罪现场，显然具有当场性。其次，暴力或者以暴力相威胁要达到压制反抗的程度。使用暴力或者以暴力相威胁，是指对抓捕者或者阻止其窝藏赃物、毁灭罪证的人使用暴力或者以暴力相威胁。案件中赵某以自杀恐吓受害人——无论暴力所直接指向的是什么人，它的确实现了对于受害人的"威胁"。就形式上的判断而言，行为人的行为符合刑法规定的具体犯罪的构成要件。

然而，赵某的行为，在实质层面上是否能被认为是转化型抢劫的实行行为，这需要进一步的认定。

首先，赵某将刀架在自己脖子上的行为，是否带来了法益损害的危险？1979 年《刑法》中即已专门规定了对这种为窝藏赃物、抗拒抓捕或者毁灭罪证而当场使用暴力或者以暴力相威胁的行为以抢劫罪论处，1997 年修订《刑法》时亦将其经过调整后纳入。就立法理由而言，转化型抢劫的条文是"为了严厉惩处盗窃、诈骗、抢夺这三类侵犯公私财产权利的犯罪行为，鼓励人民群众与犯罪作斗争，刑法专门规定了对这种行为以抢劫论处。"[1] 而从规范目的的角度来看，转化型抢劫的规定在于保护被害人或其他人民群众的生命或身体健康，正是由于暴力或暴力威胁行为增加了侵害被害人身体健康法益的危险，所以要按照抢劫罪加重处罚。抢劫罪与盗窃罪皆为侵害财产类犯罪，其规范目的的不同之处，以及其两罪轻重之别的本质，正在于抢劫罪不仅侵犯公民的财产权利，还危及公民的人身安全。本案中赵某的暴力行为所针对的对象是自身的人身安全，在这里，不能认为规范目的的内容涵盖了行为人自身的安全，因为完全自主的"自残""自杀"行为

---

[1] 全国人大常委会法制工作委员会刑法室编：《中华人民共和国刑法条文说明、立法理由及相关规定》，北京大学出版社 2009 年版，第 563 页。

是法益主体对自身法益的侵害行为，无论是认为其有充分的处分权还是认为应坚持"家长主义"而否定其处分权，这种法益均不应被认为是抢劫罪所要保护的法益。综上，在规范目的的视角上，将赵某的行为认定为转化型抢劫是不妥当的。

那么，进一步来看，抢劫罪中行为人自身的人身安全的法益应被如何理解？根据《刑法》第20条的规定，"为了使国家、公共利益、本人或者他人的人身、财产和其他权利免受正在进行的不法侵害，而采取的制止不法侵害的行为，对不法侵害人造成损害的，属于正当防卫，不负刑事责任。……对正在进行行凶、杀人、抢劫、强奸、绑架以及其他严重危及人身安全的暴力犯罪，采取防卫行为，造成不法侵害人伤亡的，不属于防卫过当，不负刑事责任。"也就是说，在不法侵害进行之时，为了"法的确证"，被害人可在一定限度内对不法侵害人造成损害。行为人的某些法益于其进行不法侵害之时，一定程度之内在法律上是"可以"侵害的。这里的逻辑问题在于，赵某的行为若认定为是"以暴力相威胁"的转化型抢劫的实行行为，那么受害人具有对赵某的无限防卫权，这意味着在类似的情况中我们可以对正在进行自杀行为的人行使无限防卫权而杀死他，这显然是荒谬的。而上述这个假设的症结正在于，将法益主体对自身法益的侵害等同于一般情况中的对他人法益的侵害——这会难以避免地造成诸多逻辑矛盾与显然不合理之处。所以在法益主体损害自身法益的视角上，赵某对自己的"暴力"不应被认为是转化型抢劫中所针对的情形。

最后，受害人本身基于什么样的考虑而放弃抓捕？不可否认，《刑法》第269条的规定，属于法律拟制，对于法律拟制的内容不可完全与其所"视为"的罪名相比照，不可将被"压制"这一抢劫罪中的重要考量因素置入《刑法》第269条的考虑之中。然而，对于赵某的行为，从实质层面上看，受害人并无通常意义上的真正被"威胁"的可能性。赵某的行为所能引发的仅仅是使受害人基于怜悯或类似情感而放弃抓捕，而这并非实质意义上的"威胁"——威胁至少应是使受害人产生切实具体的恐惧心理，而非仅仅引起他人怜悯或类似感情。所以在受害人与对"威胁"的实质解释的视角上，赵某的行为并不是转化型抢劫的实行行为。

四、参考意见

综上所述，赵某用随身携带的尖刀架在自己的脖子上以恐吓受害人的行为，不应认定为转化型抢劫。于形式上而言，赵某的行为与转化型抢劫的实行行为有极强的相似性。然而，就实质上而言，在规范目的、法益的考量以及对文本的实质理解等多个视角上，赵某的行为均不能被认定为是转化型抢劫的实行行为。

案例二：段某某合同诈骗、诈骗案

4 – 2

一、基本案情

2007 年 5 月 28 日，段某、尼某宝（均已判刑）、朱某某（另案处理）等人与被告人段某某预谋后，由被告人段某某用其事先办好的西宁地区移动电话卡给被害人青海省乐都县民族塑料厂厂长宋某保打电话，自称是青海省军区后勤处处长，并称该处有剩余的塑料原料可以低价处理，问是否需要，被害人宋某保回答需要，双方即电话联系谈好价格并约好见面验货，5 人即前往青海省西宁市。同年 5 月 31 日，被害人宋某保和自称是后勤处处长助理的朱某某在青海省军区门口见面，查验原材料样品，之后被害人宋某保按照段某某的要求在西宁七一桥邮政储蓄所办理一张活期存折并拿给朱某某查看，在此过程中，朱某某用事先以"宋某保"的名字在同一储蓄所办好的存折（附带一张邮政储蓄卡）予以调包。6 月 1 日宋某保如数将谈好的货款 24 万元存入调包后的存折中，当日尼某宝、朱某某即用储蓄卡将 24 万元分次提出后逃匿。所得赃款被告人朱某某分得 48 000 元，段某、尼某宝、段某某、分得赃款 45 000 元，另一人分得赃款 45 000 元。其余钱款被上述 5 人挥霍。案发后追回赃款 17 000 元退还被害人。

2007 年 6 月，被告人段某、尼某宝、唐某（均已判刑）伙同段某某经预谋后，由被告人段某某用其事先办好的长沙地区电话卡给被害人湖南省长沙市海兵塑料批发部梁某兵打电话，自称是湖南省军区后勤处处长，并称该处有剩余的塑料原料可以低价处理，问被害人是否需要，被害人梁某兵回答需要，双方即电话联系谈好价格并约好见面验货，被告人尼某宝、唐某、段某某即前往湖南省长沙市，同年 6 月 26 日，被害人梁某兵和自称是后勤处处长秘书的尼某宝在湖南省军区门口见面，查验原材料样品，之后被害人梁某兵按照要求在附近一邮政储蓄所办理了一张活期存折并拿给尼某宝查看，在此过程中，尼某宝用事先以"梁某兵"的名字办好的邮政储蓄存折（附带一张邮政储蓄卡）予以调包。6 月 26 日，梁某兵如数将谈好的货款 12 万元存入调包后的存折中，当日被告人唐某即用卡将 12 万元分次提出后逃匿。

二、法律问题

本案存在的争议问题是盗窃罪与诈骗罪之间的界限。一审法院认为被告人以非法占有为目的，采用隐瞒事实真相，调换存折的欺诈手段，诈骗作案，构成诈骗罪。公诉机关认为虽然本案被告人设立了骗局，但仅仅是为秘密调换储蓄卡作铺垫，故其最终达到非法占有他人财物的目的是通过窃取这一关键环节实现的，被告人应构成盗窃罪。人民检察院抗诉后，二审法院撤销原判决，改判被告人构成盗窃罪。那么，盗窃罪与诈骗罪之间的界限是什么？

三、法理分析

（一）盗窃罪与诈骗罪的一般区别

诈骗罪与盗窃罪在现实生活中是两种常见的犯罪，存在一定的相似之处：首先，两者侵犯的客体都是公私财物的所有权；其次，两者主观上都要求直接故意，而且以非法占有他人财物为目的；最后，两者均为一般主体的犯罪，凡年满 16 周岁的自然人均可以成为犯罪主体。但一般而言，盗窃罪和诈骗罪的客观构成特征存在明显的不同，所以区分还是比较容易的。诈骗罪是指以非法占有为目的，使用欺骗的方法，骗取数额较大的公私财物的行为。其基本的客观构造是：行为人实施欺骗行为—对方（受骗者）产生错误认识—对方基于错误认识处分财产—行为人或第三人取得财产—被害人遭受财产损失。盗窃罪是指以非法占有为目的，秘密窃取数额较大的公私财物或者多次秘密窃取公私财物的行为。其主要客观特征是秘密窃取数额较大的公私财物或者多次秘密窃取公私财物。

诈骗罪的上述五个客观构成因素形成了一个典型的因果链。在这个因果链上，欺诈行为是起因。所谓欺诈行为，就是通过捏造事实或者隐匿真相，使他人陷入错误认识的行为。一些国家的刑法典对欺诈行为有概括性的规定：如《德国刑法典》第263条规定，欺诈行为是"以欺骗、歪曲或隐瞒事实的方法，使他人陷入了错误中"；《意大利刑法典》第640条规定，欺诈行为是"利用计谋或圈套致使他人产生错误"；《瑞士联邦刑法典》148条规定，欺诈行为是"恶意虚构事实或隐瞒事实，而使人陷入错误，或者恶意利用他人之错误"。我国《刑法》虽未对欺诈行为作进一步的解释，但在我国刑法理论上，对于欺诈行为的诸特征都给予了细致的梳理。迄今已经没有异议的是：①关于欺诈行为的手段、方法，不应设定过于严格的限制，既可以是语言欺诈，也可以是行为欺诈；②欺诈行为的对象只要求是具有处分财产权限或者地位的人，不要求一定是财物所有人或占有人；③欺诈行为必须有使一般人陷入错误认识的可能性，也就是说，欺诈行为只有达到一定的程度，才可能成为诈骗罪客观方面所要求的行为。因此，商人在出卖自己的商品的过程中，多少会对商品做些夸张的介绍，但只要没有超出商业惯例所要求的范围，就不能认为是违反了诚信原则的欺诈行为。欺诈的程度与欺诈对象有密切的关系。如果被欺诈者是缺乏知识和经验的人，他就比一般人更容易受骗。如果欺诈行为不能使被害人产生错误的认识，被害人自然不会做出对行为人有利、对自己不利的行为。处分行为的结果是实现了被害人的财产在被害人与行为人之间的转移。因此欺诈的内容如果不能使被害人作出财产处分，则不是诈骗罪的欺诈行为。尚存在异议的是欺诈行为可否由不作为构成。一种意见认为，欺诈行为既可以由作为构成，也可以由不作为构成。积极地虚构事实是所谓作为形式的欺诈行为，而消极地不告知事实真相则是不作为形式的欺诈行为。另一种观点认为，所谓欺诈无非是就某种事实作虚假的意思表示，而意思表示既可以是明示也可以是默示，因此不能认为在欺诈案中只要行为人没有告知某种实情，就是不作为的欺诈。例如商家没有告知被害人商品的重大瑕疵而使被害人基于错误的认识处分了财产，这应当是一种作为犯而不是不作为犯。我们认为，无论是故意捏造事实还是隐瞒事实真相，都是行为人为了使被害人产生错误认识而采取的积极举动，所以欺诈行为都应当是作为犯。

被诈骗者的错误认识不仅是连接欺诈行为与处分行为的中介，也是行为人的欺骗行为是否能得逞的关键。如果被害人并非基于欺诈行为造成的认识错误而交付财物，而是出于同情犯罪人或者其他的原因假装受骗交付财物的，则不构成诈骗罪。同时，正是因为这一要求的存在，纯粹利用对方的客观错误占有其财物的，也不构成诈骗罪。如顾客发现商家多找了钱，保持沉默而据为己有不予归还的，由于其取得财物并非由该顾客欺诈行为造成的主观认识错误导致的，所以不能够构成诈骗罪，仅应当视为一种不当得利。从没有处分能力的幼儿、严重精神病人那里取得财物，被害人无处分意识和行为，自然谈不到主观上的认识错误，故不构成诈骗罪，只能构成盗窃罪。在理论上，对于向自动售货机中投入金属片取得商品的行为，是否构成诈骗罪存在不同意见。有观点认为构成诈骗罪，认为自动售货机按照一定的由人所设计的程序来运作，也是人的意志的体现，所以行为人投假货币到自动售货机当中，实质上等于使程序设置者陷入错误当中，故认定为诈骗罪。另一种观点则认为，机器不可能被骗，因此向自动售货机中投入类似硬币的金属片，从而取得商品的行为不构成诈骗罪，只构成盗窃罪。同样，使用别人的支付凭证在自动取款机中取得财物的，也构成盗窃罪。[1] 我们认为，后一种观点是妥当的。

在大陆法系国家的刑法理论中，关于被诈骗者的交付行为是否是诈骗罪成立的必备要件，存在两种对立的观点。不要说认为，交付行为并非诈骗罪的独立要件，特别是在骗取利益的场合，它只不过是为确定利益转移起因果联系的作用。必要说则认为交付行为是诈骗罪成立必不可少的条件。我国刑法理论界也存在类似的两种不同观点。我国《刑法》并没有明确规定诈骗罪最终是否需要交付（处分）行为，但是理论上一般认为被骗者交付财物是诈骗罪的必备要件，如果不存在被害人处分财产的事实，则不可能成立诈骗罪。如甲欺骗在家看守房子的乙说："你看那边着火了"，乙跑出家门去看，甲趁机窃取其家中财物。这种行为虽然具有欺诈因素，但不能使人处分（交付）财物，因而只是盗窃行为。再如行为人将被害人约在餐厅吃饭时，声称需要

---

[1] 张明楷：《刑法学》，法律出版社 2007 年版，第 740 页。

借被害人的电话，被害人将手机递给行为人后，行为人假装拨打电话，并谎称信号不好，一边假装努力接通电话，一边往餐厅外走，然后乘机逃跑。在这种情况下，实际上属于盗窃而不是诈骗。因为被害人将手机给行为人使用的行为不是处分手机的行为；行为人在餐厅、咖啡厅等地使用手机时，根据社会的一般观念手机仍然由被害人占有。处分财产可表现为直接交付财物或者承诺行为人取得财物，或者承诺转移财产性利益。

盗窃罪的客观方面，一般表现为秘密窃取。所谓秘密窃取，是指犯罪分子采取主观上认为不会被财物所有人、管理人员或者经手人发觉的方法将公私财物据为己有。秘密窃取带有平和性，仅仅针对财物而不危及被害人人身安全，这一点与抢夺、抢劫行为相区别。秘密窃取带有隐私性，即违背财物占有人的意志，以秘密的方式将财物转移为自己或第三人占有。这里的秘密，是针对财物所有人、保管人、经手人而言的，即在窃取财物的过程中，只要财物的所有人、保管人、经手人没有发觉，即使被其他人发现，也应当视为秘密窃取。甚至行为人的盗窃行为已被财物所有人、保管人、经手人发觉，但被害人由于某种原因未加阻止，行为人也不知道已被发觉，将财物取走的，仍为秘密窃取。

综合以上两个方面，我们认为，诈骗罪与盗窃罪的根本区别在于，盗窃罪属于夺取型财产犯罪，以违反财产占有者的意思转移财物占有为特征。而诈骗罪属于交付型财产犯罪，以被骗者基于瑕疵意思处分财产或者财产性利益为成立条件。也就是说，诈骗罪中被欺骗者是自愿、主动地将自己所有或者占有的财物交付他人的。[1]

（二）盗窃手段与诈骗手段并用情况下的定性问题

根据上述盗窃罪与诈骗罪的构成特征分析以及两者在客观构成上的区别，一般可以将盗窃罪与诈骗罪两罪区分清楚。但是在司法实践中，窃取与欺骗手段有可能同时被用于非法占有他人财物的犯罪中，此时就会发生是定盗窃罪还是定诈骗罪的问题。本案出现争议的关键原因就在于此。在之前的理论探讨与司法实践中，此类犯罪的主要表现形式之一为窃取他人财产凭证后冒领财物。如窃取他人的银行存款单、凭证、汇款单，冒领他人的存款、汇款

---

〔1〕 赵秉志主编：《刑法教学案例》，法律出版社2003年版，第275页。

的；盗窃他人的信用卡，冒名使用的；盗窃他人存放包裹的凭证，冒领他人包裹；等等。

对于上述情形下的犯罪性质认定问题，理论上存在不同的意见：①有观点认为，在这类案件中区别盗窃罪与诈骗罪的关键就是看被害人是否因受骗而自愿将财物交付给行为人，缺乏这一条件就不构成诈骗罪。[1]如盗窃他人存折后，冒名领取的，由于银行不承担损害后果，被害人是财产所有人，而被害人并未向行为人交付财物，所以不能定诈骗罪，只能定盗窃罪。②有观点认为，在这类案件中，区别盗窃罪与诈骗罪的关键在于窃取某种凭证后冒领财物，能否视为盗窃行为的延续。如果盗窃的是领取财物的有效凭证或票据，那么盗窃得手就已经窃取了该财物的价值，因为这些凭证或票据本身已经包含了实际的价值，事后的冒领行为，只是实现其盗窃所得财物价值的一种手段，应当视为盗窃罪的延续。如果所窃取的凭证、票证或证券手续不全或者已经失效，自然也就不能代表该财物的实际价值，行为人进一步伪造印章等，并冒领财物的，则不能视为盗窃罪的延续，只能构成诈骗罪。[2]③有观点认为，区分盗窃罪和诈骗罪的关键在于对行为人非法占有财物的主要手段的定性：如果起主要作用的是欺骗手段，那么构成诈骗罪；如果起主要作用的是盗窃手段，则构成盗窃罪。如行为人盗窃没有加盖公章的空白支票，伪造公章、自填金额后冒领财物的，其非法获得财物的手段是欺骗手段，构成诈骗罪；如果盗窃印鉴齐全的支票，冒领财物的，其非法获得财物的手段则主要是盗窃，欺骗手段降至次要地位，因此只能构成盗窃罪。[3]④有观点认为，财产损失是否是由被害人的处分行为所导致的是区分诈骗罪与盗窃罪的关键。[4]在一般情况下，只要按照这一标准进行判断，就不难加以区分。即使在诈骗行为与盗窃行为交织在一起的情况下，只要看行为人在非法占有他人财物的过程中起到关键作用的手段是什么，就不难区分盗窃罪与诈骗罪。

---

〔1〕 高铭暄主编：《新编中国刑法学》（上下册），中国人民大学出版社1998年版，第784页。

〔2〕 周道鸾、张军主编：《刑法罪名精释——对最高人民法院关于罪名司法解释的理解和适用》，人民法院出版社1998年版，第557~558页。

〔3〕 高铭暄、马克昌主编：《刑法学》，中国法制出版社1999年版，第908页；最高人民法院第一至五庭主编：《刑事审判参考》（2007年第1集总第52集），法律出版社2007年版，第26页。

〔4〕 陈乃保、陈兴良编：《刑事疑案评析》，中国检察出版社2004年版，第370页。

纵观以上四种观点，其问题解决方式具有共同性，即希望通过区分盗窃手段和诈骗手段在此类犯罪中的作用大小，并且按照起主要作用的行为性质来确定犯罪性质。在这种思路之下，上述前三种观点在具体表述上都存在些许瑕疵。上述第一种观点将诈骗罪的"被骗人"仅仅限于财产所有人的范围，这是不妥当的。现实生活中，显然存在针对财产所有人之外的财产占有人、管理人或经手人的诈骗情形。其典型的例子就是理论上所说的三角诈骗情况。不同于只有行为人与被害人的普通的诈骗行为，普通诈骗是被害人因为被欺骗而产生认识错误，自己处分自己的财产的情况，三角诈骗情况下被害人和被骗人并非同一人，诈骗者通过对被骗人的欺诈行为损害了财产所有人的财产利益。如某甲上班后，其保姆丙在家中做家务，某乙敲门后欺骗保姆说，某甲委托其将某甲珍藏的一幅国画取走。保姆丙信以为真，取画交予某乙。某甲回家后才发现保姆被骗了。在这里，保姆丙有交付财物的权限，且由于其主观的认识错误而直接交付了财物，所以显然应当构成诈骗罪。第二种观点将分析的中心置于欺诈行为是否是盗窃行为的自然延续，实际上是在分析欺诈行为是否为事后不可罚的行为。所谓事后不可罚的行为，是指在侵犯同一法益范围内，先前犯罪行为的自然继续与顺延，且法律不再重复评价和处罚的行为。例如行为人盗窃财物后，又将财物毁坏。行为人毁坏财物的行为就是事后不可罚的行为。事后不可罚的行为与先前行为侵犯的是同一法益，事后行为的实施不会扩大侵害法益的范围与程度，因此为先前的犯罪行为所吸收。事后行为实质上可以归结为一个构成要件可以包括评价范围内的行为。这种观点存在两点不足：其一，根据什么标准来判断欺诈行为是否为盗窃行为的自然延续尚不明确；其二，盗窃财物凭证后予以冒领的，其主观上的欺诈意图和客观上的欺诈行为是客观存在的，断无根据财产凭证本身是否齐全有效而不予评价之理。第三种观点以行为人占有财物时何手段起主要作用来确定犯罪性质，违背了刑法的保护法益原理。根据这一原理，评价一个行为是否构成犯罪时不应当看行为人是否真正地从犯罪行为中获得了好处，而应当看其行为是否给被害人造成了损害。有时，盗窃行为即使没有给行为人带来直接的财产利益，但是却已经给被害人带来了财产损失。如盗窃他人的寄存物品凭证就是如此，如不将其作为盗窃罪予以否定评价，显然不能够切实保护公民的财产权益。

上述第四种观点既没有过分限制被骗者的范围，也没有将评价不同手段作用大小的场域错误地放置于取得财物之时，而且较之第二种观点也具有明确性。因此在"区分不同手段作用大小"这一思路之下具有最大程度的合理性。问题是："在造成财产损失意义上区别盗窃手段和诈骗手段的作用大小"这一总体思路本身是否具有合理性呢？我们对此持赞同意见。刑法所要避免的是公民的财产权益受到损害，这就决定了使被害人的财产权益受到损害的行为才会成为刑法评价的对象。如果一个行为虽然对损害被害人的财产权益具有一定作用，但没有实质性地造成被害人的财产损失，那么就仅仅应当被视为直接造成损失行为的必要铺垫和当然结果。

这种问题的解决思路也可以被用于同样属于"盗窃手段和诈骗手段并用的财产犯罪"这一大类当中的另外一种情形，即以欺骗为铺垫的盗窃行为。例如行为人伪装成顾客到商店试穿衣服，然后穿着衣服伪装去卫生间随后逃走；再如把他人所有、管理的财物谎称是自己的，出卖给不知情的、善意的第三人使其将该财物搬运走。在这类案件中，欺诈仅仅是对被害人财产权益造成实质损害的盗窃行为中的手段行为，没有必要予以独立的刑法评价。这里有必要说明的是，在上述第二个案例中，涉及一个三角诈骗与盗窃罪的间接正犯的区别问题。这里行为人对财产所有人、管理人的财产权益造成实质侵害的，是利用不知情的第三者实施的秘密窃取而不是对于不知情第三者的欺骗，因为这里根本不存在有处分权限的被骗者基于认识错误而主动自愿交付财物的情形，因此构成盗窃罪的间接正犯，不能认定为诈骗罪。

四、参考意见

综上，本案在事实上的特征属于以欺诈为铺垫的盗窃行为。段某某等的确通过一系列的欺骗活动使被害人陷入了一定的错误认识，也造成了银行工作人员的客观交付错误，但是对被害人财产利益造成实质损害的并非欺诈，因为欺诈行为并没有通过造成被害人的错误处分决定，也没有使银行工作人员产生主观的认识错误而交付财物，从而导致被害人的财产损失。真正造成这一结果的是行为人首先通过调包手段获得的他人的存折和储蓄卡，然后秘密窃取他人存入的财物这一行为。因此，二审法院认定被告构成盗窃罪，是妥当的。

另外需要分析的是，本案是否存在牵连犯的问题。所谓牵连犯，是指行为人实施某种犯罪，其方法行为或结果行为又触犯其他罪名的情况。成立牵连犯，必须具备以下条件：一是行为的复数性，即必须有数个犯罪行为存在；二是行为的独立性，即数个行为必须可以在刑法分则上独立成罪；三是行为的异质性，即数个行为必须触犯不同的罪名；四是行为的牵连性，即数个行为之间必须具有牵连关系。在本案中，作为手段行为的欺诈根本不符合牵连犯的异质性条件，也就是说欺诈行为根本不符合成立诈骗罪的条件，所以不能按照牵连犯的原理进行处断。

🗂 拓展案例

案例一：肖某重大责任事故案

4-3

一、基本案情

被告人肖某与被害人郭某均为北京兰波鹏程商贸有限公司渣土车司机。2013年3月14日4时许，被害人肖某驾驶大型汽车从北沙滩附近拉运渣土回工地准备回填，到工地后其车辆传动轴断裂无法继续行驶。肖某让工友郭某帮其一起到车底下，准备用绳子绑住主传动轴，再把主传动轴绑到上面的部件上。此时被告人肖某未将车熄火，取力器还在转动。肖某和郭某在主传动轴上绑好绳子后就分别从车底两边钻出来，郭某在往外退的过程中被卷入汽车起升结构取力器传动轴，救护人员到场时郭某已经死亡。

二、法律问题

如何评价肖某的行为？

三、重点提示

本案在起诉阶段被检察机关定性为过失致人死亡罪，而在审理过程中辩护人对检察院起诉的罪名提出异议，认为应该按重大责任事故罪定罪量刑。总的来说，过失致人死亡罪与重大责任事故罪都属于过失犯罪，若要成立过失犯罪就必须要符合过失犯罪的构成：在客观行为上，行为人因违反了注意义务而造成了不应有的损害后果；在主观上，行为人对此后果的发生是没有预见到的（或预见到了但轻信可以避免）。况且过失致人死亡罪与重大责任事故罪属于一般法与特殊法的关系，根据特殊法优于一般法的原则，我们先判断本案中肖某的行为是否属于重大责任事故罪的构成要件，当不能满足时再考虑认定过失致人死亡罪。

根据《刑法》第 134 条第 1 款之规定："在生产、作业中违反有关安全管理的规定，因而发生重大伤亡事故或者造成其他严重后果的，处 3 年以下有期徒刑或者拘役；情节特别恶劣的，处 3 年以上 7 年以下有期徒刑。"那么我们首先要分析被告人的行为是否违反了有关安全管理规定，以及这种义务违反行为是否发生在生产、作业中。

所谓"有关安全管理规定"，一种是指具有法律法规形式的由国家机关、政府部门等颁布的规范性文件；另一种就是企业、事业单位或者相关的管理机构制定的规则、章程。与本案直接有关的规定就是《北京市建筑工程施工安全操作规程》（下文简称《规程》），其中规定在对机动翻斗车进行"检修或班后刷车时，必须熄火并拉好手制动"。此外，有证据证明被告经过公司的安全教育培训，对于车辆发生事故的情况应该及时通知公司，由公司负责处理。《规程》与公司培训都旨在保护相关人员的生命财产安全免受故障机械设备的违规操作带来的侵害。本案被告人在车辆出现故障时，违反上述《规程》的规定，在车辆未熄火的情况下让被害人进入车底进行检修，没有尽到合理的注意义务并造成被害人被卷入汽车传动轴当中最终死亡的严重后果。并且本案的肇事车辆仍处于生产作业现场，只是因故障进行紧急处理，仍属于在生产、作业过程中。综上，被告的行为符合重大责任事故罪的客观方面。

案例二：尹某、任某盗窃案

4－4

一、基本案情

2012 年 11 月，被告人尹某、任某预谋共同入户盗窃。同月 12 日 10 时许，尹某、任某撬开甘肃省天水市麦积区永生家园 6 号楼 1 单元 601 室的防盗门，窃取黄金手镯 1 只（价值 9864 元），"OMEGA"女式手表 1 块（价值 500元），"BALLY"女式手表 1 块（价值 500 元）和现金 600 元。其间，被害人陈某返回家中，发现了藏在室内的尹某，遂抓住尹某衣领将其推到墙上，打其脸部几拳致尹某面部受伤流血。尹某为尽快脱逃，在陈某抓住其衣领不放的过程中，与陈某从室内拉扯到四楼楼梯后摔倒，尹某即将上衣脱掉，从二楼楼梯口的窗户翻出，任某在此过程中逃离。

二、法律问题

盗窃后为抗拒抓捕实施暴力程度不明显的摆脱行为，能否认定为"转化型抢劫"？

三、重点提示

《刑法》第 269 条规定："犯盗窃、诈骗、抢夺罪，为窝藏赃物、抗拒抓捕或者毁灭罪证而当场使用暴力或者以暴力相威胁的，依照本法第 263 条的规定定罪处罚。"理论界将该法条规定的情形称为"转化型抢劫"或者"事后抢劫"，即具备上述条件的行为可以直接认定抢劫罪。但是何为"暴力"，"暴力"达到何种程度才能认定抢劫，司法实务中则存有争议。本案审理中，对被告人尹某的行为能否认定抢劫罪，存在两种不同意见：

第一种意见认为，刑法没有对"暴力"作出限定，只要该强力行为帮助行为人实现了窝藏赃物、抗拒抓捕或者毁灭罪证的目的，即可认定抢劫罪。

被告人尹某盗窃成功后，为抗拒被害人的抓捕，明知被害人紧抓其衣领，仍将被害人拖至四楼楼道并将被害人拽倒，最终成功脱逃并非法占有了被害人的财物，其行为应当以抢劫罪定罪处罚。

第二种意见认为，抢劫罪是严重危害社会治安的犯罪，法定起刑点为3年有期徒刑，对其构成要件应从严解释。被告人尹某面对被害人的撕扯，始终没有正面回击，仅是被动地摆脱、逃离，其摔下楼梯系因被害人踢踹所致，该行为不属刑法规定的"暴力"行为，应当以盗窃罪定罪处罚。

人民法院认为：被告人尹某、任某无视国法，以非法占有为目的，采取秘密手段共同入户盗窃他人财物，数额较大，其行为均已构成盗窃罪。尹某在盗窃过程中被被害人发现，为抗拒抓捕与被害人发生撕扯，在此过程中被害人对被告人实施殴打，被告人始终未还手，没有实施暴力或者以暴力相威胁，其与被害人拉扯是被动地针对被害人的殴打及抓捕行为进行的抵抗、摆脱，不符合"转化型抢劫"的构成要件，故应当以盗窃罪追究其刑事责任。

对于该罪是否符合转化型抢劫的关键在于被告人在实施盗窃行为以后对其实行行为的认定，即所实施的实行行为是否能够达到暴力的程度，在司法实践中，认定"暴力"需要注意以下几点：

暴力的对象是人。抢劫罪通过压制人的反抗来获取利益，其手段行为侵犯的是难以估价的人的生命安全和身体健康。转化型抢劫的暴力手段同样针对的是人，是对盗窃、诈骗、抢夺行为人窝藏赃物、毁灭罪证起阻碍作用或者对行为人实施抓捕的人。

使用的时空条件是当场。这里的"当场"是指实施盗窃、诈骗、抢夺的现场，或者刚一逃离现场即被人发现和追捕的过程中。这是转化行为附属性质的要求，即使用暴力的行为不能与盗窃等行为分割开来，只有两者具有时间、地点、事实和追索事态方面的连续性时，才能成立转化犯罪。因此，行为人入户或者在公共交通工具上盗窃、诈骗、抢夺后，为了窝藏赃物、抗拒抓捕或者毁灭罪证，只有在户内或者公共交通工具上当场使用暴力或者以暴力相威胁的，才能构成"入户抢劫"或者"在公共交通工具上抢劫"。

暴力的程度是足以压制人的反抗，但不要求事实上压制了人的反抗，更不要求具有危害人身安全的性质。抢劫罪通过压制被害人的反抗来获取财物，其暴力程度只要达到足以压制被害人反抗的能力和勇气，使被害人不敢反抗或者不能反抗即可。通常认为，行为人使用凶器、以凶器相威胁或该行为造成被害人轻伤以上后果的，就可认定使用"暴力"。转化型抢劫与抢劫虽然认定性质相同，但行为人的主观恶性和行为动机毕竟不同，行为人最初目的是盗窃、诈骗、抢夺，为窝藏赃物、抗拒抓捕或者毁灭罪证才使用暴力或者以暴力相威胁，因此对其暴力程度应当有所限制，应以被害人不敢抓捕或者不能抓捕为限。如果行为人不具有伤害意图，只是为摆脱和逃跑而推推搡搡，没有造成轻伤以上后果的，则可不认定使用暴力，不以抢劫罪定罪处罚。《最高人民法院关于审理抢劫刑事案件适用法律若干问题的指导意见》（以下简称《抢劫指导意见》）亦对此作出明确规定，指出"对于以摆脱的方式逃脱抓捕，暴力程度较小，未造成轻伤以上后果的，可不认定为'使用暴力'，不以抢劫罪论处"。

拓展资料

4-5

| 专题五 |

不作为犯罪

📖 知识概要

一、行为类型之作为与不作为

客观构成要件的首要要素是行为，而刑法上的行为包括作为与不作为。作为是最通常的犯罪行为表现形式，指行为人以积极的身体活动实施刑法所禁止的行为；不作为则是指行为人在负有刑法作为义务的情况下，能够履行作为义务而不履行。[1]一般来说，以作为的方式侵害法益，在认定上比较容易把握。但如果行为人是以不作为的方式侵害了刑法所保护的法益，在判断行为人是否实施了该当客观构成要件的行为时，由于缺乏具象标准，认定上就比较困难，问题更复杂。刑法对不作为的归责，是以行为人负有作为义务为前提和基础，所以，在认定客观构成要件的行为时，应当首先判断行为人是作为还是不作为，如果认定行为人是作为，可直接判断客观构成要件该当性；但如果认定行为人是不作为，在判断该不作为是否是刑法上符合客观构成要件的行为时，就需要首先确定行为人是否有刑法上的作为义务。因此，首先对作为和不作为进行区分就非常关键。关于作为和不作为的区分，学界有不同标准。能量说认为，向一定方向投入能量的是作为，不向一定方向投入能量的是不作为。因果关系基准说认为，引起结果的行为是作为，没有引起任何现象的是不作为。社会意义说认为，根据行为的社会意义是引起结果还是不防止结果来区分作为与不作为。法益状态说认为，使法益状态恶化的

_____

〔1〕 参见张明楷：《刑法学》，法律出版社 2016 年版，第 146 页。

是作为，没有使法益状态好转的是不作为。介入说认为，法益向好的方向发展时，行为人介入的是作为；法益向恶的方向发展时，行为人不介入的是不作为。非难重点说认为，如果非难的重点是作为，就评价为作为犯；如果非难的重点是不作为，就评价为不作为犯。而主流的传统观点一直主张，违反禁止性规范的是作为，不履行刑法义务进而违反命令性规范的是不作为。[1]笔者以为，其一，对作为和不作为的区分不能着眼于形式。因为不作为并非因果流程之支配肇因，所以归根结底，还是应据此区分正犯和共犯。也即，事实上确实能够支配法益侵害、对归责主体无一般性限制的，就是通常的作为；而不作为事实上并不能够决定性地支配法益侵害，刑法归责的基础和动因在于，基于特殊关系、事由或管理、政策因素，督促特定主体承担刑法义务。其二，从解释的角度，任何犯罪行为都能够解释为包含不作为，所以如果能够认定作为，就无需认定为带有拟制色彩的不作为，即不需要再努力找寻作为义务。

不真正不作为犯的成立条件。通常总结为以下几点：①行为人有作为义务；②行为人有作为能力；③结果具有回避可能性；④不作为；⑤行为人的不作为与以作为方式侵害法益具有等价性。[2]下图是对不真正不作为犯的成立条件以及各项条件的性质和地位的简要说明。

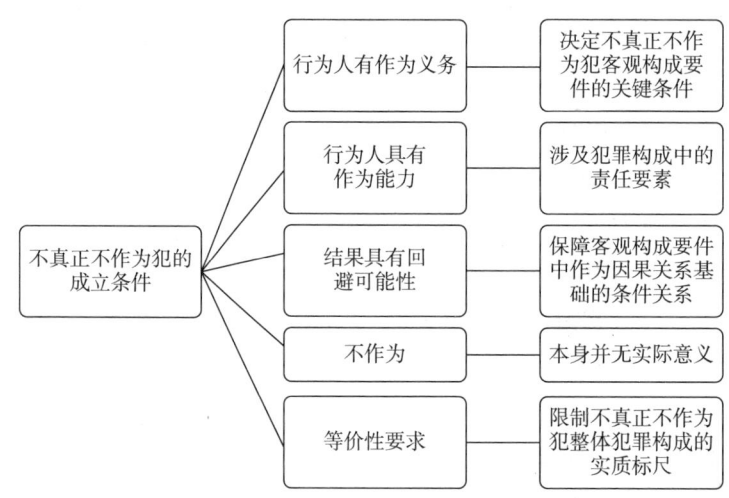

---

〔1〕　参见张明楷：《刑法学》，法律出版社 2016 年版，第 146～147 页。

〔2〕　参见张明楷：《刑法学》，法律出版社 2016 年版，第 151～161 页。

二、不作为犯成立之作为义务的认定

在各项条件中，对于不作为犯客观构成要件该当性的认定，作为义务的判断是关键。刑法明文规定只能以不作为的方式构成的犯罪，学理称之为纯正不作为犯。对这类不作为犯，由于构成要件明确规定了作为义务的刑法范围，所以认定上不存在问题。但对于刑法并未明文规定不作为的具体内容、而事实上可以由不作为的方式实现法益侵害的多数各罪类型，必须经由教义解释确认作为义务的来源。

（一）形式的作为义务来源说

关于不真正不作为犯的作为义务，我国传统通说采取的是形式的义务来源说，即从形式上的四个渠道予以确认，这被形象地称为"形式四分说"。这四个方面的形式义务分别是：①法律规定的作为义务。指由广义的法律、法令、法规规定并由刑法加以认可的义务。例如，婚姻法上父母对子女抚养教育的义务，子女对父母的赡养扶助义务，夫妻之间的扶助义务，都可以成为刑法上的作为义务。②职业或者业务要求的义务。指由于担任某项职务或者从事某种业务而要求履行的作为义务。例如，国家机关工作人员有履行特定公职的义务，医务工作人员有救死扶伤的义务，消防队员有扑灭火灾的义务。③基于法律行为产生的义务。指基于合同或事务管理等能够设定或形成权利、义务的行为而产生的义务。例如，保姆基于劳务合同对雇主子女的照管义务，非法行医者根据承诺将病人带回家准备治疗而产生的保护义务。④先行行为引起的义务。即行为人因自己的行为导致发生一定危害结果的危险，因此负有的防止危害结果现实发生的义务。[1]但形式四分说越来越受到质疑，不仅被认为无法从实质上说明不真正不作为犯的成立根据，[2]而且将合法的前行为作为刑法入罪义务的来源，会不合理扩大不作为犯的处罚范围。[3]

（二）实质的作为义务来源说

德国学者考夫曼于20世纪50年代末提出功能二分理论，并逐渐在学界

---

〔1〕　参见高铭暄、马克昌主编：《刑法学》，北京大学出版社2017年版，第69页。

〔2〕　参见周光权："论实质的作为义务"，载《中外法学》2005年第2期。

〔3〕　参见张明楷：《刑法学》，法律出版社2016年版，第152页。

取得通说地位。考夫曼主张从实质的角度判断刑法上的作为义务，根据功能性差别将刑法上作为义务的来源分为以下两大类别：①法益保护型义务。即从实质角度观察，特定对象之间存在特殊的保护关系，基于这种保护关系，在特定的保护对象陷入危险境地时，关系方有义务使其脱离危险。这种法益保护型作为义务可存在于以下实质关系当中：其一，特定自然联系所产生的保护义务。为了将其适格为刑法义务，这种自然联系应有所限制，应是基于持续的社会身份或者地位而存在的实体。例如家庭关系产生成员之间的救援义务，但爱情、友谊或者相邻关系，不能产生刑法上的作为义务。其二，基于合意关系产生的保护义务。特定对象之间基于合意设定关联关系，因而产生的保护义务。例如，企业的仓库保管员有义务确保仓库内物品不被盗窃；"危险共同体"的成员基于默示的合意，有义务保障其他成员的生命安全；紧密的共同体关系，如生活共同体，内部成员之间被视为有合意，他们基于高度的相互信赖而产生依存关系和救助义务。其三，基于功能保护关系产生的作为义务（自愿承担行为）。功能保护关系是指，当法益脆弱方的法益保护依靠他人先前的法益维持行为，从功能上看，没有该法益维持行为，脆弱方的法益就会丧失，那么基于这种直接依存关系，法益维持方就负有继续的作为义务。②危险源监督义务。即如果由行为人负责监管的危险源给他人法益造成了危险，则行为人作为监管保证人负有消除危险的作为义务。其一，对危险设备、危险物的管理产生的作为义务。例如，猛兽饲养者对动物的管理义务，若动物伤人，饲养主就有救助的作为义务。其二，对他人的危险行为进行监督产生的作为义务。监督他人行为产生的作为义务必须谨慎判断，第三人是否有监督义务，必须考虑其是否具备独立的合理的判断能力，以及其是否具有危险创设行为，从而可以被当作共犯看待。例如，监狱警察有义务确保被监禁的犯人不实施犯罪行为，但共同生活的夫妻双方都没有防止对方犯罪的义务。其三，由先行危险创设行为产生的作为义务（先行行为）。自己对先前的行为是否会产生危险并无认识，但该行为客观上创设了危险，此时，行为人有义务阻止危险后果的发生。[1]需要说明的是，并非任何先行危险行为都能产生刑法上的作

---

[1] 参见周光权："论实质的作为义务"，载《中外法学》2005年第2期。

为义务。罗克辛教授就主张，由于先行行为是刑法内部的一种作为义务，所以对先行行为的认定必须以刑法内部的规则进行审查，并主张运用客观归责方法论检验某先前行为是否是刑法上适格的"先行行为"，从而再决定对行为人的不作为应否进行刑法归责。[1]

（三）附加限制的观点

实质义务来源说虽然重视作为义务的实质基础，但被认为没有具象标准的限制，也会扩大不作为犯的处罚范围。因此，目前受到较多学者支持的做法是"附加标准"，即首先考虑具象的形式作为义务来源，再经受实质义务来源的检验和筛选，以此限制彼此扩大不作为犯处罚范围的风险。[2]笔者赞同该处理方式，想要说明的是，由于不作为对法益侵害的支配存在"先天缺陷"，刑法对不作为的归责带有"规范期待"的色彩，所以，对作为义务的认定，对不真正不作为犯的处罚，基本的立场应当是"限制"。

以下为目前处于优势地位的刑法上作为义务之认定关系图。

 检索素材：形式的作为义务来源 • 法律规定的义务 • 职务或业务要求的义务 • 法律行为生成的义务 • 先前行为产生的义务

 筛选法理：实质的作为义务来源 • 特定人之间的法益保护义务 • 管理危险源的监督义务

限制标尺："等价性" 靠近"支配性"之刑法要求

刑法上的作为义务

经典案例

案例一：徐某强、刘某花、杨某刚故意杀人案

5-1

---

[1] 参见王莹："先行行为作为义务之理论谱系归整及其界定"，载《中外法学》2013年第2期。

[2] 参见周光权："论实质的作为义务"，载《中外法学》2005年第2期。

一、基本案情

被告人徐某强驾驶无牌照、刹车失灵、超载的 131 型农用运输车，于 2002 年 3 月 10 日 17 时许，由南向北行驶至北京市房山区京保路纸房菜市场口北 30 米处时，将行人张某娃撞伤。徐某强伙同乘坐该车的被告人刘某花将张某娃抬上肇事车带离事故现场。为逃避法律追究，二人又找到被告人杨某刚商定，将被害人掩埋，为此，杨某刚购买铁锹一把，徐某强继续驾车与刘、杨二人一起于当晚 23 时许，将被害人张某娃运至河北省涿州市刁窝乡东辛庄村村东大青河西岸一沙坑内掩埋。被害人张某娃因无法得到救助而死亡。徐某强、刘某花、杨某刚作案后潜逃至外地，后于 2002 年 4 月 11 日在内蒙古自治区锡林浩特市大黑山地区被抓获归案。

二、法律问题

1. 刑法上作为和不作为的区分？
2. 区分作为和不作为对认定客观构成要件该当性的首要意义？

三、法理分析

本案的公诉机关认为，三被告人的行为均触犯了《最高人民法院关于审理交通肇事刑事案件具体应用法律若干问题的解释》第 5 条第 2 款、第 6 条和《刑法》第 232 条的规定，已构成故意杀人罪。一审法院认为，被告人徐某强驾车肇事致被害人受伤后，本应积极抢救，使其尽快得到救治，但为逃避法律追究，伙同被告人刘某花用车将尚未死亡的被害人拉走掩埋，致其死亡；被告人杨某刚在明知徐某强、刘某花发生交通肇事将被害人撞伤并带离事故现场后，不但不阻止，且积极参与掩埋被害人，徐某强、刘某花、杨某刚故意非法剥夺他人生命，其行为均已构成故意杀人罪。后被告人徐某强上诉提出，其是交通肇事，不是故意杀人。二审法院裁定驳回上诉，维持原判。

认定行为人的行为是否符合犯罪构成，根据客观主义立场，应先认定行为的客观构成要件该当性，而在客观构成要件要素中，应当首先认定的要素就是"行为"。判断"行为"要素时，应首先区分行为形式是"作为"

还是"不作为",如果能够认定为"作为"这种犯罪行为的基本形式,就不需要再认定为"不作为"而去寻找作为义务。本案中,如果证据确实能够充分证明被告人徐某强、刘某花、杨某刚将只是受伤、及时送医并不致死的被害人故意掩埋置偏僻处最终导致死亡结果发生,那么,由于该行为可以直接支配被害人死亡结果的发生,并且不管是先前肇事的行为人实施、还是其他人实施都会产生该效果,对行为主体并无一般性限制,所以应认定为"作为"形式。《最高人民法院关于审理交通肇事刑事案件具体应用法律若干问题的解释》第6条规定:"行为人在交通肇事后为逃避法律追究,将被害人带离事故现场后隐藏或者遗弃,致使被害人无法得到救助而死亡或者严重残疾的,应当分别依照刑法第232条、第234条第2款的规定,以故意杀人罪或者故意伤害罪定罪处罚。"笔者认为,该条司法解释规定的犯罪行为就是这种能够直接支配法益侵害后果发生的作为形式,而非刑法上带有规范期待色彩的不作为。因此,本案并不需要探讨被告人徐某强先前交通肇事致被害人受伤的行为是否是先行行为,也不需要探讨三被告人的救助、阻止义务,应直接根据三被告人共同将受伤的被害人掩埋致死的作为事实,来认定三被告人故意杀人罪的犯罪构成以及参与形态(笔者认为是共同正犯),至于被告人徐某强先前独自实施的交通肇事行为单独对其故意杀人罪的量刑发生影响。

四、参考意见

区分作为和不作为是认定客观构成要件之行为要素的首要问题。如果能够认定为作为,就不需要再判断不作为,也就不需要再认定不作为犯的各项成立条件,特别是作为义务。如果行为在事实上能够支配法益侵害结果的发生,对行为主体并无一般性限制,应是典型的作为形式;虽然具有普遍的条件关系,但如果不能认定行为在事实上对法益侵害结果具有真正的支配性,基于规范期待,仅对特定的主体予以归责,应是刑法上的不作为。如司法解释规定的情形,即将被害人带离事故现场后隐藏或者遗弃,致使被害人无法得到救助而死亡或者严重残疾,由于该行为能够直接支配被害人人身法益损害后果的发生,所以应是作为形式,不需要再判断专属不作为犯的作为义务等问题。

案例二：王某全故意杀人案[1]

一、基本案情

2000 年 6 月 19 日中午 1 时许，郫县清河镇楠木村二社的王某全家正发生一场激烈的吵闹。王某全对在外喝得烂醉如泥，刚回家的父亲王某发很不满意并指责其不该常在外喝酒。其父不服儿子的指责双方展开了激烈的争吵。后来两人一同出门找村长评理。离家不到 100 米，王某发听到妻子骂他喝酒惹事后马上转身回家，走到猪圈门口，抓起放在一旁的农药一阵猛喝后便一头倒在地上。王某发因喝酒受妻儿指责想不开而服毒，周围邻居等到场群众纷纷要求王某全将其父亲送往医院抢救，而王某全均以无钱为由拒绝。约半小时后，王某全的堂哥王某祥来了，要王某全赶快将其父送到医院，王某全仍拒绝，双方进而发生打斗。过后王某祥赶快抽身跑去报告村主任王某成，村主任忙向清河镇派出所报案。后来，在派出所民警的责令下，王某全忙借来一辆人力三轮车将其父送往医院，因延误抢救时间，致其在去医院途中死亡。

二、法律问题

关于不真正不作为犯的成立，亲属之间的作为义务如何认定？

三、法理分析

针对本案，检察院认为被告人王某全不作为，放任其父王某发死亡结果的发生，构成故意杀人罪，并以该罪名向管辖法院提起公诉。

要认定本案被告人王某全构成不真正不作为犯形式的故意杀人罪，必须满足不真正不作为犯的成立条件。以下将通常认为的不真正不作为犯的成立条件，以犯罪构成的实体要求进行还原。

结果应当具有回避可能性。这是为保障作为因果关系基础的最基本的条

---

〔1〕 参见中国检察日报正义网：http://review.jcrb.com.cn/ournews/asp/readNews.asp? id =8344，访问时间：2018 - 8 - 6。

件关联。根据本案事实，因被告人王某全延误抢救时间，致其父在去医院途中死亡，因而能够认定结果具有回避可能性，被害人的死亡结果与被告人王某全的不作为具有最基本的条件关联。

行为人不作为。本案中，不仅被告人王某全没有及时将被害人王某发送往医院就医，到场的周围邻居、被告人王某全的堂哥王某祥都有不作为，如果其中有任何人及时将被害人送往医院，被害人都不会死亡，因此，其他人的不作为与被害人死亡结果的发生也都具有条件关系。之所以仅指控王某全构成故意杀人罪，是考虑到被告人王某全与被害人王某发是父子关系，王某全特别地负有救助义务。因此，对于不真正不作为犯的成立，作为义务的认定是关键，作为义务正是用来填充上述不真正不作为犯客观构成要件中行为要素和因果关系要素的实体要求。并且，行为人是否构成不作为，不取决于客观上有无行为举动，而是根据行为人是否有效地履行了作为义务来认定。

关于本案作为义务的来源。从形式的作为义务来源考虑，《宪法》第49条第3款："父母有抚养教育未成年子女的义务，成年子女有赡养扶助父母的义务。"《婚姻法》第21条也对此作出了规定。因此，如果单纯从任何法律的形式规定来看，父母子女之间的保护、扶持义务确实是法律规定的义务。但是，这种法律规定的义务未必一定能成为刑法上的作为义务，必须再经受作为义务实质要求的限制，遵循刑法上犯罪构成的本质原理。从实质的作为义务来源检验，目前主要是从两个渠道予以说明，其中之一就是特定对象之间存在保护关系，在这种特定的关系当中，当一方法益陷入危险时，关系方就有积极的作为义务，这属于法益保护型作为义务。这种特定的保护关系被解读为存在于几种情形当中，其中最典型的就是特定自然联系所产生的保护义务，而这种自然联系被认为应当是基于持续的社会身份或地位而稳定存在的实体关系，家庭成员之间的关系是典型，但不包括爱情、友谊或者相邻关系等松散的联系。据此，父母子女之间的保护关系不仅源于法律规定，也被视为作为义务的实质来源。本案检察院以故意杀人罪提起公诉，就是将这种父子之间的保护性义务视为刑法上的作为义务。笔者以为，即便是父母子女之间最直接、最亲近的自然联系，在考虑是否应负担刑法上的作为义务、进而决定能否构成不真正不作为犯时，也要以是否靠近事实上的"支配关系"进行具体的考量，如被害法益是否处于脆弱状态、脆弱状态的属性特点、导致脆弱状态的原因等，都应当对刑法上最严格的"义务要求"之配置产生影响。为什么父母与婴孩、幼年子女之间的保护义务更容易被认可？这值得思考。总之，是否负有刑法上的作为义务，应当采取收紧立场，并且应具体分析，不能一概而论，这才是不真正不作为犯的"等价性"要求。

行为人应当具有作为能力。这是认定行为人具备有责性的基础，因为法律不强人所难。本案中，被告人王某全完全可以及时将其父王某发送往医院就医，最后其在派出所民警的责令下借车将其父送往医院，也说明其原本就具有作为能力。但必须强调的是，责任以不法为前提。

四、参考意见

关于不真正不作为犯的作为义务来源，应采取形式作为义务来源和实质作为义务来源的附加模式，以限制不合理地扩张不真正不作为犯的处罚范围。具言之，可先根据比较具象的作为义务的几个形式来源，初步检索作为义务的范围；再根据作为义务的实质来源以及刑法上犯罪构成的基本要求，检验该作为义务是否能成为适格的刑法义务。关于父母子女关系是否是刑法上不真正不作为犯的作为义务的来源，笔者认为，不能一概而论，应始终以靠近事实上的"法益支配性"为标准，结合个案具体分析，不宜"一刀切"地予以认可。

案例三：刘某枝故意杀人案[1]

一、基本案情

被告人刘某枝系被害人秦某明（男，殁年49岁）之妻。秦某明多年患有遗传性小脑萎缩症，长年卧床，一直由刘某枝扶养和照料。近年来，被害人秦某明病情恶化，因不堪病痛折磨，常在夜间叫喊，并多次产生自杀念头。2010年11月8日凌晨3时许，在秦某明与刘某枝暂住地北京市朝阳区十八里店乡西直河孔家井村1869号院出租房内，秦某明因病痛再次在深夜叫喊，引

---

〔1〕 参见最高人民法院刑事审判一至五庭主办：《刑事审判参考》（总第84集），法律出版社2012年版，第40~48页。

发女儿秦某华和刘某枝的不满。秦某明赌气说想死，刘某枝一气之下将家中的农药敌敌畏倒入杯子，并提供给秦某明，同时说了一些"该死的相""你不是想死吗，倒点药，看你喝不喝""有本事你就喝"之类的话，秦某明随后服下杯中的敌敌畏，之后就开始吐白沫，并出现呼吸困难。在场的女儿秦某华问刘某枝怎么办，刘某枝回答不知道。当秦某华给其他亲戚打电话说秦某明"快不行了"时，刘某枝不让说是其给秦某明提供了农药。后当秦某华提出要打"120"急救电话将秦某明送去医院，刘某枝又说秦某明快不行了就不用送了。凌晨 4 时许，秦某明死亡。

二、法律问题

1. 夫妻关系能否成为不真正不作为犯作为义务的来源？
2. 脆弱法益处于较为封闭的私人住所，能否衍生刑法上的作为义务？

三、法理分析

审理法院及审判参考意见均认定本案被告人构成故意杀人罪，但在具体分析犯罪构成中，既分析了作为又分析了不作为，在分析不作为犯时，罗列了多项注意义务，其间的逻辑关系似乎并不明确。

审判参考意见认为，本案被告人刘某枝提供农药由丈夫自行服下后未采取任何救助措施，导致丈夫中毒身亡，构成故意杀人罪。第一阶段的行为：刘某枝向秦某明提供农药，并对秦某明进行言语刺激，导致秦某明喝下农药中毒身亡，这属于帮助自杀的行为。对于帮助自杀行为，如果帮助者主观上明知他人有强烈的自杀倾向，客观上仍通过言行进一步强化他人自杀的决意，并提供自杀工具或者帮助他人完成自杀行为的，应当认定帮助行为与他人死亡后果之间具有刑法上的因果关系，对帮助者应当以故意杀人罪追究刑事责任。本案中，刘某枝主观上明知秦某明有强烈的自杀倾向，并意识到将敌敌畏提供给秦某明会发生秦某明服毒身亡的后果，客观上仍向秦某明提供农药，并通过言语刺激进一步增强秦某明的自杀决意，最终导致秦某明服毒身亡。刘某枝所实施的行为与秦某明的死亡后果之间具有刑法上的因果关系，应当认定其行为构成故意杀人罪。第二阶段的行为：刘某枝在秦某明喝下农药毒性发作后未采取任何救助措施，导致秦某明中毒身亡后果的行为。该阶段行为符合不作为故意杀人罪的特征。①刘某枝有救助的义务。其一，刘某枝具有先行行为产生的义务。刘某枝向秦某明提供农药，并通过言语刺激进一步强化他人自杀的决意，刘某枝的这一先行行为导致其负有防止秦某明死亡结果发生的义务。其二，刘某枝具有法律规定的义务。《婚姻法》规定夫妻有互相扶养的义务，这种扶养包括夫妻在日常生活中的互相照料、互相供养和互相救助。刘某枝是秦某明之妻，刘某枝看到秦某明喝下农药后毒性发作而不将其送往医院救治，违反了夫妻间互相救助的法律义务。其三，刘某枝具有由社会道德伦理衍生的救助义务。如果秦某明的服毒地点是在人口较为密集的广场等公共场所，如果刘某枝不实施救助，他人还可以实施救助。然而，本案发生在较为封闭的私人住所，不可能期待他人实施救助行为，因此刘某枝具有由社会道德伦理衍生的救助义务。②刘某枝有能力救助而未实施救助。从凌晨3时许秦某明喝药到凌晨4时许死亡，在长达一个多小时的时间内，刘某枝一直待在家里，没有采取任何有效的救助措施，且阻止女儿秦某华采取救助措施，故属于有能力救助而不予救助。综合上述两点，刘某枝对秦某明有义务、有能力救助而不予救助，放任秦某明中毒身亡的结果发生，符合不作为故意杀人罪的特征。

笔者认为，第一，参考意见在分析被告人刘某枝构成不作为的故意杀人罪时，罗列了三种义务来源，但这些义务形式能否成为刑法上适格的作为义务，并非不成问题。首先，脆弱法益处于较为封闭的私人空间，并非不真正不作为犯作为义务的适格理由。上述审判参考意见认为，"本案发生在较为封闭的私人住所，不可能期待他人实施救助行为，因此刘某枝具有由社会道德伦理衍生的救助义务"。问题在于，社会道德义务不等同于刑法义务。社会道德义务不具有强制性，目的仅在于倡导人的行为；而刑法义务是用以认定犯罪行为、对法益侵害后果归以刑责，不能简单将二者等同。刑法义务是比道德义务更高的要求、应受到更严格的限制，合法占有、管理私人空间，不足以成为衍生刑法上作为义务的适格理由。其次，夫妻之间的保护义务。从形式上看，婚姻法规定了夫妻之间有互相扶养的义务；从实质上看，夫妻之间基于持续的社会身份、紧密的共同关系，也具有特定的保护性义务。但是，夫妻关系能否产生刑法上的作为义务，并非没有疑问。归根到底，还是以下问题：当夫妻一方的法益陷入危险境地，另一方不救助，是否就等同或接近于支配了对方的法益损害？恐怕不能当然地得出肯定结论，"等价性"要求在这里不无问题。最后，基于先行行为产生的作为义务。本案被告人刘某枝向秦某明提供农药并言语刺激，这一行为确实给被害人的生命法益制造了不被允许的危险，并且通过该先行行为产生刑法义务是形式来源和实质来源共同认可的，这才是认定本案被告构成不作为的故意杀人罪的关键性义务来源。第二，上述参考意见并没有首先分析作为和不作为的关系问题。本案中，虽然秦某明系自杀，但被告人刘某枝向被害人秦某明提供农药，并言语刺激被害人，这属于作为形式的参与自杀行为（帮助自杀）。针对参与自杀行为是否值得刑法处罚，虽然学理尚存争议，但我国实务的主流是将参与自杀行为认定为情节较轻的故意杀人罪。需要说明的是，从理论定位上，由于行为人实施的只是帮助行为而非实行行为，所以这种作为形式的帮助自杀行为是构成故意杀人罪的帮助犯。接下来就存在作为的帮助自杀行为与后续不作为的故意杀人行为之间的关系问题。笔者以为，由于不作为的故意杀人是以先前行为为义务来源，所以这里的作为和不作为具有同一行为的重合性，只应认定为一罪。由于被告人先前向被害人秦某明提供农药帮助其自杀并言语刺激的行为，都只能认定为故意杀人罪的帮助犯，后续很自然地不救助行为反而要认定为故意杀人罪的正犯，似乎并不合逻辑。所以笔者以为，既然不宜认定后续的不作为构成更重的犯罪形态，将本案认定为基本的犯罪形式即作为形式的故意杀人罪的帮助犯，似乎更合适，这也能解决是否要将被告人的行为认定为"情节较轻"的问题。同时说明，除单独设定纯正不作为犯外，对不作为犯的处罚本就带有规范期待、拟制色彩，与作为相较，更不能"越级"拟制。

四、参考意见

民法上夫妻之间的扶助义务并非一定能够成为刑法上不真正不作为犯的作为义务来源，否则就是将民法义务等同于刑法义务。因此，作为形式作为义务来源的"法律规定的作为义务"，不能一概简单地视为刑法上的作为义务，还需要根据刑法上犯罪行为的本质特点，即"能够支配法益侵害结果的发生"，进行再次检验和筛选，并且始终持限制立场。此外，处于危险状态的法益置于行为人较为封闭的私人场所，也并非使行为人承担刑法义务的适格理由，应是见危不救的行为，端视刑法是否设定了纯正不作为犯而决定是否予以刑责。

案例四：张某故意杀人案[1]

一、基本案情

被告人张某与李某两人谈恋爱一年之久，并多次发生性关系，只因未达到婚姻法规定的年龄而没办理结婚登记手续。2002年8月，因家庭琐事，张某向李某提出分手，李某伤心欲绝，手持一瓶毒药到张某宿舍。声称如果张某要坚持分手的话，她就服药自杀。张某说："你想死就死吧，和我没关系。"李某当即服下毒药，张某见状，拔腿离开了宿舍。后邻居发现李某死在张某宿舍。经法医鉴定李某为氧化乐果中毒死亡。

二、法律问题

男女朋友关系能否作为刑法上不真正不作为犯作为义务的来源？

三、法理分析

关于本案中被告人张某的行为是否构成犯罪，有两种不同意见。第一种意见认为张某的行为不构成犯罪。李某是自己服药身亡的，张某没有杀人的故意也没有杀人的行为。李某的死亡与张某的置之不理没有刑法上的因果关系，同时李某不是年幼、患病或其他无独立生活能力的人，其服药自杀完全是她个人的选择，法律没有明文规定此种情形有法定的救助义务，故张某不构成犯罪。第二种意见认为，被告人张某构成间接故意杀人罪。张某是以不作为的方式故意杀人，不作为以行为人对防止被害人的死亡负有特定义务为前提。本案被告人张某与被害人李某恋爱一年之久，并多次发生性关系，只因不符合法定年龄未能办理结婚登记手续，但实际上已构成了事实上的婚姻关系，有相互扶助的义务。因此在被害人李某因被告人张某提出要与其分手

---

　〔1〕　参见中国检察日报正义网：http://review.jcrb.com.cn/ournews/asp/readNews.asp? id = 121776，访问时间：2018 – 8 – 9。

而当面喝掉一瓶毒药的情形之下，被告人张某对防止李某的死亡负有特定的救助义务，却置这种义务而不顾，对李某的死亡放任不管，以致失去抢救时机，造成李某中毒死亡的后果，完全具备刑法分则规定的间接故意杀人罪的构成要件，构成故意杀人罪。审理法院采纳了第二种意见，以故意杀人罪判处被告有期徒刑6年。

笔者以为，如果认为由于婚姻法有明确规定，夫妻关系就可以产生刑法上的作为义务，只要未办理结婚登记、无法律的明文规定，在刑法上就无保护义务，这就相当于承认是否具有刑法义务、是否构成犯罪行为，完全取决于是否满足民法的要式条件，这不符合刑法和民法的关系，会导致刑法在犯罪行为的认定上完全丧失独立性。刑法对犯罪行为的认定，唯以犯罪行为的本质特点和形式上的犯罪构成为依据。由于不真正不作为犯形式上的犯罪构成并未在法条上明确化，所以更需要通过犯罪行为的实质要求予以形塑。而如果从实质上考量，已进行婚姻登记的夫妻和未办理婚姻登记但以夫妻名义共同生活的两性关系之间，只是形式手续的差异；而所谓事实上的婚姻关系与同居的男女朋友之间，也只是对外名义的差异；而同居的男女朋友和未同居的男女朋友之间，区别也仅在于是否选择了共同居住生活，这些差异都不足以认定罪与非罪的实质理由。因此，如果承认夫妻关系可以产生刑法上决定不真正不作为犯成立的作为义务，那么对于事实上的婚姻关系，同居的男女朋友关系，甚至普通的男女朋友，都可能要负刑法义务。由此即可发现，不经刑法上犯罪行为本质要求的检验和筛选，不从"法益侵害支配性"上的"尽量等价"进行限制，简单地将其他法律的规定等形式上的义务来源直接等同于刑法义务，会不合理地扩大刑法的处罚范围。

四、参考意见

如果认同夫妻关系可以产生成立刑法上不真正不作为犯的作为义务，那么事实上的婚姻关系、共同生活的男女朋友关系，也应该能够产生刑法上的作为义务，因为以上两性关系的差别只是形式上登记与否的问题，不应该影响对行为实质违法性的判定，但这会不合理地扩大刑法的处罚范围。因此，无论是夫妻关系、男女朋友关系，是否能产生刑法义务，都不能简单地一概而论，需要其他更有力的理由来支撑"法益侵害的支配性"，以达到与作为犯罪的"等价性"比拟。

案例五：吴某故意杀人案

5-2

一、基本案情

2013 年 5 月 20 日晚上，被告人吴某与罗某、肖某乙相约去娄底金谷市场附近的同一首歌 KTV 唱歌，肖某乙邀集了林某等人一同唱歌。期间，吴某与林某因小事闹意见，林某等人遂先行离开。当晚 23 时许，吴某、肖某乙、罗某来到娄底火车站附近的兄弟当铺找到林某，罗某打了林某一个耳光，踢了林某一脚，吴某欲上去打林某，被肖某乙拦住了，肖某乙将吴某、罗某二人劝开，三人打的回家，途中，肖某乙因吴某与林某闹意见的事与吴某发生了口角，二人相约单挑。吴某、肖某乙、罗某三人到娄底二大桥北端西头立柱广告牌下的草坪处，吴某、肖某乙均将上衣脱掉，在草坪上互殴。在殴打过程中，吴某踢了肖某乙后脑勺，肖某乙沿斜坡往下滑到河边，被告人吴某即对肖某乙提出到河里打，肖某乙听后走向河边，罗某听说后就抱住吴某劝其不要再打架，吴某答应后，罗某放开吴某，吴某走到河边跳进水里向前游了六七米，肖某乙站在河边喊吴某的绰号"×猛子"，吴某便转身游回到肖某乙的左手边，此时肖某乙站在河水中的陡坡上，吴某将右手搭在肖某乙的右肩膀上说："我们都喝多了，洗一下，冷静一下，我送你回去睡觉。"边说边将肖某乙往前面一按，肖某乙便倒入水中。下水后的肖某乙用手勾住来到其身边的吴某的脖子，被吴某推开，罗某对吴某大喊："肖某乙不会游泳，快救他。"吴某游向肖某乙施救，因其体力不支便放弃救援游回岸边。此后，吴某未对肖某乙继续施救，亦未呼救或报警，导致肖某乙溺水死亡。随后，吴某和罗某捡起吴某与肖某乙丢在草坪上的衣服逃离现场，回到家中，吴某将肖某乙的衣服烧掉，从银行取款连夜租车逃至怀化，后藏匿于贵州省六盘水市。

二、法律问题

1. 先行行为作为不真正不作为犯作为义务的来源，有无限制？
2. 如何认定行为人是否履行了作为义务？

三、法理分析

审理本案的一审法院认为，被告人吴某明知其行为可能导致被害人肖某乙溺水，却仍然放任该结果的发生，且在明知被害人可能死亡的情况下逃离现场、隐瞒死亡事实，其行为构成故意杀人罪。后被告人上诉。二审法院对认定被告人构成故意杀人罪的理由作出了更详细的阐释。二审法院认为，上诉人吴某属于不作为犯罪，其先行行为造成了其有作为义务而不作为，侵害了刑法所保护的法益。被害人肖某乙与吴某发生争执、扭打，吴某要肖某乙到河里与自己单挑，且已经看到肖某乙走向河里，吴某应当意识到可能发生危险后果，但是吴某提出到河里去打架以及在河边的时候对肖某乙实施了按肖某乙入水的行为，直接导致肖某乙入水，在施救无果后既没有呼救也没有报警，而是放任了肖某乙死亡结果的发生，并且在发现肖某乙在水中没有任何反应后与罗某逃离现场，隐瞒肖某乙死亡的事实，其主观上具有放任肖某乙死亡的故意，客观上具有未穷尽救助手段的行为，其行为符合因自己的先行行为导致自己具有对肖某乙积极施救的作为义务而没有穷尽施救手段的不作为行为，导致肖某乙死亡，符合故意杀人罪（间接故意）的构成要件，应当对其以故意杀人罪定罪处罚。

除了法益保护型作为义务，不真正不作为犯的第二种实质作为义务的来源是危险源监督义务，即监管保证人地位的作为义务。该类作为义务的背后法理在于，如果行为人占有、管理特定的危险源，就具有监管该危险源不对他人造成损害的防止义务，这种实质的作为义务紧紧围绕危险源对法益造成的危险指向。行为人占有、管理的危险源被认为表现为三种形态：①存在于自己领域内的危险物；②自己监控的他人的危险行为；③自己实施的给法益创设危险的先行行为。[1]笔者认为，由于不作为在事实上很难与作为绝对等

---

[1]　参见王莹："先行行为作为义务之理论谱系归整及其界定"，载《中外法学》2013 年第 2 期。

价，所以，对于不纯正不作为犯的作为义务应始终采取限制的立场。许乃曼教授在论及不作为犯的实质义务来源时，提出了"对结果的原因支配说"，要求对作为义务的认定始终以对最终发生的法益侵害结果具有原因上的支配力为统一准则。据此，许乃曼教授并不倾向于认为先行行为能产生刑法上的作为义务，理由在于，实施先行行为之后，因果进程已经离开了行为人的支配领域，行为人对其不可能再具有现实的控制力，这种不纯正不作为犯的刑事责任不啻于是一种纯粹的结果责任。[1]但这种观点并未获得通说地位。在我国，先行行为作为不真正不作为犯的义务来源，不仅是学理上的通说，司法实务中也是普遍适用。笔者以为，许乃曼教授的观点不无道理。所以，如果基于对救助法益危险的规范期待，需要认可先行行为可产生作为义务，就必须从靠近"支配法益侵害"的基准对先行行为进行实质的限制。关于如何限制，罗克辛教授从犯罪行为的本质要求出发提出的观点值得借鉴。罗克辛教授将客观归责理论引入不作为犯领域，主张以客观归责方法论来检验某先前行为能否成为产生不真正不作为犯作为义务的适格的先行行为。①先行行为必须是创设或升高了法所不允许的危险，所以并非任何先行行为都能产生刑法上的作为义务。②不作为的风险实现须在先行行为违反的规范保护目的范围之内。如果在先行为创设或升高了风险，但是损害结果的发生却并非是由先行行为所直接导致的，则二者不存在风险关联，不能将结果归属给行为人的不作为。③行为人实施的在先行为虽然创设或升高了风险，但是因介入了被害人的自我危险行为，被害人创设的自我危险阻断了在先行为的风险实现，在先行为人不因之承担保证人义务，由被害人自负其责。[2]笔者以为，既然是基于犯罪行为的本质特点作出的限制，就不应当仅仅适用于对先行行为的要求，其他危险源，如所谓自己领域的危险物，监控的他人的危险行为，都应当从先行行为的视角进行转换，并接受上述刑法对犯罪行为内部要求的限制。

本案中，是被告人吴某建议与被害人肖某乙到河里打架，且将站在河水中陡坡上的肖某乙往前面按了一下，导致不会游泳的肖某乙倒入水中，这一行为给被害人肖某乙的人身安全创设了法所不允许的危险，因此被告人吴某

---

〔1〕 参见王莹："先行行为作为义务之理论谱系归整及其界定"，载《中外法学》2013年第2期。

〔2〕 参见王莹："先行行为作为义务之理论谱系归整及其界定"，载《中外法学》2013年第2期。

对处于危险状态的肖某乙有救助义务，所以，如果证据不能证明被告人吴某在将肖某乙往河里按时具有杀人故意，即不能认定为作为的故意杀人罪，那么基于从一重罪的吸收犯原理，应将该先前的作为视为先行行为，进而认定行为人故意不履行救助义务的不作为构成故意杀人罪。还需要说明的是，在认定不作为犯罪时，判断行为人是否存在不作为即是否履行了作为义务，不能看行为人有无形式上的举动，而是要看行为人是否在自己的作为能力范围内，尽力满足了义务要求。本案审理法院对该问题的认定是比较准确的，即被告人吴某在施救无果后既没有呼救也没有报警，并且在发现肖某乙在水中没有任何反应后与罗某逃离现场，客观上未穷尽救助手段，仍属于不作为。

四、参考意见

并非任何先行行为都能产生刑法上不真正不作为犯的作为义务。关于不真正不作为犯的第二种实质义务来源，即危险源监督义务，也必须以刑法内部犯罪行为的本质要求及认定规则为准据进行限制。关于如何限制，罗克辛教授的主张值得借鉴，即能够产生作为义务的先行行为，必须是创设或升高了法所不允许的危险，而且法益侵害结果的实现与先行行为存在风险关联，还要考虑是否存在被害人自陷风险需要自我答责的情形。

拓展案例

案例一：詹某故意杀人案

一、基本案情

2014 年 7 月 30 日 15 时 30 分许，被告人詹某驾车将情人秦某某带到红安县城关镇松林村彭家楼湾旁的金沙河水库岸边，在车内秦某某追问被告人詹某是否在前天去武汉见另外一个情人时，遭到詹某的否认。秦某某趁詹某到河边洗脸之机偷看詹某手机信息，见詹某当天中午与武汉情人有通话记录后，非常生气，并与被告人詹某发生争吵。气急之下，秦某某从被告人詹某的车上下来并脱掉身上的衣服和鞋子往水库里走。当秦某某往水中走了大约十几米远时，詹某追上从后面拉住秦某某右手上臂，但被其挣脱。随后，詹某又到秦某某前面阻拦。在阻拦过程中，詹某因失去平衡倒在水中，其间用脚踹了秦某某一下。当詹某浮出水面时未见到秦某某踪影，便独自游回岸边。尔后，詹某既未积极救助秦某某，又未呼救和报警，而是慌忙驾车逃离现场，致使秦某某因无人及时救助而溺水死亡。案发后，被告人詹某向秦某某的亲属及相关人员隐瞒秦某某溺水一事。

二、法律问题

1. 情人关系能否产生法益保护型作为义务？
2. 情人吵架能否作为引起不真正不作为犯作为义务的先行行为？
3. 危险法益处于较为封闭的环境能否成为不真正不作为犯作为义务的来源？

三、重点提示

本案审理法院认为，被告人詹某与被害人保持较长时间的情人关系，被害人因与被告人的感情纠葛而产生轻生的念头，而詹某的先行行为诱发了被害人的投水自杀行为，所以被告人詹某对被害人的自杀行为应当具有法律上的救助义务，尤其是在当时处于荒郊野外、人烟稀少的特定环境和空间条件下以及明知被害人不识水性的情况下，被告人更应尽到救助义务，但在发现被害人没有浮出水面，有可能溺水死亡时，被告人詹某非但没有实施任何求救、报警等救助行为，而是置被害人是否溺水、是否可能死亡于不顾，置现场被害人散落的衣物不闻不问，驾车迅速逃离现场，其主观上存在放任被害人死亡的结果发生的心态，最终导致被害人因失去救助的机会而溺水死亡的结果。被告人詹某的行为构成（不作为的）故意杀人罪。

如前所述，先行行为应当是创设或升高法所不允许的危险的行为，如此才能衍生刑法上的入罪义务。而情人之间的吵架行为、分手行为都是正常的生活行为，并无引发他人人身安危的一般性风险，所以并不是适格的先行行为，不能据此产生刑法上的作为义务。至于情人关系，也非基于持续的社会身份或地位而存在的稳定的实体关系，亦不能衍生刑法上的作为义务。而危险法益处于较为封闭的环境，对当时的情境下能够救助危险法益的行为人而言，其不救助的行为应属于见危不救，不能简单等同于不作为的故意杀人，因为排他性不等同于支配性。所以，本案的裁判理由及判决结果值得商榷。

案例二：张某辉过失致人死亡案

5 - 3

一、基本案情

2016 年 4 月 9 日 21 时许，被告人张某辉骑摩托车到台江县台拱镇老国土局接被害人欧某霞时，被告人张某辉见被害人欧某霞已醉酒，提出送其回家，但被害人欧某霞说感觉冷，要求被告人张某辉去开一间有空调的旅店给其休息，被告人张某辉与被害人欧某霞便来到台江县城的老崇刚宾馆开了 8406 号房间，二人进入房间后，被告人张某辉就进卫生间洗澡，被害人欧某霞接听一个电话后，就向被告人张某辉打招呼后欲回家，被告人张某辉说："你现在醉酒了，先不要回去，等一下我们一起回去"，遂将被害人欧某霞拉回到床上，随后由于被害人欧某霞未接听手机尾号为"22"的号码打来的电话，被告人张某辉就抢了被害人欧某霞的手机，被害人欧某霞数次向被告人张某辉索要手机，被告人张某辉不肯归还，双方遂发生争吵，被害人欧某霞对被告人张某辉说，若不归还手机其就从窗子跳下去，并将自己的手提包扔向被告人张某辉，被告人张某辉便拿起两瓶矿泉水朝地上砸。随后被告人张某辉捡起被害人欧某霞的手提包，将手机放入包内后，用双手将包朝被害人欧某霞砸去，砸到了被害人欧某霞的下颚处，被害人欧某霞更加气愤，就责骂被告人张某辉"我老公都没敢打过我，你还打我。"在被害人欧某霞责骂被告人张某辉时，被告人张某辉进入卫生间拿毛巾擦其身上的水，等被告人张某辉从卫生间出来时，就看见被害人欧某霞已骑在房间的窗台上，被告人张某辉对其说"不要搞这些，外面有防盗窗，你也跳不下去，你回来，搞这些害羞得很。"被害人欧某霞就反问被告人张某辉"你怕我不敢跳？"随后被害人欧某霞将双脚都抬到窗外，被告人张某辉又说"算了，我怕你了，你快点下来"，被害人欧某霞转头看了被告人张某辉一眼，便坠楼身亡。经黔东南州公安局司法鉴定中心鉴定，被害人欧某霞系高坠死亡；被害人欧某霞血液中检出乙醇含量为 184.2mg/ml。

二、法律问题

刑法上不真正不作为犯的成立条件？

三、重点提示

本案的审理法院认为，被告人与被害人在房间内发生争吵，导致被害人自己骑上窗台，被告人在看到被害人骑上窗台后，被告人的言语是劝其下来，被害人最后坠楼身亡是其自己在窗台上不慎坠落所致。虽然发生了被害人死亡的结果，但是被害人的死亡与被告人的行为在刑法上没有必然的因果关系，且从被告人的言语也可以看出，被告人是已经预见到被害人骑上窗台的危险性，并予以劝阻，这同时也说明其没有轻信能够避免。所以被告人在客观上及主观上均不构成过失致人死亡罪。另外，从不真正不作为犯罪的角度分析，被告人将被害人带至宾馆，且在房间内与其争吵，导致被害人骑上窗台，在此情况下，因先行行为，被告人负有积极的作为义务，而被告人也确实在口头上劝阻了被害人，且在被害人坠楼后积极救助被害人，显然被告人是有所作为的，所以被告人张某辉的行为也不构成不真正不作为犯罪。综上，被告人张某辉不构成过失致人死亡罪，应依法宣告无罪。笔者认为，不真正不作为犯的成立，关键在于认定行为人有作为义务，这是不法的关键问题。关于作为义务的认定，应将形式上的作为义务来源作为检索素材，以实质的作为义务来源作为法理依托，根据刑法上犯罪行为的本质特点和实质要求为统一标准和最后准据予以限制和筛选。所以，如果是根据先行行为推导出不真正不作为犯的作为义务，对先行行为就必须以刑法内部的准则予以限制，而刑法上的犯罪行为应当具有致损法益的一般性风险。所以，如同本案这样单纯的争吵行为，由于是通常意义上的生活性行为，就并非能够产生作为义务的适格的先行行为。不真正不作为犯成立的另一关键问题是行为人的作为可能性，这是责任的问题。需要说明的是，如果不能认定行为人有作为义务，也就不必判断后续作为可能性的问题，因为责任是以不法为前提。判断行为人是否具有作为可能性，关键在于行为人是否在自己的能力范围内尽力履行了作为义务，而不在于有无物理的举动。

拓展资料

5 - 4

| 专题六 |

故意和违法性认识（可能性）的认定

📖 知识概要

根据我国《刑法》第 14 条的规定，明知自己的行为会发生危害社会的结果，并且希望或者放任这种结果发生，因而构成犯罪的，是故意犯罪。本专题结合国内经典案例，对犯罪故意的认定、事实认识错误和违法性认识错误的处理等问题展开介绍。

一、犯罪故意及其认定

犯罪故意的概念	明知自己的行为会发生危害社会的结果，并且希望或者放任这种结果发生的主观心理态度。		
	解释论上，一般将故意界定为对客观构成要件实现的认识和意欲，包含认识因素和意志因素两部分。		
犯罪故意的类型	区分标准	认识内容确定程度不同	确定故意和不确定故意。 其中不确定故意又可以分为未必故意、概括故意和择一故意。
		认识因素和意志因素的内容	直接故意和间接故意。 直接故意的认识程度一般大于间接故意，且直接故意对危害结果为"希望"，间接故意为"放任"。
		所认识和希望、放任的结果形态	侵害故意和危险故意。前者认识到行为对一定法益的侵害；后者仅认识到了行为对一定法益的危险性。 实害犯的故意是侵害故意，危险犯的故意是危险故意。
犯罪故意认识因素的内容	犯罪故意的成立，要求行为人认识到自己行为的内容和社会意义。某些犯罪故意还要求行为人认识到刑法规定的特定事实，如特定的地点、方法、行为对象，特定的主体身份等。		

犯罪故意意志因素的内容	在直接故意的场合，行为人的意志因素为"希望"，具体表现为积极追求、主动造成危害结果的发生。 在间接故意的场合，行为人的意志因素为"放任"，具体表现为对可能发生的危害结果漠不关心，主要包含下列情形：①为实现某种非犯罪意图而放任危害结果的发生；②为追求某种危害结果而对同一对象可能造成的另一危害结果持放任态度；③对某一对象实施犯罪行为时，放任对另一对象造成危害结果；④瞬间情绪冲动情况下，不计后果地实施危害行为，放任危害结果的发生。

二、认识错误的概念和类型

认识错误的概念			所谓认识错误，是指行为人所认识的内容和实际情况不一致的情形。但这种不一致并不是在所有场合都阻却故意的成立。	
认识错误的类型	事实认识错误——行为人认识的事实和实际发生的事实不一致的情形。	具体的事实认识错误：事实认识错误在同一构成要件内发生的情形。	对象错误：误把甲当乙射杀之。	
			打击错误：瞄准甲射击，却击中旁边的乙，致乙死亡。	
			因果关系错误。	狭义的因果关系错误。
				事前故意。
				结果的提前实现。
			正当化事由前提的认识错误。	对此种认识错误的体系定位存在较大理论争议，但有力说（限制责任说）认为该种认识错误属于事实认识错误，可阻却故意。
		抽象的事实认识错误：事实认识错误超出了同一构成要件内的情形。		
	违法性认识错误。	行为人完整地认识了自身的行为内容，但不知道其行为在法律上是不被允许的，或者错误地以为其行为被法律所允许的情形。		

三、认识错误的处理

具体的事实认识错误	具体符合说：行为人所认识的事实和实际发生的事实具体地相一致时，才成立故意的既遂犯。此说在德国处于通说地位。
	法定符合说：行为人所认识的事实与实际发生的事实，只要在犯罪构成范围内是一致的，就成立故意的既遂犯。此说是日本的通说，在我国也有很大影响力。
	具体符合说和法定符合说在对象错误的场合结论一致，但在打击错误的场合，具体符合说会认为成立故意犯罪（未遂）和过失犯罪既遂的想象竞合，法定符合说会认为成立故意犯罪既遂一罪。
抽象的事实认识错误	抽象符合说：在行为人所认识的构成要件和现实发生的构成要件事实相一致的限度内，承认故意犯的既遂。缺陷：有违责任主义之嫌。
	法定符合说：不同犯罪构成之间的认识错误原则上阻却故意的成立或仅成立故意犯罪未遂，但如果犯罪是同质的（保护法益间具有重合性），则在重合限度内成立轻罪的故意既遂犯。
违法性认识错误	违法性认识不要说：违法性认识不是故意的要件，要成立故意犯，只要求行为人认识犯罪事实即可。 缺陷：在违法性认识不存在的场合，却以故意犯论处，违反了责任主义的要求。实际上完全可能出现因为不懂或者误解刑法，甚至为了"遵守"刑法而触犯刑法的现象。
	严格故意说：违法性认识是故意的要素，是否具有违法性认识是间接故意和过失的分水岭，在发生违法性错误的场合，因其欠缺违法性认识，所以不成立故意犯。如果有处罚过失犯的规定，如果行为人对违法性认识错误存在过失，则作为过失犯处罚。 缺陷：不能说明确信犯、常习犯、激情犯的可罚性。而且可能不当地缩小刑法的处罚范围。
	限制故意说：故意的成立不要求现实的违法性认识，但要求违法性认识的可能性，即使欠缺违法性认识，但如果具有违法性认识的可能性，就不阻却故意，否则阻却故意，随之产生是否成立过失犯的问题。 缺陷：同样可能不当地缩小刑法的处罚范围。
	责任说：违法性认识是和故意相区别的责任要素，违法性的认识错误和故意的成立无关，但该错误不能回避时可阻却责任，可能回避时仅减轻责任。责任说在今天被德日刑法理论普遍承认，在我国也得到众多学者肯定。 责任说下，单纯欠缺违法性认识不能阻却责任，只有在行为人不具备违法性认识的可能性，即违法性认识错误不能避免的场合，责任才能被阻却，本书采取此种立场。

经典案例

案例一：孙某以危险方法危害公共安全案

6-1

一、基本案情

被告人孙某于 2008 年 5 月购买车牌号为川 A43K66 的别克牌轿车后，长期无证驾驶，并有多次交通违法记录。2008 年 12 月 14 日中午，孙某与其父母在酒楼为亲属祝寿，期间大量饮酒。16 时许，孙某驾驶车牌号为川 A43K66 的车送其父母到成都市火车北站搭乘火车，之后驾车折返，17 时许，行至成龙路"蓝谷地"路口时，孙某驾车从后面冲撞与其同向行驶的车牌号为川 A9T332 的比亚迪牌轿车尾部。其后，孙某继续驾车向前超速行驶，并违章越过道路中心黄色双实线，与对面车道正常行驶的川 AUZ872 长安奔奔牌轿车猛烈碰撞后，又与川 AK1769 长安奥拓牌轿车、川 AVD241 福特蒙迪欧牌轿车、川 AMC337 奇瑞 QQ 轿车发生碰撞及擦刮，致 4 人死亡，1 人重伤，造成公私财产损失共计 5 万余元。交通警察接群众报案后赶至现场将孙某抓获。经鉴定，孙某驾驶的车辆碰撞前瞬间的行驶速度为 134～138 公里/小时；孙某案发时血液中的乙醇含量为 135.8 毫克/100 毫升。

一审法院认为，被告人孙某作为心智健全、受过一定教育的成年人，在明知驾驶车辆必须经过相关培训，并通过国家有关机关考试的情况下，仍无视国家交通安全法规，置不特定多数人的生命安全于不顾，长期无证驾驶车辆并多次违章，2008 年 12 月 14 日在严重醉酒的情况下，驾车行驶于车辆、人群密集之处，并最终造成 4 死 1 重伤及他人财产损失数万元的严重后果，其行为已构成以危险方法危害公共安全罪，且情节特别恶劣，应予以严惩。依照《刑法》第 115 条第 1 款、第 57 条第 1 款之规定，认定被告人孙某犯以危险方法危害公共安全罪，判处死刑，剥夺政治权利终身。

一审宣判后，孙某不服判决，提出上诉称：①其不具有以危险方法危害公共安全的主观故意，一审判决定性不准，适用法律错误。其虽然从 2008 年 7 月开始无证驾驶机动车辆并多次交通违法，但主观上并非是对他人生命、健康和财产安全的漠视；事发当天其酒后驾车是违反交通管理法规，不是以汽车作为犯罪工具危害公共安全；酒后驾车追尾、超速、跨双实线发生交通事故，都是在不清醒的状态下实施的行为，没有危害公共安全的主观故意。②原判量刑过重。孙某的辩护人也提出，孙某犯罪时的主观心理状态应为对自己驾驶机动车的能力过于自信而轻信可以避免的过失，不是故意实施危害公共安全行为，应以交通肇事罪施以相应刑罚。

二、法律问题

1. 如何区分间接故意与过于自信的过失？

2. 被告人孙某"醉酒"后驾驶机动车，在交通肇事后连续冲撞，造成特别严重的后果的行为应当如何定性？

三、法理分析

间接故意，在刑法理论上也称未必的故意，是指明知自己的行为可能发生危害社会的结果，但是放任这种结果发生的心理态度。间接故意的认识因素是明知自己的行为可能发生危害社会的结果，意志因素则是放任结果的发生。间接故意的"放任"心态可以从三个方面考察，首先，间接故意的放任是建立在一定可能性基础上的，也就是说这种心态是建立在行为人认识到发生结果的可能性相当大的基础上的，而不是偶发性的小概率的结果基础上；其次，间接故意的放任具有间接性，结果的发生不是构成其预期链条的一环，而是一种间接的或者附带的结果；再次，放任具有附属性，它往往是依附于另一个主意志而存在的。[1]

过于自信的过失，又称有认识的过失。在过于自信的过失中，行为人轻信结果能够避免是具有一定依据的。具体而言，行为人轻信能够避免的

---

[1] 陈兴良："刑法中的故意及其构造"，载《法治研究》2010 年第 6 期。

情况主要表现为以下几种：①过高估计自己避免结果的能力；②错误估计了相关人员避免结果的可能性；③不当地估计了现实存在的客观条件对避免结果的作用；④误以为结果发生的可能性很小。显然，在过于自信的过失中，是因为行为人错误地预估了现实情况，而导致意料之外的危害结果的出现。

由于间接故意与过于自信的过失，在表面上都要求行为人认识到结果发生的可能，因此两者在区分上有一定难度。但从本质上说，间接故意所反映的是对法益的积极蔑视态度，而过于自信的过失所反映的是对法益消极不保护态度。这种区别具体体现在以下方面：首先，成立间接故意要求行为人放任结果的发生，结果的发生符合行为人的意志；但过于自信的过失不要求行为人放任（听之任之）结果的发生。其次，间接故意的行为人通常是为了实现其他意图而实施行为，主观上根本不考虑是否可以避免结果的发生；而过于自信过失的行为人之所以实施行为，是因为考虑到可以避免结果的发生，即否定结果发生的可能。最后，间接故意的行为人在行为时"明知"结果发生的可能性；过于自信过失的行为人是暂时地"预见"结果发生的可能性，在行为时又否认了结果发生的可能性，两者认识程度存在明显差别。[1]另外，从意志因素来看，间接故意的行为人对结果的发生持放任、不反对的心理态度，而过于自信过失的行为人对结果的发生则是持反对的心理态度。

本案中，以危险方法危害公共安全罪和交通肇事罪均属于危害公共安全罪，两罪的主要区别在于行为人对危害公共安全的后果所持的主观心态不同。前者为故意犯罪，行为人对危害后果持积极追求或放任的心态；后者为过失犯罪，行为人应当预见到自己的行为可能造成危害后果，因疏忽大意没有预见，或者已经预见而轻信能够避免，以致发生危害后果。据此，合理认定行为人的主观要件，成了本案定性的关键。

本案二审法院认为，过于自信的过失是一种有认识的过失，即应当避免而没有避免。应当避免是避免义务与避免能力的统一。虽有避免义务，但没有避免能力，仍属于缺乏应当避免这一要件。在过于自信的过失中，行为人

---

[1] 参见张明楷：《刑法学》，法律出版社2016年版，第291页。

认为凭借自己熟练的技术、敏捷的动作、高超的技能、丰富的经验、有效的防范，完全可以避免发生危害结果，但实际上过高地估计了自己的力量，因而未能防止危害结果的发生。在本案中，孙某既没有经过专业培训，也没有通过国家专门部门考核取得机动车驾驶资格，更没有长期丰富的经验取得熟练的技术及意外处置能力，其酒后高速驾车的行为不仅完全丧失对危害的有效防范，而且大大降低其驾驭危险交通工具的能力。因此，孙某对危害结果的发生没有避免能力，其无证、醉酒、高速驾车发生交通事故，造成重大损害结果的发生是必然的，其主观心理状态上的过于自信没有客观根据。据此，二审法院认为上诉人孙某无证、醉酒、超限速驾驶机动车在道路上进行危险驾驶，致 4 人死亡、1 人重伤，并造成直接经济损失 5 万余元，犯罪情节恶劣，后果严重，应以危险方法危害公共安全罪对其定罪处罚。但孙某系间接故意犯罪，不希望、也不积极追求危害后果的发生，与驾车撞击车辆、行人并造成重大伤亡后果的直接故意犯罪有所不同，主观恶性不是很深，人身危险性不是很大；其犯罪时处于严重醉酒状态，对自己行为的认识和控制能力有所减弱；归案后，其真诚悔罪，并通过亲属尽其所能积极赔偿被害人的经济损失，被害人及其亲属因此出具了谅解书，依法可从轻处罚，故撤销一审判决量刑部分，由死刑改判为无期徒刑。

四、参考意见

孙某案在刑法学界引起了广泛讨论，主要争议点有二：一是醉酒驾驶机动车造成特别严重后果的行为能否构成以其他方法危害公共安全罪，二是孙某行为的主观心态究竟应当认定为故意还是过失。第一个问题限于篇幅和主题，本专题不展开讨论。关于第二个问题，陈兴良教授指出，在绝大多数情况下酒后或无证驾车出行并不会造成交通肇事后果，行为人对可能造成严重后果的预见可能性较小，那么就不能由此认为行为人主观上对结果是放任的，因为放任的心理态度是建立在认识到结果发生的可能性相当大的基础上。[1] 在行为人违规驾驶机动车的场合，往往是出于对自己驾驶技术的信任，相信自己能够避免交通事故的发生，他们对危害结果的发生都是持反对

---

〔1〕 陈兴良："刑法中的故意及其构造"，载《法治研究》2010 年第 6 期。

心理态度。因此，一般醉酒后驾驶机动车造成严重后果的行为，从主观心态上看更符合交通肇事罪的构成。

然而，本案的被告人孙某的情况略有不同。尽管案发当日，孙某明知自己大量饮酒仍驾驶机动车在人群密集的公路上行驶，是出于对自己驾驶技术的过分自信，其轻信自己可以避免交通事故，内心也是反对这一结果的出现，追尾与其同向行驶的轿车尾部是出乎其意料的结果。然而，该起事故发生后孙某并未停车查看，而是继续驾车向前超速行驶，并在逃逸过程中多次违规与其他汽车相撞。在此过程中，孙某的心态已从起初的过失转变为间接故意，因为追尾事故发生后，孙某应当明确认识到他此时的状态驾车发生交通事故的可能性极大，但其不但没有停车查看，及时止损，反而不顾已造成的危害后果继续超速行驶，放任可能造成的其他严重后果的发生，此时孙某的心理态度，已超出了过失的范畴，将孙某主观心理状态认定为间接故意更为恰当。

综合全案事实，应当认为被告人孙某对于造成 4 人死亡、1 人重伤的严重后果，系放任的心态，属间接故意。其行为构成以危险方法危害公共安全罪，本案一审、二审判决在定性上是准确的。

案例二：应某、陆某走私废物、走私普通货物案

6 - 2

一、基本案情

2010 年 4 月，被告人应某、陆某为谋取非法利益而共谋采用伪报品名等方法为他人负责办理走私废旧电子产品中的通关和运输事宜，并按照废旧电子产品进口数量计算报酬。自同年 6 月起，应某、陆某等人按事先分工共同从事上述走私活动。

2011 年 4 月 1 日，上海海关缉私部门查封、扣押了 20 个由被告人应某、陆某以瓦楞纸板名义进口的装有走私物品的集装箱。经清点、理货和鉴别，上

述走私货物主要为：属于危险类废物的废旧线路板、废电池等共计 32 290 公斤；属于国家禁止进口的固体废物的废旧复印机、打印机、电脑等共计 349 812 公斤；属于国家限制进口的可用作原料的固体废物的硅废碎料共计 7270 公斤；另有胶带、非家用缝纫机头、轴承等普通货物若干吨，分散在各集装箱内，涉及税额人民币 70 余万元。

上海市人民检察院第一分院据此指控，应某、陆某违反海关法规，逃避海关监管，采用伪报品名的方式进口固体废物逾 389 吨、进口普通货物偷逃应缴税额 74 万余元，其行为已构成走私废物罪、走私普通货物罪，且情节特别严重，偷逃应缴税额特别巨大。

被告人应某和陆某及其各自的辩护人对起诉指控应某、陆某犯走私废物罪的事实、证据、罪名均无异议。但均辩称：两人的行为不构成走私普通货物罪。理由是，不能简单依据货柜中货物的客观状况分别定罪并实行数罪并罚；应某和陆某并非货源组织者，也非收货人（或者非货主），仅作为代理进口商主要负责废旧电子产品的通关业务，并不明知其所走私的废旧电子产品中还夹藏进口胶带、轴承等普通货物，故其主观上不具有走私普通货物的故意，其二人的行为不构成走私普通货物罪。

上海市第一中级人民法院认为，最高人民法院、最高人民检察院、海关总署 2002 年联合印发的《关于办理走私刑事案件适用法律若干问题的意见》第 6 条规定："走私犯罪嫌疑人主观上具有走私犯罪故意，但对其走私的具体对象不明确的，不影响走私犯罪构成，应当根据实际的走私对象定罪处罚。"2006 年出台的《最高人民法院关于审理走私刑事案件具体应用法律若干问题的解释（二）》（已失效）（以下简称《解释（二）》）对此作了进一步明确。《解释（二）》第 5 条规定："对在走私的普通货物、物品或者废物中藏匿刑法第 151 条、第 152 条、第 347 条、第 350 条规定的货物、物品，构成犯罪的，以实际走私的货物、物品定罪处罚；构成数罪的，实行数罪并罚。"上述规范性文件确定的"以实际走私的货物、物品定罪处罚"仅适用于概括故意犯罪的情形：一是意识上，行为人对走私具体对象没有明确指向；二是意志上，行为人对实际走私对象不反对，有没有都无所谓。此外，《解释（二）》第 5 条规定的"藏匿"一词已将行为进行了限定。"藏匿"是一种有意识地隐藏行为，行为人主观上在隐藏之时对所隐藏之物就具有或者应当具有一定的认识，即对所隐藏之物主观上明知。如果对走私的普通货物、物品或者废物中查出的其他走私对象不明知，则不能适用上述规范性文件的规定。

本案中，由于代理通关和运输事宜的被告人应某、陆某并不明知走私货主在废旧电子产品中还夹藏了其他普通货物，因此，二被告人不应当对货主所夹藏的普通货物承担走私普通货物罪的刑事责任，进而判决认定二被告人犯走私废物罪。判决作出后，二被告人均未上诉。

二、法律问题

1. 在行为人对行为仅有概括故意时，如何认定故意中的"明知"？

2. 犯罪成立是否要求行为人认识罪量因素？如果要求，这种认知需达到何种程度？

三、法理分析

关于故意的构造，刑法理论上一直存在认识论和意欲论的争议。认识论主张，以认识因素作为判断故意的心理根据，其中又根据行为人对结果发生可能性的认识程度大小分为可能性说与盖然性说。可能性说认为，只要对结果发生的可能性具有认识即可成立故意，但盖然性说则认为，必须认识到结果发生的可能性大于50%才能成立故意。但认识论无法区分间接故意与过于自信过失。

意欲论主张，以意志因素作为判断故意的心理根据，但承认成立故意需要具有认识。意欲论根据行为人对结果发生所持的态度不同，分为希望说和容认说。希望说认为，成立故意需要行为人对构成要件结果的发生持意欲或者希望的态度；而容认说则认为，故意的成立不仅需要对结果的预见，而且还必须容忍、认可、忍受该结果的发生，目前我国理论通说为容认说。基于主客观相统一原则的要求，"明知"的内容应为对构成要件要素的认识，换言之，行为人需要认识到属于法定构成要件的全部事实，才可能成立故意犯罪。

基于不同的犯罪故意，"明知"的认识程度与认识内容也有所区别。除了直接故意与间接故意的分类外，以认识因素为标准还可以划分为确定故意与非确定故意；确定故意是指行为人对于构成犯罪事实，有具体确定认识的情形；对构成犯罪事实无具体确定认识的情形，则为不确定故意。概括故意即为不确定故意的下位概念。所谓概括故意，是指行为人仅明知其行为必然会导致一定的社会危害结果，但对于行为将要侵害的对象及范围等并不明确，且希望此危害结果发生的主观心理状态。换言之，在概括故意的场合，行为人对自身行为的性质有所认识，只是对于行为的内容，只要有抽象的、一般的认识即可。

本案涉及的走私废物罪与走私普通货物、物品罪都是故意犯罪，根据故意犯罪的成立要素，行为人要对该二罪的法定构成要件事实具有认识，才能成立犯罪。具体来说，行为人应当认识到"走私"行为的社会意义，主要是指行为的社会危害性，对行为在刑法上的规范性评价没有认识不影响故意的成立。但如果行为人无法正确认识"走私"的"社会一般评价"，则可能阻却故意的成立。另外，在确定故意中行为人还需要认识到行为的对象，例如，具有走私废物罪的确定故意的行为人应当认识到走私的物品是国家禁止进口的废物。但若行为人对走私行为出于概括故意，则仅需要对走私的对象具备概括的、抽象的认识即可。

此外，根据《刑法》第 153 条的规定，走私普通货物、物品罪，只有在客观上达到一定的数额或者具有严重情节才能成立。这些"数额较大""数额巨大""数额特别巨大"等因素在刑法中被称为罪量因素。罪量因素究竟是客观的构成要件要素还是客观的超过要素，抑或是客观处罚要件，对此学界众说纷纭。但对于走私犯罪中的"数额"，因其系行为不法程度的表征，基于主客观相统一原则，行为人至少应当对这些罪量因素具有预见可能性，否则会影响故意的成立。需要指出的是，在行为犯和危险犯的情形下，刑法分则往往没有将可能实际发生的危害后果作为构成要件要素，此时为了将刑法总则的故意规定与刑法分则的构成要件要素统一起来，有学者提出《刑法》第 14 条规定中所谓的"结果"，不是指具体的犯罪结果或者说是构成要件结果，而是指抽象意义上的法益侵害后果。[1]否则，不以具体结果作为构成要件要素的行为犯、危险犯便不可能成立故意犯了。另外，以往我们在分析某个特定犯罪的犯罪故意时往往采用整罪分析的模式，但是在风险社会的背景下，这

---

[1] 参见劳东燕："犯罪故意理论的反思与重构"，载《政法论坛》2009 年第 1 期。

种分析模式不利于风险刑法的危害预防和危险控制功能的实现，为了实现风险刑法的功能，应当改为要素分析模式。也即将某个犯罪的犯罪构成拆分为行为要素、结果要素、情状要素三部分。在分析某些特定犯罪时只要求行为人对行为要素具有明知，对结果要素和情状要素的认识程度则可因具体的刑事政策不同作出不同要求。以期通过要素分析模式，降低某些故意犯罪的证明要求，为处罚范围划定合理边界。[1]

四、参考意见

根据本案证据可知，被告人应某、陆某作为承运人对藏匿在集装箱内的轴承、缝纫机等货物事先并不知情，并且也未就此商定承运的报酬，据此可以推知其对这些夹藏的普通货物不具有认识的可能，缺乏犯罪故意的认识因素。虽然两被告在客观上实施了走私70余万元的普通货物行为，符合了走私普通货物、物品罪的客观要件，但由于其不具有走私普通货物、物品的故意，因此不构成该罪，只能将危害后果作为量刑的情节考虑。

但被告人应某、陆某明知走私的是废旧电子产品，为了牟取非法利益，违反海关法规，逃避海关监管，以瓦楞纸板名义进口的装有走私物品的集装箱，其中包括属于危险类废物的废旧线路板、废电池等共计 32 290 公斤；属于国家禁止进口的固体废物的废旧复印机、打印机、电脑等共计 349 812 公斤；属于国家限制进口的可用作原料的固体废物的硅废碎料共计 7270 公斤，偷税金额达到数额特别巨大的标准，在走私废物罪的范围内，两被告人符合该罪的构成要件。据此，法院的判决思路是值得肯定的。

案例三：闫某非法猎捕珍贵、濒危野生动物案

6 - 3

---

〔1〕　参见劳东燕：“犯罪故意的要素分析模式”，载《比较法研究》2009 年第 1 期。

一、基本案情

2014 年 7 月 14 日，被告人闫某、王某在河南省辉县市高庄乡土楼村一树林内非法猎捕燕隼 12 只（国家二级保护动物）。闫某将幼鸟饲养起来，在饲养过程中幼鸟死掉一只，跑掉一只。后来，闫某将幼鸟的图片发到 QQ 群和朋友圈，在百度贴吧上也发布了"出售几只小燕隼"的信息，并附上了照片，随后便有网友与他联系，表示愿意购买幼鸟。闫某觉得有利可图，便和朋友将其中 7 只幼鸟以 800 元的价格卖到郑州，将一只燕隼以 150 元的价格卖到辉县，后来闫某自己又将剩下两只以 280 元的价格卖到洛阳。同月 26 日，闫某和王某又在当地寻得一个鸟窝并掏出其中 4 只幼鸟。两天后，闫某因涉嫌非法猎捕珍贵、濒危野生动物罪被河南省辉县市森林公安局刑事拘留。2014 年 9 月 3 日被辉县市森林公安局以其行为涉嫌非法猎捕、收购珍贵、濒危野生动物罪逮捕。

2015 年 5 月 28 日，辉县市人民法院认定被告人闫某、王某的行为构成非法猎捕、收购珍贵、濒危野生动物罪，依照《刑法》第 341 条第 1 款、第 69 条第 1 款、第 64 条、第 67 条第 3 款及《最高人民法院关于审理破坏野生动物资源刑事案件具体应用法律若干问题解释》第 1 条之规定，判决如下：被告人闫某犯非法猎捕珍贵、濒危野生动物罪，判处有期徒刑 10 年，并处罚金人民币 5000 元；犯非法收购珍贵、濒危野生动物罪，判处有期徒刑 1 年，并处罚金人民币 5000 元，数罪并罚，决定执行有期徒刑 10 年 6 个月，罚金人民币 1 万元。

闫某不服原审判决，提起上诉，闫某的上诉理由及其辩护人的主要辩护意见是：①原审认定闫某、王某猎捕 16 只燕隼的事实不清、证据不足；②被告人不明知猎捕的燕隼为国家二级保护动物；③被告人的行为不构成非法收购行为，应为送养行为。

二审法院认为，关于上诉人闫某、王某及其辩护人提出"原审认定闫某、王某猎捕 16 只燕隼的事实不清、证据不足"的上诉理由及辩护意见，经查，上诉人闫某、王某在一审开庭时对分两次猎捕 16 只燕隼的事实均供认不讳，且二人所述相互吻合，同时在闫某手机中所提取的二人所猎之燕隼的照片以及公安机关在上诉人闫某、负某某家中查获的 5 只燕隼在卷佐证，能够证实闫某、王某分两次猎捕 16 只燕隼的犯罪事实。故该上诉理由和辩护意见均不能成立，本院不予采信。关于上诉人闫某、王某及其辩护人提出的"不明知猎捕的燕隼为国家二级保护动物"的上诉理由及辩护意见，经查，闫某、王某在对其主观上明知的事实曾有过稳定供述，且该供述能够与闫某本人在百度贴吧上发布的关于买卖燕隼的相关信息以及负某某供述内容予以印证，足以认定。故法院认为：该上诉理由和辩护意见不能成立，不予采信。最终，二审法院认定原判认定事实清楚，定罪准确，量刑适当，审判程序合法，裁定驳回上诉，维持原判。

二、法律问题

1. 被告人闫某对于自己非法猎捕珍贵、濒危野生动物是否具有违法性认识？假如被告人闫某不知道燕隼是国家二级保护动物，是否还构成非法猎捕珍贵、濒危野生动物罪？

2. 被告人闫某是否具有主观故意的认定标准是什么？

三、法理分析

在本案中，被告人闫某辩称自己并不知道猎捕的燕隼系国家二级保护动物，但是根据法院的判决理由，闫某是一开始就明知是国家野生保护动物而去犯罪的。因此，有必要对闫某的主观方面进行推定以及分析这一做法对此罪成立的影响。

对于非法猎捕国家珍稀、濒危野生动物罪来说，需要行为人明知其行为违反国家法律规定，猎捕的动物为国家禁止捕猎的保护动物而故意为之，在考察行为人的主观方面时应当以行为人具有违法性认识可能性作为主观故意的认定标准。行为人闫某在调查中没有承认自己猎捕的是国家保护动物，也就是说对自己非法猎捕国家野生保护动物是不具有违法性认识的，在这种情况下就需要审判人员根据具体的案情和行为人的具体行为结合相关证据来推定行为人对非法猎捕行为是持故意态度的。

第一，在第一次捕猎行为中，闫某是否对自己的行为具有违法性认识。首先，从闫某的自身状况来讲，他是一名在读大学生，已成年，具备正常的智力状况和认知水平，从其以往的阅历来考察，本案没有证据能够证明其以前参与过此类犯罪，也没有受到过关于野生保护动物方面系统的专业知识培训和法律教育，所以，闫某并不具备相关的专业知识。燕隼作为一种小型鸟类，很像燕子，因此得名燕隼。在我国有这种相似特征的鸟的种类并不少，因此关于燕隼的辨识度并不高，并且闫某猎捕的是没有褪完胎毛的燕隼幼鸟，因此更增加了辨识难度。从社会宣传教育对本案中的行为对象"燕隼"的普及性来说，燕隼属于国家禁止猎捕的珍稀、濒危野生动物并没有被广泛地宣传和进行法律教育，这与大熊猫、东北虎等动物不同，这些动物作为国家保护动物在社会上进行了广泛、持久的宣传，猎捕这些大型国家保护动物会受到法律的惩罚这一点对大众来说算是基本的常识。因此，如果说闫某在第一次猎捕国家保护动物燕隼时不知道其是国家禁止捕猎的保护动物是很有可能的，因此，本案所给出的一系列证据是不能够推定闫某在第一次猎捕燕隼时知道其就是国家禁止猎捕的野生保护动物。其次，对于闫某上树捕鸟这一行为，闫某是在白天用梯子搭在树上并伙同他人将树上的鸟窝掏了，并没有避讳其他人，其行为不具备隐蔽性。这件事发生在闫某在家过暑假期间的一天，闫某并没有为掏鸟行为做刻意的预谋和安排，时间上具有偶然性。而且，在前几十年中，中国城市化水平较低，人们娱乐形式比较匮乏，而农村地区的生态环境保持还比较好，人们尤其是年轻人或儿童上树掏鸟的行为是普遍存在的，因此，闫某上树掏鸟的行为应当是其为了趣味和消遣而不是出于犯罪的目的，其在主观上并不具备故意。因此，综合来看，闫某在第一次猎捕燕隼过程中对于燕隼属于国家二级保护动物这一点是不具备违法性认识可能性的。

第二，闫某在出售燕隼过程中是否对行为对象是国家保护动物明知？本书认为，在闫某出售国家保护动物燕隼时对其属于国家禁止买卖的保护动物这一点是明知的。首先，从闫某自身来讲，其作为一名在读大学生，接受过系统正规的高等教育，具备一定的知识水平和判断能力。从闫某出售燕隼的方式上来看，其主要是通过计算机网络来与卖家进行联络，完成买卖行为。从这一点上可以推出，闫某对于网络和计算机是可以熟练掌握和使用的，进而我们有理由推定，闫某有能力将自己猎捕到的小鸟在网络上进行比对查询来确定具体属于哪一种鸟类，并且可以很便利地在网络上查询到相关的法律知识，来确定自己的出售行为是否触犯了相关法律。从出售燕隼的整个过程看，闫某的出售行为是分几次在几天内进行和完成的，在此期间，其有充分的时间来对上述知识进行查询、了解。无论从技术上还是时间上，闫某都对所出售的小鸟属于国家保护动物这一点具有违法性认识可能性。其次，从本案提供的证据可以证明，闫某分别将 8 只燕隼以 150 元的价格出卖给他人，闫某几次出卖自己猎捕的小鸟，并且一只小鸟能以一百多元的价格卖出还不乏买者，在这种情况下，以一个普通人的思维看是很容易产生想要知道这种鸟为何能够被许多人收购，这种鸟是否是不允许买卖的，是否是受到国家保护的鸟类的想法，进而对自己的行为合法性产生怀疑。所以，闫某在出售燕隼过程中对于行为对象是国家保护动物是明知的这一点既有技术上认识的可能性也有认识的动机，对于自己出售国家野生保护动物的犯罪行为是明知的。

本案的判决结果是基于法院认为闫某从第一次猎捕时就明知燕隼是国家禁止猎捕的野生保护动物这一主观条件来定罪的，但是经过以上分析可以得出，闫某的犯罪主观恶意发生在出售自己猎捕的燕隼的过程中，在第一次猎捕行为期间行为人并不知道此为国家保护动物，也就不构成非法猎捕珍贵、濒危野生动物罪，但其第二次猎捕行为由于具备了主观恶性而构成非法猎捕珍贵、濒危野生动物罪。但是法院判决闫某为非法猎捕珍贵、濒危野生动物罪并承担 10 年有期徒刑是依据其第一次猎捕 12 只燕隼的数量加上第二次猎捕 4 只燕隼的数量，总共为 16 只的数量，是按照我国《最高人民法院关于审理破坏野生动物资源刑事案件具体应用法律若干问题解释》中的关于情节特别严重的标准进行量刑的。从上文的分析可知，闫某犯非法猎捕珍贵、濒危野生动物罪，但只有第二次猎捕行为时的 4 只燕隼，根据相关司法解释并没有达到情节严重的标准。因此，法院判决有期徒刑 10 年 6 个月不符合量刑标准。

四、参考意见

综上所述，本案中，被告人闫某本来是有可能认识到自己的行为是违法的，却由于过失而没有认识到，进而产生可以避免的违法性认识错误，仍然构成故意犯罪，应该以非法猎捕珍贵、濒危野生动物罪定罪。但该违法性认识错误属于酌定从轻的量刑情节，法院在量刑时应予以考虑。

案例四：郭某拒不执行判决、裁定案

6-4

6-5

一、基本案情

2010 年 8 月 9 日，浙江省三门县人民法院对原告台州某工艺有限公司与被告刘某、郭某买卖合同纠纷一案作出一审判决：由两被告偿付原告货款 1 525 400 元、利息损失及实现债权费用 5 万元，该判决经浙江省台州市中级人民法院二审后予以维持。判决生效后，被告刘某、郭某夫妇未履行判决确定的义务，原告因此向三门法院申请执行。执行过程中，该院多次要求两被告履行判决确定的义务，二人拒不履行。2015 年 6 月 29 日，因郭某、刘某账户存款及工资不足以偿付全部债务，三门法院向郭某送达腾房公告执行房产，要求其在送达之日起 30 日内迁出其位于河南省平顶山市新城区以及上海市金山区两处的共有房产，但郭某仍将其位于上海的房屋出租，且拒不迁出位于河南的房屋，刘某潜逃。期间，二人向浙江省高级人民法院就民事判决申请再审，浙江省高级人民法院于 2016 年 2 月 4 日裁定驳回申请。

公诉机关三门县人民检察院认为，被告郭某对法院的判决有能力执行而拒不执行，情节严重，应以拒不执行判决、裁定罪追究刑事责任。郭某对公诉机关指控的犯罪事实和定性有异议，辩解其曾给法院写过执行异议书，上述两处房产产权并不全是其夫妇二人的，其认为民事判决有误，因对民事判决结果不服故拒不执行。

三门法院经审理认为，被告人郭某对人民法院的判决有能力执行，其拒不迁出房屋且擅自出租房屋的行为已影响到正常执行活动，导致法院长期无法完成生效判决的执行，情节严重，其行为已构成拒不执行判决、裁定罪，公诉机关指控的罪名成立。被告人郭某归案后如实供述犯罪事实，依法予以从轻处罚。遂以拒不执行判决、裁定罪判处被告人郭某有期徒刑2年。

一审宣判后，被告人郭某以民事判决系错误判决，其在判决生效后未采取过不利于执行的过激行为为由提出上诉，要求撤销原判决，改判无罪。中院经审理后裁定驳回上诉。

二、法律问题

若被执行人认为民事判决错误而抗拒执行，如何认定其是否具有违法性认识（可能性）？

三、法理分析

一种观点认为，抗拒执行错误的判决、裁定是合法合理的，也符合公平正义的法律精神，因为错误判决的履行，会出现严重损害义务人合法权益的情况。故而，行为人虽然实施了抗拒执行裁判的行为，但是该裁判又确属错误裁判的，行为人抗拒此裁判执行的行为因缺乏"真义务"的客观要件，不能构成犯罪。

另一种观点认为，民事裁判错误不能成为拒不执行判决、裁定罪的抗辩理由，法院应当追究非法抗拒执行人的刑事责任。本书赞成该种观点，理由如下：

首先，生效裁判所具有的对秩序的确定性是立法规定所要维护的内容。在错误被纠正以前，该判决依然是国家强制力和法律确定力的代表，对秩序的维护应是法律的优先价值。其次，尽管对拒不执行判决、裁定罪所侵害的法益众说纷纭，但认为该罪是为了保护国家法益即司法权威性的观点是一致的。因此，行为人只要认识到其行为必然会破坏司法权威性及其背后法律秩序的稳定性，就具备了故意犯罪所要求的违法性认识要素。

具体到本案，被告人郭某、刘某与工艺公司之间的民事纠纷，经过一审、二审，浙江高院亦裁定驳回二人的再审申请，该案程序合法，判决具有法律效力并进入执行程序，应当依法执行。郭某虽提出其与工艺公司之间不存在买卖合同关系，还款协议书系受该公司欺骗所签，三门法院民事判决亦系错误判决，其对判决结果不服，故对强制执行不服，其不履行相关义务事出有因。但现有证据无法证明该案判决程序违法或事实错误，"民事裁判错误"仅仅是郭某的片面之词。被执行人依法有权对生效判决提出质疑，对违法裁判行为提出控告，但不应以其不服民事判决为由拒绝执行。郭某还称其给法院写过执行异议书但无人理会，然而在案证据证明法院就该执行异议作出了不予受理通知，就案外人的执行异议也裁定予以驳回，并送达相关异议人。在不予受理通知和驳回异议裁定中，法院均已就理由部分充分阐述，被执行人不应继续再以此为由抗拒执行。且根据《民事诉讼法》的相关规定，执行程序开始后，人民法院裁定中止执行前，被执行人均应执行，该案亦未出现应当裁定中止执行的情形。据此，被告人郭某的辩解显然与事实及法律不符，不应予以采纳，法院的定性是准确的。

四、参考意见

被告人郭某主观上不存在违法性认识错误，应认定郭某对自己的行为具有违法性认识的可能性，其行为构成拒不执行判决、裁定罪。

拓展案例

案例一：陆某某、张某某以危险方法危害公共安全、交通肇事案

6-6

一、基本案情

2001年3月30日上午7时许，被告人陆某某当班驾驶一辆无人售票公交车，从起点站出发行驶。当车行驶至市区某站时，被告人张某某乘上该车。因张某某上车后始终站在车前门第二台阶处影响到乘客上车，陆某某遂叫张某某往车厢内走，但张某某未予理睬。当公交车停靠下一站起步后，陆某某见上车的乘客较多，再次要求张某某往里走，张某某不仅不听从劝告，反以陆某某出言不逊为由，挥拳殴打正在驾车行驶的陆某某，击中陆某某的脸部。

陆某某被殴后，置行驶中的车辆于不顾离开驾驶座位抬腿踢向张某某，并动手殴打张某某，被告人张某某则辱骂陆某某并与陆某某扭打在一起。这时公交车因无人控制偏离行驶路线，有乘客见公交车前出现车辆、自行车，惊呼"当心，车子！"但为时已晚，公交车接连撞倒一位相向行驶的骑自行车者，撞坏一辆出租车，撞毁附近住宅小区的一段围墙，造成骑自行车的被害人龚某某因严重颅脑损伤致中枢神经功能衰竭而当场死亡，撞毁车辆及围墙造成物损人民币 21 288 元（其中桑塔纳出租车物损人民币 12 431 元，公交车物损人民币 6037 元，围墙损坏修缮费人民币 2820 元）。随后，被告人陆某某委托在场群众向公安机关报警投案自首。

上海市中级人民法院审理后认为，被告人陆某某明知车辆在无人驾驶的情况下会危及道路上行人安全及其他车辆的正常行驶，造成严重后果，在遭到他人殴打后，未采取任何安全措施，竟离开驾驶座位与人互殴，造成 1 人死亡，车辆受损及围墙倒塌的严重后果，其行为已触犯刑律，构成以危险方法危害公共安全罪，被告人张某某违反交通运输管理法规在车辆行驶过程中殴打驾驶员，致使发生 1 人死亡、车辆和财物受损的严重后果，其行为已构成交通肇事罪，依法应予惩处。故认定被告人陆某某犯以危险方法危害公共安全罪，判处有期徒刑 8 年，剥夺政治权利 2 年；被告人张某某犯交通肇事罪，判处有期徒刑 3 年。一审判决后，二被告人均不服，向上海市高级人民法院提出上诉，上海市高级人民法院经审理，裁定驳回上诉，维持原判。

二、法律问题

1. 陆某某离开驾驶位置和张某某互殴时，其对于造成重大交通事故这一危害结果，主观心态是间接故意还是过于自信的过失？

2. 原判对二被告人的定性是否准确？

三、重点提示

间接故意与过于自信最大的区别在于主观上是否希望危害结果的发生，并在客观上是否采取了对应的行为措施。本案中陆某某在遭到他人殴打后，未采取任何安全措施，离开驾驶座位与人互殴，可见陆某某完全置公共安全于不顾，未采取任何保障措施，属于间接故意。

案例二：岑某等走私珍贵动物、马某非法收购珍贵野生动物、赵某等非法运输珍贵野生动物案

6 – 7

一、基本案情

2007 年间，被告人岑某为牟取非法利益，勾结境外人员"阿亚子"，预谋将产于我国宁夏、甘肃的国家二级重点保护动物猎隼走私出境。经他人介绍，岑某结识了在上海国际机场股份有限公司安检护卫分公司从事安检工作的被告人吴某，经商定，由吴某负责为走私猎隼联系订舱、报关以及机场安检时给予放行，岑某许诺以走私出境猎隼每只人民币（以下均为人民币）3000～4000 元的价格作为回报。接着，吴某联系了上海嘉华国际货物运输代理有限公司从事货运代理的被告人张某及同事钱某，密谋走私，并商定由张某负责猎隼出口办理订舱报关事宜，钱某负责在机场当班安检时予以放行。同年 10 月，岑某在浙江省杭甬高速上虞出口路段接到由"阿亚子"委托他人从宁夏、甘肃收购、运送来的 12 只猎隼后，直接转运至上海浦东国际机场附近，交给前来接应的吴某。之后，吴某将该 12 只猎隼交由张某办理订舱，并以虚假品名向海关申报出口，钱某则按事先约定，利用当班安检之机，将伪报品名的该 12 只猎隼予以放行，走私出境。

2008 年 9 月至 10 月间，岑某租用了浙江省慈溪市浒山镇金山新村 168 号 204 室的房屋作为其走私犯罪中转站，并纠集被告人俞某帮助接运猎隼。期间，岑某伙同俞某先后两次在浙江上虞接到由"阿亚子"委托他人从宁夏、甘肃收购、运送来的 40 只猎隼后，再将猎隼运到其租房内进行喂养、重新包装。之后，岑某、俞某租用车辆将上述猎隼运至上海浦东国际机场附近，交给前来接应的吴某。然后由张某办理订舱，并以"玻璃制高脚酒杯"为品名，向海关申报出口。由于钱某不再负责此航线的安检工作，吴某、钱某指使其

同事朱某利用当班安检之机，先后两次将上述 40 只猎隼予以放行，走私出境，运往卡塔尔。

2008 年 9 月间，被告人马某受"阿亚子"委托，在宁夏、甘肃等地以每只 300～2000 元不等的价格收购了 30 只猎隼，并应"阿亚子"要求，于 10 月中旬将该 30 只猎隼交给被告人赵某负责运往浙江。为方便运输，马某、赵某将猎隼的翅膀用胶带纸粘住装入纸箱。赵某又雇用了个体运输户丁某为其运输猎隼，伙同丁某一起驾车将该 30 只猎隼于 10 月 23 日运抵浙江上虞，交给前来接应的岑某、俞某。10 月 24 日凌晨，岑某、俞某将重新包装过的该 30 只猎隼运至上海浦东国际机场附近又交给吴某。此后，由张某办理订舱，并以"玻璃制高脚酒杯"为品名，向海关申报。吴某、钱某指使朱某利用当班安检之机，将该 30 只猎隼予以放行，欲运往卡塔尔，当日被海关开箱检验时查获。

综上，岑某、吴某、张某、钱某均参与走私猎隼 82 只，朱某、俞某参与走私猎隼 70 只，马某非法收购猎隼 30 只，赵某、丁某非法运输猎隼 30 只。岑某因此从"阿亚子"处收取 320 000 余元，其中 240 000 余元支付给吴某，最终获利 70 000 余元。吴某等人将该 240 000 余元除用于订舱、报关等费用外，余下款项予以瓜分，吴某分得 40 000 余元，钱某分得 30 000 余元，张某分得 20 000 余元，朱某得款 2000 元。马某从"阿亚子"处得款 100 000 余元，除去收购猎隼的费用以及代"阿亚子"将运费 30 000 元支付给赵某外，获利 10 000 余元。赵某支付给丁某运费 14 000 元，获利 19 000 元。丁某获利 14 000 元。俞某从岑某处获利 2000 元。

二、法律问题

1. 如何认定走私犯罪的主观故意？

2. 主观上虽有走私犯罪的故意，但对于走私对象系国家二级重点保护动物猎隼没有明确认识，能否认定为走私珍贵动物罪？

三、重点提示

走私犯的故意要求行为人主观上需要明知自己的行为属于走私行为，并对走私的货物性质有个类型化的概念，了解或明知所走私的货物物品属性。

如果行为人明知自己是走私，但是对货物性质的认识发生错误，则成立走私普通货物物品罪（轻罪）的既遂。如果行为人主观上认为走私的货物属于特殊货物，则成立特殊货物走私罪的未遂和走私普通货物物品的想象竞合，从一重处罚。

拓展资料

6 – 8

因果关系与客观归责

📚 知识概要

刑法中的因果关系是对行为人刑事归责的关键基础。刑法中的因果关系牵连了客观方面的行为要素和结果要素，因此，对因果关系的认定同时涉及对关联要素的检验以及要素之间的联动，而非单纯的个体问题。客观归责理论正是判断整个客观构成要件合致的方法论。

客观归责理论的有益功能。客观归责理论是根据刑法上实行行为和因果关系的原理构建的认定犯罪客观构成要件符合性的方法体系，特别适用于过失犯、不真正不作为犯这类犯罪条文里没有明确实行行为具体表现形式、因果关系疑难、复杂的犯罪客观构成的认定。

客观归责理论的判断方法。简言之，当行为创设了或者加大了法所不容许的法益遭受侵害的风险，该风险也在具体事件发展过程中导致损害法益的结果产生，而且构成要件的效力范围涵括了该结果，那么这个结果就是行为人的"作品"，可以客观地归属给行为人实施的行为。[1]据此，按照判断上的逻辑顺序，客观归责理论可具体经过以下三个递进步骤的检验。

第一步，先检验行为，即行为必须创设或加大了法所不容许的风险。虽然客观归责理论是对整个犯罪客观构成要件符合性的认定，但对因果关系的认定，本就以存在刑法上适格的行为为前提，认定一个在刑法上没有意义的行为与法益损害之间的因果关系问题并无刑法意义，也额外做了不必要的工

---

[1] 参见孙运梁、张誉馨："刑法中客观归责理论规则体系研究"，载《法制与社会发展》2013年第2期。

作，所以，客观归责理论的第一步是剔除掉刑法不关注的、不具备实行行为实质特征的行为。对于行为的检验，客观归责理论形成了以下成熟的下位归责：①容许的危险规则。即行为虽然制造了危险，但如果该行为危险是被允许的，则排除对行为的客观归责。如交通领域即便遵守交通规则也会出现的风险。②降低危险规则。虽然行为与结果之间存在"不容辩驳"的因果关系，但如果该行为实际上降低了法益既存的风险，也不能就结果对行为进行客观归责。包括两种情形，一是狭义的降低法益既存的风险程度；二是延迟法益风险的实现。③偶然风险规则。即当行为没有以可证实的或在法律上有重要意义的方式增加法益危险时，排除对行为的客观归责。诸如劝别人坐飞机希望别人死于事故，唆使他人下雨天出去跑步希望别人被雷劈死之类，属于生活中的偶发风险，不是刑法中实行行为应然具有的类型性风险，所以行为自始不适格。

第二步，检验风险关联，即因果关系，要求行为必须实现了自身所蕴含的法所反对的风险。如果行为虽然制造了风险，却未实现风险，或所实现的风险并非其制造的风险，仍不能将此结果归责于行为。对于风险实现关联的判断，也形成了一些下位判断规则。但必须说明的是，运用这些下位规则检验因果关系的前提条件是，要保障行为与结果之间首先就存在"没有前者就没有后者"的条件关系。①异常的因果历程排除客观归责。构成要件行为与构成要件结果之间的关联是常态的、类型性的，才可以断定风险已经实现。如果结果是通过反常的因果历程发生，即以超出人们日常生活经验、令人无法预见的方式发生，在刑法上就不能认定结果的发生是行为人所制造的风险的实现。判断因果历程在刑法上是否是常态关联、有否发生偏异，可借鉴相当因果关系说的实体检验内容，即综合考虑以下三方面的要素：其一，先前的实行行为导致结果的发生的概率高低。概率高者，容易肯定因果关系存在，反之，则倾向于否定因果关系；其二，介入因素异常性大小。介入因素越异常，越容易否定先前行为与结果的因果关系；其三，介入因素对结果发生的影响力。介入行为导致结果发生的危险性越大，越容易肯定介入因素与结果的因果关系，反之，则倾向于肯定先前行为与结果的因果关系。②规范目的不相干排除客观归责，即规范的保护目的规则。行为人违背注意规范、创设了法所不允许的危险，法益损害结果也发生了，但法益危险并不在行为人所违反的注意规范的保护范围之内，即超出了行为人所违背的注意规范的保护目的，那么，法益损害结果就不是行为人所实施的行为危险的实现，不能进行结果的客观归属。规范的保护目的规则实际上并不是有实体内容的检验法则，是以排除法的方式检验结论是否恰当的公式，用以确保行为与结果之间具有类型性风险关联。③回避可能性规则。构成要件结果必须具有可避免性，才能对行为进行客观归责。行为人虽然实施了违背注意义务的行为，但即使行为人遵守注意义务，结果仍然会发生，就表示法所赋予的义务是无效的义务，所以应判定为行为风险并未实现。实际上，如果结果没有回避可能性，就意味着行为与结果之间连条件关系都没有，自然也就不存在刑法上的因果关系。检验公式就是上述"合义务的择一举动"。客观归责理论的下位规则是开放的，只要能够确保并用以检验构成要件行为与构成要件结果之间类型性风险关联，下位规则可继续发展，规则使判断有序、结论可靠。还有一些下位规则尚存较大争议，如升高危险规则，不再多述。

第三步，考虑风险分配，即对因果归属在事实判断的基础上再进行规范判断，要求行为所实现的危险必须在构成要件的效力范围之内，否则，也可能排除客观归责。法律所不容许的风险行为和结果之间，除已经具有事实上的因果关系之外，结果还必须在避免风险的规范的保护范围之内，或者必须是构成要件的保护效力所要管辖的对象，该结果才可归责于行为。已形成的下位规则有二：①被害人自陷风险可能排除客观归责。这是被害人信条学在刑事责任认定上的重要影响。根据被害人自我负责原理，当被害人充分意识到自我法益风险，并且自主决定积极地进入风险当中，那么法益损害结果就应当首先归属于被害人而不是行为人。被害人自陷风险包括两种类型：其一，自我危险化的参与。被害人明知自己实施某种行为存在风险但仍然实施，此时，被害人自己才是风险的控制和支配者，其他人是参与的角色；其二，他人危险化的同意。被害人明知他人实施的某种行为存在风险但仍然参与，此时他人是风险的控制和支配者，被害人是参与人。两种情形如果满足被害人自陷风险的条件，都可能适用被害人自我答责。②第三人独立负责领域规则。当有第三人自我负责地介入因果历程、完全负责地制造出一个独立产生结果的风险时，先前行为人就不必为结果负责，他人专属的负责领域形成构成要件效力范围的界限，由该第三人单独负责。必须说明的是，我国理论界及司法实务对因果关系的认定注重事实判断，尚未发展到对进一步的风险分配之规范判断的全面认同，所以第三步筛选在我国的适用尚有争议。[1]

以下是客观归责方法论在判断客观构成要件符合性时的流程图。

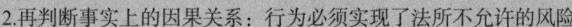

1.先判断行为：行为必须创设或加大了法所不容许的风险		
（1）允许的危险行为 排除客观归责	（2）降低危险的行为 排除客观归责	（3）偶然的危险行为 排除客观归责

2.再判断事实上的因果关系：行为必须实现了法所不允许的风险		
（1）结果不具有回避可能 性排除客观归责	（2）异常的因果历程 排除客观归责	（3）可运用规范保护目的规则 确认行为与结果的类型性关联

3.进一步规范分配刑法上的因果归责：行为所实现的危险须在构成要件的效力范围之内	
（1）被害人独立、负责地走入风险 可能排除对行为人的客观归责	（2）第三人独立负责的风险领域 可能排除对行为人的客观归责

 经典案例

案例一：陈某交通肇事案

7-1

一、基本案情

2005 年 6 月 27 日 23 时许，被告人陈某驾驶悬挂鄂 A/17734 号牌（假号牌）的大货车从佛山市南海区丹灶镇往西樵镇方向行驶，至樵丹路百西科技

---

[1] 以上部分内容参见周光权："客观归责方法论的中国实践"，载《法学家》2013 年第 6 期；江溯："日本刑法上的被害人危险接受理论及其借鉴"，载《甘肃政法学院学报》2012 年第 6 期。

园路口时靠边停车等人。期间张某驾驶粤 Y/B9357 号小型客车（车上搭载关某）同向行驶，追尾碰撞陈某驾驶的大货车尾部，导致面包车损坏、关某受伤、张某当场死亡。事故发生后，陈某驾车逃逸。2005 年 7 月 29 日，陈某及其肇事货车被公安机关缉获。经交警部门认定，被告人陈某负事故的主要责任；张某酒后驾驶机动车，负事故的次要责任。

二、法律问题

1. 行为事前是否实施了违背注意义务的行为无法查明，事故发生后逃逸，能否将事故结果归属给后面的逃逸行为？认定刑法上因果关系的前提条件是什么？

2. 行政违法和刑事违法的区别？

三、法理分析

认定刑法上因果关系的前提是有据以判断的"原因"存在，即必须首先保证行为人实施了给法益创设法所不允许的危险的行为。如果无法认定作为"原因"之行为存在，根本没有必要进一步判断因果关系的有无，这就是客观归责理论作为认定客观构成要件的方法论所体现出的效率节约和思维经济。

关于本案的处理，一审、二审法院给出了不同的处理意见。

一审法院认为，陈某发生交通事故，造成 1 人死亡，肇事后逃逸，其行为构成交通肇事罪，判处陈某有期徒刑 1 年 6 个月。

二审法院认为，交通事故发生在前，陈某的逃逸行为发生在后，其逃逸行为并非引发本次事故的原因。至于陈某有无其他与本次事故发生有因果关系的违反交通运输管理法规的行为，如陈某是否在禁止停车路段停车，其停车是否阻碍其他车辆的正常通行，陈某的其他违反交通运输管理法规的行为应否对事故负全部或主要责任。以上问题一审法院并没有查明，在事实不清的情况下，应按照"疑罪从无"的原则处理。如果陈某有在禁止停车的路段停放车辆从而妨碍其他车辆正常通行的违规行为，结合本案事实，也只应负同等责任以下的事故责任。原判认定的事实不清，证据不足，适用法律错误，裁定撤销原判，发回重审。

笔者认为，二审法院的裁判理由值得肯定。由于没有充分证据证明被告人陈某在事故发生之前路边停车的行为对其他车辆的安全通行制造了法所不允许的危险,而逃逸行为是发生在事故之后,亦不可能成为对先前事故结果创设危险的行为,因此,本案并无该当客观构成要件的、给被害法益创设法禁止危险的行为存在,而行为是因果之起源、定罪之根本,所以,根本不必进入客观归罪理论的第二步——对真正因果关系即风险实现关联的检验,可直接得出无罪的结论。另外,应注意行政违法行为和犯罪行为的区分,切忌将行政责任直接等同于刑法上的犯罪行为。我国《道路交通安全法实施条例》第 92 条规定,发生交通事故后当事人逃逸的,逃逸的当事人承担全部责任。一审法院可能据此认定被告人陈某也应承担交通肇事罪的刑事责任。但刑法和行政法的立法目的不同。行政法的立法目的是更好地实施行政管理,对行政违法行为的认定主要的考虑是如何建立、维护秩序;而刑法的立法目的是惩罚犯罪、保护法益,对犯罪行为的认定必须遵循刑法本身的条件构成及认定方法,不能将违反行政法的行为直接作为刑法上入罪的理由及依据。本案中,虽然根据《道路交通安全法实施条例》陈某可能负全责,但这属于行政责任,对于陈某是否构成犯罪,必须另外再经过刑法上的独立检验,即可应用刑法上客观归责理论的检验方法。

四、参考意见

判断刑法上因果关系的前提是认定行为人实施了给法益创设法所不允许的危险的行为,如果不能认定行为人实施了刑法上具有类型性风险的适格的行为,可以直接得出无罪结论,没有必要再判断接下来的风险实现即因果关系问题,这不仅是客观主义立场的要求,而且体现了法律判断的经济性。

案例二:张某抢劫案[1]

一、基本案情

2007 年 7 月 26 日 21 时许,被告人张某携带尖刀到吉林省长春市朝阳区

---

〔1〕 参见最高人民法院刑事审判一至五庭主办:《刑事审判参考》(总第 79 集),法律出版社 2011 年版,第 40~48 页。

红旗街湖西路附近，伺机抢劫。张某看见被害人赵某背挎包独自行走，即尾随赵某至红旗街东一胡同 311 号楼下，趁赵某翻找钥匙开门之机，持刀上前抢赵某的挎包。因赵某呼救、反抗，张某持刀连刺赵某的前胸、腹部、背部等处十余刀，抢得赵某的挎包一个后逃离现场。挎包内装现金人民币（以下币种均为人民币）1400 余元、三星 T108 型手机 1 部及商场购物卡 3 张、银行卡、身份证等物品。赵某被闻讯赶来的家人及邻居送往吉林省人民医院抢救。次日 12 时许，赵某因左髂总静脉破裂致失血性休克，经抢救无效而死亡。

长春市公安局物证鉴定所于 2007 年 7 月 27 日接受委托，同年 9 月 5 日出具的公（长）鉴（法医）字［2007］127 号尸体鉴定书记载：

（1）尸体检验，赵某颈部 1 处创口，胸部 2 处创口，腹部 2 处创口，背部 2 处创口，四肢 8 处创口，共计 15 处创口；另在左腋下及后背部、左胸壁及背部、腹部正中有 3 处手术缝合创口。解剖见左胸腔血样液体 200 毫升，左肺下叶见 6 厘米长缝合创口，腹腔血染，积血 300 毫升，后腹膜大面积血肿，范围为 15×20 厘米，左髂总动脉在近分支处缝合，创口长 0.6 厘米，左髂总静脉分支处见长 1.8 厘米创口，未见缝合，静脉管腔内见凝血栓子。

（2）分析说明：①尸表检见身体多处创口，各创口创缘整齐，创壁光滑，创腔内无组织间桥，符合锐器致伤特征；②根据案情介绍，2007 年 7 月 26 日晚，死者被人扎伤后送医院抢救，于次日中午死亡；③根据病历记载，腹主动脉损伤，左上肺下极贯穿伤，术中给予腹主动脉修补和左肺贯穿伤修补以及左胸背部、左上、下肢创口清创缝合；④尸表检查见多处创口（已缝合），解剖见肺破裂（已缝合），左髂主动脉破裂（已缝合），左髂总静脉破裂口（呈开放状），管腔内见凝血栓子；⑤病理组织学检查见髂动、静脉管壁内出血，符合生前损伤改变，肺脏、肾脏呈失血性休克改变，结合死者面色苍白、球睑结膜苍白以及各内脏呈贫血改变等贫血貌特征象，符合失血性休克致死特征；⑥抢救记录记载，病人出血较为凶猛，血压降速较快，综合分析死者系生前被他人扎伤左髂总静脉破裂致失血性休克导致死亡。

（3）结论：赵某系左髂总静脉破裂致失血性休克导致死亡。

长春市朝阳区人民法院受理被害人赵某之夫韩某诉吉林省人民医院医疗事故赔偿纠纷案后，通过长春市中级人民法院委托长春市医学会进行医疗事故技术鉴定。2009 年 3 月 18 日，长春市医学会作出长春医鉴［2009］17 号医疗事故技术鉴定的鉴定内容为：

（1）争议焦点：患方认为赵某致死原因是腹部一静脉未缝合，导致大量出血死亡；医方（吉林省人民医院）认为患者死亡原因为外伤大出血。

（2）分析意见：①赵某为重度开放性腹外伤、胸外伤、失血性休克，急诊行腹、胸部手术，符合治疗原则。②在腹部探查中发现左髂总动脉破裂，缝合后查无活动性出血，此时病人血压仍不能升至正常；因病人合并开放性血气胸，急请胸外科参与抢救，故腹腔下引流管一枚后关腹，经腹、胸联合抢救后，病情好转，血压稳定。③术后 12 小时，腹腔引流管突然大量出血，病人短时间内死亡，无再次剖腹探查机会。④经尸检证实，左髂总静脉破裂未缝合，考虑由于静脉内血栓形成、后腹膜血肿压迫、失血性休克等，导致术中未能及时发现左髂总静脉破裂。⑤术后 12 小时内未见引流管有活动性出血，后由于血管压力变化，致血栓脱落，引起再次大出血死亡。⑥根据《医疗事故处理条例》第 33 条第 1、2 项的规定，"在紧急情况下为抢救垂危患者生命而采取紧急医学措施造成不良后果的；在医疗活动中由于患者病情异常或者患者体质特殊而发生的医疗意外的"，不属医疗事故。

（3）结论：本例不构成医疗事故。

二、法律问题

1. 医院抢救中的过错行为能否中断先前暴力行为与被害人死亡结果之间的因果关系？存在介入因素的场合如何判断因果关系？

2. 因果关系有无程度的问题，对量刑能否产生影响？

三、法理分析

（一）关于医院诊疗行为的过错能否中断先前抢劫行为与被害人死亡结果之间的因果关系

针对该问题，司法意见比较一致。一审法院认为，被告人张某以非法占有为目的，以暴力方法强行劫取他人财物，其行为已构成抢劫罪。张某在抢劫过程中连刺赵某十余刀，致赵某死亡，犯罪性质恶劣，手段极其残忍，后果极其严重，主观恶性极深，人身危险性和社会危害极大，判决被告人张某犯抢劫罪，处死刑，剥夺政治权利终身，并处没收个人全部财产。一审宣判后，被告人张某上诉提出，被害人赵某死因不明，一审判决量刑过重，请求从轻处罚。其辩护人提出，赵某死因不明，救治医院未发现赵某左髂总静脉破裂，造成赵某左髂总静脉未缝合致失血性休克，虽不构成医疗事故，但不排除存在医疗过错或医疗过失，不能排除救治措施与赵某死亡之间有因果关系。二审法院经审理认为，被害人赵某虽是在抢救后死亡，但经鉴定不属于医疗事故，赵某的死亡系张某抢劫行为的直接结果，张某及其辩护人的上诉理由及辩护意见均不能成立。裁定驳回上诉，维持原判。最高人民法院复核后，裁定核准二审判决。

作为刑事审判参考案例，最高人民法院刑一庭针对该问题作了详细分析。在论证医院的介入行为不能中断因果关系时，主要是从以下两个角度切入。

第一，刑法关于结果加重犯的罪状描述中的"致"必须达到招引、引来、招致的程度。换言之，必须是主要原因。在抢劫罪中，致人死亡是抢劫这个基本犯罪所引起的加重结果，关于致人死亡与抢劫犯罪之间的因果关系，客观上就要求抢劫犯罪必须具有引起加重结果发生的内在危险；主观上要求行为人对死亡结果至少具有过失，也可以是故意。本案中，被告人以非法占有为目的，采用持刀捅刺被害人身体的手段劫取被害人财物，其行为已构成抢劫的基本犯罪。被害人在被害前身体无异常情况，被害后左髂总静脉、动脉等部位出现锐器创口，均属被告人抢劫行为所致，抢劫行为和死亡结果之间成立"致"的关系，抢劫行为是被害人死亡的先行行为，两者之间存在因果关系，被告人应对被害人的死亡结果承担刑事责任。

第二，如果在因果关系的发展过程中，介入了另一原因，如介入了第三者的行为、被害人自身的行为或特殊的自然事件等其他因素，那么，先前行为与结果之间的因果关系是否中断，要综合考虑以下因素：①先前行为对结果发生所起的作用大小。作用大，则先前行为与结果有因果关系，反之则无。②介入因素的异常性大小。过于异常，则先前行为与结果无因果关系，反之则有。③介入因素本身对结果发生所起的作用大小。作用大，则先前行为与结果无因果关系，反之则有。本案中，根据鉴定意见，被害人赵某系左髂总静脉破裂致失血性休克导致死亡，从该结论可以看出，被害人的死因是左髂总静脉破裂，而左髂总静脉破裂是由被告人所捅刺。从本案尸体鉴定意见看，被害人颈部、胸腹部等要害部位均有刺创，损伤部位共有十余处，肺、左髂总动脉、左髂总静脉均被被告人用刀刺破，根据《人体重伤鉴定标准》（已失效）已构成多处重伤，说明被害人已被严重刺伤，危及生命。因此，在本案的因果关系中，被告人实施的行为本身就具有足以造成危害结果产生的效力，至少是被害人死亡的主要原因；医院救治中的失误，并没有使抢劫行为的效果缓和或超越替代了抢劫行为而引起结果发生。在被告人行为引起被害人死亡结果发生的可能性较大，而医院抢救行为对结果发生的影响力并非主要的情况下，医院的抢救行为并不能中断被告人的抢劫行为与被害人死亡结果之间的因果关系。[1]

上述分析已经比较充分，笔者提出以下几点。

第一，客观归责理论只是认定客观构成要件该当性的方法论，并不存在与其他因果关系学说必然对立的问题。例如，我国很多学者都支持相当因果关系说。[2]但事实上，相当因果关系说的优势完全可以运用到客观归责理论当中。详言之，客观归责理论的第二步是判断行为与结果之间的风险实现关联，即纯粹的因果关系问题。在判断这种风险实现关联是否存在重大偏异从而应否客观归责时，就可以运用相当因果关系说的具体检验规则。上述刑事审判参考中的分析就是运用了相当因果关系说，进而否定医院的介入行为能够中断先前暴力抢劫行为与被害人死亡之间的因果关系。需要补充的是，如果在暴力行为与被害人人身法益损害之间介入医院的过错诊疗行为，介入因素能否中断因果关系，不能一概而论。笔者认为，由于被害人人身法益遭受损害后，就医行为是非常通常的，所以，只要先前的暴力行为包含致损法益的一般性风险，而医院的诊疗行为又未出现重大过错，一般情况下，就不能中断先前行为与最终损害结果之间的因果关系。换言之，基于人身法益受损后就医行为的通常性，医院的一般性诊疗过错在判断先前行为与结果的因果关系上应当被消化掉。可以说，在相当因果关系说的三个考量标准中，介入

<hr>

〔1〕 最高人民法院刑事审判一至五庭主办：《刑事审判参考》（总第79集），法律出版社2011年版，第46页。

〔2〕 参见黎宏：《刑法学》，法律出版社2012年版，第101页以下；曲新久：《刑法学》，中国政法大学出版社2012年版，第101页；刘艳红："客观归责理论：质疑与反思"，载《中外法学》2011年第6期。

因素异常与否非常关键。但是，如果先前的暴力行为不含有致死的一般性风险，医院的诊疗行为出现重大过错致患者死亡，则属于异常情况，此时介入因素中断因果关系。

第二，虽然客观归责理论在第二步下位规则的判断中可借用相当因果关系说的检验规则，但相较之下，作为认定整个客观构成要件符合性的方法论，客观归责理论更容易从相对宏观的视角准确锁定问题点。例如，上述刑事审判参考的第一点依据，即要成立结果加重犯，基本犯罪行为必须有引起加重结果的内在危险，要达到主要原因的程度，笔者以为，这实际上是客观归责理论第一步对"行为"的限定。第二点根据即运用相当因果关系说分析本案中医院的诊疗行为不能中断因果关系，才是对客观归责理论第二步纯粹的因果关系的认定。可见，客观归责理论在认定客观构成要件该当性上有重要的程序价值。

（二）关于医院诊疗行为的过错，能否影响对被告人的量刑

虽然各方一致认为，本案中医院非重大的过失行为不能中断先前暴力抢劫行为与被害人死亡结果之间的因果关系，但对于医院的过失诊疗行为能否影响对被告人的量刑，争议颇大。

第一种意见认为，被告人的持刀刺击行为是致被害人死亡的直接原因，是导致被害人死亡的决定性因素。虽然医院在抢救时没有发现、也未缝合被害人左髂总静脉创口，存在失误，但医疗机构的这种失误非明显失误，不足以断绝捅刺行为与被害人死亡之间的因果关系，从而也就不能影响到对被告人的量刑。

第二种意见认为，本案被害人毕竟没有当场死亡，而是经过了医院的抢救，医院在救治过程中未能及时发现被害人左髂总静脉破裂，没有及时予以缝合，最终导致被害人因失血过多而死亡。虽然这一伤口是被告人直接造成的，医院的抢救行为与被害人死亡之间并无因果关系，但如果医院在救治被害人过程中没有失误或者说水平再高一些，能够及时发现被害人的伤口并予以缝合，或许被害人就不会死亡。因此，虽然被告人作案手段残忍，但倾向于不判处死刑立即执行。

最高院在刑事审判参考的判解中似乎采取折中态度。主张一般情况下，在被告人的行为引起危害结果发生的可能性大、而介入因素对危害结果发生

的影响力较小的情况下，可以考虑从轻或减轻被告人的刑事责任。但又提出，本案中，被告人的行为没有节制，手段特别残忍，主观恶性极大。尽管医院在抢救过程中存在失误之处，但这种失误并非明显失误，且可能存在于一切抢救过程中，因而不能中断被告人的抢劫行为与被害人死亡结果之间的因果关系，不足以影响对被告人的量刑。[1]

笔者认为，即便是多因一果的场合，对因果关系的有无也必须以个体为视角进行判断，以确定个人的刑事责任。换言之，个人刑事责任的有无及程度不应受他人行为与结果之间因果关系的有无及程度的影响，这是刑法上个人责任原则的要求。用量刑补救因果关系问题的思路并不可取。

四、参考意见

如果暴力行为本身具有致死的一般性危险，医院诊疗过程中非明显的过错行为不能中断先前行为与被害人死亡之间的因果关系。存在介入因素的场合，可借鉴相当因果关系说的检验规则，即综合衡量先前行为的危险性、介入因素的异常性和介入行为本身的危险性，以确定介入行为能否中断先前行为与结果之间的因果关系。其中，介入因素异常与否非常关键。根据个人责任原则，对刑事责任的认定，应当以个人的行为与结果之间的风险关联为视角，不应受他人因果关系问题的左右。

案例三：穆某过失致人死亡案[2]

一、基本案情

1999 年 9 月 6 日 10 时许，被告人穆某驾驶其苏 GM2789 号金蛙农用三轮车，载客自灌南县盂兴庄驶往县城新安镇。车行至苏 306 线灌南县硕湖乡乔庄村境内路段时，穆某见前方有灌南县交通局工作人员正在检查过往车辆。因自己的农用车有关费用欠缴，穆某担心被查到受罚，遂驾车左拐，驶离 306

---

〔1〕 最高人民法院刑事审判一至五庭主办：《刑事审判参考》（总第 79 集），法律出版社 2011 年版，第 46~47 页。

〔2〕 最高人民法院刑事审判第一庭、第二庭编：《刑事审判参考》（2002 年第 5 辑总第 28 辑），法律出版社 2003 年版，第 31~36 页。

线，并在乔庄村 3 组李某家住宅附近停车让乘客下车。因车顶碰触村民李某从李某家所接电线接头的裸露处，车身带电。先下车的几名乘客，因分别跳下车，未发生意外，也未发现车身导电。后下车的乘客张某由于在下车时手抓挂在车尾的自行车车梁而触电身亡。张某触电后，同车乘客用木棍将三轮车所接触的电线击断。

现场勘验表明，被告人穆某的苏 GM2789 号金蛙农用三轮车出厂技术规格外型尺寸为长 368cm、宽 140cm、高 147cm。穆某在车顶上焊接有角铁行李架，致使该车实际外形尺寸为高 235cm。按有关交通管理法规规定，该种车型最大高度应为 200cm。李某套接李某家电表，套户零线、火线距地面垂直高度分别为 253cm、228cm，且该线接头处裸露。按有关电力法规规定，安全用电套户线对地距离最小高度应为 250cm 以上，故李某所接的火线对地距离不符合安全标准。

二、法律问题

1. 违反交通安全法上的限高规定私自架高车身，碰触他人违反电力法规私自架低并且有裸露处的套接火线致人死亡，如何判断法益损害结果的归属？

2. 规范保护目的规则在判断因果关系上如何适用？

三、法理分析

本案中，关于被告人穆某私自在车顶焊接角铁行李架致车身违规超高的行为，与被害人张某触电死亡之间是否具有因果关系，已有意见如下：

刑事审判参考中的判解提及，只有当行为人的危害行为对危害结果的发生起直接的决定性作用时，危害行为与危害后果之间才具有刑法上的因果关系。如果行为人的行为受外部条件影响而产生危害结果，该外部条件又起到决定性作用（主要原因力），行为人一般不应对该外部条件引起的结果负刑事责任。本案中，被告人穆某虽然私自对车辆进行改装，致使车辆高度违反了交通管理法规的规定，但这一行为本身并不能直接引起乘客张某死亡的后果，即不是导致张某死亡的直接原因。张某死亡的直接原因是触电，而引起触电的直接原因一是李某所接照明线路高度不符合安全用电的套户线路对地距离；二是其所接电线接头处无绝缘措施，使电线接头裸露处放电。穆某的三轮车角铁行李架超高，恰巧又接触在不符合安全高度的电线裸露处而带电，正是这两方面因素的偶合才致乘客张某触电身亡的事故发生。因此，应当说穆某的违规行为与张某死亡的后果没有必然的直接的内在联系，故其行为与张某的死亡无刑法上的因果关系。如果案情是因穆某私自改装车辆超高的行为造成交通事故，从而导致人员伤亡的，那么其改装车辆的行为就与死亡后果之间存在因果关系了。[1] 笔者并不赞同上述分析理由。上述判解提到被告人私自架高车身本身不能直接引起张某触电身亡的结果，该结果发生的直接原因是李某套接火线低于安全对地距离以及电线接头有裸露处。笔者以为，这种观点过于强调刑法上因果关系的直接性。对于刑法上因果关系的判断，直接关联抑或有其他介入因素存在的间接关联并非关键，关键在于结果是否是先前行为风险的实现。

劳东燕教授运用客观归责理论对本案的因果关系问题作出了入理分析。首先，被告实施了违规改装车辆高度的行为，创设了法所禁止的危险。因为这样的改装会增加车辆行驶的不安全系数，危及交通安全。其次，被告人创设的法不容许的危险并未在结果中实现。虽然被告人的违规行为与被害人触电身亡存在事实上的条件关系，但如果接下来运用规范保护目的规则检验，二者并不具有刑法上的因果关联。详言之，交通管理法规对机动车辆限高是根据车辆类型来设定的，限制高度并不统一，有的车型限制高度就超过了200cm。所以，交通管理法规对车辆限高的规范保护目的，并不包含车辆碰触悬挂物的危险，而是在交通领域，车辆高度超过限定的标准会大大增加车辆侧翻或失衡进而引发交通事故的危险。因此，本案中，导致被害人死亡的风险与被告人违规行为所创设的风险在类型上并不同一，不能视为被告人行为风险的实现，进而不能将结果客观归责给被告人。[2]

笔者想说明的是，规范保护目的规则之所以能成为检验构成要件行为与构成要件结果风险关联的公式，是因为构成要件行为具有的法所不允许的风险并不是抽象的、包含任何结果的风险，而是导致特定构成要件结果发生的具体的、类型性风险，即构成要件行为所管辖的风险范围是特定的、

---

〔1〕 最高人民法院刑事审判第一庭、第二庭编：《刑事审判参考》（2002 年第 5 辑总第 28 辑），法律出版社 2003 年版，第 35～36 页。

〔2〕 参见陈兴良主编：《判例刑法教程》（分则），北京大学出版社 2015 年版，第 33～34 页。

具体的，而规范保护目的规则首先要确定具体的规范目的，其实正是为了确定构成要件行为所管辖的风险范围，如果发生的结果不在行为人该当的构成要件行为所管辖的风险范围之内，即便行为与结果具有条件关系，二者之间的风险关联也只是偶发风险，并不是刑法上因果关系所要求的行为与结果之间的类型性风险关联，对这种偶发风险当然应排除结果对行为的客观归责。以上就是规范保护目的检验公式的基本原理。另外，需要说明的是，虽然针对本案有观点主张可通过否定主观罪过出罪，但能通过因果关系解决的问题，就不应被推到犯罪构成的后续环节，这也是犯罪构成方法论的体系意义。

四、参考意见

如果行为人实施了制造法所不允许的危险的行为，又有他人违背注意义务制造危险的行为介入，最终导致法益侵害结果发生，在认定结果的发生是哪一行为的危险的实现时，还可运用规范保护目的规则进行检验。即先确定个人实施的行为所违背的注意规范的保护目的，也就是确定各自管辖的风险范围为何，然后看发生的结果在哪一行为规范所管辖的风险范围之内，由此可确定结果与哪一行为之间存在类型性风险关联，即可确定结果应归属给哪一行为。

案例四：田某过失致人死亡案[1]

一、基本案情

2005 年 6 月，被告人田某与其妻康某为违法生育第三胎，而被本县板栗树乡计划生育工作人员带至县计划生育技术指导站实施结扎手术。6 月 25 日上午 11 时许，被告人田某为使其妻逃避结扎手术，而对计生工作人员谎称其妻要到指导站住院部三楼厕所洗澡，骗取计生工作人员信任后，在厕所里，被告人田某先用手掰开木窗户，然后用事先准备好的尼龙绳系在其妻胸前，企图用绳子将其妻从厕所窗户吊下去逃跑。但由于绳子在中途断裂，致使康某从三楼摔下后当场死亡。

---

[1] 参见湖南省麻阳苗族自治县人民法院（2005）麻刑初字第 111 号判决书。

二、法律问题

1. 为使妻子逃避结扎手术，用尼龙绳将妻子从厕所窗户吊下，绳子中途断裂妻子摔下并当场死亡，丈夫的行为与妻子的死亡是否具有刑法上的因果关系？

2. 刑法上的因果关系是纯粹的事实判断还是也应包含规范判断？

3. 被害人自我答责原理在犯罪构成中的体系位置及适用空间？

三、法理分析

本案中，被害人康某对其夫田某用尼龙绳系在自己胸前、而后将其从三楼窗户往下吊的风险有正常的认知，为逃避计划生育管制，仍然同意其夫对自己实施该行为，导致当场摔死，对于能否将妻子的死亡结果归属给丈夫的行为，有以下不同意见：

司法处理意见对该案的因果关系没有任何怀疑。一审法院认为，被告人田某为帮助其妻康某逃避计划生育做结扎手术，用绳子将康某捆住从高楼吊下，应当预见自己的行为会造成严重后果而没有预见，致其妻死亡，构成过失致人死亡罪。因被告人田某犯罪以后，认罪态度好，有悔罪表现，可从轻处罚，最终被判处有期徒刑 3 年，缓刑 3 年。[1]《人民法院案例选》中的判解指出，本案被告人用绳子捆住其妻子将其从高处吊下，其应当预见自己的行为会造成严重后果而没有预见，致其妻子死亡，其主观上存在过失，客观上造成他人死亡的结果，符合过失致人死亡罪的构成要件，构成过失致人死亡罪。但由于本案中被害人也存在一定的过错，因此可以减轻被告人的责任。[2]上述司法判解都未特殊地分析因果关系问题，对此都予以认可。

学界有观点运用自我答责原理否定了该案的因果关系。该观点主张，田某过失致人死亡案是一个典型的被害人危险接受的案例，在被害人危险接受的情况下，之所以可以排除行为人的不法，其根据在于被害人的自我答责原理。从本案的案情来看，客观上，被害人康某具有处分自己身体健康或者生

---

[1] 参见湖南省麻阳苗族自治县人民法院（2005）麻刑初字第 111 号判决书。

[2] 参见最高人民法院中国应用法学研究所编：《人民法院案例选》（2008 年第 2 辑总第 64 辑），人民法院出版社 2009 年版，第 16~18 页。

命法益的权利；主观上，作为一个成年的、理智的人，被害人康某对于结绳从三楼滑下的危险是有完全认识的，而且完全不存在被告人田某欺骗、强制被害人康某的情形，在这种情况下，被害人康某仍然决定冒险，结果发生了自己死亡的后果。虽然这一结果是被告人和被害人都不希望发生的，但并不能因此将该结果归责于被告人，而是应当由被害人自我答责。因此，本案被告人田某应当是无罪的。[1]

　　笔者认为，与客观归责理论的第二步相同，客观归责理论的第三步也是对因果关系的判断；不同的是，第二步在因果关系的认定上关注行为与结果之间事实上的类型性风险实现关联，而第三步是在行为与结果存在事实关系的基础上，进一步从规范意义上以风险分配为价值取向，再次拣选刑法上的结果归属范围。本案中，首先，被告人田某将尼龙绳系在其妻康某胸前、将其从三楼窗户往下吊的行为，确实给被害人的身体安全创设了法所不容许的危险。其次，从事实层面检验，被告人田某从三楼向下吊被害人的行为不仅与被害人死亡结果之间具有条件关系，而且由于并无其他因素介入，该行为与结果之间也具有事实上的类型性风险关联，因此，被告人田某实施的上述行为所具有的风险确实在结果中实现了。最后，由于被害人康某作为有正常智识和判断能力的人，即使不明知也不希望自己被摔死的结果发生，但对被人从三楼窗户往下吊指向自己人身安全的风险还是有认知的，在充分认识到风险的情况下仍然积极走入风险当中，可以说，从规范意义上考虑，是被害人最终决定了自己法益损害的走向，因此，即便事实上被告人的行为与被害人的行为存在类型性风险关联，但归根到底，还是应当由被害人对自我损害自负其责，这就是客观归责理论第三步的被害人自陷风险、自我答责原理。需要说明的是，我国传统刑法理论和司法实务重视刑法上因果关系的事实性，即对因果关系的认定尚停留于客观归责理论的第二步，还未发展到客观归责理论第三阶段即对规范性风险分配的全面认可。目前，似乎仅视为被害人的过错问题而影响对行为人的量刑。

---

[1]　江溯：“日本刑法上的被害人危险接受理论及其借鉴”，载《甘肃政法学院学报》2012年第6期。

四、参考意见

虽然行为人给被害法益创设了法所不允许的危险，该风险事实上也在结果中实现，法益侵害结果也未必一定归属给行为人实施的行为。客观归责理论主张，刑法上的因果关系不仅仅是事实上的风险关联，还要从规范意义上在参与危险的各人之间进行风险分配。因此，如果被害人是在充分认识到风险的情况下，自愿、积极地置自己的法益于风险当中，那么在规范意义上，就是被害人最终决定了自身的法益损害，因而应当由被害人自我答责。

拓展案例

案例一：王某故意伤害案

7－2

一、基本案情

2015 年 3 月 7 日 18 时许，在扶余市蔡家沟镇东 25 号村于家崴子屯被告人王某家中，因土地承包事宜被害人鞠某与被告人王某发生口角并撕扯到一起，鞠某找到一把剪刀要与王某厮打，被在场村民于某乙、王某甲等人拉开，此时到场的王某弟弟被告人王某义将鞠某拉拽出屋，并将鞠某拽倒，后王某甲将鞠某送回家中。嗣后，鞠某返回并在房门口喊，让王某从屋里出来。王某妻子张某某和王某先后出来与鞠某撕扯，继而鞠某与王某向院外方向厮打，同时王某义、王某甲上来劝解拉仗，此时鞠某拿出一把镰刀，王某义发现后用一只手抢夺，用另一只手击打其头面部几下后把镰刀夺下。随后鞠某坐在地上，王某踢其头部一脚，将其踢倒，由王某甲将鞠某背送回家中。后鞠某送医院救治，因蛛网膜下腔出血致脑功能障碍而死亡。

另查明，鞠某曾患脑梗死、肺结核既往病史；死亡时病理诊断为弥漫性蛛网膜下腔出血、冠状动脉Ⅱ－Ⅲ级狭窄、陈旧性小灶状心肌瘢痕，法医学尸体检验认为不排除外力、情绪激动、自身疾病等单独或协同原因导致或诱发蛛网膜下腔出血发生。

二、法律问题

被害人存在特殊体质的场合，如何认定刑事责任？客观归责理论在处理被害人特殊体质案件上的方法特点？

三、重点提示

基于客观主义立场，认定行为人的刑事责任时应先认定客观构成要件，客观归责理论正是认定客观构成要件符合性的方法论。根据客观归责理论，在判断因果关系之前，应首先确定行为人是否制造了法所不允许的危险，而且这种行为危险并不是泛泛的危险，而是指向特定构成要件结果的具体的危险。笔者认为，本案中，两被告人王某、王某义在同被害人鞠某撕扯、厮打的过程中，实施了用手脚推拽、拳打、脚踢被害人的殴打行为，该行为虽然有造成被害人一定程度身体伤害的危险，但似乎并不包含导致被害人死亡的一般性危险，因此，针对现实出现的被害人鞠某死亡的结果，两被告人并没有实施创设法所不允许的、类型性导致死亡结果发生危险的行为，根据客观归责理论的递进式逻辑，无"行为"，就没有判断"因果关系"的必要，更无需考虑主观上的罪过问题。事实上，导致被害人鞠某死亡的决定因素是其特殊体质。因此，本案应当不涉及故意伤害或过失致人死亡的刑事责任。[1]

---

〔1〕 笔者认为该案的判决结果及裁判理由值得商榷。该案的审理法院认为，被告人王某、王某义在与被害人鞠某撕扯、厮打过程中，实施以推拽、拳打、脚踢的殴打行为，应当明知其行为可能致人损害甚至死亡后果，负有防止危害结果发生的义务。被害人鞠某因该殴打行为而被送医后死亡，二被告人的殴打行为对被害人死亡后果分别具有原因作用力，与危害结果间具有客观因果关系。但是，两被告人并无恶意伤害动机及伤害目的追求，客观上经法医尸体检验鞠某没有明显及轻伤以上的伤害体征，说明二被告人实行行为不具备高度致害危险性。故，综观本案，被告人王某、王某义殴打行为，不具有伤害故意。经病理及法医学尸体检验鉴定确认：被害人鞠某因蛛网膜下腔出血致脑功能障碍而死亡，因外力、情绪激动、自身疾病等单独或协同导致或诱发等因素均可致其蛛网膜下腔出血发生。被害人特殊体质及死亡这一危害后果，是被告人王某、王某义不可预见的，且认定二被告人的殴打行为是导致被害人死亡结果的唯一、直接因素的证据不足。综上，被告人王某、王某义各自实施的故意殴打实行行为导致被害人鞠某死亡危害后果属过失，其各自行为均构成过失致人死亡罪。（参见吉林省扶余市人民法院（2015）扶刑初字第272号刑事判决书）

案例二：谭某故意伤害案

7-3

一、基本案情

2014 年 6 月 10 日 8 时许，上诉人谭某在广州市花都区秀全街中国华西花都雅居乐项目部在建楼 5 楼，与同事向某因琐事发生争吵。谭某持木板击打被害人向某头部，致向某受伤。向某被打后即感到身体不适，由同事吴某扶到工地门口后，步行回到花都区秀全街乐同村古塘三队 7 号 305 房出租屋。次日及 12 日，向某的家属与其联系不上，于 12 日下午到出租屋查看，发现向某已在出租屋内死亡。经法医鉴定，被害人向某符合因重度颅脑损伤导致脑功能障碍死亡。

上诉人谭某的辩护人提出，被害人在事发后拒绝就医，不通知家人，独自回家，病情加重后仍然死扛，不打 120 也不打电话求助亲友，导致颅脑外伤继发性脑损伤引发脑功能障碍才是被害人的真正死因，足以引起刑法上的因果关系中断。

二、法律问题

被害人没有及时就医导致人身损害加重，能否中断因果关系？

三、重点提示

根据客观归责方法论分析。首先，被告人谭某以木板作为工具击打被害人头部，给被害人重要的、基本的身体安全创设了法所不允许的风险。其次，还需要判断该行为危险是否在结果当中实现。对此，辩护人提到行为危险发展的过程中，存在被害人没有及时就医的介入因素，因而因果历程出现重大偏异，应当中断因果关系。对此，可借用相当因果关系说的判断规则来检验行为危险发展为侵害结果的历程是否存在重大偏异。本案中，被告人实施的行为对导致被害人死亡的危险性较大，即便被害人当天未及时就医也并不属于异常因素，而且亦不能期待暴力行为的受害人通过自己积极地及时就医来减小他人造成的损害，被害人自身的作用对其死亡结果完全不起决定作用，综合考虑，被害人不及时就医的介入因素不能中断因果关系，被害人的死亡结果还是应当归属于被告人用木板击打被害人头部的伤害行为。认定客观构成要件该当之后，再按照犯罪构成体系认定其他主观的、规范的犯罪构成要素，即可确定本案被告人的刑事责任。一审、二审法院均认为本案被告人构成故意伤害罪（致死），笔者认为是比较合理的。

拓展资料

7－4

| 专题八 |

刑法中危险的判断

📚 **知识概要**

任何犯罪都有结果。从行为与结果之间的关系来看，需要认定行为与结果之间的因果关系的犯罪，是结果犯；行为与结果同时发生，因果关系不成为问题的犯罪，是行为犯。结果包括危险结果与实害结果。出现危险结果即可成立犯罪的，是危险犯；需要出现实害结果才成立犯罪的，是实害犯或侵害犯。例如，杀人既遂时，出现了死亡这一实害结果，所以是实害犯；而杀人未遂或杀人预备时，只存在死亡的危险，所以是危险犯。危险结果（危险犯）又可以分为具体的危险（犯）与抽象的危险（犯）。危险在刑法中存在许多种类。如下图所示，首先可以分为行为人的危险与广义的行为的危险。广义的行为的危险又可以分为行为的危险与作为结果的危险。这里所说的具体的危险与抽象的危险都是作为结果的危险。

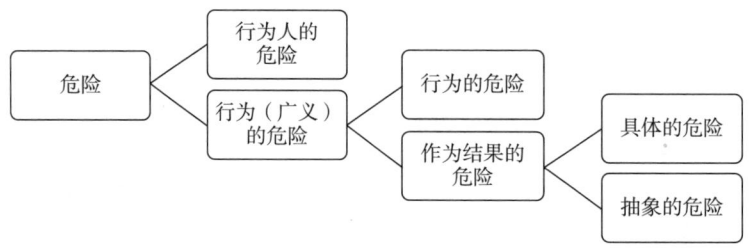

在未遂犯与不能犯的区分问题上，危险的判断尤为重要。根据对危险的理解不同，各种学说基于不同的理论根据，分别采用不同的判断资料、判断标准与判断时点，最终针对同一案件会得出不同结论，或者即便得出相同结论，但论证理由完全不同。下表对目前为止关于不能犯问题中判断危险的重要学说进行了整理与对比。

判断危险的学说	①纯粹主观说	②抽象危险说（印象说）	③具体危险说	④客观危险说	⑤修正的客观危险说
理论根据	主观未遂论		客观未遂论		
	行为无价值论		行为无价值论结果无价值论	结果无价值论	
判断资料	行为人认识到的事实		一般人可能认识到的事实以及行为人特别认识到的事实	行为时存在的全部客观事实	假定事实及其出现概率
判断标准	行为人	一般人	一般人	科学法则	科学法则
判断时点	行为时			裁判时	行为时

　　一般将不能犯的案件区分为主体不能、对象不能与方法不能三类进行讨论。需注意的是，首先，不能犯是就个别犯罪而言，而不是就全部犯罪而言。例如，即便认为国家机关里负责清扫的人员甲因不具备国家工作人员身份而不能对国家机关里的财物成立贪污罪（主体不能型不能犯），也不能否定其可以构成普通盗窃罪。其次，不能犯是就未遂犯而言，而不是就预备犯而言。换言之，说某个行为是不可罚的不能犯时，仅指不能作为某罪的未遂犯来处罚，仍然存在作为某罪的预备犯处罚的余地。例如，乙买好毒药后准备第二天去杀害妻子，可第二天错将食盐当作毒药拿给妻子服用，即便认为该行为属于不能犯（方法不能型不能犯），也只是说不应当以故意杀人未遂来处理乙的行为，仍然可以追究乙买毒药这一故意杀人预备行为的刑事责任。最后，对某个对象成立不能犯时，完全有可能对其他对象成立未遂犯。例如，丙喝醉后想盗窃一辆电动车骑回家，结果盗窃的是自己的电动车，即便认为对于自己的电动车不能成立盗窃罪（对象不能型不能犯），也仍然可能对行为时停放在当场的其他电动车成立盗窃未遂。

　　以下结合经典案例，分别讨论①未遂犯与不能犯的认定，②具体危险犯中的危险认定以及③抽象危险犯中的危险认定这三个问题。

📚 经典案例

案例一：童某走私、贩卖、运输、制造毒品案

8－1

一、基本案情

被告人童某因犯盗窃罪，于2010年1月28日被龙胜各族自治县人民法院判处有期徒刑6个月，因犯抢夺罪，于2012年1月17日被桂林市象山区人民法院判处有期徒刑6年7个月，于2016年8月23日刑满释放。因涉嫌贩卖毒品罪，于2016年11月12日被全州县公安局刑事拘留，同年12月14日被逮捕。2017年3月2日经全州县人民检察院决定对其取保候审。

全州县人民检察院指控，被告人童某贩卖毒品冰毒，其行为触犯了《刑法》347条第4款，犯罪事实清楚，证据确实、充分，应当以贩卖毒品罪追究其刑事责任。被告人童某已经着手实行犯罪，由于意志以外的原因未得逞，根据《刑法》第23条之规定，是未遂，可以比照既遂犯从轻或者减轻处罚。被告人童某在刑罚执行完毕后5年以内再犯应当判处有期徒刑以上的刑罚，根据《刑法》第65条之规定，是累犯，应当从重处罚。

被告人童某辩解对公诉机关指控的事实有异议，提出知道自己所贩卖的毒品是假的，且对贩卖的毒品数量有异议。

辩护人吴若愚的辩护意见是：被告人童某的行为不构成贩卖毒品罪。①被告人没有贩卖毒品的主观故意，不符合该罪的主观要件；②从公诉机关指控的事实来看，在毒品数量、袋数、真假等问题上，均存在事实不清、证据不足之情形，因此应按"疑罪从无"的原则处理；③被告人贩卖的是假毒品，被告人的行为属于刑法理论上的不能犯，没有侵害法益的危害性，不属于未遂犯，不应以犯罪论处；④从罪刑法定原则分析，被告人的行为不构成

犯罪。综上，应依法判决宣告被告人童某无罪。

经审理查明，2016 年 10 月 12 日，周某向蒋某（另案处理）购买毒品，后蒋某联系被告人童某向其购买毒品冰毒，被告人童某表示同意。当日 19 时 50 分，蒋某授意莫某（另案处理）到被告人童某家取毒品冰毒，并送至全州县凤凰镇麻市村委周某处。当日 23 时许，莫某按蒋某的吩咐，驾驶其所有的桂 C×× 小车到被告人童某家取走装有毒品冰毒的蓝色白沙牌烟盒。莫某驾车行驶至全州县民乐大酒店附近时，将装有毒品冰毒的烟盒藏至一沙堆上，在等待买主时被抓获。公安机关当场从沙堆上查获 2 包净重为 13.49 克毒品冰毒疑似物，从其车内驾驶位座位套的储物袋内查获 2 小包净重为 0.29 克的毒品冰毒疑似物（已送检）。经检验，从沙堆上查获的 2 包毒品疑似物均未检出甲基苯丙胺，从车内查获的 2 小包毒品疑似物均检出甲基苯丙胺。

全州县人民法院认为，被告人童某贩卖毒品，其行为触犯了《刑法》第 347 条第 4 款之规定，构成贩卖毒品罪，依法处 3 年以下有期徒刑、拘役或者管制，并处罚金。公诉机关指控的罪名成立。被告人童某有犯罪前科，量刑时可酌情从重处罚。被告人童某对其所贩卖的毒品是假的并不知情，其主观上有贩卖的故意，客观上实施了贩卖的行为，只是犯罪对象认识错误，系犯罪未遂，依法可以比照既遂犯从轻或者减轻处罚。被告人童某辩解自己知道所贩卖的毒品是假的，且对贩卖的毒品数量有异议。经查明，被告人童某供述他的毒品冰毒是从桂林一名叫"老三"的男子处购买的，购买的毒品是自己吸食的，吸食部分后，剩下的贩卖给蒋某。被告人童某庭前供述比较稳定，从未提及知道自己贩卖的毒品冰毒是假的。故其辩解他知道自己所贩卖的毒品是假的毒品的辩解意见与查明的事实不符，不予采纳。被告人童某辩解对其贩卖的毒品数量有异议，公诉机关未提供足够的证据证实被告人童某贩卖毒品的数量为 13.49 克，对被告人童某的该辩解意见，予以采纳。被告人的辩护人辩称：①被告人没有贩卖毒品的主观故意，不符合该罪的主观要件；②对毒品数量、袋数、真假均存在事实不清、证据不足；③被告人贩卖的是假毒品，被告人的行为属于刑法理论上的不能犯，不属于未遂犯，不应以犯罪论处；④从罪刑法定原则分析，被告人的行为不构成犯罪。依法判决宣告被告人童某无罪的辩护意见与查明的事实和法律的规定不符。该辩护意见不予采纳。根据被告人童某犯罪的事实、性质、情节和对于社会的危害程度。依照《刑法》第 347 条第 1 款、第 4 款、第 23 条、第 38 条、第 41 条、第 52 条、第 53 条之规定，判决如下：被告人童某犯贩卖毒品罪，判处管制 1 年 6 个月，并处罚金人民币 2000 元。

二、法律问题

1. 被告人贩卖毒品的行为属于不可罚的不能犯，还是可罚的未遂犯？
2. 被告人主观上是否存在贩卖毒品的故意？

三、法理分析

可罚的未遂犯（以下简称"未遂犯"）与不可罚的不能犯（以下简称"不能犯"。这里说的"不可罚"仅指不作为未遂犯处罚，仍然有可能作为预备犯处罚）的区分，关键在于危险的判断。成立犯罪未遂，需要已经着手实行犯罪，"着手"的标准是对既遂结果产生了具体紧迫的危险。所以，在案件中如果能够认定存在此种造成既遂结果的具体紧迫危险，那么说明行为达到了着手的时点，可以作为未遂犯来处罚；反之，则未着手，应认定为不能犯（当然，如果需处罚预备犯，可作为犯罪预备来处理）。

关于危险的判断，存在主观主义立场（主观未遂论）与客观主义立场（客观未遂论）的对立。从主观主义出发，认为只要行为表征能够证明行为人的主观恶性，就可以作为犯罪来处理。因此，对于未遂犯的认定，关键在于查明是否有犯罪的故意。根据这种观点，上述案件中只要查明被告人具有贩卖毒品的故意，客观上存在所谓的"贩卖毒品"行为，就可以作为贩卖毒品罪的未遂来处理。可以说，上述判决基本上是站在这种立场上作出的。但是，根据主观主义的观点，难以区分未遂犯与预备犯，而且仅以行为人主观上的危险性作为处罚的根据，处罚的范围过大。因此，最近多数学说是基于客观主义立场来论证客观上的行为的危险，而非行为人的危险。

在客观主义立场内部，主要存在具体危险说与修正的客观危险说的对立。具体危险说以一般人可能认识到的事实以及行为人特别认识到的事实为判断的资料，站在行为的时点，以一般人为标准判断是否危险。由于该学说考虑行为人特别认识到的事实，所以在判断之初就需确定是否存在犯罪故意。故意是主观的要素，实务中不能仅凭口供来认定犯罪故意，仍需结合客观事实来证明行为人的主观内容。如本案中，法院通过考虑"被告人童某供述他的毒品冰毒是从桂林一名叫'老三'的男子处购买的，购买的毒品是自己吸食的，吸食部分后，剩下的贩卖给蒋某。被告人童某庭前供述比较稳定，从未提及知道自己贩卖的毒品冰毒是假的"等事实，认定被告人具有贩卖毒品罪的故意。根据具体危险说，当行为人与一般人均认为所卖之物是毒品时，那么即便客观上该物并非毒品（或不能证明是毒品），也应当将"毒品"作为判断的资料，以一般人的标准来判断贩卖"毒品"是否会对公众健康产生危害。如果得出肯定结论，则会认定为贩卖毒品罪未遂。

修正的客观危险说则根据科学的因果法则事后考虑假定存在什么事实时才能既遂，再考虑行为时具备这种假定事实的概率。概率大时成立未遂犯，概率小时是不能犯。可见，该学说并不以行为人的主观认识为出发点，而是先客观地考虑存在满足结果发生条件的概率。根据修正的客观危险说，在本案中应进行如下思考：①如果要出现贩卖毒品既遂的结果需满足什么条件？②该条件在贩卖毒品行为当时出现的概率高还是低？针对问题①，如果要出现贩卖毒品既遂的结果，需要行为当时所贩卖的物品含有毒品成分；针对问题②，在行为当时，不含有毒品成分的物品变成含有毒品成分物品的概率极低，几乎为零。因此，根据修正的客观危险说，上述案件中应如辩护人所主张的，属于贩卖毒品的不能犯，而非未遂犯。一旦认定为不能犯，即不存在发生既遂结果的具体紧迫危险，那么直接在客观层面就可以排除犯罪的成立，无需对主观方面是否存在贩卖毒品的故意进行考察。

四、参考意见

综上，针对本案中涉及的两个法律问题，根据不同的学说，会采取不同的判断顺序，会得出不同的结论。

第一种意见，根据主观主义的观点，首先要考虑问题②，即被告人主观上是否存在贩卖毒品的故意，本案中能够得出肯定结论；然后考虑问题①，认为客观上的"贩卖"行为彰显了其主观上的犯罪故意，因而被告人属于贩卖毒品未遂。

第二种意见，根据具体危险说，也是首先考虑问题②，认定被告人存在贩卖毒品的故意后，再以行为人与一般人所认识到的事实——毒品（而非客观的事实——不含毒品成分的物品）为判断的资料，最后从一般人的视角出发判断贩卖"毒品"的行为是否具有危险性，从而认定被告人属于贩卖毒品未遂。虽然第二种意见与第一种意见的结论一致，但基本立场与论证理由完全不同。

第三种意见，根据修正的客观危险说，则首先考虑问题①，从客观上判断是否有出现既遂结果的高概率，如本案这样的对象不能的案件中，倾向于得出不存在法益侵害危险的结论，从而认定为不能犯；既然在客观层面上得出了不能犯的结论，那么无需再考虑犯罪故意，因而问题②并不重要。换言之，即便认定行为人主观上有贩卖毒品的故意，但因为客观上不存在法益侵害的危险，仍然要认定为不能犯（当然，主观上的犯罪故意在认定是否犯罪预备时仍然需要考虑）。

笔者赞成第三种意见。第一种意见立足主观主义，与目前客观主义刑法学的潮流不契合，存在诸多弊端。第二种意见所依据的具体危险说也存在一些难以解决的问题。在判断资料方面，具体危险说既考虑一般人能够认识到的事实又考虑行为人特别认识到的事实。可是，二者不一致时该如何处理呢？具体危险说一般认为，唯有一般人没有认识到危险事实，而行为人特别认识到了，且行为人的这一特别认识符合客观事实时，才考虑行为人的特别认识。但如此一来，危险的有无取决于行为人的主观认识，丧失了客观性，并不妥当。另外，行为人的特别认识内容是否符合客观事实，只有在事后查明所有客观情况后才能作出判断，这与具体危险说坚持以行为时为判断时点的立场相矛盾。在判断标准方面，具体危险说以一般人的经验法则来判断有无危险。可是，当行为人采用了一般人无从知晓其原理乃至闻所未闻的新颖犯罪手法，但事后查明该手法在科学法则上确实具有导致法益侵害的危险性时，根据具体危险说得出的不成立未遂犯的结论有违保护法益的基本原则。因此，笔者不采纳具体危险说，而采用修正的客观危险说，即第三种意见。

案例二：程某某以危险方法危害公共安全案

8-2

一、基本案情

上诉人（原审被告人）程某某 2012 年 3 月 14 日因吸食毒品被通山县公安局决定强制戒毒 2 年，同年 10 月 16 日被解除强制戒毒。因本案于 2013 年 9 月 4 日被通山县公安局刑事拘留，同月 16 日被逮捕。

通山县人民法院审理通山县人民检察院指控原审被告人程某某犯以危险方法危害公共安全罪一案，于 2013 年 12 月 24 日作出（2013）鄂通山刑初字第 00210 号刑事判决。原审判决认定，2013 年 9 月 4 日 15 时许，被告人程某某在牌照号为鄂 L×1 的越野车内吸食毒品"K 粉"后，驾驶越野车从通山县城的"鑫达建材城"附近往老城区方向行驶，途经通山县扶贫办路段时，撞击阮某某驾驶的"义鹰"牌助力车后，推着助力车逆向行驶，又撞击章某某停放在该路段牌照号为鄂 L×2 的小轿车，继续逆向前行，直到撞击朱某甲停放在路边牌照号为鄂 L×3 的小型汽车才停止。造成 3 辆汽车及"义鹰"牌助力车严重损毁，阮某某受伤的严重后果。经鉴定，车辆损失共计 4705 元（其中鄂 L×1 车辆损失 2380 元，鄂 L×2 车辆损失 1480 元，鄂 L×3 车辆损失 435 元，"义鹰"牌助力车损失 410 元），阮某某的伤情为轻微伤乙级（偏重）。案发后，程某某的亲属与被害人阮某某、章某某、朱某甲达成了赔偿协议，赔偿阮某某 5000 元，赔偿章某某 20 000 元。阮某某、章某某、朱某甲对程某某表示谅解，并请求司法机关对其从轻、减轻处罚。

原判认为，被告人程某某以驾车撞车的危险方法危害公共安全，致 3 辆汽车、1 辆助力车损毁，1 人轻微伤，其行为构成以危险方法危害公共安全罪。其赔偿被害人经济损失，取得被害人的谅解，依法可酌情从轻处罚。适用《刑法》第 114 条，判决被告人程某某犯以危险方法危害公共安全罪，判处有期徒刑3年。

被告人程某某上诉提出：①一审认定其案发当天吸食毒品证据不足；②一审认定其三次撞击他人车辆证据不足，应是与他人车辆发生碰撞、刮擦和避让不及。其虽有危险驾驶行为，但不构成以危险方法危害公共安全罪，应构成危险驾驶罪；③即使其行为构成以危险方法危害公共安全罪，但其有坦白、赔偿、取得谅解等从轻情节，应对其适用缓刑。

辩护人的辩护意见同上诉人程某某的上诉意见一致。

出庭履行职务的检察员认为，有证据证实程某某案发当天吸食毒品，其驾车逆行并非为了避让行人，其行为不符合适用缓刑的条件，建议驳回上诉，维持原判。

针对上诉的争议焦点，根据本案的事实和证据，依照有关法律规定，咸宁市中级人民法院评判如下：

关于上诉人程某某的行为是构成危险驾驶罪，还是以危险方法危害公共安全罪。

危险驾驶罪是指在道路上驾驶机动车追逐竞驶，情节恶劣，或者在道路上醉酒驾驶机动车的行为，属于抽象危险犯。在通常情况下，不需要判断行为所引发的危险程度，只要行为出现，即构成犯罪。以危险方法危害公共安全罪是指故意以放火、决水、爆炸、投放危险物质以外的并与之相当的危险方法，足以危害公共安全的行为，属于具体危险犯。行为人对不特定多数人的生命健康和财产安全产生了具体危险，即构成此罪。

本案中，程某某有吸毒史，曾供述其案发当天在车内吸毒，现场尿液检测氯胺酮呈阳性，足以认定其吸毒后驾驶机动车。其行为不属危险驾驶罪的两种情形，不能构成危险驾驶罪。被害人阮某某、章某某的陈述及证人袁某甲、袁某乙的证言证实，案发时，程某某鼻涕直流，身体瘫软，行走不稳，足以认定程某某因吸毒辨认能力和控制能力严重减退，基本丧失驾驶能力后在闹市区驾驶机动车。其行为超越了抽象危险范畴，已对不特定多数人的生命健康和财产安全产生了具体危险，应构成以危险方法危害公共安全罪。

咸宁市中级人民法院认为，上诉人程某某吸毒后在闹市区驾驶机动车，危害公共安全，其行为构成以危险方法危害公共安全罪。其赔偿被害人经济损失并取得了谅解，可酌情从轻处罚。上诉人程某某提出其行为不构成以危险方法危害公共安全罪以及量刑过重的上诉理由与审理查明的事实和法律规定不符，不能成立，不予支持。原判认定事实清楚，证据确实、充分，适用法律正确，量刑适当，审判程序合法。依照《刑事诉讼法》（2012 年修正）第 225 条第 1 款第 1 项的规定，裁定如下：驳回上诉，维持原判。

二、法律问题

被告人吸毒后在闹市区驾驶机动车的行为是否构成以危险方法危害公共安全罪？

三、法理分析

犯罪结果可以分为实害结果与危险结果。以危险结果的发生作为犯罪成立条件的，称为危险犯。刑法中的危险犯又可以细分为具体危险犯与抽象危险犯。具体的危险犯中的危险，是在司法上以行为当时的具体情况为根据，认定行为具有发生侵害结果的紧迫（高度）危险。例如，《刑法》第 145 条规定了生产、销售不符合标准的医用器材罪，该罪以"足以严重危害人体健康"为成立条件。"足以严重危害人体健康"这一条件表明该罪属于具体的危险犯，这种危险需要检察官举证证明其存在。抽象的危险犯中的危险不需要司法上的具体判断（即拟制的危险），只需要以一般的社会生活经验为根据，认定该行为具有发生侵害结果的危险即可。例如，《刑法》第 144 条规定的生产、销售有毒、有害食品罪不以"足以严重危害人体健康"为成立条件，只要在生产、销售的食品中掺入有毒、有害的非食品原料的，或者销售明知掺有有毒、有害的非食品原料的食品的，就拟制为具有发生侵害人身结果的危险，这种危险不需要检察官举证证明其存在。另外，对于以出现实害结果作为既遂标准的犯罪而言，该罪的未遂犯是具体危险犯，该罪的预备犯是抽象危险犯。例如，故意杀人罪以造成死亡这一实害结果为既遂，所以故意杀人既遂是实害犯，相应地，故意杀人未遂时需要达到致人死亡的具体紧迫危险，是具体危险犯，而故意杀人预备时只要实施了为杀人准备工具、制造条件的行为，就拟制为存在致人死亡的危险，是抽象危险犯。

首先，本案被告人不构成危险驾驶罪。法院指出，"危险驾驶罪是指在道路上驾驶机动车追逐竞驶，情节恶劣，或者在道路上醉酒驾驶机动车的行为，属于抽象危险犯。……其行为不属危险驾驶罪的两种情形，不能构成危险驾驶罪"。（危险驾驶罪是《刑法修正案（八）》新增加的罪名，当时只规定了"追逐竞驶"与"醉酒驾驶"两种行为类型，但《刑法修正案（九）》又增加了两种类型。本案发生在《刑法修正案（八）》之后，《刑法修正案（九）》之前，所以法院只考虑了"追逐竞驶"与"醉酒驾驶"这两种行为类型。）

按照现行《刑法》第133条之一的规定，"在道路上驾驶机动车，有下列情形之一的，处拘役，并处罚金：①追逐竞驶，情节恶劣的；②醉酒驾驶机动车的；③从事校车业务或者旅客运输，严重超过额定乘员载客，或者严重超过规定时速行驶的；④违反危险化学品安全管理规定运输危险化学品，危及公共安全的。机动车所有人、管理人对前款第3项、第4项行为负有直接责任的，依照前款的规定处罚。有前两款行为，同时构成其他犯罪的，依照处罚较重的规定定罪处罚"。该条第1款规定了四种危险驾驶的行为类型，其中第1~3项规定的是抽象危险犯，第4项规定的是具体危险犯，因为只有第4项要求"危及公共安全"才成立危险驾驶罪，前三项均无此要求。所以，构成前三项的危险驾驶行为的，如法院所指出的，"在通常情况下，不需要判断行为所引发的危险程度，只要行为出现，即构成犯罪"。由于危险驾驶罪明确规定了四种行为类型，根据罪刑法定原则，行为样态不符合这四种行为类型的，不能成立该罪。本案被告人是吸毒后驾驶机动车，不符合上述四种行为类型中的任何一项，不能成立危险驾驶罪。

其次，《刑法》中有两个条文规定了以危险方法危害公共安全罪。第114条规定，"放火、决水、爆炸以及投放毒害性、放射性、传染病病原体等物质或者以其他危险方法危害公共安全，尚未造成严重后果的，处3年以上10年以下有期徒刑"；第115条第1款规定，"放火、决水、爆炸以及投放毒害性、放射性、传染病病原体等物质或者以其他危险方法致人重伤、死亡或者使公私财产遭受重大损失的，处10年以上有期徒刑、无期徒刑或者死刑"。前者规定的是具体危险犯，如法院所指出的，"行为人对不特定多数人的生命健康和财产安全产生了具体危险，即构成此罪"；而后者规定的是实害犯，需出现"致人重伤、死亡或者使公私财产遭受重大损失"的实害后果。

虽然第 114 条规定"尚未造成严重后果",但并非没有造成任何后果。本案中,根据认定的事实,被告人的行为"造成 3 辆汽车及'义鹰'牌助力车严重损毁,阮某某受伤的严重后果。经鉴定,车辆损失共计 4705 元(其中鄂 L×1 车辆损失 2380 元,鄂 L×2 车辆损失 1480 元,鄂 L×3 车辆损失 435 元,'义鹰'牌助力车损失 410 元),阮某某的伤情为轻微伤乙级(偏重)"。但法院仍然认定没有达到"致人重伤、死亡或者使公私财产遭受重大损失"的程度,因此不能适用第 115 条第 2 款,只能适用第 114 条,认定为"尚未造成严重后果的"以危险方法危害公共安全罪。

由于第 114 条规定的以危险方法危害公共安全罪是具体危险犯,所以需要通过证据证明确实出现了针对公共安全的具体危险。因此法院指出,"被害人阮某某、章某某的陈述及证人袁某甲、袁某乙的证言证实,案发时,程某某鼻涕直流,身体瘫软,行走不稳,足以认定程某某因吸毒辨认能力和控制能力严重减退,基本丧失驾驶能力后在闹市区驾驶机动车。其行为超越了抽象危险范畴,已对不特定多数人的生命健康和财产安全产生了具体危险,应构成以危险方法危害公共安全罪"。

另需注意的是,以危险方法危害公共安全罪并不是刑法分则第二章"危害公共安全罪"的兜底条款,只是第 114 条、第 115 条第 1 款中的兜底条款。所以,认定成立以危险方法危害公共安全罪时,必须考虑是否达到了与这两个条文中规定的其他犯罪类型同等的危险程度,是否值得与这些犯罪类型同等处罚。所以法院特意指出,"以危险方法危害公共安全罪是指故意以放火、决水、爆炸、投放危险物质以外的并与之相当的危险方法,足以危害公共安全的行为"。

四、参考意见

综上所述,本案被告人吸毒后在闹市区驾驶机动车的行为不符合危险驾驶罪所规定的行为类型,不构成危险驾驶罪。但其行为足以危害公共安全,且达到了与放火、决水、爆炸、投放危险物质相当的危险程度,故成立以危险方法危害公共安全罪。另外,本案中虽然出现了一定损害结果,但由于没有达到致人重伤、死亡或者使公私财产遭受重大损失的程度,所以只能认定为成立《刑法》第 114 条而非第 115 条第 1 款的以危险方法危害公共安全罪。

案例三：宋某危险驾驶案

8 - 3

一、基本案情

被告人宋某因本案于 2016 年 12 月 20 日被取保候审。

重庆市南岸区人民检察院以渝南检公诉刑诉〔2017〕282 号起诉书指控被告人宋某犯危险驾驶罪。提请重庆市南岸区人民法院依照《刑法》第 133 条之一、第 67 条第 3 款之规定依法判处。

被告人宋某对指控的罪名及基本事实均无异议。

辩护人认为，宋某没有危险驾驶的主观故意，本案的停车库不属于道路，宋某仅有挪车的行为，本案潜在的社会危害性较小，故宋某的行为不构成危险驾驶罪，应宣告无罪。

经审理查明：2016 年 12 月 2 日晚，被告人宋某和罗某等人在南岸区南坪西路"重庆印象"商业街的"伯虎老火锅"餐馆吃饭，期间宋某饮酒。之后，宋某通过手机软件预约了代驾人员李某。因对所处位置不熟悉，宋某和李某未能找到对方。次日凌晨零时许，宋某驾驶小型普通客车从"重庆印象"商业停车库（即"沃尔玛"停车库）负二层出发，欲将车交给等候在车库出口附近的李某。因对车库出入口不熟悉，宋某欲驾车从车库负一层入口驶出，因此与值班保安李某 1 发生争执，保安简某报警。民警赶至现场，发现宋某有饮酒驾驶机动车的嫌疑，遂对其做酒精呼气测试，宋某呼气酒精含量为 262mg/100ml。归案后，宋某如实供述上述事实。经鉴定，宋某静脉血乙醇含量为 252.1mg/100ml。

重庆市南岸区人民法院认为，被告人宋某醉酒后在道路上驾驶机动车，其行为已构成危险驾驶罪。公诉机关指控的罪名成立，应予支持。辩护人提出宋某的行为不构成危险驾驶罪的辩护意见。重庆市南岸区人民法院审理后认为，①《道路交通安全法》第 119 条规定，道路是指公路、城市道路和虽在单位管辖范围但允许社会机动车通行的地方，包括广场、公共停车场等用于公众通行的场所。本案案发地"重庆印象"商业停车库系公共停车库，允许社会车辆通行，故宋某在该停车库驾驶机动车的行为属于在道路上驾驶机动车，具有发生危害结果的高度危险，符合危险驾驶罪的客观要件。②宋某明知自己饮酒，仍在公共停车库内驾驶机动车，具有危险驾驶罪的主观故意。③危险驾驶罪理论上属于抽象危险犯，不以发生具体危害后果为构成要件，即立法上根据一般人的社会生活经验，将在道路上醉酒驾驶机动车的行为类型化为具有发生危害结果的紧迫（高度）危险。该危险不需要司法上的具体判断，只要行为人实施了在道路上醉酒驾驶机动车的行为，就推定其具有该类型化的紧迫危险，符合危险驾驶罪的客观要件。从控制风险的角度，对"驾驶"的认定应从严把握，不需要行为人有明确的上道路行驶的目的，故宋某在公共停车库"挪动"机动车也属于法律意义上的驾驶。④宋某静脉血乙醇含量为 252.1mg/100ml，醉酒程度严重，具有最高人民法院、最高人民检察院、公安部《关于办理醉酒驾驶机动车刑事案件适用法律若干问题的意见》第 2 条规定的从重处罚情节，其潜在的社会危害性较大。综上，辩护人提出宋某无罪的辩护意见不成立，不予采纳。从本案具体案情来看，宋某醉驾时间为凌晨时分，地点在公共停车库内，人员出入很少，行驶距离较短；宋某的犯罪动机是将车驶出车库交给代驾人员；归案后，宋某如实供述本案犯罪事实，认罪态度较好，且无前科、劣迹，故宋某犯罪情节轻微不需要判处刑罚，可以免予刑事处罚。依照《刑法》第 133 条之一第 1 款第 2 项、第 67 条第 3 款、第 37 条之规定，判决如下：被告人宋某犯危险驾驶罪，免予刑事处罚。

二、法律问题

被告人的行为是否符合危险驾驶罪（醉酒驾驶型）规定的行为类型，是否造成了该罪的后果？

三、法理分析

经《刑法修正案（八）》增设，并经《刑法修正案（九）》修改的危险驾驶罪（《刑法》第133条之一）规定了四种危险驾驶的行为类型，即①追逐竞驶，②醉酒驾驶机动车，③从事校车业务或者旅客运输，严重超过额定乘员载客，或者严重超过规定时速行驶，④违反危险化学品安全管理规定运输危险化学品，危及公共安全。其中第①②③种类型属于抽象危险犯，第④种类型需要达到"危及公共安全"的程度才处罚，属于具体危险犯。本案涉及的是②醉酒驾驶机动车类型，属于抽象的危险犯。

抽象的危险犯中的危险不需要司法上的具体判断（即拟制的危险），只需要以一般的社会生活经验为根据，认定行为具有发生侵害结果的危险即可。上述判决中也明确指出，抽象危险犯"不以发生具体危害后果为构成要件，即立法上根据一般人的社会生活经验，将在道路上醉酒驾驶机动车的行为类型化为具有发生危害结果的紧迫（高度）危险。该危险不需要司法上的具体判断，只要行为人实施了在道路上醉酒驾驶机动车的行为，就推定其具有该类型化的紧迫危险，符合危险驾驶罪的客观要件"。

具体到醉酒驾驶机动车这种类型，只需达到醉酒的程度，并在道路上驾驶机动车，就拟制存在针对公共安全的抽象的危险。根据2013年12月18日《最高人民法院、最高人民检察院、公安部关于办理醉酒驾驶机动车刑事案件适用法律若干问题的意见》（法发〔2013〕15号）规定，"在道路上驾驶机动车，血液酒精含量达到80毫克/100毫升以上的，属于醉酒驾驶机动车，依照刑法第133条之一第1款的规定，以危险驾驶罪定罪处罚"。本案被告人达到了醉酒的程度。该意见同时规定，关于"道路""机动车"的认定，适用《道路交通安全法》的有关规定。《道路交通安全法》第119条规定，"'道路'，是指公路、城市道路和虽在单位管辖范围但允许社会机动车通行的地方，包括广场、公共停车场等用于公众通行的场所……'机动车'，是指以动力装置驱动或者牵引，上道路行驶的供人员乘用或者用于运送物品以及进行工程专项作业的轮式车辆"。所以，本案被告人在公共停车库"挪动"机动车的行为，也属于法律意义上的"在道路上驾驶机动车"。

需要注意的是，抽象危险犯与行为犯并不是等同的概念。按照传统学说的观点，行为犯一旦实施刑法分则规定的危害行为即构成犯罪，不以出现结果为必要；与之相对，结果犯则除了需要实施刑法分则规定的危害行为外，还需出现一定的结果才构成犯罪。所以，行为犯是与结果犯相对的概念；抽象危险犯是与具体危险犯、实害犯相对的概念。但是，按照传统学说，确实难以说明行为犯与抽象危险犯的实质区别。本书认为，任何犯罪都有结果，行为犯也不例外。所以将行为犯界定为行为与结果同时发生，因果关系不成为问题的犯罪；与此相对，结果犯则是指需要认定行为与结果之间的因果关系的犯罪。因此，行为犯与抽象危险犯是按照不同标准对犯罪进行的分类。

醉酒驾驶机动车虽然属于抽象危险犯，但并不意味着只要实施了相应行为就必然构成犯罪。抽象危险犯中只是拟制了危险，减轻了检察官的举证负担，但如果具体案件中的特别情况导致行为根本不存在任何危险，则不能认定存在抽象危险这一结果，从而应否定犯罪的成立。换言之，抽象危险犯中"拟制的危险"是一种允许反证的拟制。例如，尽管被告人不能以自己酒量好等为由反证自己没有醉酒，不存在抽象的危险，但如果具体案件确实发生在偏僻无人的道路上，机动车内也没有其他人，可以证明此时根本不存在任何危险，那么可以认定不存在犯罪结果从而不构成犯罪。《最高人民法院关于常见犯罪的量刑指导意见（二）（试行）》（2017 年发布，2017 年 5 月 1 日起试行）中也指出，"对于醉酒驾驶机动车的被告人，应当综合考虑被告人的醉酒程度、机动车类型、车辆行驶道路、行车速度、是否造成实际损害以及认罪悔罪等情况，准确定罪量刑。对于情节显著轻微危害不大的，不予定罪处罚；犯罪情节轻微不需要判处刑罚的，可以免予刑事处罚"。

根据上述《关于办理醉酒驾驶机动车刑事案件适用法律若干问题的意见》，醉酒驾驶机动车，血液酒精含量达到 200 毫克/100 毫升以上的，依照《刑法》第 133 条之一第 1 款的规定从重处罚。本案被告人静脉血乙醇含量为252.1 毫克/100 毫升，不仅达到了醉酒的程度，而且满足了从重处罚的标准。所以法院认为被告人"潜在的社会危害性较大"，不能认定为"对于情节显著轻微危害不大的，不予定罪处罚"。同时考虑到"宋某醉驾时间为凌晨时分，地点在公共停车库内，人员出入很少，行驶距离较短；宋某的犯罪动机是将车驶出车库交给代驾人员；归案后，宋某如实供述本案犯罪事实，认罪态度较好，且无前科、劣迹"，从而认定其"犯罪情节轻微不需要判处刑罚的，可以免予刑事处罚"。

四、参考意见

综上所述，被告人的行为属于在道路上驾驶机动车，且达到了司法解释所规定的醉酒标准，符合了危险驾驶罪（醉酒驾驶型）规定的行为类型。这种类型的危险驾驶罪属于抽象危险犯，一般而言只要符合了行为类型，就拟制存在作为犯罪结果的抽象危险，只有在例外的情况下，能够证明完全不存在危险时，才能否定该犯罪结果。本案中被告人的醉酒程度达到了司法解释规定的"从重处罚"标准，说明其"潜在的社会危害性较大"，难以证明本案中完全不存在危险，所以不能根据《刑法》第13条但书认定为"情节显著轻微危害不大的，不认为是犯罪"。只能综合本案具体案情，最终根据《刑法》第37条，认定为"对于犯罪情节轻微不需要判处刑罚的，可以免予刑事处罚"。

📚 拓展案例

案例一：陈某破坏易燃易爆设备、诈骗案

8－4

一、基本案情

2013年11月底，深圳市华强北在线商务有限公司（位于本市福田区）改建工作进入燃气管道铺设阶段，时任深圳市华强北在线商务有限公司的经理杨某1拨打深圳市燃气集团股份有限公司（以下简称：深圳燃气集团）电话要求派员到福田区金地工业区109栋商议铺设燃气管道事宜。被告人陈某（时为深圳市燃气集团股份有限公司管道气客户服务分公司南山营业中心安全检查员）得知该消息后主动找到杨某1，谎称是金地片区铺设燃气管道的负责人并出示深圳燃气集团的证件，杨某1受骗与之商讨燃气管道铺设方案。

2013年12月4日，陈某伪造并与杨某1签订了深圳市燃气集团有限公司管道气客户服务分公司的《燃气管道工程安装合同》，约定工程总价为人民币98 000元。后陈某私自找了一个工程施工队承接铺设安装燃气管道的工程。

工程施工队在金地工业区 109 栋附近找到深圳燃气集团的燃气管道地面标示桩后，开挖地面找到深圳燃气集团中压燃气管道并在管道之上打孔，再接入施工队的燃气用管道，完成了破坏并私接深圳燃气集团燃气管道的非法工程，再将燃气用管道引入金地工业区 109 栋的房间，完成私接燃气工程，最终交付给深圳市华强北在线商务有限公司使用。被告人陈某收取了工程费用共计人民币 98 000 元。2014 年中，被告人陈某以现金方式向深圳市华强北在线商务有限公司收取了燃气费共计人民币 7000 元，其未将该款上交深圳燃气集团，而是用于个人日常消费。

2017 年 1 月 23 日，深圳市华强北在线商务有限公司住户申报燃气故障，深圳燃气集团工作人员发现该地址未申请开通使用管道燃气，随后到金地工业区 109 栋 7 楼查看燃气管道时，发现该楼的燃气管道属于私自接驳的管道燃气并当场发现受陈某指派拆除私自安装的燃气表的男子侯某 1，遂报警处理。

二、法律问题

1. 被告人陈某的行为是否成立破坏易燃易爆设备罪？
2. 被告人的行为是否成立诈骗罪？
3. 是否应将破坏易燃易爆设备罪与诈骗罪数罪并罚？

三、重点提示

首先，在客观上，被告人陈某未经有关深圳燃气集团许可、未履行强制性监理等手续，通过私自雇请他人开挖、切割、安装燃气管道的方式实际破坏了正在使用中的燃气设备，其既无燃气管道及设备的合同证明，未按标准进行检查、验收，不符合燃气工程材料的专业要求，存在设备材料失效风险；又未按照燃气工程建设要求实施强度、气密性等压力试验并组织验收，存在燃气泄漏、爆炸等安全隐患，足以严重危害公共安全。其次，在主观上，被告人陈某虽没有破坏易燃易爆设备的目的和动机，但目的和动机并非该罪的主观构成要件要素。陈某作为深圳燃气集团的工作人员，明知私自违规操作切割、接驳、开通燃气管道的行为足以危害公共安全仍为之，具备该罪所要求的主观构成要件要素。

案例二：李某、闫某某破坏广播电视设施、公用电信设施案

8-5

一、基本案情

2015年11月份，被告人李某为宣传其经营的"长虹"牌家电而购买"伪基站"设备一套。2016年4月8日，被告人李某为其经销商王庄镇"三联家电"商场所进行的"长虹"牌家电销售活动进行商业宣传，安排工作人员闫某某、张某某使用该"伪基站"设备，在肥城市王庄镇周边区域内强行向移动手机用户发送广告短信。截至被公安机关查获，被告人闫某某、张某某强行向移动手机用户发送广告短信共计29 082条。期间，被告人闫某某负责操作该设备，被告人张某某提供帮助。经检测，该"伪基站"设备在中国移动、中国联通基站下行频段进行无线发射，共影响29 082个手机用户正常通讯，手机脱网时长为30~45秒。2016年4月11日，被告人李某主动到公安机关投案。

二、法律问题

一般性的使用"伪基站"发射的行为占用公用频道发送信息时间短，用户感受不到明显的信号中断，特别是其中以合法经营为目的而使用"伪基站"在短时间内强行向不特定用户发送信息的行为是否达到了危害公共安全的程度从而是否构成破坏公用电信设施罪？

三、重点提示

2015年11月1日施行的《刑法修正案（九）》对扰乱无线电通讯管理秩序罪规定为"违反国家规定，擅自设置、使用无线电台（站），或者擅自使用无线电频率，干扰无线电通讯秩序，情节严重的"行为。行为的基本特征系

并非直接针对公用电信设施本身进行破坏，而是通过干扰无线通讯网络对公用电信产生影响。而破坏公用电信设施罪，则是指故意破坏正在使用中的公用电信设施，危害公共安全的行为，该行为特征系针对正在使用、已交付使用的公用电信设施所实施的物理上毁损或使上述设施丧失应有性能的行为，但该罪名属于具体危险犯，即构成该罪的行为都必须是达到了危害公共安全程度的行为。

拓展资料

8－6

| 专题九 |

单位犯罪实践理念

📚 知识概要

《刑法》第 30 条规定："公司、企业、事业单位、机关、团体实施的危害社会的行为，法律规定为单位犯罪的，应当负刑事责任。"这是我国刑法关于单位犯罪主体及成立范围的规定。由此，我们可以得出我国单位犯罪制度的两个重要特征：

第一，单位犯罪的主体包括公司、企业、事业单位、机关、团体。根据 1999 年《最高人民法院关于审理单位犯罪案件具体应用法律有关问题的解释》之规定，对于为了进行违法犯罪活动而设立的公司、企业、事业单位实施犯罪的，或者公司、企业、事业单位设立后，以实施犯罪为主要活动的，应按自然人犯罪处理。审判期间，被告单位被撤销、注销、吊销营业执照或者宣告破产的，对单位直接负责的主管人员和其他责任人员应当继续审理；被告单位合并、分立的，应将原单位列为被告单位，并注明合并分立情况。对被告单位判处的罚金以其在新单位的财产及收益为限。

第二，并非所有刑法分则中的犯罪均可由单位作为犯罪主体，只有法律明文规定单位可以成为犯罪主体的犯罪，才存在单位犯罪及单位承担刑事责任的问题。

《刑法》第 31 条规定："单位犯罪的，对单位判处罚金，并对其直接负责的主管人员和其他直接责任人员判处刑罚。本法分则和其他法律另有规定的，依照规定。"这是我国刑法关于单位犯罪处罚原则的规定。根据这一规定，对单位犯罪一般采取双罚制的原则，对单位判处罚金的同时对单位直接负责的主管人员和其他直接责任人员判处刑罚。

对于直接负责的主管人员和其他直接责任人员目前并没有统一的认定标准。2001年《全国法院审理金融犯罪案件工作座谈会纪要》中规定，直接负责的主管人员指的是在单位实施的犯罪中起决定、批准、授意、指挥等作用的人员，一般是单位的主管负责人，包括法定代表人。其他直接责任人员是在犯罪中具体实施犯罪并起较大作用的人员，既可以是单位的经营管理人员，也可以是单位的职工，包括聘任、雇佣的人员。但如果是受单位领导指派或奉命参与实施了一定犯罪行为的人员，一般不宜认定为直接责任人员追究刑事责任。

根据《刑法》和有关司法解释的规定，单位行为与个人行为的区分，在实践中可以结合以下几个方面来加以具体判断：①单位是否真实、依法成立。单位是依照有关法律设立，是否为具备财产、名称、场所、组织机构等承担法律责任所需条件的组织。对于为了进行违法犯罪活动而设立的公司、企业、事业单位实施犯罪的，或者公司、企业、事业单位设立后，以实施犯罪为主要活动的，应按自然人犯罪处理。②是否属于单位整体意志支配下的行为。单位犯罪是在单位意志支配下实施的，行为人的行为是单位意志的体现；而个人犯罪则完全是在其个人意志支配下实施的，体现的是其个人意志。单位意志一般由单位决策机构或者有权决策人员通过一定的决策程序来加以体现。③是否与单位的业务活动相关。单位只有在业务范围内或与业务相关的活动范围（或与业务活动相伴随的活动范围）内，引起某种结果时，才对该行为负责。如果行为与单位业务没有任何关系，则不应让单位承担刑事责任。④是否以单位名义。一般情况下，单位犯罪要求以单位名义实施。对于这里的"以单位名义"应作实质性理解。对于打着单位旗号，利用单位名义为个人谋利益而非为单位谋利益的不法行为，不能认定为单位犯罪。⑤是否为单位谋取利益、违法所得的实际去向与归属。单位犯罪中，犯罪后的违法所得通常归单位所有，即因犯罪行为所产生的非法收益，受益对象是本单位或者本单位的多数员工；而自然人犯罪中，犯罪后的违法所得多半为自然人个人所有。

单位犯罪	法律规定	《刑法》第30条规定："公司、企业、事业单位、机关、团体实施的危害社会的行为，法律规定为单位犯罪的，应当负刑事责任。" 《刑法》第31条规定："单位犯罪的，对单位判处罚金，并对其直接负责的主管人员和其他直接责任人员判处刑罚。本法分则和其他法律另有规定的，依照规定。"

单位犯罪	单位犯罪主体	包括公司、企业、事业单位、机关、团体。根据司法解释的规定，上述单位是依照有关法律设立，具备财产、名称、场所、组织机构等承担法律责任所需条件的组织。对于为了进行违法犯罪活动而设立的公司、企业、事业单位实施犯罪的，或者公司、企业、事业单位设立后，以实施犯罪为主要活动的，应按自然人犯罪处理。审判期间，被告单位被撤销、注销、吊销营业执照或者宣告破产的，对单位直接负责的主管人员和其他责任人员应当继续审理；被告单位合并、分立的，应将原单位列为被告单位，并注明合并分立情况。对被告单位判处的罚金以其在新单位的财产收益为限。
	处罚原则	单位犯罪一般采取双罚制的原则，对单位判处罚金的同时对单位直接负责的主管人员和其他直接责任人员判处刑罚。分两种情况：①对单位判处罚金，对直接主管人员和其他直接责任人规定的法定刑与自然人犯罪的法定刑相同（参见《刑法》第150条）；②对单位判处罚金，但对直接负责的主管人员和其他责任人规定了较自然人犯罪轻的法定刑（参见《刑法》第386条与387条）。
	直接负责的主管人员与其他直接责任人员的认定	根据2001年《全国法院审理金融犯罪案件工作座谈会纪要》的规定，直接负责的主管人员指的是在单位实施的犯罪中起决定、批准、授意、指挥等作用的人员，一般是单位的主管负责人，包括法定代表人。其他直接责任人员是在犯罪中具体实施犯罪并起较大作用的人员，既可以是单位的经营管理人员，也可以是单位的职工，包括聘任、雇佣的人员。但如果是受单位领导指派或奉命参与实施了一定犯罪行为的人员，一般不宜认定为直接责任人员追究刑事责任。
	单位行为与个人行为的区分	实务中发展出了如下判断标准：①单位是否真实、依法成立。单位是依照有关法律设立，具备财产、名称、场所、组织机构等承担法律责任所需条件的组织。对于为了进行违法犯罪活动而设立的公司、企业、事业单位实施犯罪的，或者公司、企业、事业单位设立后，以实施犯罪为主要活动的，应按自然人犯罪处理。②是否属于单位整体意志支配下的行为。单位犯罪是在单位意志支配下实施的，行为人的行为是单位意志的体现；而个人犯罪则完全是在其个人意志支配下实施的，体现的是其个人意志。单位意志一般由单位决策机构或者有权决策人员通过一定的决策程序来加以体现。③是否与单位的业务活动相关。单位只有在业务范围内或与业务相关的活动范围（或与业务活动相伴随的活动范围）内，引起某种结果时，才该对行为负责。如果行为与单位业务没有任何关系，则不应让单位承担刑事责任。④是否以单位名义。一般情况下，单位犯罪要求以单位名义实施。对于这里的"以单位名义"应作实质性理解。对于打着单位旗号，利用单位名义为个人谋利益而非为单位谋利益的不法行为，不能认定为单位犯罪。⑤是否为单位谋取利益、违法所得的实际去向与归属。单位犯罪中，犯罪后的违法所得通常归单位所有，即因犯罪行为所产生的非法收益，受益对象是本单位或者本单位的多数员工；而自然人犯罪中，犯罪后的违法所得多半为自然人个人所有。

经典案例

案例一：曹某行贿案

9 – 1

一、基本案情

曹某是上海市百腾医疗装备事业有限公司销售人员。2010 年底，上海市百腾医疗装备实业有限公司中标蒙城县中医院招租的核磁共振设备，曹某负责此项业务。期间，为得到丁某在签订租赁协议等方面的关照，曹某分别于 2011 年 1 月、8 月、12 月，分三次送给时任蒙城县中医院院长丁某现金 8.5 万元。

二、法律问题

曹某是否属于直接责任人？其行为能否被评价为单位犯罪？

三、法理分析

本案法院认为曹某所在的上海百腾医疗装备实业有限公司实行业务员销售制度，百腾公司对具体业务并不过问，而是由业务员直接负责，业务员根据销售或营业业绩提成。因此，曹某实施的行为并没有经过单位集体决定、讨论，其不是代表单位进行行贿，其行贿款项的来源也不是单位支付。其行贿的目的虽然客观上有利于单位业务的促成，但主要还是为了获得长期提成的利益，故本案不属于单位犯罪。

从法院的上述观点中我们可以提取出三点不成立单位犯罪的主要理由：①法院认为曹某所在公司是业务员销售制度，公司对具体业务不干预，因此不属于单位集体决定；②行贿款项并不是直接来源单位，认为曹某并不是代表的单位；③曹某的行为即使客观上有利于单位，但是目的并不纯粹，认为曹某更多的是为了自己长期的提成。

本文认为，上述观点不能成立。首先，在认定某行为是否可归责于单位时，其判断标准不能过于形式化。在很多情况下，单位主管人员或直接责任人的业务行为不可能全都经过单位集体决策、讨论，仅关注是否经过公司大会决议这一形式不切实际。行为人的行为是否经过单位授权，除了考察是否经过大会决议之外，还要考察是否属于公司章程的授权等。如果直接责任人的行为是根据公司章程的规定而获得授权的行为，那么就可以认为其行为代表着单位。其次，行贿款的来源并不影响行为的性质，本案中曹某行贿款虽不是直接来自单位，但是其业务行为都是以单位的名义与医院签订合同，所得收益全部归入单位账户，其只是根据公司章程获取部分提成，也就是说曹某行贿的行为带来的直接利益全部归于单位，其行为完全可以被评价为单位行为。至于行为人的主观心态问题，本文认为只要直接责任人的行为能够被评价为"为了单位的利益"即可，不要求具有排他性。单位员工的利益往往与单位利益挂钩，自身利益与单位利益往往是一荣俱荣，一损俱损的关系，因此只要能推定其行为具有为单位谋利的心理即可，不应过于严苛。综上，曹某的行为完全可以被评价为单位行为。

四、参考意见

本文认为，本案单位应承担监管过失的责任。本案中的单位制度要求业务员直接负责，对业务员的行为不管不问不能成为其逃避责任的理由，相反，单位在这里负刑事责任的原因是它对其组成人员负有一定的监督义务，如果单位违反了这一监督义务，那么就要对其组成人员的犯罪行为负监督上的过失责任。现代企业法人都有权利也有义务对企业内部职工的职务行为进行监督管理。职工的职务行为可能发生危害结果，单位为了其利益有义务对该行为进行监督管理，而单位却因疏忽大意或过于自信疏于监督管理，致使危害结果发生。单位是否尽到了监管责任，不是从单位中代表单位的个人是否切实地履行了监管义务来考虑，而应当从单位是否建立了有效的监管体制且该监管体制是否在有效地发挥作用方面来考虑。换句话说，应当从单位内部的制度、规章、政策等方面的情况来考虑单位是否具有监管上的过失责任。很显然，本案单位并没有相关的配套制度来规制业务员的业务行为，而是采取完全放任的方式，毫无监管。

综上，本案曹某的行为可以被认定为单位的行为，单位应该承担单位行贿罪的刑事责任。

案例二：王某行贿案

9－2

一、基本案情

被告人王某登记注册了江汉油田博瑞钻采技术服务有限公司，其为该公司的法定代表人。2011 年 7 月 8 日，该公司变更法定代表人为王某甲，王某属该公司实际负责人，同年 12 月 9 日，该公司更名为江汉油田博瑞钻采技术服务潜江有限公司（以下简称博瑞公司）。中国石化集团江汉石油管理局井下测试公司属国有分支机构，2013 年 3 月，该公司更名为中石化江汉石油工程有限公司井下测试公司，中石化江汉石油工程有限公司井下测试公司陕北分公司（以下简称陕北分公司）是中石化江汉石油工程有限公司井下测试公司基层生产单位。2009 年至 2013 年，黄某任陕北分公司经营办公室材料员，属国有企业中从事公务的人员。博瑞公司与陕北分公司有销售业务往来。2011 年至 2012 年期间，被告人王某为了在陕北分公司销售业务中得到黄某的帮忙和关照，于 2011 年 12 月、2012 年春节期间，分两次在黄某的家中送给黄某共计 2 万元。

二、法律问题

本案被告人王某是否应承担刑事责任？如果是，承担什么刑事责任？

三、法理分析

本案法院从证人黄某的证言与王某在侦查阶段的供述中推论出，王某是为感谢黄某对博瑞公司业务上的关照，送给黄某2万元。王某为博瑞公司谋取不正当利益而给予在国有企业中从事公务的黄某以财物，不属人情往来。同时，参照《全国法院审理金融犯罪案件工作座谈会纪要》之精神："以单位名义实施犯罪，违法所得归单位所有的，是单位犯罪。"本案中，王某作为博瑞公司的实际负责人，其个人行为代表公司行为，黄某在博瑞公司与陕北分公司业务往来中对博瑞公司业务上的关照属博瑞公司的单位利益，王某送给黄某2万元应认定为单位行贿。依照《最高人民检察院关于人民检察院直接受理立案侦查案件立案标准的规定（试行）》之规定，单位行贿数额在20万元以上的才予以立案追诉，王某的行贿金额未达到单位行贿罪的立案追诉标准，不构成单位行贿罪。

本文认为，王某的行贿行为的确可以视为单位行为。王某为单位的实际控制人，为了感谢黄某对单位的照顾而对其行贿，该行为是为了单位的利益，代表的是单位。因此我们认同法院的观点，即被告人王某的行贿行为可以被评价为单位行贿。但是，本文认为并不应因单位行贿罪不成立就对王某的行为免责。换句话说，本文主张单位责任与自然人责任分离制。

责任分离理论认为，单位犯罪是一种同时存在"单位"与"自然人"两种不同性质的行为与责任主体的非常特殊的犯罪形态，聚合了自然人犯罪与单位拟制犯罪两种犯罪行为。单位犯罪实质上是两个犯罪主体，两个犯罪行为，两个刑事责任之间的聚合。与单位是单位成员的前提，单位成员依附于单位的传统观点不同，该理论认为二者互不牵涉，互相独立。[1]对单位成员的行为用自然人犯罪理论进行非难，与单位并无关联，单位犯罪是单位自身的犯罪而不包括单位成员的行为，二者呈现一一对应的关系。单位成员的刑事责任根据是单位成员按照自然人的标准作出的符合犯罪构成要件的犯罪行为，其责任是纯粹的自然人责任。单位成员具有单位雇员与社会成员两重身份，一方面，单位成员作为单位的雇员，当然有义务遵守单位的规章与决定；但另一方面，单位成员作为社会成员，也要遵守国家的法律法规，其作为单位成员的角色并不能折损其遵守法律的义务。即使单位规章与法律法规相冲突，也应当优先遵循法律法规。另外，单位成员虽身处单位之中，有义务履

---

〔1〕 叶良芳："单位犯罪责任构造的反思与检讨"，载《现代法学》2008年第1期。

行单位的决定，但是单位并未强制性地绝对剥夺单位成员的意志与行为自由，其仍有意志自由，具有实施合法行为的期待可能性。那么当其实施了违反法律法规的行为时，根据责任主义自然应当追究其刑事责任。其实，单位成员在单位犯罪中起到一个主导作用，其意志具有独立性与本源性，往往并非是在单位的要求下被动实施犯罪行为，更多的是积极主动的计划、组织犯罪活动，一些单位成员甚至可以左右本身并无意志与行为的单位组织体的意思与行为。故而单位成员的责任具有独立的基础性地位，追究其刑事责任就是自然之理。

责任分离论与立法精神相契合，2014 年全国人大常委会《关于〈中华人民共和国刑法〉第三十条的解释》，规定了对单位实施犯罪而法律未规定追究单位刑事责任的，组织、策划、实施该危害社会行为的人应承担刑事责任。这正与责任分离论的逻辑相吻合，或者说，责任分离论能够解释这背后的立法精神。此外，分离论能够最大限度地避免实践中借助单位犯罪寻求刑罚的轻缓化甚至规避承担责任的问题。单位犯罪往往比自然人犯罪定罪起点高，一般为自然人犯罪数额的 3 ~ 5 倍。以单位行贿罪为例，单位行贿罪的立案标准在 20 万，远大于自然人行贿罪的起刑数额。不少罪名的法定刑设置是单位犯罪中责任人的法定刑轻于自然人法定刑，加之在单位犯罪中的责任人往往会适用缓刑甚至免罚，实际对责任人的惩处效果更是低于自然人犯罪。如此一来，单位犯罪的规定就成了个人违法犯罪的避风港或护身符，单位成员利用单位的"面纱"，来为自己规避法律责任提供方便之门。本案中就是如此，一审法院认定王某犯行贿罪，判处有期徒刑 6 个月；在二审中被告人及其辩护律师积极主张王某的行为属于单位犯罪，最终因为单位行贿罪较高的起刑点而无法处罚王某的行为。

四、参考意见

综上，本文认为在单位层面上，王某的行贿行为可以评价为单位行为，但因未达到追诉标准，不构成单位行贿罪；在个人层面上，王某的行为构成行贿罪，应对该行贿行为进行单独评价，使其承担行贿罪法定刑范围内相应的刑事责任。

案例三：周某集资诈骗案

9 – 3

一、基本案情

2011 年 2 月，被告人周某注册成立中宝投资公司，担任法定代表人。公司上线运营"中宝投资"网络平台，借款人（发标人）在网络平台注册、缴纳会费后，可发布各种招标信息，吸引投资人投资。投资人在网络平台注册成为会员后可参与投标，通过银行汇款、支付宝、财付通等方式将投资款汇至周某公布在网站上的 8 个个人账户或第三方支付平台账户。借款人可直接从周某处取得所融资金。项目完成后，借款人返还资金，周某将收益给予投标人。

运行前期，周某通过网络平台为 13 个借款人提供总金额约 170 万余元的融资服务，因部分借款人未能还清借款造成公司亏损。此后，周某除用本人真实身份信息在公司网络平台注册 2 个会员外，自 2011 年 5 月至 2013 年 12 月陆续虚构 34 个借款人，并利用上述虚假身份自行发布大量虚假抵押标、宝石标等，以支付投资人约 20% 的年化收益率及额外奖励等为诱饵，向社会不特定公众募集资金。所募资金未进入公司账户，全部由周某个人掌控和支配。除部分用于归还投资人到期的本金及收益外，其余主要用于购买房产、高档车辆、首饰等。这些资产绝大部分登记在周某名下或供周某个人使用。2011 年 5 月至案发，周某通过中宝投资网络平台累计向全国 1586 名不特定对象非法集资共计 10.3 亿余元，除支付本金及收益回报 6.91 亿余元外，尚有 3.56 亿余元无法归还。案发后，公安机关从周某控制的银行账户内扣押现金 1.80 亿余元。

二、法律问题

周某的行为能否被评价为单位行为？

三、法理分析

本文认为，单位犯罪实际上就是因自然人的犯罪行为具有某种特殊的性质，进而可以将其评价为单位行为，由单位承担一定责任的犯罪类型。那么该自然人一方面因其属于单位的直接负责的主管人员或直接责任人员要承担单位犯罪的刑事责任之外，还要承担其作为普通自然人对其行为应当承担的责任，也就是说，对于自然人来讲，实际上是一种特殊的竞合论。

在判断自然人行为可否评价为单位行为时，应该全方位地对行为性质进行检验。首先要看其行为是否是以单位的名义从事的业务行为，非业务行为一般不能评价为单位行为；其次，判断行为是否是在为单位谋取利益，只要其行为客观上给单位带来一定的利益即可，在具体判断中不能过于死板；再次，判断其行为是否能够代表单位的意思，既可以是通过公司大会决议的形式，也可以是根据公司章程的授权，不能仅局限于前者；最后，要判断单位是否合法成立，是否具有独立的法人资格，是否是为了犯罪活动而成立或主要从事犯罪活动，在公司人格混同的情况下应按照自然人犯罪处理。

本案中，自公司亏损后，周某虽然仍是以单位的名义在发布各种招标信息，吸引投资人投资，但是所募资金未进入公司账户，全部由周某个人掌控和支配。此时单位资产已经与其个人资产发生严重的混同，单位的独立人格难以存续。而且其除部分用于归还投资人到期的本金及收益外，其余主要用于购买房产、高档车辆、首饰等，表明此时的行为更多的是为了他个人的利益，不能认定为单位行为。

我国刑法对单位犯罪的规定模式造就了我国单位犯罪与自然人犯罪的关系以如下三种方式呈现：①自然人可以作为犯罪主体的犯罪单位亦可以成立，我国绝大多数的单位犯罪均表现为这一形式；②自然人可以作为犯罪主体的犯罪，单位却不能成立，这类犯罪类型在我国刑法中数量较多，且自然犯居多，如故意杀人罪、盗窃罪等；③单位可以作为犯罪主体的犯罪自然人却不能成立，这类罪名在我国数量较少，典型如《刑法》第393条规定的单位行贿罪。

即便在第一种情形下，结合我国刑法典及相关司法解释的规定，单位犯罪与自然人犯罪也往往被规定了不同的入罪门槛、量刑标准或法定刑设置。

例如，根据 2010 年《最高人民法院关于审理非法集资刑事案件具体应用法律若干问题的解释》第 3 条之规定，单位非法吸收或者变相吸收公众存款的成立条件（100 万元、150 人以上）就比个人非法吸收或者变相吸收公众存款的成立条件（20 万、30 人以上）更为严格。这就决定了，在我国的刑事司法实践中，自然人犯罪与单位犯罪在成立条件上往往会出现错位的情形。一些情形下，单位以组织体的形式实施只能由自然人实施的犯罪，如单位经过决策，为单位的目的实施盗窃犯罪；一些情形下，单位以组织体的形式实施犯罪，符合了具体犯罪类型自然人犯罪的成立标准却不符合单位犯罪的成立标准，如单位实施非法吸收 30 万元公众存款行为。

在这些情形下，如若我们不能协调好自然人犯罪与单位犯罪的关系，就会造成单位犯罪认定与处断上的异化，不仅会与单位犯罪的设立目的背道而驰，甚至会使单位犯罪成为犯罪人规避刑罚处罚的工具。本文认为，在处理以上情形时，我们不应仅仅机械理解单位犯罪与自然人犯罪的关系进而将二者视为互斥的概念，而应从单位犯罪制度的设立目的出发准确把握单位犯罪的本质。

在我国，随着几十年来以单位为代表的社会中间层组织不断发展壮大，我国的社会结构已经由 20 世纪的"个人—国家"的二元结构转化为如今的"个人—组织体—国家"的三元结构。在这样的社会结构之下，作为犯罪预防重心的个人往往不直接与国家发生关系，而是与作为中间层的组织体紧密相连。如企业中的职工往往事实上并不直接受到国家的管理，而是在更多时候直接由其所在企业进行管控，企业相比于国家甚至可以在更多的场合下决定对职工采取怎样的犯罪预防措施。这就决定了我国当下犯罪控制策略的有效推行离不开作为社会中间层而存在的组织体。

因此，现代单位犯罪制度的立法价值，应当是通过刑事处罚，使单位组织体自觉承担起规制其成员行为并防止单位成员在与单位职责、业务相关的活动中危害社会的责任。处罚单位而非直接处罚个人的原因主要在于现代社会中单位和个人之间的特殊关系。作为现代社会中完全独立的权利义务主体，法人往往会形成特定的群特性文化、组织结构和具有本位色彩的利益诉求，而且往往影响甚至决定着群体内部个人的行为方式和习惯。将法人团体规定为刑事责任主体，通过外在的强制力使单位具有忠诚于法规范的人格同一性，进而对单位组织体成员施加影响，就可限制并减少单位成员的危害社会行为。简言之，单位犯罪制度实际上就是国家借助单位影响力抑制个人犯罪行为的一种策略性产物。

为实现单位犯罪的认定与单位犯罪制度的规范目的相契合，结合单位犯罪制度设计目的和初衷，单位犯罪制度的设定并非要为组织体成员责任提供完全不同于原有分则罚则的依据，而是在组织体成员存在违法犯罪行为的前提下，并存式地追究组织体本身的刑事责任。同时，分离思路也更加符合常识。组织体本身并无犯罪意图和行为可言，让组织体承担刑事责任实际上是让组织体为其成员的危害行为和结果负责。在这种常识意义上，单位犯罪属于归咎的刑事责任。

本文认为，实现单位责任与单位成员责任的分离是应予提倡的单位犯罪制度理念。在这一理念之下，单位组织体直接责任人员的犯罪认定及刑事责任承担与单位组织体犯罪应当完全脱钩，直接依据已有刑法分则的规定对单位组织体直接责任人员追究刑事责任，从而使组织体成员无法借助单位犯罪制度逃避刑责、获得不当的刑罚宽免。

2014年全国人大常委会《关于〈中华人民共和国刑法〉第三十条的解释》规定，公司、企业、事业单位、机关、团体等单位实施《刑法》规定的危害社会的行为，刑法分则和其他法律未规定追究单位的刑事责任的，对组织、策划、实施该危害社会行为的人依法追究刑事责任。本文认为，该立法解释的规定可以作为上述分离思路的规范依据之一。在单位实施仅能由自然人成立的犯罪时，直接依法追究组织体内自然人的刑事责任。

根据我国《刑法》第31条之规定："单位犯罪的，对单位判处罚金，并对其直接负责的主管人员和其他直接责任人员判处刑罚。本法分则和其他法律另有规定的，依照规定。"该条规定确定了我国单位犯罪处罚上的双罚制原则，但是对于如何双罚、依据怎样的标准双罚仍存在作出多种解释的空间。

如前所述，我国的法律、司法解释为单位犯罪确定的入罪门槛与量刑标准往往高于自然人犯罪，这就导致了我国刑事司法实践中往往对单位犯罪的直接责任人员处以普遍轻于情节相似的相应犯罪的自然人主体所受的刑罚。这一通行做法主要来自将单位犯罪直接责任人员视为单位犯罪整体刑事责任的共同承担者这种实践逻辑，认定直接责任人员所承担的仅是与犯罪行为相适应的一个完整刑事责任的"部分责任"。但是，这一解释结论会成为相关自然人谋求不当宽免的理由，存在使单位犯罪制度沦为违法犯罪者的"避风港"之虞。

四、参考意见

因此，本文提倡如下的处理思路：对于法律、司法解释在单位犯罪与自然人犯罪入罪门槛或量刑标准作出不同规定的情形，将单位犯罪与自然人犯罪区别对待、各自处理，对单位适用单位犯罪的罪刑标准，对自然人则适用自然人的罪刑标准，在比较二者法定刑轻重的基础上参照想象竞合的处理思路从一重处断。这一分离思路的理解，并不违背我国《刑法》第31条规定的"单位犯罪的，对单位判处罚金，并对其直接负责的主管人员和其他直接责任人员判处刑罚"，又在最大程度上贯彻了单位犯罪的立法目的与立法理念，可谓是单位犯罪处理中一种特殊的"竞合"理论。

🗂 拓展案例

案例一：邢某等盗窃案

9-4

一、基本案情

上海金磐房地产开发有限公司是上海市浦东新区东泰路200弄盛大金磐小区的开发商，仲量联行测量事务所（上海）有限公司物业管理部（以下简称仲量联行）系独资公司，开发商委托仲量联行负责对盛大金磐小区进行物业管理。被告人邢某、戴某、李某均受仲量联行指派，在盛大金磐物业管理中心（以下简称物业中心）担任经理、工程部主管、工程部电工。邢某全面负责管理物业中心各项事务，戴某分管物业中心工程部事务，李某接受戴某的工作安排和监督管理。仲量联行收取业主物业费后存入专用账户，小区公用部位的电费从账户中支取，每月电费账单经戴某、邢某及仲量联行主管人员签字确认，该账户属于专款专用，开发商、仲量联行、物业中心、任何个人无权擅自动用。三名被告人均实行固定薪酬制，在窃电过程中未获得经济利益。

2006 年 1 月份，仲量联行正式进驻盛大金磐小区。因 1 月份的公共部位电费高达 20 万余元，远远超出每月 18 万元的预算标准，邢某为节省电费开支、提高工作业绩，遂与戴某预谋窃电。经邢某授权同意后，由戴某指使李某采用破坏电表封印、断开令克的方法实施窃电，窃电行为从 2006 年 3 月 1 日起至 2007 年 1 月 11 日止。2007 年 1 月 12 日，上海市电力公司浦东供电公司对盛大金磐小区进行突击检查，现场发现有 28 只电表的封印开启、令克断开，处于正在窃电状态。另有 13 只电表封印被开启。综合专家估算报告、《供电营业规则》、被告人提供的书证，最终确认涉窃总电量为 1 400 138.8 千瓦，价值人民币 1 201 085.95 元。

二、法律问题

邢某、戴某、李某是否成立盗窃罪？

三、重点提示

一审法院以盗窃罪判处被告人邢某有期徒刑 4 年，罚金人民币 1 万元；戴某有期徒刑 3 年，缓刑 3 年，罚金人民币 8000 元；李某有期徒刑 2 年，缓刑 2 年，罚金人民币 5000 元。二审法院对本案定性部分予以维持。

本案在审理过程中，对于如何定性，存在三种不同意见。第一种意见认为，刑法没有将单位盗窃规定为单位犯罪，根据罪刑法定原则，不能以盗窃罪追究刑事责任，既不能追究单位的刑事责任，也不能追究直接负责主管人员和其他直接责任人员的刑事责任。对于实施盗窃的单位，可以根据行政法规予以行政处罚，对有关责任人员给予相应的行政处分；第二种意见认为，单位盗窃行为应当视为单位犯罪，尽管按照刑法规定，在单位盗窃中，单位本身不构成犯罪，但单位成员具有相对的意志自由及行动选择，其具有做出合法行为的期待可能性，在单位盗窃中有相对独立性作用，单位成员的行为应当被评价为犯罪并追究刑事责任；第三种意见认为，单位盗窃公私财物，所盗财物归单位所有的，应当以共同盗窃犯罪追究决定者与实施者的刑事责任。刑法没有规定单位盗窃罪，只是表明对实施盗窃的单位不按犯罪处理，并不等于对单位相关人员不能按犯罪处理。单位相关人员为谋取单位利益，组织实施盗窃行为，实际上是共同故意犯罪的一种形式，可以依照盗窃罪追究刑事责任。

本文对于第三种意见表示赞同。

第一种意见的得出是建立在单位犯罪与自然人犯罪相互排斥、单位犯罪成立是处罚相关自然人的前提的实践认识基础之上的，几名被告人不应为单位的盗窃行为承担刑事责任。因此才有论断：在这种情况下若对单位中直接负责的主管人员和其他直接责任人员以盗窃罪追究刑事责任，有违反罪刑法定原则之嫌。

但是这一逻辑及其背后的理念显然都不恰当——单位犯罪制度的存在使得原本显然应被评价为盗窃犯罪的行为不再被追究刑事责任。一项原本旨在对组织体施加刑事责任以强化社会秩序维护的法律制度，客观上成了削弱个人刑事责任和规范法网的理由，无疑是这一解释结论人为制造出的一种制度异化。

诚然，根据《刑法》第 30 条规定："公司、企业、事业单位、机关、团体实施的危害社会的行为，法律规定为单位犯罪的，应当负刑事责任"，刑法未规定盗窃罪能由单位作为主体的情形下，不能认定单位成立盗窃罪。但是，即便如此，依然不能在逻辑上否认单位中的自然人可以被论以盗窃罪，单位犯罪与自然人犯罪并非相互排斥的关系。

第二种意见虽然与第三种意见的处理结论相同，但是其论证思路也不无值得商榷之处。这一论证思路依然没有摆脱单位犯罪与自然人犯罪相互依存的理念，是对单位犯罪制度的误读。此外，先肯定单位犯罪的成立，最终却认定自然人犯罪的做法无疑存在逻辑上的空档，有自相矛盾之嫌。

针对单位实施盗窃行为的情形，2002 年《最高人民检察院关于单位有关人员组织实施盗窃行为如何适用法律问题的批复》作出规定："单位有关人员为谋取单位利益组织实施盗窃行为，情节严重的，应当依照刑法第 264 条的规定以盗窃罪追究直接责任人员的刑事责任。"对于这一司法解释，我们可以从前述分离思路的角度进行理解，即：单位实施盗窃行为的场合，可以以盗窃罪追究直接责任人员的刑事责任。

案例二：陈某等非法经营案

9-5

一、基本案情

2014 年以来，被告人陈某在未经审批设立出版单位且未经宗教事务管理部门批准、未取得准印证的情况下，先后委托被告人卢某为负责人的被告单位鸿捷公司和被告人张某，印刷《真理导我行》系列、《照着他的话——金句字帖》等大量涉及宗教内容的非法出版图书，再将图书运至被告单位书博公司，由被告人邱某负责装订成册，并先后以雇佣和销售提成的方式委托被告人蒋某予以销售。被告人蔡某在受雇为蒋某销售上述非法物品做账的同时，自行委托陈某为其印刷非法出版图书《生命册》2000 册。经查，2014 年以来，鸿捷公司印刷非法出版图书 1 万册以上，张某印刷非法出版图书 6000 册以上，书博公司装订非法出版物 17 万册以上，其中《教会》杂志 5 万本以上。2015 年 3 月至 5 月期间，蒋某销售非法出版图书 5 万册以上。

一审法院以非法经营罪判处被告人陈某有期徒刑 5 年，并处罚金 5 万元；被告人蒋某有期徒刑 3 年 6 个月，并处罚金 3 万元；被告人张某、邱某各有期徒刑 3 年，缓刑 4 年，并处罚金 1 万元；被告单位温州书博纸品有限公司罚金 5 万元；被告人蔡某有期徒刑 2 年 6 个月，缓刑 3 年，并处罚金 1 万元；被告单位温州鸿捷印业有限公司罚金 2 万元；被告人卢某有期徒刑 1 年 6 个月，缓刑 2 年，并处罚金 1 万元。

二、法律问题

本案中各被告人的量刑是否适当？

三、重点提示

根据 1998 年《最高人民法院关于审理非法出版物刑事案件具体应用法律若干问题的解释》第 11 条、第 12 条、第 13 条之规定，违反国家规定，出版、印刷、复制、发行该司法解释第 1 条至第 10 条规定以外的其他严重危害社会秩序和扰乱市场秩序的非法出版物，情节严重的，依照《刑法》第 225 条第 3 项的规定，以非法经营罪定罪处罚。个人实施上述行为，经营报纸 5000 份或者期刊 5000 本或者图书 2000 册或者音像制品、电子出版物 500 张（盒）以上的，属于非法经营行为"情节严重"；经营报纸 15 000 份或者期刊 15 000 本或者图书 5000 册或者音像制品、电子出版物 1500 张（盒）以上的，属于非法经营行为"情节特别严重"。单位实施上述行为，经营报纸 15 000 份或者期刊 15 000 本或者图书 5000 册或者音像制品、电子出版物 1500 张（盒）以上的，属于非法经营行为"情节严重"；经营报纸 50 000 份或者期刊 50 000 本或者图书 15 000 册或者音像制品、电子出版物 5000 张（盒）以上的，属于非法经营行为"情节特别严重"。又根据我国《刑法》第 225 条第 3 项之规定，构成非法经营罪，情节严重的，处 5 年以下有期徒刑或者拘役，并处或者单处违法所得 1 倍以上 5 倍以下罚金；情节特别严重的，处 5 年以上有期徒刑，并处违法所得 1 倍以上 5 倍以下罚金或者没收财产。

本案中，被告人卢某为负责人的被告单位鸿捷公司印刷非法出版图书 10 000 万册以上，已经符合了司法解释规定的个人实施非法经营行为，情节特别严重的情形，尚不符合单位实施非法经营行为，情节特别严重的情形。卢某被判处有期徒刑 1 年 6 个月，缓刑 2 年的宣告刑显然是依照我国《刑法》第 225 条规定的"情节严重"情形作出的。这一做法表明了司法机关对于单位犯罪与自然人犯罪的关系问题存在如下认识：即在单位犯罪的场合下，单位责任人员的刑事责任依附于单位的定罪量刑标准进行认定，不再独立认定。

但是，从行为的社会危害性上看，单位犯罪直接责任人员对于保护法益所造成的威胁或其行为的应受谴责程度，都不因其借助了单位组织体的力量而有所减弱。在我国为单位犯罪普遍设置更高的量刑标准的现实背景下，这一处理方式将会使行为人因通过单位实施犯罪而获得不当的刑事责任减免，不仅显失公正，还会让别有用心的行为人为减轻自身责任而有意利用单位实施犯罪。

　　为实现单位犯罪制度的立法初衷，类似案件的处理应贯彻本文前述的分离思路，将单位犯罪与自然人犯罪的定罪量刑标准独立开来。在本案中，根据司法解释规定，被告单位鸿捷公司印刷非法出版图书 10 000 册以上，应对鸿捷公司依照"情节严重"量刑；卢某则应当依照"情节特别严重"确定刑罚，二者相互独立，不得混同。

案例三：龙某泰国际货运有限公司等走私国家禁止进出口的货物案

9-6

一、基本案情

　　2011 年 7 月，被告人刘某与韩国人高某某（身份不详）找到被告单位青岛龙鑫泰国际货运有限公司（以下简称青岛龙鑫泰公司）总经理吕某及公司业务经理李某，商定由刘某在国内收购木炭后，通过李某出口到韩国。李某与吕某商定，利润七成归青岛龙鑫泰公司，三成归李某。李某又找到被告人仲某（青岛龙鑫泰公司负责在黄岛报关人员）进行出口木炭申报通关工作，并与被告人张某（系原审被告单位青岛世航公司总经理）商定，由张某提供存储、倒箱的场地。此后，刘某在河南购买木炭后，运送到青岛交给李某。李某即联系仲某报关，并将装有木炭的集装箱运到场站。仲某利用购买的"深圳市欧亚行公司"核销单，以被委托方青岛龙鑫泰公司名义，伪报品名"泡花碱"等进行报关出口。期间，李某雇用被告人李某甲接运木炭、装箱及租船订舱。至案发，青岛龙鑫泰公司、青岛世航通运国际货运代理有限公司（以下简称青岛世航公司）及李某、仲某、吕某、刘某等共走私木炭 109 个集装箱 2393 吨，李某甲参与其中走私木炭 50 个集装箱 1186 吨。

　　此外，被告人苏某、陈某预谋走私出口木炭，苏某找到李某报关出口。后由青岛世航公司及张某提供部分资金、代收货款。苏某、李某、仲某、李某甲等采用上述方式，将苏某等人的 108 个集装箱 2420 吨木炭走私到韩国，其中陈某走私木炭 8 个集装箱 176 吨。

综上，被告人李某、仲某走私国家禁止出口的货物木炭共计 217 个集装箱 4800 吨。其中，青岛龙鑫泰公司、吕某及刘某实施走私木炭 109 个集装箱 2393 吨；苏某实施走私木炭 108 个集装箱 2420 吨；陈某实施走私木炭 8 个集装箱 176 吨；青岛世航公司及张某参与全部走私木炭事实；李某甲参与走私木炭 158 个集装箱 3606 吨。

二、法律问题

被告人李某、仲某的刑事责任应如何认定？

三、重点提示

本案在审理过程中产生争议的焦点问题是：单位的责任人员在实施单位犯罪的同时，个人还实施与单位犯罪相同的犯罪的，应当如何处断。本案二审法院在这一问题上采取了数罪并罚的思路，认为：青岛龙鑫泰公司、青岛世航公司、刘某、苏某、陈某、李某甲违反海关监管法规，走私国家禁止进出口的木炭，其行为已构成走私国家禁止进出口的货物罪；吕某、李某、仲某作为青岛龙鑫泰公司直接负责的主管人员和直接责任人员，张某作为青岛世航公司直接负责的主管人员，依法应当承担刑事责任。在共同犯罪中，青岛龙鑫泰公司、刘某、苏某、陈某起主要作用，系主犯，依法应予处罚；青岛世航公司起次要作用，系从犯，依法应从轻处罚；李某、仲某除参与单位犯罪外，还犯有走私国家禁止进出口的货物罪（个人），且情节严重，依法应予并罚。

法院的上述处理思路是建立在如下的前提之上的：即在同一罪刑规定中，单位犯罪与自然人犯罪构成要件不同，分属不同的犯罪类型。在这一基础上，单位的主管人员与责任人员在成立单位犯罪之外若又有个人犯罪的，即便触犯同一罪名，也应按照异种数罪处理，数罪并罚。

实际上，这一处理思路便是前述分离思路在具体案件应用中的体现。本文对这一处理思路表示认同，并认为在这一处理思路中有两个要点值得注意。①单位犯罪与自然人犯罪的在犯罪主体、行为方式等方面均存在差异，应当视为不同的犯罪类型，在行为人的行为同时构成单位犯罪与自然人犯罪时，两部分刑事责任不应混同处理。②在单位、自然人犯数罪的场合，单位与自然人犯罪的罪量要素应独立计算，不应按照单位的罪量要素标准认定自然人的刑事责任，反之亦然。

拓展资料

9－7

| 专题十 |

法条竞合与想象竞合

知识概要

所谓罪数，是指一人所犯之罪的数量，也即区分一罪和数罪。正确区分罪数，有利于合理定罪和准确量刑。本专题结合经典案例，将对罪数论中的重要问题——法条竞合和想象竞合的区分标准及处理路径展开介绍。

一、法条竞合及其处理

法条竞合的概念	法条竞合，又称法规竞合，是指规定不同罪名的数个法条，因其规定的构成要件在内容上具有包容或者交叉关系，当适用于某一行为时，只适用其中某一个法条而排斥其他法条适用的情形。 法条竞合的情形之所以只适用一个法条，是因为只存在一个法益侵害事实，但由于刑法分则的复杂规定，导致此法条可能是另一法条的一部分，故适用一个法条是为了避免重复评价导致的重复处罚。
法条竞合的特征	（1）法条竞合是刑法分则不同罪名之间的竞合，是基本犯罪构成之间的竞合，不包括与修正构成要件形成竞合的情形。 （2）仅存在一个符合犯罪构成的行为。 （3）该犯罪行为表面上符合刑法分则的数个法条。 （4）犯罪行为所符合的数个法条间存在包含或交叉的逻辑关系，且数个法条之间具有保护法益的同一性。 （5）对该行为最终只适用一个法条即可。

续表

法条竞合的类型[1]	从属关系的法条竞合	独立竞合：一个犯罪构成要件的外延是另一个犯罪构成要件外延的一部分，即特别法和普通法的竞合。	处理方式：特别法优于普通法。
		包容竞合：一个犯罪构成要件的内涵是另一个犯罪构成要件内涵的一部分。	处理方式：整体法优于部分法。
	交叉关系的法条竞合	交互（择一）竞合：概念间有一部分重合的法条竞合。	处理方式：重法优于轻法。
		偏一（补充）竞合：内涵上交叉，但实际竞合内容超出所重合范围内的法条竞合。	处理方式：基本法优于补充法。
成立法条竞合的实质条件	逻辑上的包容性：不需要和具体案件事实联结，只要通过对构成要件的解释即可发现一个构成要件包含了另一构成要件的全部内容。		
	法益的同一性：逻辑上呈现包容关系或者交叉关系的法条之间，实质上必须具有法益的同一性，即两个法条（罪名）系保护相同法益。从质上看，法益同一性常发生在刑法分则相同章节保护同类法益的犯罪之间；但在复合法益的情况下，A 罪保护之次要法益可能与 B 罪保护之主要法益（抑或次要法益）之间存在法益的同一性；从量上看，当立法（条文）明示某一犯罪对某种法益的保护存在程度限制（不周延）时，其与其他保护同一法益的犯罪之间，可能无法满足法益的同一性要求，不能认定为法条竞合。[2]		

〔1〕　关于法条竞合的区分方式，理论上存在争议。如张明楷教授认为，法条竞合仅存在特别关系这一种情形，其余均属于想象竞合，本书介绍较为通说的分类方式。详细讨论可参见张明楷：《刑法学》，法律出版社 2016 年版，第 463 页以下；陈兴良：《教义刑法学》，中国人民大学出版社 2014 年版，第 720 页以下。

〔2〕　详见王彦强："犯罪竞合中的法益同一性判断"，载《法学家》2016 年第 2 期。也有学者将这种量的考量，理解为与"法益同一性"并列的法条竞合的实质条件——不法的包容性，参见张明楷："法条竞合与想象竞合的区分"，载《法学研究》2016 年第 1 期。

二、想象竞合及其处理

想象竞合的概念	想象竞合是指一个行为触犯了数个罪名的情形。 想象竞合具有重要的明示机能。所谓明示机能，是指由于被告人的行为具有数个有责的不法内容，在判决宣告时，必须将其——列出，做到充分、全面地评价，以便犯罪人和被告人从判决中了解其行为触犯了数个犯罪，进而有利于实现刑法的预防功能。
想象竞合的特征	（1）行为人只实施了一个行为。这里的一个行为不再是从犯罪构成上评价，而是基于自然的观察，在社会的一般观念上被认为是一个行为，在依靠自然观察不能判断时还需结合某种程度的规范评价判断。 （2）一个行为必须触犯数个罪名，即在犯罪构成的评价上，该行为符合数个犯罪构成。
想象竞合的处理	从一重罪论处。

三、法条竞合和想象竞合的区分

	法条竞合	想象竞合
行为数和犯罪数	一个行为侵害一个法益，最终以一罪处理。	一个行为侵害数个法益，从一重处断。
处理依据	法条本身的逻辑关系。	案件事实情况。
处理途径	特别法优于普通法（独立竞合）。 整体法优于部分法（包容竞合）。 重法优于轻法（交互竞合）。 基本法优于补充法（偏一竞合）。	从一重处断（重法优于轻法）。
评价范围	所适用之单一法条足以评价不法全貌。	单一法条不足以评价不法全貌。

📎 经典案例

案例一：孟某、李某、金某侵犯著作权案

10 - 1

一、基本案情

1978 年至 1995 年，被告人孟某在北京市新华印刷厂工作，后辞职从事个体经营。1999 年底，孟某发现上海外语教育出版社和高等教育出版社出版的《大学英语》《高等数学》《中专英语综合教程》等教材在市场上畅销，遂起意盗印上述图书牟取非法利益。

2000 年初，被告人孟某从他人处得知北京市通州区胡各庄乡三元装订厂（以下简称三元装订厂）能够印刷无委印手续书刊，便电话与时任三元装订厂厂长的被告人李某取得联系，称自己是书商，想印一些书，并约见面细谈。后李某带着本厂业务员被告人金某在北京市丰台区六里桥与孟某商谈，孟某对李、金二人讲，其准备印一些大学教材，但无任何手续，李某认为所要印的教材不是"黄色"和"反动"的，即同意印刷。经过协商，双方商定：由孟某提供盗版图书的印刷软片及封皮，三元装订厂负责印刷正文和装订图书，并将成品书送到孟某指定的托运站，每个印张 0.3 元。依据约定，李某安排工人从事盗版图书的印刷及装订，金某将成品书送到孟某指定的托运站。孟某接货后通过石家庄科教书店经理王某、浙江省三通商业教材发行站四方书店经理徐某、沈阳市文源书店经理夏某等人将书销往全国各地。自 2000 年 3 月至 2001 年 2 月间，被告人孟某、李某、金某为牟取非法利益，在明知无复制、发行等权利的情况下，未经许可复制发行外语教育出版社享有专有出版权的《大学英语》系列教材、高等教育出版社享有专有出版权的《中专英语综合教程》《高等数学》等教材共计 22 万余册，非法经营额达人民币 272 万余元。

二、法律问题

非法经营罪与侵犯著作权罪两者之间是属于法条竞合还是想象竞合？

三、法理分析

被告人孟某、李某、金某以营利为目的，盗印外语教育出版社享有专有出版权的《大学英语》系列教材、高等教育出版社享有专有出版权的《中专英语综合教程》《高等数学》等教材共计 22 万余册，非法经营额共计人民币 272 万余元。虽然《刑法》第 217 条第 2 项明确规定，以营利为目的，出版他人享有专有出版权的图书，违法所得数额较大或者有其他严重情节的，以侵犯著作权罪定罪处罚；《最高人民法院关于审理非法出版物刑事案件具体应用法律若干问题的解释》进一步明确了侵犯著作权罪的定罪处刑标准，但由于非法出版物的范围十分宽广，既包括宣扬色情、迷信、有政治问题的出版物，也包括侵犯著作权的出版物；既包括没有出版资格的单位和个人出版的出版物，还包括依法成立的出版单位违法、违规出版的出版物。以营利为目的，违法、违规从事出版、印刷、复制、发行业务，既是对现行出版管理体制造成严重的冲击，导致书刊市场秩序混乱的行为，也是一种可能引发严重后果的非法经营行为。因此，在司法实践中，对于盗印他人享有专有出版权的图书，构成犯罪的行为，仍然存在是定侵犯著作权罪还是定非法经营罪的争论。对此，有论者认为侵犯著作权和非法经营罪属于法条竞合关系，应依照特别法优于一般法的原则；另有论者认为，两者属于想象竞合关系，应当从一重处断。

第一种观点认为，侵犯著作权罪与非法经营罪之间有一些相似之处，两者均归属于"破坏社会主义市场经济秩序罪"，侵害的法益从大体上来说都是社会主义市场经济秩序。对于犯罪手段来说，侵害著作权的行为，是未经权利人授权，出版物本身就是非法，那么销售行为本身也是一种非法的销售行为。根据 1998 年 12 月 17 日发布的《最高人民法院关于审理非法出版物刑事案件具体应用法律若干问题的解释》第 11 条的规定："违反国家规定，出版、印刷、复制、发行本解释第 1 条至第 10 条规定以外的其他严重危害社会秩序和扰乱市场秩序的非法出版物，情节严重的，依照刑法第 225 条第 3 项的规定，以非法经营罪定罪处罚。"从法条中我们可以看出，出版、印刷、复制、发行非法出版物，是侵害著作权罪的客观行为，同时也是非法经营罪的客观行为。由此看出，两罪名是法条竞合关系，并且非法经营罪是一般法条，侵犯著作权罪是特殊法条，根据特别法优于普通法的基本规则，涉及非法出版的同一行为触犯非法经营罪和侵犯著作权罪的，在选择适用罪名的问题上，原则上应当直接选用侵犯著作权罪，只有在侵犯著作权罪罪名无法涵盖犯罪行为之时，或者在侵犯著作权罪的法定刑过低而犯罪行为又情节特别严重之时，为避免轻纵犯罪分子，才能够选用非法经营罪这一兜底性罪名。因此，涉及非法出版物的犯罪行为，只有侵犯著作权罪或在其他罪名不能解决的情况下，才以非法经营罪论处。

第二种观点主张，只要对构成要件的解释使得两个法条规定的行为之间存在包容或交叉关系，就符合了法条竞合的形式标准。但法条竞合不仅仅是法条之间的形式逻辑关系，具有包含或者交叉关系的法条还必须是为了保护同一法益而设立的才能够构成法条竞合。否则，即使具有逻辑包含或者交叉关系，也只能作为想象竞合看待。[1] 法益同一性被看成是判断法条竞合的实质标准。结合《刑法》第 225 条的规定，不难看出，非法经营罪的危害实质，并非是单纯违反市场管理相关法律、法规的扰乱市场秩序的行为，而是因违反国家关于特许经营管理的有关经济行政法律、法规的规定，未经特许经营业务行政管理部门的批准，擅自经营特许经营业务的经营行为。对于侵犯著作权罪侵害的法益，学界意见不一，大部分学者认为是复杂法益，即本罪同时侵犯国家著作权管理制度以及他人的著作权和与著作权有关的权益。非法经营罪侵害的是单一法益，侵犯著作权罪侵害的是复合法益。非法经营罪的单一法益和侵犯著作权罪的主要法益内容并不完全相同，而是属于一种包容关系，两者之间属于同类的法益，而不是同一法益，由此可见，侵犯著作权罪与非法经营罪属于想象竞合。

四、参考意见

法条竞合与想象竞合的判断不仅仅要根据构成要件间的逻辑关系，并且还要进行实质性的审查，法益的同一性是两者间的重要区别。如何判断法益

---

[1] 参见吕英杰：“刑法法条竞合理论的比较研究”，载《刑事法评论》2008 年第 2 期。

的同一性，包含对法益性质、内容的观察界定。张明楷教授对法益同一性中"一个法益"的理解是，法条竞合所侵害的法益没有超出一个罪规定的法益范围。当法益的同一性判断涉及的是两个同为侵害单一法益的犯罪时，当且仅当其法益的具体内容同质且相互重合时，方可判定为法益同一。当涉及的两个犯罪中存在侵害复合法益的犯罪时，只要 A 罪的主要法益与 B 罪的主要法益、A 罪的主要法益与 B 罪的次要法益、A 罪的次要法益与 B 罪的主要法益、A 罪的次要法益与 B 罪的次要法益，或者 A 罪的主要法益与 B 罪的单一法益、A 罪的次要法益与 B 罪的单一法益，内容完全相同，那么，A、B 二罪就存在法益同一性，据此可认定法条竞合关系。[1]并且，具体犯罪的法益内容应当结合其具体的行为类型、形状而定。

就本案所涉及的非法经营罪与侵犯著作权罪而言，抽象地看，非法经营罪侵害的是国家的特许经营管理秩序，而侵犯著作权罪侵害的则是国家著作权的管理秩序以及他人的著作权和与著作权有关的权益；非法经营罪侵害之国家特许经营管理秩序法益与侵犯著作权罪侵害之国家著作权管理秩序法益之间，系包容关系（而非同一）。但这仅仅是就抽象的非法经营罪法益而言的，非法经营罪涉及烟草、食盐、出版物、证券等多种商品或行业的特许经营制度（秩序），因此，在确定具体行为构成之非法经营罪的具体法益时，必须将具体的行为类型考虑进去。具体就本案而言，有关非法出版物所涉及的非法经营问题，其（具体）法益就是国家关于出版物的特许经营秩序，如此，与侵犯著作权罪之国家著作权管理秩序法益之间，具有法益的同一性，二者应当认定为法条竞合关系，根据特别法优于普通法的原则，应当以侵犯著作权罪论处。

案例二：袁某编造虚假恐怖信息案

10－2

---

〔1〕 参见王彦强："犯罪竞合中的法益同一性判断"，载《法学家》2016 年第 2 期。

一、基本案情

2004 年 9 月 29 日，被告人袁某用名为"张×"的假身份证在河南省工商银行信阳分行红星路支行体彩广场分理处开设了银行账户，准备用于勒索钱款。2005 年 1 月 24 日下午 2 时 27 分，被告人袁某通过手机打电话给上海太平洋百货有限公司徐汇店，要求该店在 1 小时内向其指定的户名为"张×"的银行账户内汇款人民币 5 万元，否则就要在商场内引爆炸弹自杀。警方接到店方报警后，启动防爆预案，出动大量警力，于 3 时左右对上海太平洋百货有限公司徐汇店进行人员疏散，并对该店 9 层楼面逐层清场，排查可疑爆炸物，直至下午 6 时 30 分左右，该店才恢复正常营业，共计停业三个半小时，损失营业额约人民币 58 万元。

2005 年 1 月 25 日上午及 27 日，被告人袁某又采用同样的方法，分别向福州市、广州市、南宁市、深圳市的百货商店以及上海铁路局春运办公室打电话，扬言爆炸威胁，勒索钱款人民币 2～10 万元不等，造成部分商场停业，公安部门出动大量的人力、物力，进行人员疏散。

法院经审理后认为，被告人袁某采用编造爆炸威胁的方法，向数家单位勒索钱财，造成部分单位停业并遭受严重经济损失，公安部门出动大量警力进行人员疏散，严重扰乱社会秩序，其行为已构成编造虚假恐怖信息罪。

二、法律问题

1. 对于行为人以编造爆炸威胁等恐怖信息的方式进行敲诈勒索的行为，该如何定罪处罚？

2. 在想象竞合、法条竞合所推导出的定罪结论相同的场合，区分二者的必要性体现在何处？

三、法理分析

本案在审理过程中，对于行为人以编造爆炸威胁等恐怖信息的方式进行敲诈勒索，该如何定罪处罚？对此，一致意见认为应认定为一罪，但理论依据却不尽相同，主要有以下三种观点：

第一种观点认为，行为人的行为属于牵连犯。在以编造虚假恐怖信息的方式实施敲诈勒索的行为中，行为人出于非法占有公私财物的目的，实施了两个行为，即通过编造虚假恐怖信息（手段行为）向被害人或被害单位勒索财物（目的行为），两个行为具有牵连关系，且分别触犯了编造虚假恐怖信息罪和敲诈勒索罪，符合牵连犯的特征。牵连犯属于"处断的一罪"，即数个行为处理为一罪，在刑法没有特别规定的情况下，实行从一重罪处罚的原则，即以编造虚假恐怖信息罪定罪处罚。

第二种观点认为，行为人的行为属于想象竞合。在以编造虚假恐怖信息的方式实施敲诈勒索的行为中，行为人只实施了一个行为，该行为具有多重属性，触犯了两个罪名，属于想象竞合，应按行为所触犯的罪名中的一个重罪论处，即以编造虚假恐怖信息罪定罪处罚。

第三种观点认为，行为人的行为属于法条竞合。增设编造虚假恐怖信息罪的《刑法修正案（三）》，与规定敲诈勒索罪的刑法典，虽然实质上都是刑法，但从形式上看，不是同一法律文件，是特别刑法与普通刑法的关系。当一个行为同时符合特别刑法和普通刑法的犯罪构成时，按照法条竞合的适用原则，应严格依照特别法优于普通法的原则，只能适用特别刑法的规定，即仅构成编造虚假恐怖信息罪。

本书支持第二种观点。在以编造虚假恐怖信息的方式实施敲诈勒索的行为中，行为人往往就是打了个电话，编造爆炸威胁、投毒威胁等恐怖信息进行敲诈勒索。从一般人的观念认识上进行观察和评价，可以得出行为人只实施了打电话一个行为的结论，不能因为该行为具有多重属性，符合编造虚假恐怖信息罪和敲诈勒索罪的犯罪构成，就机械地分割成编造虚假恐怖信息和勒索财物两个行为。第三种观点同样也认为，行为人只实施了一个行为，分歧在于法律适用上。笔者认为，一方面，不能用特别刑法与普通刑法的关系来看待上述两罪的关系。《刑法修正案（三）》不属于特别刑法的范畴，特别刑法是在特定范围内适用的刑法，特别刑法的效力，或者仅及于具有特定身份的人，或者仅及于特定地域，或者仅及于特定犯罪。《刑法修正案（三）》第8条规定新增的两个罪名，即投放虚假危险物质罪和编造虚假恐怖信息罪，从形式上来看，属于《刑法》第291条的特别条款，而非特别刑法。另一方面，即便认为编造虚假恐怖信息罪属于刑法条款，也不能认为其与敲诈勒索罪之间系法条竞合关系。判断法条竞合的标准包括形式标准和实质标准，形式标准要求两罪名的法条内容具有包含或者交叉的逻辑关系，而编造虚假恐怖信息罪和敲诈勒索罪之间很明显没有这样的包含、交叉关系；实质标准则强调两罪之间法益的同一性，不论从两罪在刑法中的体系位置，还是保护法益的具体内容上看，二者之间都不具有法益的同一性，因此不能依照法条竞合关系处理，而属于想象竞合。

区分法条竞合与想象竞合，最主要的原因在于想象竞合的明示机能。法条竞合和想象竞合最主要的差异集中在犯罪宣告上。法院在制作判决书的过程中，对于想象竞合，会对被告人所触犯的罪名和条文一一列明，根据具体案件事实，经过罪名之间的轻重权衡，最终从一重处断，做到对被告人行为的充分全面评价，发挥刑法对普通民众行为的指引作用，提高裁判的可接受性，实现法律效果和社会效果的有机统一。而法条竞合本质并不属于真正的竞合，只是对于某种法益，刑法条文设置了多个罪名加以制衡，因此在犯罪宣告时，只需要宣告最能反映被告人不法行为全貌的罪名即可，不需要对涉及的所有罪名进行一一宣告。

想象竞合的明示功能有利于发挥刑法的保护法益机能，刑法分则对侵害法益的行为类型化，并规定了相应的刑罚，一个行为侵犯了两个法益，理论上无法对行为人进行数罪并罚，但并不意味着行为人的行为就只是侵害了被宣告罪名的法益，任何一个法条都无法全面评价行为人的不法程度。对于一般预防来说，在刑法适用中对侵犯法益的行为予以犯罪评价并宣示、科处刑罚，也是为了预防其他人侵犯法益，以实现刑法的法益保护机能。并且，明示功能让刑法裁判的指示作用发挥出该有的能量。法院的任务并不只是宣告罪名，最关键的还在于通过判决书向社会公众传达是非对错。想象竞合的宣示正是起到了这样一个指引载体的作用。

四、参考意见

2018 年，最高人民法院为加强释法说理水平，在《最高人民法院关于加强和规范裁判文书释法说理的指导意见》中提及，裁判文书要释明法理，说明裁判所依据的法律规范以及适用法律规范的理由。法院的判决书要想更好地解释法律、说明缘由，对于想象竞合而言，就要发挥其宣告明示功能，将犯罪行为所侵害的法益，所触犯的刑法条文全部列出，向外界释放信号，告知这样的一种犯罪行为是应当受到怎样的评价，得到怎样的惩罚。想象竞合中存在的法益侵害结果数量，决定了对想象竞合进行犯罪构成符合性的评价次数，想象竞合的明示机能可谓是其区别于法条竞合的独特之处。因此，想象竞合在评价意义上是数罪，因为责任的减少，想象竞合在科刑意义上就属于一罪，想象竞合评价意义上数罪，科刑意义上一罪的罪数本质奠定了想象竞合明示机能的基础。[1]

据此，本案中行为人同时构成编造虚假恐怖信息罪和敲诈勒索罪，应当从一重罪论处断，以编造虚假恐怖信息罪论处。

案例三：高某招摇撞骗案

10 - 3

一、基本案情

2015年8月份，被告人高某通过微信认识王某3后，谎称自己为市政府工作人员，以帮助王某3推销月饼为由骗取王某3现金10 000元，以为王某3调动工作为由骗取12 000元，以购买房子更改合同和办理房产证为由先后骗取王某3人民币13 000元、3500元，以购买曲美家具为由，骗取王某3人民币2000元，以上共计40 500元；被告人高某谎称自己为市政府工作人员，编造操作沾化农田土地整改开发工程需要交纳保证金、疏通关系等借口，骗取王某1、王某3、刘某、房某共计14万元；2015年9月份，被告人高某谎称自己为市政府工作人员，编造将御景园的房子过户给王某1需要装修费的理由，骗取王某1人民币25 000元；2015年9月至11月期间，被告人高某谎称自己为市政府工作人员，编造帮刘某购买东营油田处理车的理由骗取刘某3

---

[1] 参见赵金伟："想象竞合犯的明示机能研究"，载《太原理工大学学报（社会科学版）》2017年第3期。

万元，以购买天津保税区进口车办理关税为由骗取刘某 13 000 元，以办理韵河家园房产证、办理建翔新苑房产证为由骗取刘某 15 000 元、13 000 元，共计 71 000 元；2015 年 10 月份，被告人高某谎称自己为市政府工作人员，编造承揽三河湖土地整改工程需要送礼的借口，骗取房某 20 000 元；2015 年 8 月至 11 月，被告人高某谎称自己为市政府工作人员，编造帮李某、谭某购买市政府处理公车的借口骗取 3 万元，以投标三河湖镇农田开发改造工程、新立河两岸升级配套工程制作标书、疏通关系等借口，骗取 16 000 元，共计骗取 46 000 元；2014 年 7 月以来，被告人高某谎称自己为市政府工作人员，编造帮助被害人张某承揽路灯改建工程、购买市政府处理的丰田车、报考驾驶证、承揽惠民征地项目、承包胜利油田的油井、办理财政局事业编等借口，分多次共骗取张某 73 600 元；2015 年 9 月，被告人高某谎称自己为市政府工作人员，编造帮助被害人郭某承揽沾化农田整改开发工程混凝土需要疏通关系、购买市政府处理的公车等借口，骗取郭某 30 000 元；2015 年 10 月，被告人高某谎称自己为市政府工作人员，编造帮助被害人赵某调动工作需要疏通关系的借口，骗取赵某 8000 元及价值 3000 元洗浴卡。综上，被告人高某多次冒充国家工作人员进行诈骗，数额为 343 100 元（其中王某 3 人民币 5500 元，王某 1 人民币 55 000 元，刘某人民币 81 000 元，房某人民币 55 000 元，李某、谭某人民币 46 000 元，张某人民币 59 600 元，郭某人民币 30 000 元，赵某人民币 11 000 元）。

原审法院认为，被告人高某冒充国家工作人员身份骗取他人财物，数额巨大，其行为构成诈骗罪。高某冒充国家工作人员多次实施诈骗，酌情可从重处罚；系初犯，到案后如实供述其主要犯罪事实，依法可从轻处罚。依照《刑法》第 266 条、第 67 条第 3 款、第 52 条、第 53 条、第 64 条、《最高人民法院、最高人民检察院关于办理诈骗刑事案件具体应用法律若干问题的解释》第 8 条之规定，判决被告人高某犯诈骗罪，判处有期徒刑 7 年 6 个月，并处罚金 40 万元。

宣判后，被告人高某提出上诉，上诉理由为原审定性错误，应为招摇撞骗罪，原审量刑过重。二审法院认为，上诉人（原审被告人）高某冒充国家机关工作人员进行诈骗，情节严重，其行为构成招摇撞骗罪。关于上诉人高某及其辩护人提出"原审定性错误，应为招摇撞骗罪"的上诉理由，经审查认为，高某多次冒充国家机关工作人员骗取他人财物达343 100元。基于法条竞合，其行为同时构成诈骗罪和招摇撞骗罪，且其行为在两罪中的主刑法定刑幅度相同，根据特别法优于普通法的原则，应以招摇撞骗罪追究其刑事责任，此亦更符合其行为特征。原审定诈骗罪不当，应予纠正。其归案后如实供述犯罪事实，依法从轻处罚。综合其犯罪事实和上述量刑情节，原审量刑并无不当。故对该上诉理由予以部分采纳。依照《刑法》第279条第1款、第67条第3款、第64条，《刑事诉讼法》（2012年修正）第225条第1款第2项之规定，判决撤销滨州市滨城区人民法院（2016）鲁1602刑初198号刑事判决，上诉人（原审被告人）高某犯招摇撞骗罪，判处有期徒刑7年6个月。

二、法律问题

1. 本案中，行为人冒充国家工作人员招摇撞骗，骗取数额巨大的财产的行为，应如何认定？

2. 招摇撞骗罪与诈骗罪之间系想象竞合关系还是法条竞合关系？

3. 一审法院认为按照特别法定罪会导致罪刑不相适应，便将被告人高某的行为以诈骗罪论处，此种做法是否合理？

三、法理分析

本案在审理过程中，对于上述案例中高某的行为涉及的诈骗罪与招摇撞骗罪，一方面，诈骗罪要求行为人以虚构事实、隐瞒真相的方法欺骗受害人，实际上包含了招摇撞骗罪冒充国家工作人员诈骗的情形，即诈骗罪在诈骗方式上没有特殊要求，而招摇撞骗罪只限于冒充国家工作人员行骗这一特殊方式；另一方面，招摇撞骗罪的犯罪对象没有限制，不仅包括财产，还包括名誉、地位等，而诈骗罪的犯罪对象仅限于公私财物。显然，招摇撞骗罪的犯罪对象包含着诈骗罪的犯罪对象。如此，从形式逻辑关系上看，诈骗罪与招摇撞骗罪在具体构成要件上便存在交叉重叠的关系，属于交叉竞合。

本案二审法院按照法条竞合之"特别法优于普通法"原则，对高某的行为以招摇撞骗罪定罪量刑，但试想，若高某骗取财物的数额达到了"特别巨大"的量刑幅度，招摇撞骗罪的刑罚幅度却并不包含数额特别巨大的情况，对其定招摇撞骗罪便不能给予其应受的惩罚。对于这一问题，理论界出现了不同的认识：一种观点认为，此种行为属于招摇撞骗罪与诈骗罪的法条竞合关系，因为法条竞合要求两个法条之间具有包容或交叉关系，而这两个罪名是具有交叉关系的。但如果骗取财物的价值属于数额特别巨大，招摇撞骗罪的量刑幅度又并不包括数额特别巨大的情况，单用招摇撞骗罪去定罪就会不符合罪刑相适应原则，所以基于量刑均衡的考虑，应该用诈骗罪去评价此种行为。另一种观点认为，招摇撞骗数额特别巨大的行为成立招摇撞骗罪与诈骗罪的想象竞合犯，因为该行为所触犯的是具有交叉关系的两个罪名，行为人骗取财物的数额特别巨大，超出了招摇撞骗罪所能包含的犯罪数额，此时用招摇撞骗罪不能完全评价行为人的行为，这时便可以考虑用诈骗罪来评价，是从一重罪的处理方式，即想象竞合的处理方式，因为法条竞合若没有法律特别规定是不允许从一重罪处理的，只能将该行为评价为想象竞合。

上述争论各持己见，各有根据。其实上述争论的实质是，法条竞合与想象竞合的区别问题，即当一个行为触犯了两个具有交叉关系的法条时是按照法条竞合来处理还是按照想象竞合来处理。换言之，就是对触犯两个具有交叉关系的法条的行为是按照特别法条优于一般法条处理还是按照从一重罪处理。这个问题既是实践中经常遇到的问题，也是理论界争论较大的问题。

四、参考意见

本书认为，法条竞合的判断标准，即区分法条竞合与想象竞合的标准，包括形式上的法条之间包含和交叉的逻辑关系标准，和实质上的法益同一性标准。尽管从逻辑关系上看，诈骗罪与招摇撞骗罪之间存在交叉关系，但从法益同一性的实质标准来看，诈骗罪所侵害的是单一的财产法益，而对于招摇撞骗罪，既然冒充国家工作人员骗取荣誉、情感（非财产）的行为亦构成招摇撞骗罪，这表明招摇撞骗罪的成立，并不以侵害财产法益为必要，也即招摇撞骗罪系以国家工作人员之公信力这一社会法益作为侵害的单一法益。因此，诈骗罪与招摇撞骗罪之间并不存在法益的同一性，据此，本案中，应当认为行为人的行为符合诈骗罪与招摇撞骗罪的想象竞合犯，应当从一重罪处断。

案例四：马某等票据诈骗案

10－4

一、基本案情

被告人马某、李某、苏某在明知金源搅拌站无资金维持正常生产经营的情况下，虚构金源公司需用钢管、扣件搭建简易棚、保护生产混凝土流水线的谎言，采用签发、抵押空头支票的手段，骗取建筑设备。具体实施了下列行为：①2006 年 7 月 16 日，时任金源公司总经理的李某勉以公司名义与乌鲁木齐市头屯河区天翔租赁店签订租赁钢管、扣件合同，租期从 2006 年 7 月 16 日至同年 11 月 30 日，租金按月支付。合同签订当日，由李某交付押金 10 000 元，马某、李某于 7 月 16 日至 7 月 24 日间分几次将租赁的建筑设备提走。同月 27 日，苏某在明知金源公司无实际支付能力的情况下，将一张票号为 16073877 号的转账支票交给马某，并告知马某账上无钱，让马某将支票抵押给天翔租赁店。后由于金源公司账户无钱，金源公司应天翔租赁店要求又重新出具一张票号为 16073879、日期为 2006 年 11 月 30 日、金额为 200 000 元的转账支票。为使金源搅拌站正常运转，2006 年 7 月底，马某、李某、苏某将租赁的建筑设备低价变卖，除支付天翔租赁店租金 1000 元外，所得款项用于金源公司经营。租赁合同到期后，因金源公司既不返还租赁的建筑设备，也不给付租金，且已找不到金源公司的任何人，12 月 1 日天翔租赁店将金源公司给付的转账支票存入银行兑付。因支票印鉴不全，12 月 4 日银行退票。经物价部门估价鉴定，被变卖租赁的建筑设备价值 134 892.30 元。②2006 年 8 月 3 日，经尤某授权，马某、李某到天山建材公司商议租赁钢管扣件事宜，由李某与天山建材公司签订合同。合同约定：租期 4 个月，承租方预交押金 150 000 元，租金按月结算。合同签订后，马某只将苏某给付的 5 万元现金和票号为 16073881、填写日期为 2006 年 10 月 15 日的转账支票抵押给天山建材公司，由马某、李某将租赁的建筑设备提走。9 月 11 日，经双方结算，金源公司应给付天山建材公司月租金 22 320 元，10 月 15 日金源公司向天山建材公司支付租金 13 320 元。2006 年 10 月 23 日，天山建材公司将金源公司抵押的 16073881 号支票填写金额 22 320 元后交存银行，次日银行以透支为由退票。金源公司又将一张票号为 16073882、日期为 2006 年 11 月 30 日的空白转账支票交给天山建材公司。租赁的建筑设备拉回后，苏某、马某、李某将其中的两车钢管、扣件卖掉，还吾某给付的 5 万元现金，其余的由马某、李某卖到米泉收购站，赃款用于生产经营。2006 年 10 月底，天山建材公司得知金源公司将租赁的建筑设备变卖，后到金源公司查看，发现金源公司已无人，亦联系不上马某、李某。2006 年 11 月 30 日天山建材公司将金源公司给付的支票填写金额为 446 136 元后存入银行，12 月 1 日银行再次以透支为由退票。经物价部门估价鉴定，被变卖租赁的建筑设备价值 344 200 元。

原审法院认为，被告人马某、苏某、李某作为金源公司的直接责任人员，侵犯国家对金融票据的管理制度，在明知金源公司无生产经营能力和支付能力的情况下，利用单位的名义，采取签发、使用空头支票之手段，骗取他人财物，价值 404 772.30 元，数额巨大，其行为均已构成票据诈骗罪。

被告的辩护人则认为：马某交给两家租赁企业的转账支票属于无效支票，依法不能使用，更不能作为抵押，不是刑法规定的"空头支票"。根据罪刑法定原则，结合案件事实，本案不应认定为票据诈骗罪，而是符合合同诈骗罪的构成要件。

二审法院认为：本案中，上诉人马某、苏某、李某为达到金源公司诈骗财物的目的，既采取了订立租赁合同的方法，又采取了签发、使用空头支票的方法，向被害单位抵押空头支票，骗取租赁的建筑设备。各被告人的行为同时触犯刑法规定的诈骗罪、合同诈骗罪、票据诈骗罪，属于法条竞合。因诈骗罪、合同诈骗罪的法定最高刑为无期徒刑，票据诈骗罪的法定最高刑为死刑，按照"特别法优于普通法"及"择一重罪"处断的原则，所以本案应以票据诈骗罪对上诉人马某、苏某、李某予以定罪处罚。

二、法律问题

本案二审法院对于行为人构成法条竞合的行为采"特别法优于普通法"

及"重法优于轻法"的处断原则。但"重法优于轻法"能否作为"特别法优于普通法"原则以外的法条竞合的补充适用原则?

三、法理分析

金融诈骗罪是从诈骗罪中分离出来的特殊诈骗罪,其与诈骗罪的区别主要表现在诈骗方法、发生领域与侵犯客体等方面。

从诈骗方法与发生领域来看,金融诈骗罪需要借助金融合同或者金融工具进行诈骗活动且总是发生在金融交易过程之中,而(普通)诈骗罪对其发生的领域与所使用的诈骗方法并没有限制。从侵犯的法益来看,金融诈骗罪是复杂客体,包括财产权和金融管理秩序,而诈骗罪是简单客体,仅包括财产权。可见,金融诈骗罪与诈骗罪系包含关系,金融诈骗罪是诈骗罪中的一类特殊诈骗情形。当某行为触犯金融诈骗罪的罪名时,其也必然同时触犯诈骗罪的罪名,这便成立法条竞合。其中,金融诈骗罪是特殊法条,诈骗罪是普通法条,因此,按照"特别法优于普通法"的法条竞合适用原则,应以相应金融诈骗罪论处。对此争议不大。问题在于,司法解释对金融诈骗罪的数额标准往往规定得比诈骗罪的数额标准更高。这就会导致某些金融诈骗行为的诈骗数额虽没有达到相应金融诈骗罪的定罪数额标准但达到了诈骗罪的定罪数额标准,或其诈骗数额虽只属于相应金融诈骗罪的"数额较大"但属于诈骗罪的"数额巨大",或其诈骗数额虽只属于相应金融诈骗罪的"数额巨大"但属于诈骗罪的"数额特别巨大"。也就是说,同样的诈骗数额,如依照相应金融诈骗罪处理,该金融诈骗行为可能不构成犯罪或者对其应判处更轻的刑罚,但如依照诈骗罪的法条处理,其可能构成犯罪或者对其应判处更重的刑罚,那么,此时对该行为能否以诈骗罪(重罪)论处?

对此,有观点认为,行为人实施金融诈骗行为时,主观上打算、客观上也确实骗取了相应金融诈骗罪所要求的数额较大甚至巨大的财物的,宜以相应金融诈骗罪定罪处罚;行为人实施金融诈骗行为时,主观上没有打算骗取相应金融诈骗罪所要求的数额较大的财物,客观上所骗取的财物数额没有达到相应金融诈骗罪的定罪标准,但达到了(普通)诈骗罪的数额标准的,应认定为(普通)诈骗罪。也有观点认为,当行为人的金融诈骗数额达不到金融诈骗罪的定罪标准时，对其可以（普通）诈骗罪定罪处罚。

与上述问题相关的是，当行为人连续实施了多种金融诈骗行为及普通诈骗行为，均没有达到相应金融诈骗罪及（普通）诈骗罪的定罪标准，或者有的达到相应金融诈骗罪或普通诈骗罪的定罪标准而有的没有达到相应金融诈骗罪或（普通）诈骗罪的定罪标准，能否累计其诈骗数额进而以其中一种金融诈骗罪或（普通）诈骗罪定罪处罚？有观点认为，在连续诈骗行为中，如果各种金融诈骗行为以及普通诈骗行为，分别依照各种金融诈骗罪和（普通）诈骗罪的构成要件不构成犯罪或未达到起刑标准，应当把这些诈骗行为作为有机整体看待，构成犯罪的，依照（普通）诈骗罪定罪处罚；当然，如果有的诈骗行为已经构成金融诈骗罪的，须对行为人以（普通）诈骗罪和已经构成的金融诈骗罪实行数罪并罚。也有观点认为，实施多种诈骗行为，单独计算均不构成犯罪的，应当不以犯罪论处；部分构成犯罪，部分不构成犯罪的，不构成犯罪的部分不应计入构成犯罪的犯罪数额中。

四、参考意见

上述问题的争议焦点其实就是应当如何把握法条竞合的适用原则。如果认为"重法优于轻法"是法条竞合的补充适用原则，那么，对于上述问题便会作出肯定的回答；如果认为除法律规定可以适用"重法优于轻法"原则以外都只能以"特别法优于普通法"作为法条竞合的适用原则，那么，对于上述问题便会作出否定的回答。

本书认为，对于特别关系的法条竞合，除法律明文规定可以适用"重法优于轻法"的原则之外，只能适用"特别法优于普通法"的原则。有观点认为适用特别法会导致处罚过轻，只有适用普通法才能做到罪责刑相适应。可问题是，明明存在更能完整评价行为不法全貌的特别法条（金融诈骗罪）可以适用，如何仅因该特别法条处罚较轻，而选择不法评价明显不全面的普通法条予以定罪，这难道不是"量刑反制定罪"的错误思想作祟？并且，相同性质的行为，仅因数额多寡的不同，而几易其罪，原本仅表征行为不法程度、危害大小的数额（罪量）构成要素，却具有了决定行为性质（定性）的功能，混淆了性质与功能迥异的罪质构成要素与罪量构成要素，实为不当。其实，在金融诈骗罪中规定较（普通）诈骗罪更高的数额标准并非全无道理，这实际上是"常态立法方法"的产物，是因为金融诈骗犯罪发生在金融交易过程中，交易双方均负有谨慎交易的较高注意义务，被害人所负有的较高注意义务在一定程度上减轻了金融诈骗犯罪行为的社会危害性，同样的诈骗数额对于金融诈骗犯罪行为人与（普通）诈骗犯罪行为人而言其可谴责性是存在区别的，后者的可谴责性比前者的可谴责性程度更高，故金融诈骗罪的定罪量刑的数额标准普遍比（普通）诈骗罪的定罪量刑的数额标准更高。

拓展案例

案例一：张某甲非法经营案

10 – 5

一、基本案情

2013 年底，熊某（另案处理）至福建省云霄县与被告人张某甲商定假烟购销事宜。从 2014 年元月开始，被告人张某甲多次将硬盒中华（128 元/条）、芙蓉王（70 元/条）、软云烟（70 元/元）、长嘴利群（66 元/条）、新版利群（64 元/条）等品牌假冒卷烟贩卖给熊某，熊某将收货人、收货地址等信息通过手机短信发送给被告人张某甲，被告人张某甲通过中通快递公司将上述假烟发送到熊某指定的宣城市区宣湖路 8 号、张果路 8 号、敬亭路 163 号、钻石鑫城 71 号、薰化路 188 号等多个地点，熊某通过中国工商银行 ATM 机将购买假烟的烟款汇至被告人张某甲提供的卡号为 14090251010×××× 7868 的银行账户。自 2014 年 1 月 19 日至 6 月 2 日，熊某共向被告人张某甲上述账户汇购买假烟款 160 300 元。

二、法律问题

1. 非法经营罪与生产、销售伪劣产品罪之间是否具有法益同一性？
2. 本案中，张某甲的行为应当如何定性？

三、重点提示

张某甲的行为同时符合生产销售伪劣产品罪和非法经营罪的犯罪构成要件，根据法条竞合的理论以及《最高人民法院、最高人民检察院关于办理非法生产、销售烟草专卖品等刑事案件具体应用法律若干问题的解释》的相关规定，应当"择一重处"，即比较其所触犯罪名的法定刑，选择法定刑较重的罪名处罚。

案例二：李某招摇撞骗、诈骗案

10－6

一、基本案情

1999 年 4 月，被告人李某经人介绍认识了居住在西安市冶金厂家属区的郭某某（女），李某谎称自己是陕西省法院处级审判员，可帮郭某某的两个儿子安排到省法院汽车队和保卫处工作，骗取了郭某某的信任，不久两人非法同居几个月。期间，李某还身着法官制服，将郭某某带到陕西省法院及渭南市的公、检、法机关，谎称办案，使郭某某对李某深信不疑。1999 年 7 月初，被告人李某认识了某法院干部（已亡两年）的遗孀周某某，李某谎称自己是陕西省法院刑庭庭长，因吸烟烧毁了法官制服，遂从周某某处骗取法官制服 2 件及肩章、帽徽。随后李某因租房认识了房东邵某某（女），李某身着法官制服自称是陕西省法院刑一庭庭长并谎称和陕西省交通厅厅长关系密切，答应将邵某某的女儿调进陕西省交通厅工作，以需要进行疏通为名，骗取了邵某某人民币 4000 元。1999 年 8 月，王某某（女）因问路结识了身着法官制服的被告人李某，李某自称是陕西省法院刑一庭庭长，可帮王某某的表兄申诉经济案件，骗得王某某的信任，并与王某某非法同居。1999 年 9 月 18 日，被告人李某身着法官制服到陕西省蓝田县马楼镇玉器交易中心，因躲雨与该中心经理郭某娃闲聊，李某自称是陕西省法院刑一庭庭长，骗得郭某娃的信任，答应可帮郭某娃的妹夫申诉经济案件，骗取了郭某娃的玉枕一个、项链一条（价值共计240元）。1999年9月22日，与李某非法同居的王某某到陕西省法院询问李某的情况，得知李某骗人的真相，遂向公安机关报案并协助公安机关将李某抓获。被告人李某对所其犯的罪行供认不讳。其辩护人辩称，李某冒充法院庭长骗财骗色的犯罪属一个行为触犯两个法条，属法条竞合，不应定两罪，而只构成招摇撞骗罪一罪。

二、法律问题

本案中被告人李某的行为是构成法条竞合，以招摇撞骗罪一罪论处，还是按照招摇撞骗罪与诈骗罪数罪并罚？

三、重点提示

尽管从逻辑关系上看，诈骗罪与招摇撞骗罪之间存在交叉关系，但从法益同一性的实质标准来看，诈骗罪所侵害的是单一的财产法益，而对于招摇撞骗罪，既然冒充国家工作人员骗取荣誉、情感（非财产）的行为亦构成招摇撞骗罪，这表明招摇撞骗罪的成立并不以侵害财产法益为必要，也即招摇撞骗罪系以国家工作人员之公信力之社会法益作为侵害之单一法益。因此，诈骗罪与招摇撞骗罪之间并不存在法益的同一性。据此，本案中，应当认为行为人的行为，符合诈骗罪与招摇撞骗罪的想象竞合犯，应当从一重处断。

📚 **拓展资料**

10 - 7

| 专题十一 |

量刑方法

📚 知识概要

罪和刑是刑事责任的两个主体支柱。对犯罪的行为的认定，关系到宏观的行为规制、法益保护，以及个体层面的人权保障；而对犯罪行为的刑罚适用，则是犯罪论效果的直接保障，并且也独立发挥社会治理功效，同样涉及人权保障的关键问题。在刑罚论部分，量刑的原则与方法具有基础的重要性。而要构建合理的量刑方法，首先应明确刑罚论的理论立场。

首先，应明确刑罚的目的，这是量刑的目的依据。对此，历来存在报应刑论和目的刑论的对立，但现代刑法的通说立场是并合主义，即刑罚的正当化根据是报应的正义性与预防犯罪目的的合理性。因此，量刑既要与犯罪行为本身的轻重相均衡，又要符合预防犯罪的目的。

其次，要明确责任刑和预防刑的关系，这涉及量刑的限制问题。并合主义并非简单的折中口号，必须更细致地说明，如果刑罚的适用，同时以对犯罪行为的已然报应和对犯罪行为的未然预防为目的，二者能否折中，又该如何折中。这就涉及责任刑和预防刑的关系问题。责任刑是指，只考虑已实施的犯罪行为本身的因素可量定的刑罚，与报应刑相关；预防刑是指，超脱犯罪行为本身，基于对公众预防的需要和对行为人个体的预防需求而确定的刑罚。所以，并合主义之下报应刑和目的刑的关系，似乎可以兑换成更具体的责任性和预防刑之间的关系。对此，可以通过预防刑能否突破责任刑的上下限予以说明。①关于预防刑能否突破责任刑的下限。有观点认为，即使被告人的特殊预防必要性极小，也不得科处低于责任刑下限的刑罚。但这种观点被认为已经陷入绝对报应刑的思维。另有观点认为，为了有利于行为人的社会化，应允许以特殊预防为由，判处低于责任刑的刑罚。该观点以预防必要性的风险考量，修正了不必要的、过剩的报应刑罚，被认为有利于刑罚的个别化及刑罚经济，获得很多学者支持。②关于预防刑能否突破责任刑的上限。肯定观点认为，责任刑只是量刑的基础，在一定的比例原则的制约下，应当承认预防的需求可以移动责任刑的上限。其中，多数观点都认为，出于对行为人个体的尊重以及责任主义的要求，显然不能基于一般预防的需要而突破责任刑的上限，所以预防刑可突破责任刑的上限，是指出于对被告人人身危险性的特殊预防的考虑可以突破责任刑的上限。否定观点则认为，只能在责任刑的上限之下考虑预防犯罪的需要，无论如何，超出责任刑的至高点量刑都违背了责任主义的要求。

再次，还需明确责任刑的性质，这是以责任刑为基准的量刑基础问题。①幅的理论。该观点认为，与责任相适应的刑罚（或以责任为基础的刑罚）具有一定的幅度，法官应当在此幅度范围内考虑预防犯罪的目的，最终决定刑罚。换言之，什么样的刑罚与责任相当，不可能准确地确定，在此存在一个有界限的幅度，即下限的刑罚已经与责任相当，上限的刑罚也与责任相当。就刑罚的程度与种类而言，不得科处与责任不相当的严厉刑罚。但是，在此幅度内应当判处什么样的刑罚，可以自由裁量。②点的理论。该观点主张，与责任相适应的刑罚只能是准确的，确定的某个特定的刑罚（点），而不是幅度；不能认为在某种幅度内的各种刑罚都是适当的制裁、正当的报应；与责任相适应的刑罚常常是一种唯一的存在；刑罚与责任相适应，是指刑罚不能超出责任刑的点；在确定了与责任相适应的具体刑罚（点）之后，只能在这个点以下考虑预防犯罪的需要。[1]

最后，最高人民法院量刑指导意见中的量刑原则与量刑方法，涉及了量刑的具体操作问题。最高人民法院 2017 年发布修订后的《最高人民法院关于常见犯罪的量刑指导意见》（以下简称《量刑指导意见》）统一规范了刑事案件量刑的指导原则及具体的量刑方法。①量刑的指导原则。一是量刑应当以事实为根据，以法律为准绳，根据犯罪的事实、性质、情节和对于社会的危害程度，决定判处的刑罚的严厉程度。二是量刑既要考虑被告人所犯罪行的轻重，又要考虑被告人应负刑事责任的大小，做到罪责刑相适应，实现惩罚

---

〔1〕 参见张明楷："责任主义与量刑原理——以点的理论为中心"，载《法学研究》2010 年第 5 期。

和预防犯罪的目的。三是量刑应当贯彻宽严相济的刑事政策，做到该宽则宽，当严则严，宽严相济，罚当其罪，确保裁判法律效果和社会效果的统一。四是量刑要客观、全面把握不同时期不同地区的经济社会发展和治安形势的变化，确保刑法任务的实现；对于同一地区同一时期、案情相似的案件，所判处的刑罚应当基本均衡。②量刑的基本方法。量刑时，应以定性分析为主，定量分析为辅，依次确定量刑起点、基准刑和宣告刑。量刑步骤如下图。

根据基本犯罪构成事实在相应的法定刑幅度内确定量刑起点。

根据其他影响犯罪构成的犯罪数额、犯罪次数、犯罪后果等犯罪事实，在量刑起点的基础上增加刑罚量确定基准刑。

根据量刑情节调节基准刑。

| 具有单个量刑情节的，根据量刑情节的调节比例直接调节基准刑。 | 具有多个量刑情节的，一般根据各个量刑情节的调节比例，采用同向相加、逆向相减的方法调节基准刑；具有未成年人犯罪、老年人犯罪、限制行为能力的精神病人犯罪、又聋又哑的人或者盲人犯罪，防卫过当、避险过当、犯罪预备、犯罪未遂、犯罪中止，从犯、胁从犯和教唆犯等量刑情节的，先适用该量刑情节对基准刑进行调节，在此基础上，再适用其他量刑情节进行调节。 | 被告人犯数罪，同时具有适用于各个罪的立功、累犯等量刑情节的，先适用该量刑情节调节个罪的基准刑，确定个罪所应判处的刑罚，再依法实行数罪并罚，决定执行的刑罚。 |

再结合量刑限制确定拟宣告刑。

| 量刑情节对基准刑的调节结果在法定刑幅度内，且罪责刑相适应的，可以直接确定为宣告刑；如果具有应当减轻处罚情节的，应依法在法定最低刑以下确定宣告刑。 | 量刑情节对基准刑的调节结果在法定最低刑以下，具有法定减轻处罚情节，且罪责刑相适应的，可以直接确定为宣告刑；只有从轻处罚情节的，可以依法确定法定最低刑为宣告刑；但是根据案件的特殊情况，经最高人民法院核准，也可以在法定刑以下判处刑罚。 | 量刑情节对基准刑的调节结果在法定最高刑以上的，可以依法确定法定最高刑为宣告刑。 |

最后综合全案情况，考虑罪责刑相适应，依法确定宣告刑。

综合考虑全案情况，独任审判员或合议庭可以在20%的幅度内对调节结果进行调整，确定宣告刑。当调节后的结果仍不符合罪责刑相适应原则的，应提交审判委员会讨论，依法确定宣告刑。	综合全案犯罪事实和量刑情节，依法应当判处无期徒刑以上刑罚、管制或者单处附加刑、缓刑、免刑的，应当依法适用。

此外，指导意见还列举了几种常见犯罪的具体的量刑意见。

笔者想说明的是，刑罚的目的确实应是报应与预防并重，但如果将预防刑完全控制在所谓责任刑的范围之内，似乎并不符合刑罚的预防需求和经济效益。当然，依法治国之下，预防刑必须要有所限制，但似乎不能简单地理解为对预防刑的限制就是要被报应刑或责任刑完全制约。关于责任刑的属性问题，法律是价值判断，量刑问题自然也不例外，既然是价值判断，就不能像数理计算一样，认为责任刑只能是一个精确的点，一定的幅度范围似乎更可取，而幅的理论似乎也为责任刑和预防刑的弹性互动预留了可能与空间。《量刑指导意见》中的量刑方法与量刑步骤，并未区分影响责任刑的情节和影响预防刑的情节，所以，预防刑完全可能大幅度地突破责任刑的上限以及下限，并且量刑步骤的等级划分以及具体的计算方法，尚有不明确和可商榷之处。

📚 经典案例

案例一：赵某故意伤害案

11−1

一、基本案情

被告人赵某于 2017 年 10 月 27 日 21 时 20 分左右，在辽宁省海城市牌楼镇东林小区 9 号楼楼下因为停车占车位一事，与王某及王某朋友张某（被害人，男，28 岁）发生争吵、厮打后，赵某在开车驶离时将张某左下肢、右手撞伤。经海城市正骨医院法医司法鉴定所鉴定：张某左下肢损伤程度为轻伤一级，右手损伤程度为轻伤二级。被告人赵某于 2018 年 3 月 16 日在牌楼市场附近被警方抓获归案。另查，附带民事诉讼原告人张某被被告人赵某撞伤后于当日到海城市正骨医院住院治疗 88 天，住院期间花费医疗费 56 241.04 元、产生门诊费用 1747.76 元、鉴定费 1001 元、外购用药费 450 元、护理费 10 164 元、误工费 5544.82 元、住院伙食补助费 8800 元，总计 83 948.62 元。

二、法律问题

量刑指导意见中的量刑起点、量刑基准该如何把握？

三、法理分析

本案的公诉机关及审判机关在量刑起点、量刑基准以及量刑结论上出现了分歧。针对一审法院以故意伤害罪判处被告人赵某 1 年有期徒刑的结论，公诉机关以量刑畸轻为由提出了抗诉。以下根据《量刑指导意见》中规定的量刑方法以及量刑步骤，并结合《辽宁省高级人民法院〈关于常见犯罪的量刑指导意见〉实施细则》，对本案的量刑部分进行分析。

首先，根据基本犯罪构成事实，在相应的法定刑幅度内确定量刑起点。《刑法》第 234 条规定："故意伤害他人身体的，处 3 年以下有期徒刑、拘役或者管制。犯前款罪，致人重伤的，处 3 年以上 10 年以下有期徒刑；致人死亡或者以特别残忍手段致人重伤造成严重残疾的，处 10 年以上有期徒刑、无期徒刑或者死刑。本法另有规定的，依照规定。"关于个案中故意伤害罪具体的量刑起点，根据《量刑指导意见》的规定，构成故意伤害罪的，可以根据下列不同情形在相应的幅度内确定量刑起点：①故意伤害致一人轻伤的，可以在 2 年以下有期徒刑、拘役幅度内确定量刑起点。②故意伤害致一人重伤的，可以在 3 年至 5 年有期徒刑幅度内确定量刑起点。③以特别残忍手段故意伤害致一人重伤，造成六级严重残疾的，可以在 10 年至 13 年有期徒刑幅度内确定量刑起点。依法应当判处无期徒刑以上刑罚的除外。另根据《辽宁省高级人民法院〈关于常见犯罪的量刑指导意见〉实施细则》的规定，故意伤害罪在不同情形下的量刑起点如下：①轻伤一人的，可以在拘役至 1 年 6 个月有期徒刑幅度内确定量刑起点。②重伤一人，可以在 3 年至 4 年有期徒刑幅度内确定量刑起点。造成被害人六级残疾的，以 5 年有期徒刑为量刑起点。③以特别残忍手段致一人重伤造成六级严重残疾的，可以在 10 年至 12 年有期徒刑幅度内确定量刑起点。故意伤害致一人死亡，可以在 12 年至 15 年有期徒刑幅度内确定量刑起点。本案中，被告人赵某致被害人张某一人轻伤，量刑起点应在拘役至 1 年 6 个月有期徒刑幅度内确定。

其次，根据其他影响犯罪构成的犯罪数额、犯罪次数、犯罪后果等犯罪事实，在量刑起点的基础上增加刑罚量确定基准刑。就故意伤害罪而言，需要根据伤害后果、伤残等级、手段残忍程度等其他影响犯罪构成的犯罪事实增加刑罚量，确定基准刑。根据《辽宁省高级人民法院〈关于常见犯罪的量刑指导意见〉实施细则》的规定，轻伤一人的场合，在量刑起点的基础上，有下列情形的，可以增加相应的刑罚量，确定基准刑：①每增加轻微伤一人，可以增加 1 个月至 2 个月刑期；②每增加轻伤一人，可以增加 3 个月至 6 个月刑期；每增加轻伤一处，可以增加 2 个月至 5 个月刑期；③造成被害人十级至七级残疾，每增加一级残疾的，可以增加 1 个月至 3 个月刑期；④持枪支、管制刀具等凶器作案的，可以增加 3 个月至 6 个月刑期；⑤其他可以增加刑罚量的情形。本案中，被害人张某受到两处轻伤，可在拘役至 1 年 6 个月之间确定量刑起点的基础上，增加 2 个月至 5 个月刑期，确定基准刑。据此，抗诉机关提出被告人赵某的基准刑期必须在 1 年 6 个月至 2 年之间的抗诉意见，于法无据。

最后，根据量刑情节调节基准刑，并综合考虑全案情况，依法确定宣告刑。本案中，存在被害人有过错、起因是民间矛盾、被告人与被害人就民事赔偿达成和解几个可以调节基准刑的从宽情节。根据《辽宁省高级人民法院〈关于常见犯罪的量刑指导意见〉实施细则》的规定：①对于被害人有过错或对矛盾激化负有责任的，综合考虑案发的原因、被害人过错的程度或责任的大小等情况确定从宽的幅度。第一，被害人有明显过错或者对矛盾激化负有直接责任的，可以减少基准刑的 15% ~ 30%；第二，被害人有一般过错或者对矛盾激化负有一定责任的，可以减少基准刑的 15% 以下。②对于积极赔偿被害人经济损失的，综合考虑犯罪性质、赔偿数额、赔偿能力以及认罪、悔罪程度等情况，确定从宽的幅度。积极赔偿被害人全部经济损失的可以减少基准刑的 30% 以下，一般不超过 3 年；积极赔偿被害人大部分经济损失的，可以减少基准刑的 20% 以下，一般不超过 2 年；积极赔偿被害人部分经济损失的，可以减少基准刑的 10% 以下，一般不超过 1 年。对于强奸等严重危害社会治安的犯罪分子是否从宽以及从宽幅度应从严掌握。③因婚姻家庭、邻里纠纷等民间矛盾引发且被害人有过错或对矛盾激化负有责任的故意伤害行为，可以减少 20% 以下的刑罚量。本案中，赵某、王某发生争执后，张某加入其中，并首先拳打赵某，对激化矛盾负有直接责任。被告人赵某家属与上诉人张某就民事赔偿事宜达成和解。此外，本案属于因民间矛盾引发。对于这些从宽情节，应按照上述细则规定的调节幅度相应减少基准刑，从而确定拟宣告刑，最后综合把握全案情况依法确定宣告刑。二审法院的判决结果是，判决被告有期徒刑 1 年，缓刑 1 年。该判决结论，在量刑起点、量刑基准以及最终宣告刑的把握上，均在量刑指导意见及实施细则的基本框架之内。

四、参考意见

在对刑事案件定罪量刑时，原则上应遵循《量刑指导意见》，按照具体的量刑方法和量刑步骤展开，即首先根据基本犯罪构成事实（以抽象的犯罪为基准）在相应的法定刑幅度内确定量刑起点；再根据其他影响犯罪构成的犯罪数额、犯罪次数、犯罪后果等犯罪事实（以具体的犯罪为基准），在量刑起点的基础上增加刑罚量确定基准刑；最后根据量刑情节调节基准刑，并综合考虑全案情况，依法确定宣告刑。此外，由于各地司法机关在量刑规范化的引导下，多地司法机关制定了《量刑指导意见的实施细则》，在量刑时也应特别予以注意。需要说明的是，上述量刑指导意见以及实施细则对个罪的量刑起点，均给予了一定幅度的弹性空间，在此基础上，在根据其他影响犯罪构成的具体犯罪事实调节基准刑时，也要在合理的范围内，秉承个案罪刑相应的原则进行选择。因此，应避免在量刑起点、量刑基准的确定上，忽视区间范围可能性的现象。

案例二：孙某故意伤害案[1]

一、基本案情

2010 年 9 月 19 日 12 时许，在萝北县鹤北镇居民王某家中，施某、李某

---

[1] 参见法律快车网：http://www.lawtime.cn/article/lll44309404436034oo36092，访问时间：2018 - 8 - 20。

与王某、王某 2 父子二人因债务问题发生口角并厮打起来。施、李两人被王某、王某 2 父子追撵出宅院外后，李某在一家货站告知孙某发生厮打一事，孙某等人赶至王家。在王家宅院外，双方再次发生口角并厮打起来。在厮打过程中，被告人孙某用随身携带的尖刀刺被害人王某 2 胸部一刀，致王某 2 心脏破裂大出血死亡。案发后，被告人孙某逃离现场。2010 年 10 月 10 日，被告人孙某到公安机关投案，并如实供述伤害他人事实。

双方当事人在庭下自行达成和解协议，被告人一次性赔偿附带民事诉讼原告人经济损失人民币 45 万元（已履行完毕）。被害人家属在得到赔偿后，对被告人的行为表示谅解。另查明，2010 年 3 月，孙某因殴打他人被行政拘留 7 日并处 200 元罚款。

二、法律问题

运用量刑情节调整基准刑后，如果从宽或从重幅度太大会导致得出的结论不合理，那么如何确定宣告刑？

三、法理分析

针对本案，合议庭的量刑分析如下：

1. 根据最高人民法院制定的《人民法院量刑指导意见（试行）》（法发〔2010〕36 号，现已失效）（以下简称《量刑指导意见（试行）》）及《黑龙江省高级人民法院〈人民法院量刑指导意见（试行）〉实施细则（试行）》（以下简称《实施细则（试行）》）的规定，确定本案的起点刑。故意伤害致一人死亡的，可以在 10 年至 15 年有期徒刑幅度内确定量刑起点。根据审判实践及本案被告人仅对被害人实施了一刀的故意伤害行为的情节，可将量刑起点确定为 13 年。

2. 确定基准刑。根据上述《量刑指导意见（试行）》以及《实施细则（试行）》的规定，在量刑起点的基础上，可以根据伤亡后果、伤残等级、手段残忍程度等其他影响犯罪构成的犯罪事实增加刑罚量，确定基准刑。有下列情形之一的，可以增加相应的刑罚量：①每增加轻微伤一人，可以增加 1 个月至 2 个月刑期；②每增加轻伤一人，可以增加 3 个月至 6 个月刑期；③每增加重伤一人，可以增加 1 年至 2 年刑期；④故意伤害致人重伤的，造成被害人十级至七级残疾，每增加一级残疾的，可以增加 1 个月至 3 个月刑期；

造成被害人六级至三级残疾的，每增加一级残疾，可以增加6个月至1年刑期；造成被害人二级至一级残疾，每增加一级残疾的，可以增加2年至3年刑期。因本案不存在《实施细则（试行）》中规定的可以增加刑罚量的四种情形之一。所以基准刑亦为13年。

3. 确定量刑情节并按相应比例调整基准刑。

（1）减少基准刑的情节与比例。①自首。犯罪事实或者犯罪嫌疑人已被司法机关发觉，但犯罪嫌疑人尚未受到调查谈话、讯问、未被宣布采取调查措施或强制措施时，主动、直接投案构成自首的，可以减少基准刑的10%~30%。本案被告人在侦查阶段（已被网上追逃）投案自首，从客观上来说，本案被告人的自首行为，具有一定的被迫性，所以减少基准刑的20%。②赔偿经济损失。积极赔偿全部经济损失，可以减少基准刑的30%以下。本案被告人亲属在应赔偿经济损失43万元的前提下，赔偿45万元，该赔偿数额虽已超出法律规定的数额，但也应考虑到被告人赔偿经济损失，不仅仅是为了悔罪，也有为了减轻处罚的主观目的，所以减少基准刑的25%。③取得被害人或其家属谅解。综合考虑犯罪的性质、轻重、谅解原因以及认罪悔罪程度情况，可以减少基准刑的20%以下。被害人因被告人的故意伤害行为死亡，其亲属出于能够得到较多赔偿的目的，而要求对被告人从轻处罚，所以减少基准刑的10%。以上三项合计减少基准刑的55%。

（2）确定增加基准刑的情节与比例。①基准刑在10年有期徒刑以上，持枪支、管制刀具或者其他凶器伤害他人的，可以增加基准刑的10%以下。本案被告人用随身携带的尖刀伤害他人，具有较大的社会危害性，增加基准刑的10%。②前科劣迹。有前科劣迹的，综合考虑前科劣迹的性质、次数、时间间隔长短、处罚轻重等情况，可以增加基准刑的10%以下。2010年3月，本案被告人因殴打他人被行政拘留7日并处200元罚款。仅隔半年的时间，又故意伤害致人死亡，主观恶性较大，所以增加基准刑的5%。以上两项合计增加基准刑的15%。

（3）计算应增减基准刑的百分比数量。经过增加、减少量的相抵计算，确定本案应减少基准刑13年的40%（55% − 15%）。即减少量应为：62.4个月 = 156个月（12月×13年）×40%；实际量应为：93.6个月 = 156个月 − 62.4个月，即7年8个月（93.6个月/12月）。

4. 确定宣告刑。合议庭认为，本案虽可在法定刑以下处刑，但结合本案的具体情况，处被告人有期徒刑 7 年 8 个月偏轻。按照《实施细则（试行）》的规定，合议庭在 10% 的幅度内予以调整，即最高增加 9.36 个月（93.6 个月 x10%），即 8 年 5 个月（93.6 + 9.36 = 102.96 个月/12 个月）。最后，根据本案的实际情况，确定宣告刑为 8 年。[1]

关于本案的量刑，需要说明的是，由于《量刑指导意见》中规定的从宽情节和从重情节对基准刑的调节比例幅度较大，所以当出现多个量刑情节时，很容易出现对基准刑的调节结果不合理的结论，如过于宽纵或过于严苛，有时甚至会得出负数的荒谬结论，所以特别要注意，《量刑指导意见》中还规定了最终确定宣告刑的限制条件：①量刑情节对基准刑的调节结果在法定刑幅度内，且罪责刑相适应的，可以直接确定为宣告刑；如果具有应当减轻处罚情节的，应依法在法定最低刑以下确定宣告刑。②量刑情节对基准刑的调节结果在法定最低刑以下，具有法定减轻处罚情节，且罪责刑相适应的，可以直接确定为宣告刑；只有从轻处罚情节的，可以依法确定法定最低刑为宣告刑；但是根据案件的特殊情况，经最高人民法院核准，也可以在法定刑以下判处刑罚。③量刑情节对基准刑的调节结果在法定最高刑以上的，可以依法确定法定最高刑为宣告刑。④综合全案犯罪事实和量刑情节，依法应当判处无期徒刑以上刑罚、管制或者单处附加刑、缓刑、免刑的，应当依法适用。此外，为了在最终宣告刑的确定上有调整空间，2017 年修订的《量刑指导意见》还规定，综合考虑全案情况，独任审判员或合议庭可以在 20% 的幅度内对调节结果进行调整，确定宣告刑。当调节后的结果仍不符合罪责刑相适应原则的，应提交审判委员会讨论，依法确定宣告刑。《黑龙江省高级人民法院〈关于常见犯罪的量刑指导意见〉实施细则》也重申了该项规定。所以，在最终宣告刑的确定上，赋予了司法人员一定的自由调整空间，在量刑规则比较生硬的情况下，为实现罪责刑相适应、刑罚个别化，更要充分利用。

四、参考意见

根据《量刑指导意见中》的量刑方法，在确定基准刑以后，要寻找个案

---

[1] 参见法律快车网：http://www.lawtime.cn/article/lll44309404436034oo36092，访问时间：2018 - 8 - 20。

中的量刑情节，并根据指导意见为各量刑情节规定的比例幅度调整基准刑，但由于指导意见为各量刑情节设定的减少或增加基准刑的幅度比较大，所以在多情节的情况下，可能会得出过于削减或扩张基准刑的不合理结论，因此，在确定最终的宣告刑时，必须考虑从轻、减轻、从重等情节以及法定刑幅度的限制功能，并充分利用指导意见为司法人员预留的一定比例的调整空间。

案例三：李某敲诈勒索案[1]

一、基本案情

2009 年 9 月，被告人安某刑满释放后获悉其妻被告人李某与房东王某某有不正当关系。二名被告人经预谋后于同月 28 日 22 时许，由被告人李某约请王某某至其位于上海市浦东新区周浦镇周南村 211 号 2 室的暂住地，当二人准备发生性关系时，被告人李某电话联系被告人安某，被告人安某即进入室内用照相机对王某某拍摄裸照，随即对王某某进行殴打，并在逼迫其写下人民币 20 万元的字据一张后将其放行。次日 2 时许，二名被告人自动放弃犯罪，并主动向公安机关投案，如实供述了上述罪行。

二、法律问题

具有多种量刑情节的，如何量刑？

三、法理分析

针对本案的量刑，一审合议庭的意见如下：

1. 根据基本犯罪构成事实确定量刑起点。根据《刑法》（2009 年修正）第 274 条规定："敲诈勒索公私财物，数额较大的，处 3 年以下有期徒刑、拘役或者管制；数额巨大或者有其他严重情节的，处 3 年以上 10 年以下有期徒刑。"《最高人民法院关于敲诈勒索罪数额认定标准问题的规定》（现已失效）进一步明确了"数额较大"与"数额巨大"的认定标准，即"数额较大"以人民币 1000 元至 3000 元为起点；"数额巨大"以人民币 1 万元至 3 万元为起

---

〔1〕　参见上海市浦东新区人民法院（2010）浦刑初字第 97 号刑事判决书。

点。另根据《上海市高级人民法院〈关于常见犯罪的量刑指导意见〉实施细则》的规定，数额达到人民币3万元的，属"数额巨大"，量刑起点为有期徒刑3年。综上，合议庭确定被告人安某、李某的量刑起点为有期徒刑3年。

2. 增加刑罚量确定基准刑。根据《上海市高级人民法院〈关于常见犯罪的量刑指导意见〉实施细则》及《浦东新区法院量刑规范指导意见》的相关规定，敲诈勒索人民币3万元以上，每增加人民币12万元，增加有期徒刑1年，敲诈勒索人民币达50万元的，确定基准刑为7年。本案中，被告人安某、李某敲诈勒索人民币20万元，应增加刑罚量1年5个月；同时，被告人安某在犯罪实施过程中存在对被害人拍摄裸照、暴力殴打等行为，故对被告人安某还应增加刑罚量有期徒刑2个月。综上，合议庭确定被告人安某的基准刑为有期徒刑4年7个月，被告人李某的基准刑为4年5个月。

3. 根据量刑情节调节基准刑。《量刑指导意见》中规定的14种常见的法定及酌定量刑情节以及《浦东新区法院量刑规范指导意见》进一步明确了敲诈勒索罪从重、从轻情节的量刑适用幅度，结合本案，对被告人安某、李某的基准刑调节，首先须提取量刑情节，然后再根据总则规定的方法进行量刑运算。

（1）提取量刑情节，确定调整比例。①被告人安某、李某系犯罪中止。《上海市高级人民法院〈关于常见犯罪的量刑指导意见〉实施细则》与《浦东新区法院量刑规范指导意见》规定，对于没有造成损害的中止犯，免除处罚；对于自动有效防止犯罪结果发生的中止犯，减少基准刑的40%～60%；对于自动放弃犯罪的中止犯，减少基准刑的50%～70%。本案中，2名被告人在实施敲诈行为后自动放弃犯罪，应在基准刑的50%～70%范围内减少刑期，结合被告人李某对被害人实施诱骗，被告人安某对被害人拍摄裸照并进行殴打的犯罪事实，合议庭确定对被告人安某、李某分别减少基准刑的60%。②被告人安某系累犯。《量刑指导意见》规定，对于累犯，应当综合考虑前后罪的性质、刑罚执行完毕或赦免以后至再犯罪时间的长短以及前后罪罪行轻重等情况，增加基准刑的10%～40%。《浦东新区法院量刑规范指导意见》规定，刑罚执行完毕后1年内犯罪的，增加基准刑的30%；刑罚执行完毕后1年至3年内犯罪的，增加基准刑的20%；刑罚执行完毕后3年至5年内犯罪的，增加基准刑的15%。本案中，被告人安某2009年9月刑满释放，并于同月28

日实施犯罪行为，系刑法执行完毕后 1 年内实施犯罪行为的累犯，依照上述规定，合议庭确定对其增加基准刑的 30%。③被告人安某、李某系自首。《量刑指导意见》规定，对于自首情节，综合考虑投案的动机、时间、方式、罪行轻重、如实供述罪行的程度以及悔罪表现等情况，可以减少基准刑的 40% 以下。《上海市高级人民法院〈关于常见犯罪的量刑指导意见〉实施细则》，《浦东新区法院量刑规范指导意见》对不同的自首情节及其量刑适用作了详细规定，"未被司法机关发觉，主动直接投案的，减少基准刑的 40%；已被司法机关发觉，主动直接投案的，减少基准刑的 30%；犯罪嫌疑人、被告人如实供述司法机关尚未掌握罪行的，经亲友规劝、陪同投案，或者亲友送去投案的，以及形迹可疑的自首和电话自首，减少基准刑的 20% 等"。本案中，被告人安某、李某于 2009 年 9 月 28 日 22 时许对被害人实施犯罪行为，但于次日 2 时许即主动放弃犯罪，并向公安机关投案自首，应属"未被司法机关发觉，主动直接投案的"的自首，合议庭确定对 2 名被告人分别减少基准刑的 40%。

（2）根据指导意见规定的计算方法调整基准刑。《量刑指导意见》在量刑的基本方法中规定，具有多种量刑情节的，根据各个量刑情节的调节比例，采用同向相加、逆向相减的方法确定全部量刑情节的调节比例，再对基准刑进行调节。同时规定，对于具有刑法总则规定的未成年人犯罪、限制行为能力的精神病人犯罪、又聋又哑的人或者盲人犯罪、防卫过当、避险过当、犯罪预备、犯罪未遂、犯罪中止、从犯、胁从犯和教唆犯等量刑情节的，应先用该量刑情节对基准刑进行调节，在此基础上，再用其他量刑情节进行调节。本案中，被告人安某、李某系犯罪中止，故存在需要分步量刑的情节，即应先用犯罪中止对 2 名被告人进行量刑调节，再用累犯、自首等其他量刑情节进行调节。综上，2 名被告人的量刑计算步骤如下：

被告人安某的量刑运算过程：

第一步：55 个月 ×（1 − 60%）= 22 个月。

第二步：22 个月 ×（1 + 30% − 40%）= 20 个月。

被告人李某的量刑运算过程：

第一步：53 个月 ×（1 − 60%）= 21 个月。

第二步：21 个月 ×（1 − 40%）= 12 个月。

4. 确定宣告刑。《量刑指导意见》规定，根据案件的具体情况，独任审判员或者合议庭可以在 20% 的幅度内对调节结果进行调整。本案中，被告人安某、李某系共同犯罪，且在犯罪行为的实施过程中并无主、次作用之分，尽管被告人安某对被害人实施了拍摄裸照、暴力殴打等行为，但该情节已在确定基准刑的步骤中，通过对其增加刑罚量予以体现。为更好地平衡 2 名被告人的刑事处罚，适当减少二者的刑期差距，实现罪量刑相适应，合议庭运用自由裁量权，在 20% 的自由裁量幅度内，对被告人安某减少有期徒刑 2 个月。另外，考虑到被告人李某案发时年龄较轻，主观恶性较小，且其住所地的司法所亦出具书面材料表示愿意对其进行帮教，故对其适用缓刑可不致再危害社会，合议庭确定对被告人李某依法适用缓刑。据此，对被告人安某判处有期徒刑 1 年 6 个月，被告人李某判处有期徒刑 1 年，缓刑 1 年。

虽然《量刑指导意见》已于 2017 年 4 月 1 日起实施，但目前司法判决书中，对于量刑部分的分析，在说理上普遍不充分。在量刑起点、量刑基准、拟宣告刑以及最终宣告刑的计算方法以及具体把握上，往往欠缺论证。本案合议庭对量刑部分的分析虽然不在判决书中表示，但是整个量刑分析过程非常规范，为以后加强判决书量刑部分的说理提供了很好的参考样板。关于本案的量刑，合议庭的意见充分体现了禁止重复评价原则，即某一情节已经作为入罪情节就不能再作为量刑情节考虑，某一情节已经作为提高量刑起点的考量因素，就不能再作为增加刑罚量提高基准刑的依据。此外，对于存在多种情节的刑事案件，《量刑指导意见》规定了两种不同的计算方法：如果是具有多个一般性情节，采用同向相加、逆向相减的方法调节基准刑；如果具有未成年人犯罪、老年人犯罪、限制行为能力的精神病人犯罪、又聋又哑的人或者盲人犯罪，防卫过当、避险过当、犯罪预备、犯罪未遂、犯罪中止，从犯、胁从犯和教唆犯等量刑情节的，先适用该量刑情节对基准刑进行调节，在此基础上，再适用其他量刑情节进行调节。笔者以为，这两种算法的差异就在于，《量刑指导意见》列举的十几种情节都是征表违法性和有责性的关键性情节，先用这些从宽情节调整基准刑，首先就使得基准刑的基数变小，从而加大了列举的关键性情节对量刑结果的影响范围。对于不同重要性的情节，通过不同的计算方法体现出对基准刑影响范围的不同，有利于刑罚的具体个别化，值得认同，但也有待数量计算以及法理论证的进一步精细化。

四、参考意见

对于具有多种量刑情节的，根据《量刑指导意见》的规定，调整基准刑的方法有所不同：一般情况下，是采用同向相加、逆向相减的方法直接调节基准刑；但如果具有未成年人犯罪、老年人犯罪、限制行为能力的精神病人犯罪、又聋又哑的人或者盲人犯罪，防卫过当、避险过当、犯罪预备、犯罪未遂、犯罪中止、从犯、胁从犯和教唆犯等量刑情节的，则是先适用该量刑情节对基准刑进行调节，在此基础上，再运用同向相加、逆向相减的方法适用其他量刑情节进行调节。后一种情况下，由于先运用指导意见中列举的从宽情节使得基准刑的基数变小，所以在结论上，列举情节对刑罚的从宽影响幅度更大，法理上可能源于列举情节均是行为当时影响责任刑的关键情节。

◈ 拓展案例

案例一：黄某故意杀人案[1]

一、基本案情

2009 年以来，被告人黄某与被害人黄某法（殁年 61 岁）两家人因土地租金、饲料款、邻里纠纷等矛盾经常吵架。在黄某法的儿子黄某敏自杀后，黄某法的儿媳吴某某认为是黄某夫妇造成的，因此经常到黄某的养猪场吵闹，两家之间的矛盾进一步加深。2010 年 4 月 18 日 16 时许，吴某某与黄某的妻子王某某发生争吵进而打斗，双方均受伤。之后，黄某法到黄某坚的养猪场找黄某理论并发生争执，黄某即持钢管多次击打黄某法头部，致黄某法受伤倒地。随后，黄某又冲到黄某法家中，持钢管击打黄某法的孙子被害人黄某轩（殁年 4 岁）、孙女黄某晴（时年 9 岁）、妻子李某（时年 54 岁），致三人先后受伤倒地。尔后，黄某返回其养猪场，见受伤的黄某法欲起身离开，再次持钢管击打其头部、颈部，致黄某法当场死亡。黄某轩经送医院抢救无效于同月 26 日死亡。经鉴定，黄某法、黄某轩均系因头部

---

[1] 参见最高人民法院刑事审判一至五庭主办：《刑事审判参考》（总第 98 集），法律出版社 2014 年版，第 96~103 页。

遭钝性物体打击致重度颅脑损伤死亡，黄某晴所受损伤为重伤，伤残等级为九级，李某所受损伤系轻伤，伤残等级为八级。黄某作案后即拨打110报警并带领公安人员到案发现场，向公安人员如实供述了犯罪事实。

二、法律问题

1. 量刑情节之间在量刑影响上是否存在差异？

2.《量刑指导意见》对各量刑情节规定的对基准刑的调节幅度该如何把握？

三、重点提示

虽然《量刑指导意见》列举了一些重要的法定及酌定情节对基准刑的调节比例，但事实上，对这些量刑情节的把握并非简单的数学计算，在衡量各情节对量刑的影响时，还要进行复杂的价值评判及综合认定。如对于责任刑情节和预防刑情节，因责任刑情节能够反映犯罪行为时的实体的违法性和有责性，而预防刑情节涉及犯罪行为之前及之后的情状所征表出来的人身危险性，所以一般来说，责任刑情节对量刑的影响更基础化。再如，就单个情节的比较而言，应当型情节相对于可以型情节，从轻、从重情节相较于减轻情节、免刑情节，法定情节相对于酌定情节，在对量刑的影响上更具有强制性或影响力。但是，在多个情节并存、特别是从宽情节和从严情节并存的情况下，不能简单地一概而论，必须综合案件事实、各情节的性质、犯罪构成地位、重要性等进行综合性的比较与评定，以确定各情节是否能对量刑发挥影响、影响程度如何。对于本案，厦门市中级人民法院认为，被告人黄某因民间矛盾纠纷，采用持钢管击打头部的方式故意非法剥夺他人生命，致2人死亡、1人重伤、1人轻伤的严重后果，其行为构成故意杀人罪。虽然黄某犯罪后自动投案并如实供述罪行，具有自首情节，且其家属能代为赔偿被害人家属的部分经济损失，但黄某除杀害与其有矛盾纠纷的被害人外，还将无辜幼童作为犯罪对象，造成两名未成年被害人1死、1重伤的严重后果，犯罪手段极其残忍，后果极其严重，不足以从轻处罚。据此，认定被告人黄某犯故意杀人罪，判处死刑，剥夺政治权利终身。该司法意见值得认同。本案虽然存在自首、赔偿被害人经济损失的情节，《量刑指导意见》对这两种情节也分别规定了减少基准刑的比例范围，但由于本案被告人实施的故意杀人行为情节恶劣、手段残忍、后果极其严重，并体现了行为人极其严重的主观恶性和人身危险性，而案中的从宽情节只是犯罪行为之前或之后的预防性考虑，故而，无法对本案中处于绝对优势的责任刑情节发挥从宽影响。

案例二：陈某艺交通肇事案[1]

11 - 2

一、基本案情

2010 年 11 月 15 日 2 时许，被告人陈某艺（案发时已满 16 周岁但不满 18 周岁）无证驾驶向附带民事诉讼被告人王某某借用的无牌证且未办理保险的海巧牌小轿车，由同安区五显镇军村村往 422 县道（同新路）方向行驶，至军村村路口时，与被害人杨某某醉酒驾驶的由新圩往同安方向行驶的助力车相碰撞，造成两车损坏、杨某某受伤抢救无效死亡，助力车上乘客被害人蒋某某受轻伤、伤残十级的损害后果。事故发生后，被告人陈某艺弃车逃离现场。同安交警大队交通事故责任认定陈某艺负事故主要责任，杨某某负事故次要责任，蒋某某不负事故责任。2010 年 11 月 17 日，被告人陈某艺经交警部门电话通知后主动到案接受调查。案发后，附带民事诉讼被告人陈某某、王某某赔偿被害人杨某某家属人民币 20 000 元，赔偿被害人蒋某某经济损失5000 元。

二、法律问题

如何根据《量刑指导意见》对个罪进行量刑？

---

〔1〕　参见厦门市同安区人民法院（2011）同刑初字第 53 号刑事附带民事判决书；厦门市中级人民法院（2011）厦刑终字第 210 号刑事裁定书。

三、重点提示

在对交通肇事罪量刑时，首先，应寻找法律层面的量刑依据，除了遵照刑法总则对刑罚的一般性规定与限制以及分则对各罪设置的法定刑刑种与幅度外，还应参照 2017 年最高人民法院修订的《量刑指导意见》以及各地法院《〈关于常见犯罪的量刑指导意见〉实施细则》中的量刑原则、量刑方法、量刑步骤以及对一些常见犯罪的量刑建议。其次，应具体并综合地分析案件事实，确定基本犯罪构成事实、其他影响犯罪构成的事实以及不同种性质、种类、地位的量刑情节。最后，根据上述量刑方法、量刑步骤及具体的量刑建议，剖析确定量刑起点的事实情节，增加刑罚量确定基准刑的事实情节，以及其他调整基准刑的量刑情节，进而将法律与事实比较适用，切忌重复评价事实情节，注意自由裁量空间的充分利用，以实现罪刑相适应及刑罚个别化。

拓展资料

11 - 3

| 专题十二 |

法感情的问题

📚 知识概要

所谓法感情，其实就是指在解释、适用法律的过程中要体现常识、常情、常理的问题。2014 年中共中央第十八届四中全会通过的《中共中央关于全面推进依法治国若干重大问题的决定》（以下简称《四中全会决定》）提出在司法层面要保证公正司法，提高司法公信力，努力让人民群众在每一个司法案件中感受到公平正义。

如何保证个案正义？这就要求我们在适用、执行法律的过程中，绝对不能将法律与公民普遍认同的基本道理对立起来，绝不能对法律作出明显违背常理的解释。若要对每一个具体法律规定作出合理的解释，就必须以真正理解每一个法律规范应有的含义为前提，而要真正理解每一个法律规范应有的含义，又必须以全面系统的法律知识为基础。所以，强调常识、常情、常理不是说解释者、裁判者不需要懂法，而是强调其对法律的理解必须建立在合理的基础上、建立在广大人民群众认同的基础上、建立在全面系统地把握法律相关规定的基础上。在解释和适用刑法条文处理个案时，不能拘泥于条文的字面含义，而必须要结合具体条文的规范目的和保护法益来探寻其实质意义；对个案的处理结果不能仅满足于符合形式逻辑，具有形式依据，还必须符合公众基本的法感情，具备实质正义。只有如此，才能使群众在个案中感受到司法的公平和正义。

经典案例

案例一：赵某摆射击摊案

12 – 1

一、基本案情

2016 年 8 月至 10 月，上诉人赵某在天津市河北区李公祠大街附近的海河亲水平台，摆设射击游艺摊位进行营利活动。2016 年 10 月 12 日 22 时许，天津市公安局河北分局民警在巡查过程中，当场在赵某经营的摊位上查获枪形物 9 支及配件、塑料弹等物，并依法将赵某传唤到公安机关。经天津市公安局物证鉴定中心鉴定，现场查获的 9 支枪形物中的 6 支，为能正常发射、以压缩气体为动力的枪支。

一审法院认为，被告人赵某违反国家枪支管理制度，非法持有枪支，情节严重，其行为已构成非法持有枪支罪，应依法予以处罚。赵某自愿认罪，可酌情从轻处罚。依照《刑法》第 128 条第 1 款及《最高人民法院关于审理非法制造、买卖、运输枪支、弹药、爆炸物等刑事案件具体应用法律若干问题的解释》第 5 条第 2 款第 2 项之规定，以非法持有枪支罪判处被告人赵某有期徒刑 3 年 6 个月。二审法院维持了一审对被告的定罪意见，只是将量刑部分改为判处有期徒刑 3 年，缓刑 3 年。

二、法律问题

1. 《刑法》第 128 条当中的枪支该如何认定？

2. 本案被告人赵某因经营射击摊而持有"枪支"的行为是否应按照《刑法》第 128 条定罪处罚？

三、法理分析

《刑法》第 128 条第 1 款规定："违反枪支管理规定，非法持有、私藏枪支、弹药的，处 3 年以下有期徒刑、拘役或者管制；情节严重的，处 3 年以上 7 年以下有期徒刑。"

首先，何谓本罪中的枪支？刑法并没有给出明确的解释，因此需要借助其他法律的相关规定进行判断。《枪支管理法》第 46 条规定："本法所称枪支，是指以火药或者压缩气体等为动力，利用管状器具发射金属弹丸或者其他物质，足以致人伤亡或者丧失知觉的各种枪支。"该法第 4 条明确了枪支管理工作由公安机关主管。由于《枪支管理法》仅对枪支作了抽象性的描述，并未对枪支的具体标准作出明确规定，实践中，认定枪支一般以公安部出台的相关标准作为依据。

公安部对于枪支的标准规定经历了一个过程。2001 年《公安机关涉案枪支弹药性能鉴定工作规定》确立了射击干燥松木板的枪支鉴定标准。即对于不能发射制式（含军用、民用）枪支子弹的非制式枪支，按照射击干燥松木板的方法确定其是否具有"杀伤力"，作为认定其是否属于枪支的依据。具体鉴定标准是：将枪口置于距厚度为 25.4mm 的干燥松木板 1 米处射击，当弹头穿透该松木板时，即可认为足以致人死亡；弹头或弹片卡在松木板上的，即可认为足以致人伤害。具有以上两种情形之一的，即可认定为枪支。据有关资料显示，根据射击干燥松木板标准，当时的枪支认定标准大致在枪口比动能 16 焦耳/平方厘米左右。2007 年公安部发布了新的《枪支致伤力的法庭科学鉴定判据》（自 2008 年 3 月 1 日起实施），放弃了上述鉴定枪支"杀伤力"的方法，改采测定枪口比动能法。该标准规定："制式枪支、适配制式子弹的非制式枪支、曾经发射非制式子弹致人伤亡的非制式枪支直接认定为具有致伤力。"未造成人员伤亡的非制式枪支致伤力判据为枪口比动能 $e_0 \geqslant 1.8$ 焦耳/平方厘米。枪口比动能，是指弹头出枪口后在检测点（以火药为动力发射的，以距枪口 50 厘米处为检测点，以气体为动力发射的，以距枪口 30 厘米处为检测点）所具有的动能与弹头的最大横截面积之比值。2010 年《公安机关涉案枪支弹药性能鉴定工作规定》（以下简称《枪支鉴定规定》）进一步明确规定，对不能发射制式弹药的非制式枪支，"枪口比动能大于等于 1.8 焦耳/平方厘米时，一律认定为枪支"。至此，实践中对涉枪案件中枪支的判断统一采用枪口比动能法，即只要枪口比动能大于等于 1.8 焦耳/平方厘米时即可认定为枪支。由于这一标准过低（有数据统计，该标准相当于原来射击干燥松木板法的 1/10），导致实践中对枪支的认定范围较大，很多玩具用枪也因枪口比动能达到该标准直接认定为相关枪支犯罪规定的"枪支"。这也是"赵某摆射击摊案"引起媒体和大众广泛关注的直接原因。

对于实践中如何准确认定枪支的问题可能涉及两个层面：一是在《枪支管理法》中明确枪支的标准，或者在公安部的《枪支鉴定规定》等相关部门规章中对枪支的标准适当提高。《枪支管理法》中要求枪支需要达到足以致人伤亡或者丧失知觉的程度，对枪支的概念采取的是一种偏向实质的界定，即需要经过实质判断达到足以致人伤亡或者丧失知觉的程度才可称为"枪支"。应当按照这一实质标准，参考世界各国普遍立法例，适当提高我国的枪支标准。这种修改属于根本性地解决实践中枪支认定问题。二是公安部相关规章对于枪支的认定标准是否可直接作为刑法中枪支犯罪的判断标准是一个值得探讨的问题。公安机关基于维护社会治安的考虑，在行政执法过程中将枪支的认定标准设定在较低的范围内，严格管控枪支是必要的，然而，刑法中涉枪犯罪是否一定要沿用行政认定中枪支的范围值得研究。该问题在刑法中行政犯认定过程中普遍存在。

其次，被告是否具有非法持有枪支的故意？在本案中，被告人及其辩护代理人提出被告不具有违法性认识，即不知自己持有的是刑法所禁止的枪支，以为自己持有的是玩具枪而非真枪，对行为对象存在认识错误，不具备非法持有枪支犯罪的主观故意。法院直接认为被告赵某明知涉案枪支具有一定致伤力和危险性，且不能通过正常购买途径获得，在此情况下擅自持有，即具备犯罪故意。至于枪形物致伤力的具体程度，不影响主观故意的成立。显然，这种逻辑明显不符合常情和常理。本案被告已满 52 岁，其摆摊就是为了进行营利，且附近有很多类似的民间游艺摊位。其从接手射击摊至案发时已有两个多月的时间，在摆摊期间还有相关部门人员收取过摊位费，其是否具有违法性认识至少是明显存在疑问的。

最后，本罪的规范目的为何，是否有必要打击本案被告的行为？关于辩护人所提赵某的行为不具有任何社会危害性的辩护意见，法院认为，枪支独有的特性使其具有高度危险性，因此，《枪支管理法》明确规定"国家严格管制枪支。禁止任何单位或者个人违反法律规定持有、制造（包括变造、装配）、买卖、运输、出租、出借枪支"，非法持有枪支本身即具有刑事违法性和社会危害性。在本文看来，违反行政法的行为并不必然触犯刑事犯罪。在本案中，《枪支鉴定规定》对枪支采用一刀切的形式认定标准，凡超过该标准的都认定为枪支，这是出于治安管理、维护社会秩序的功利主义需要。但是刑法具有其自身的独立品性，具有不同的规范目的，应对本罪进行必要的限缩解释。有鉴于此，为了体现宽严相济的刑事政策，确保人民群众在每一个涉枪犯罪案件的处理中感受到公平正义，最高人民法院、最高人民检察院联合发布了《最高人民法院、最高人民检察院关于涉以压缩气体为动力的枪支、气枪铅弹刑事案件定罪量刑问题的批复》（以下简称《批复》），明确规定对于涉及以压缩气体为动力的枪支案件的定罪量刑，应该根据案件情况综合评估社会危害性，确保罪责刑相适应。

四、参考意见

本案中，对于涉案枪支的认定直接适用《枪支鉴定规定》，而没有考虑本案的涉案枪支是否符合《枪支管理法》当中设置的实质性的足以致人伤亡或者丧失知觉的条件。当涉案枪支的致伤力较低，在决定是否追究刑事责任以及裁量刑罚时唯枪支数量论，恐会悖离一般公众的认知，也违背罪责刑相适应原则的要求。因此，《批复》规定，对于非法制造、买卖、运输、邮寄、储存、持有、私藏、走私以压缩气体为动力且枪口比动能较低的枪支的行为，在决定是否追究刑事责任以及如何裁量刑罚时，不仅应当考虑涉案枪支的数量，而且应当充分考虑涉案枪支的外观、材质、发射物、购买场所和渠道、价格、用途、致伤力大小、是否易于通过改制提升致伤力，以及行为人的主观认知、动机目的、一贯表现、违法所得、是否规避调查等情节，综合评估社会危害性，坚持主客观相统一，确保罪责刑相适应。对该《批复》的理解和适用需要注意三个问题：其一，坚持严控枪支原则。枪支问题涉及国家安全和社会稳定，始终保持严控枪支的政策不变，以有效维护国家安全和社会稳定。本条仅涉以压缩气体为动力且枪口比动能较低的枪支案件，对于涉军用枪支、以火药为动力的非军用枪支以及以压缩气体为动力且枪口比动能较高的枪支的案件，仍然适用《最高人民法院关于审理非法制造、买卖、运输枪支、弹药、爆炸物等刑事案件具体应用法律若干问题的解释》和《最高人民法院、最高人民检察院关于办理走私刑事案件适用法律若干问题的解释》

的标准，从严惩治。其二，坚持实事求是原则，对涉以压缩气体为动力且枪口比动能较低的枪支案件坚持区别对待。从实际案件来看，此类枪支案件情况十分复杂，在追究刑事责任时不应唯枪支数量论。应当重点打击以牟利、实施其他犯罪为目的，或者涉案枪支系易于通过改制提升致伤力的枪支，以及行为人具有前科情节等情形。对于以收藏、娱乐为目的，涉案枪支致伤力极低，主观上难以认识到系枪支，行为人系初犯、偶犯等情形的，应当体现从宽的精神，综合评估社会危害性，依法决定是否追究刑事责任和恰当裁量刑罚。由于不同类型枪支的致伤力存在重大差异，对以压缩气体为动力的低致伤力枪支实行差别化的定罪量刑标准，此类案件应当从枪支数量、致伤力大小、行为人认知等主客观方面综合考量，妥善处理，坚持主客观相统一，确保罪责刑相适应，使相关案件处理结果能得到广大人民群众的认同，实现法律效果与社会效果的有机统一。

应当说《批复》在现有关于枪支认定标准以及相关司法解释规定的基础上，赋予司法工作人员认定涉枪犯罪一定的裁量权，可以一定程度上缓解枪支认定标准过严，出现判决不符合人们常识、常理、常情的基本判断的司法尴尬，实践中应当准确把握和运用。

案例二：惠州版"许霆"案

12－2

一、基本案情

2013 年 10 月 30 日 20 时 30 分许，被告人于某水用其邮政储蓄银行卡（卡号为 6210××××7728）到惠阳区新圩镇塘吓创亿商场旁邮政储蓄银行惠州市惠阳支行 ATM 柜员机存款时，于某水先后几次存入 300 元，均遇到现金退回的情况，经多次在柜员机查询，发现账户余额相应增加。发现这一情况后，于某水尝试从该网点旁边的农业银行跨取 2000 元和 1000 元，获得成功，遂产生了恶意存款并窃取银行资金的念头。于是返回邮政储蓄柜员机，连续 10 次存款 3300 元，马上到附近银行柜员机跨取 1.5 万元，并转账 5000 元，再次返回，连续存款 5000 元 1 次、9 900 元 3 次、10 000 元 3 次，直到 2013 年 10 月 30 日 21 时 58 分 59 秒，于某水共恶意存款 17 次，恶意存入人民币 97 700 元，后被告人于某水到深圳市龙岗区其他网点陆续跨取和转账，到 2013 年 10 月 31 日 6 时 28 分 10 秒，于某水共窃取人民币 90 000 元。中国邮政储蓄银行惠州市惠阳支行工作人员发现后，于 2013 年 11 月 3 日联系于某水无果后报警。2013 年 12 月 12 日于某水被公安机关抓获。至 2013 年 12 月 15 日于某水共退还人民币 92800 元。

二、法律问题

本案属于民事纠纷还是刑事犯罪？如果属于犯罪行为，构成何罪？

三、法理分析

有观点认为：首先，ATM 机被视为银行的延伸，ATM 机所发出的指令代表银行的意志，那么行为人在 ATM 机上进行的符合规则的操作行为，以及 ATM 机对行为人所做的回应行为，都应被看作储户与银行的民事交易行为，这种交易由于银行方面的错误而支付了超出储户存款限额的钱款，这只能说明银行发出了错误指令，提供了不真实的意思表示，只是一种无效交易行为，而不具有盗窃犯罪的基本行为属性。其次，没有银行的配合和互动，行为人恶意取款是无法完成的。ATM 机支付了行为人所申请的取款数额，只扣除了极少数额，这说明银行同意将这些款项的所有权转移给行为人，而行为人并没有采取任何欺骗、暴力、敲诈等非法行为。不仅如此，作为银行意志的代表，ATM 机一旦发生故障，既可能向储户多付款，也同样可能向储户少付款，这都代表银行作出了错误的意思表示，取款人只要符合规范地进行取款操作，就属于无效交易情形，而不是盗窃行为。

在本文看来，ATM 机发生故障并不是基于银行的错误指令而产生的，银行也并未配合或者与于某水进行互动。ATM 机是否发生故障是银行不能控制的，更不是银行基于自身意愿主动令其发生的。如果把机器故障导致的错误指令等同于银行的正常意志，是不合理的，对银行也是不公平的，机器故障不能等同于银行的过错。本案中，机器故障是操作人产生犯意的前提之一，但绝不是操作人产生犯意的原因，银行管理即使有过错也不是被告人恶意取款的必然原因，也即，不能说银行对被告人的犯意存在过错，更不能说机器故障是银行在诱导被告人犯罪。

被告人在发现机器故障后，连续在这台机器上恶意存款 17 次，反复共存入 97 700 元，并通过跨行取款、转账的方式将这笔违法所得转出该账户。如果说被告人在不知机器发生故障第一次存款并将退款占为己有属于不当得利，那么后续连续 16 次恶意存款并转移非法所得的行为属于积极地利用银行 ATM 机系统漏洞转移银行对财物的占有，明显超出了不当得利的范畴。既然后来的 16 次交易都是被告人故意为之，说明被告人已经由意外受益的心理转变为非法占有的意图，其先前不当得利的性质也已经发生变化，由意外被动获得转变为主动故意侵权，严重的侵权行为即可构成犯罪。所以被告人后来的 16 次交易行为显然不再构成不当得利。

那么上述恶意存款并转移资金的行为属于何种犯罪呢？本文认为，被告人行为构成盗窃而非侵占。在被告发现 ATM 机存在漏洞后，利用这种系统漏洞恶意存款，并将这种不属于自己所有的财物取出并转移。从其行为性质上看，被告人于某水的行为属于以非法占有为目的转移他人财物（对财物的占有）的行为。即使盗窃罪的客观行为需要符合"秘密窃取"的条件，也只要行为人主观意图是秘密窃取即可，就算客观上已经被人发觉或者注意，也不影响盗窃罪的认定。至于侵占罪，其实质是变合法占有为非法占有，其占有对象也是特定的，即"代为保管的他人财物"或者"遗忘物""埋藏物"。本案中银行并未委托任何财物给被告人保管，犯罪对象更不属于遗忘物或者埋藏物，被告人是通过自己积极的恶意存款而取得的财物，并不属于上述任何种类，不能构成侵占。

四、参考意见

综上，在本案中应该充分考虑被告人的行为性质，结合整个案件过程中被告人的表现、事后转移财物的行为以及银行通知后的态度，认定为盗窃罪是合情合理的。但是在量刑过程中，要考虑到本案的特殊性。在被告人偶然发现面对的是"主动送钱"的 ATM 机时，在银行存在一定的过错情况下，其主观恶性有限，其期待可能性降低。而且本案毕竟属于少数并不常见，所以这一犯罪对社会秩序和公民的人身财产安全并不会产生恶劣影响，本案的社会危害性比常态化的盗窃犯罪要小得多，最终对被告判处缓刑也是体现了情理与法理的结合。

拓展案例

案例一：深圳王某买卖鹦鹉案

12 - 3

一、基本案情

2016 年 4 月初，王某将自己孵化的 2 只小太阳鹦鹉（经鉴定学名为绿颊锥尾鹦鹉，被列入《濒危野生动植物种国际贸易公约》附录Ⅱ）以每只 500 元的价格出售给被告人谢某。2016 年 5 月 17 日，公安机关在王某租住的位于深圳市宝安区石岩街道麻布新村自力大道 1 号 301 房中查获各类珍贵、濒危鹦鹉 45 只，经鉴定为绿颊锥尾鹦鹉（人工变异种）35 只、和尚鹦鹉 9 只、非洲灰鹦鹉 1 只，以上鹦鹉均被列入《濒危野生动植物种国际贸易公约》附录Ⅱ。

二、法律问题

人工繁殖的鹦鹉是否能认定为"珍贵、濒危野生动物"？

三、重点提示

首先需要明确的是，《刑法》第 341 条并未明确"珍贵、濒危野生动物"的概念，也并没有相关的立法解释对其加以规定。有关的上位法包括《野生动物保护法》（以下简称《保护法》）和我国加入的《濒危野生动植物种国际贸易公约》（以下简称《公约》）。《保护法》授权林业部制定动物保护名录，林业部门仅将《公约》当中非国产的野生物种纳入我国保护体系，而未规定人工饲养繁殖的动物的法律地位。本案中的涉案鹦鹉，均属于《公约》当中人工繁殖的附录Ⅱ当中的物种，根据《公约》规定，应区别于野生的同类物种，在具备一定条件时允许具有商业性，可以买卖。也就是说，根据《保护法》以及林业部的相关规定，本案鹦鹉不在其保护之列。若根据《公约》的规定，本案鹦鹉也不该与野生鹦鹉具有同等的受保护地位。

但是，本案法院依据《最高人民法院关于审理破坏野生动物资源刑事案件具体应用法律若干问题的解释》（以下简称《解释》）规定，《刑法》第341条第1款规定的"珍贵、濒危野生动物"，包括列入国家重点保护野生动物名录的国家一、二级保护野生动物、列入《公约》附录Ⅰ、附录Ⅱ的野生动物以及驯养繁殖的上述物种。因此，法院认为本案所涉的鹦鹉虽为人工驯养，亦属于法律规定的"珍贵、濒危野生动物"。

本案最具争议性的就是上述《解释》当中将驯养繁殖的动物等同于野生动物来理解。从效力层级上来看，《保护法》和《公约》属于上位法，上位法对人工繁殖物种的保护态度是明显区别于野生物种的，这是《公约》直接体现出来的立法精神，甚至《保护法》授权下的林业局根本未将人工繁殖物种列入珍贵、濒危动物名录当中。《解释》将人工饲养繁殖物种与纯野生物种同等对待，不仅扩大了我国的公约义务，更是贸然突破了《保护法》及林业局颁布的相关规定，直接将野生动物与人工繁殖物种画等号，存在越级立法之嫌。而且野生动物与人工饲养繁殖动物明显是反义词，将人工养殖解释为野生明显超出了文义的射程范围，超出了人们的规范预期，属于类推解释，有违罪刑法定原则。

除却对上述特定字词的解释之外，从整体上把握被告人的行为我们也能够发现，本案被告的行为并不具备本罪所要求的社会危害性。《刑法》第341条将猎捕、杀害珍贵、濒危野生动物与非法收购、运输、出售珍贵、濒危野生动物设置了相同的法定刑是有一定根据的。因为收购、运输以及出售往往是非法猎捕、杀害行为的关联行为，为了更够有效地保护珍贵、濒危野生动物，必须严密刑事法网，扩大打击范围。而这种严厉的刑事打击手段的合理性在于保护对象具有特殊性，野生动物本身与人类处于同一自然之下，却又受到人类直接或者间接的威胁，为了保护生物多样性，保障野生动物赖以生存的必要条件，必须要全方位地保护野生动物的生存安全。而本案中涉案鹦鹉属于人工养殖的变异品种，已经不具备此种保护的必要性，而且从实际来看，其养殖使得该品种的物种数量增多，并没有破坏生物的多样性。

案例二：陆某涉嫌销售假药案

12－4

一、基本案情

陆某，男，1968 年 4 月 6 日出生，无锡振生针织品有限公司和无锡绿橙国际贸易公司法定代表人。2002 年，陆某被查出患有慢粒性白血病，需长期服用抗癌药品"格列卫"（瑞士进口，价格为 23 500 元每盒）。2004 年 4 月，陆某建立白血病患者病友网络 QQ 群方便患者相互交流寻医问药信息。2004 年 9 月，陆某通过他人从日本购买由印度赛诺公司生产的同类药品，价格约 4000 元每盒。之后陆某直接联系印度赛诺公司购买药物，服用一段时间后觉得疗效好、价格便宜，遂通过 QQ 群等方式向病友推荐。随着病友间的传播，国内购买者逐渐增多，药品价格降低至 200 余元每盒，陆某利用懂英文的特长免费为病友翻译往来资料。因国际汇款程序繁琐、操作难度大，患者向印度赛诺公司提出在中国开设账号以便于付款的请求。2013 年 3 月，印度赛诺公司与最早在该公司购药的陆某商谈，由陆某管理国内银行账户，统一接收患者购药款后转账至赛诺公司指定账户，赛诺公司根据陆某收款的名单直接将药邮寄给患者。云南籍白血病患者罗某和其妻子杨某自愿提供银行账号，由陆某通过网银 U 盾管理，后罗某担心交易资金量增加可能被怀疑洗钱不愿再提供账户。2013 年 8 月，陆某网购了 3 张用他人身份信息开设的银行借记卡，并使用其中 1 张（户名夏某）接收患者购药款。共有 21 名白血病患者通过罗某、杨某、夏某 3 个银行账户向印度赛诺公司购买了价值约 120 000 元的10 余种抗癌药品。陆某为病友提供帮助没有收取任何费用。

二、法律问题

陆某从境外帮助病友代购药物的行为属于销售行为还是买方行为，是否构成销售假药罪？[1]

三、重点提示

根据《刑法》第 141 条第 2 款的规定，刑法所称的假药，是指依照《药品管理法》的规定，属于假药和按假药处理的药品、非药品。《药品管理法》第 48 条规定，依照本法必须批准而未经批准生产、进口的按假药论处。陆某代购的印度赛诺公司生产的格列卫同类药品及其他抗癌药品，均属于未经我国进口药品许可销售的药品。按照《药品管理法》的规定，应当属于禁止在我国销售的假药。能否按此形式逻辑直接认定陆某构成销售假药罪呢？需要具体分析。

一般认为，销售是以货币为媒介的商品交换过程中卖方的业务活动，是卖出商品的行为，卖方寻求的是商品的价值，而买方寻求的则是商品的使用价值。全面系统分析该案的全部事实，陆某的行为是买方行为，并且是白血病患者群体购买药品整体行为中的组成行为，寻求的是印度赛诺公司抗癌药品的使用价值。

首先，陆某与白血病患者是印度赛诺公司抗癌药品的买方。一是早在向印度赛诺公司买药之前，作为白血病患者的陆某就与这些求药的白血病患者建立了 QQ 群，并以网络 QQ 和病友会等为载体相互交流病情，传递求医问药信息。其中一位患者的证言说，建立 QQ 群还能扩大病友群，组织病友与药品生产厂家协商降低药品价格。二是陆某是在自己服用印度赛诺公司的药品有效后，才向病友作介绍的。所购印度赛诺公司抗癌药品的价格开始时每盒4000 元，后来降至每盒 200 元。三是陆某为病友购买药品提供的帮助是无偿的。陆某不仅帮助病友买药、付款，还利用懂英语的特长，为病友的药品说明书和来往电子邮件进行翻译，在此过程中，陆某既没有加价行为，也没有

---

[1] 对本案中陆某还涉嫌妨害信用卡管理罪的行为，由于情节显著轻微危害不大不认为是犯罪，这一点理论界和实务部门基本无争议。

收取代理费、中介费等任何费用。四是陆某所帮助的买药者全部是白血病患者，没有任何为营利而从事销售或者中介等经营药品的人员。

其次，陆某提供账号的行为不构成与印度赛诺公司销售假药的共犯。根据我国《药品管理法》第48条第3款第2项的规定，依照该法必须批准而未经批准生产、进口，或者依照该法必须检验而未经检验即销售的药品，以假药论处。也就是法律拟制的假药。印度赛诺公司在我国销售未经批准进口的抗癌药品，属于销售假药的行为。根据《最高人民法院、最高人民检察院关于办理危害药品安全刑事案件适用法律若干问题的解释》（以下简称《药品解释》）第8条第1项的规定，明知他人生产、销售假药而提供账号的，以共同犯罪论处。本案中，陆某先后提供罗某、杨某、夏某3个账号行为的实质是买方行为，而不能认为是共同销售行为。一是从账号产生的背景看，最初源于病友方便购药的请求。在陆某提供账号前，病友支付印度赛诺公司购药款是以西联汇款等国际汇款方式，既要先把人民币换成美元，又要使用英文，程序繁琐，操作难度大。求药的患者向印度赛诺公司提出在中国开设账号以便于付款的要求，印度赛诺公司与最早向本公司购药的陆某商谈，并提出对愿意提供账号的可免费提供药品的条件。二是从账号的来源看，3个账号中先使用的两个账号由病友提供。陆某向病友群传递这一消息后，云南籍病友罗某即愿意将本人和妻子杨某已设立的账号提供给陆某使用。在罗某担心因交易资金量增加可能被怀疑洗钱的情况下，才通过淘宝网购买户名为夏某的借记卡。三是从所提供账号的功能看，就是收集病友的购药款，以便转款到印度赛诺公司指定的张某的账号，是用于收账、转账的过渡账号，承担方便病友支付购药款的功能，无需购药的病友换汇和翻译。四是从账号的实际用途看，病友购药向这3个账号支付购药款后告知陆某，陆某通过网银U盾使用管理这3个账号，将病友的付款转至印度赛诺公司指定的张某的账号，然后陆某再告知印度赛诺公司，印度赛诺公司根据付款账单发药。可见，设置这3个账号就是陆某为病友提供购药服务的，是作为白血病患者的求药群体购买药品行为整体中的组成行为。根据我国刑法的规定，共同犯罪是指2人以上共同故意犯罪，具体到本案，如果构成故意犯罪，应当是陆某与印度赛诺公司共同实施销售假药犯罪，更具体地说，应是陆某基于帮助印度赛诺公司销售假药的故意而为印度赛诺公司提供账号，而本案，购买印度赛诺公司抗癌药品的行为是白血病患者群体求药的集体行为，陆某代表的是买方而不是卖方，印度赛诺公司就设立账号与陆某的商谈是卖方与买方之间的洽谈，陆某作为买方的代表自始至终在为买方提供服务。当买卖成交时，买方的行为自然在客观结果上为卖方提供了帮助，这是买卖双方成交的必然的交易形态，但绝对不能因此而认为买方就变为共同卖方了。正如在市场上买货，买货的结果为销售方实现销售提供了帮助，如果因此而把买方视为共同卖方，那就从根本上混淆了买与卖的关系。同理，如果将陆某的行为当成印度赛诺公司的共同销售行为，也就混淆了买与卖的关系，从根本上脱离了判断本案的逻辑前提，进而必将违背事实真相。

拓展资料

12 − 5

| 专题十三 |

情节加重犯问题

知识概要

　　一罪的外延总是千姿百态。千姿百态的外延虽同属于一罪，但其造成的客观损害和表现出的主观恶性，却是轻重不同。立法有鉴于此，对某一罪的法定刑并非整齐划一，并非只规定单一罪刑单位，而是规定两个或多个罪刑单位，以此充分体现罪刑相适应以及刑罚个别化原则。法律一般规定一个基准的罪刑单位，以此为基准，向上逐层增加罪刑单位，向下逐层减轻罪刑单位。与之相适应，对应基准量刑单位的具体犯罪形态，我们称之为基准（程度）罪；对应加重罪刑单位的犯罪形态，我们称之为加重（程度）罪；对应减轻罪刑单位的具体犯罪形态，我们称之为减轻（程度）罪。成立加重（程度）罪的法定事由很多，其中一种是因情节而成立加重罪，该类犯罪，我们称之为情节加重犯。

　　情节加重犯是指某罪的罪行达到情节严重或在基准程度罪基础上具备某（些）严重情节，造成的客观损害和表现出的主观恶性超出基准程度罪，从而依法适用加重程度罪刑单位的犯罪形态。例如，我国《刑法》第 372 条规定的冒充军人招摇撞骗罪。该罪基准程度罪刑单位是 3 年以下有期徒刑、拘役、管制或者剥夺政治权利；单位加重程度刑的规定是"情节严重的，处 3 年以上 10 年以下有期徒刑"。情节严重的冒充军人招摇撞骗罪，便是冒充军人招摇撞骗罪的情节加重犯。如果某罪只规定了一个罪刑单位，那么该罪就绝不可能具备情节加重犯形态。例如我国《刑法》第 297 条规定："违反法律规定，携带武器、管制刀具或者爆炸物参加集会、游行、示威的，处 3 年以下有期徒刑、拘役、管制或者剥夺政治权利。"该罪外延所能涵盖的具体犯罪中也会出现情节严重或者是具备严重情节的情形，但因法律只规定了一个罪刑单位，所以这时的情节严重或者是严重情节的效力就只能在该罪刑单位内发挥作用，在该罪刑单位内影响最终刑罚的选择，从而构不成情节加重犯。

根据立法模式的不同，情节加重犯可以分为两类：一类是规定达到情节严重而构成情节加重犯，另一类是规定具有某些严重情节而构成情节加重犯。因情节严重而成立的情节加重犯，我们可称之为综合情节加重犯。综合情节加重犯所需的情节严重的表述方式在我国刑法中大致有如下几种：情节严重、情节恶劣、情节特别严重、情节特别恶劣等。因严重情节而成立的情节加重犯，我们可称之为单情节加重犯。单情节加重犯有时是法律将各种情节一一列举，如我国《刑法》第 263 条规定的抢劫罪，有时是列举几个情节后附带其他严重情节的概括式情节要求，如《刑法》第 170 条规定的伪造货币罪。

情节严重和具有严重情节的立法方式不仅在表述上不同，在内容要求上也有着巨大差异。具有严重情节只需罪行具有某一严重情节即可成立。而情节严重却需对犯罪事实中所有与罪行相关的情节进行全面综合评价。

📚 经典案例

案例一：马某利用未公开信息交易案

13 – 1

一、基本案情

2011 年 3 月 9 日至 2013 年 5 月 30 日期间，被告人马某担任博时基金管理有限公司旗下的博时精选股票证券投资经理，全权负责投资基金投资股票市场，掌握了博时精选股票证券投资基金交易的标的股票、交易时间和交易数量等未公开信息。马某在任职期间利用其掌控的上述未公开信息，从事与该信息相关的证券交易活动，操作自己控制的"金某""严某甲""严某乙"三个股票账户，通过临时购买的不记名神州行电话卡下单，先于（1~5个交易日）、同期或稍晚于（1~2个交易日）其管理的"博时精选"基金账户买卖相同股票76只，累计成交金额人民币10.5亿余元，非法获利人民币18 833 374.74元。2013年7月17日，马某主动到深圳市公安局投案。

广东省深圳市中级人民法院认为，被告人马某作为基金管理公司从业人员，利用其职务便利获取未公开信息，违反规定，从事与该信息相关的证券交易活动，情节严重，其行为已构成利用未公开信息交易罪。公诉机关指控的罪名成立，依法应予惩处。但刑法中并未对利用未公开信息交易罪规定"情节特别严重"的情形，因此，依法只能认定马某的行为属于"情节严重"。马某自首，依法可以从轻处罚；马某认罪态度良好，违法所得能全额返还，罚金亦能全额缴纳，确有悔罪表现；另经深圳市福田区司法局社区矫正和安置帮教科调查评估，对马某宣告缓刑对其所居住的社区没有重大不良影响，符合适用缓刑的条件。遂以利用未公开信息交易罪判处马某有期徒刑3年，缓刑5年，并处罚金人民币1884万元；违法所得人民币18 833 374.74元依法予以追缴，上缴国库。

一审宣判后，广东省深圳市人民检察院抗诉提出，被告人马某的行为应认定为犯罪情节特别严重，依照"情节特别严重"的量刑档次处罚。

广东省人民检察院支持抗诉认为，《刑法》第180条第1款规定的内幕交易、泄露内幕信息罪存在"情节严重"和"情节特别严重"两种情形和两个量刑档次，该条第4款规定，利用未公开信息交易情节严重的，依照第1款的规定处罚。从刑法设置上来说，同一法条的不同款项在处罚上应该有一个协调性，这种处罚的参照不可能只是部分参照，应该是全部参照。本案中，马某的证券交易成交额为10.5亿余元，获利1800多万元，应认定其犯罪"情节特别严重"，一审判决认定其犯罪"情节严重"，属于认定情节错误，应予纠正。

二审法院广东省高级人民法院认为，《刑法》第180条第4款规定，证券交易所、期货交易所等金融机构从业人员以及有关监管部门或者行业协会的工作人员，利用未公开信息交易，情节严重的，依照第1款的规定处罚，该条款并未对利用未公开信息交易罪规定有"情节特别严重"情形；而根据第

180 条第 1 款的规定，情节严重的，处 5 年以下有期徒刑或者拘役，并处或者单处违法所得 1 倍以上 5 倍以下罚金，故本案马某利用未公开信息，非法交易股票 76 只，累计成交金额人民币 10.5 亿余元，从中获利人民币 1883 万余元，属于犯罪情节严重，应在该量刑幅度内判处刑罚。原审判决认定事实清楚，证据确实、充分，量刑适当，审判程序合法。抗诉机关的抗诉理由不成立，不予采纳。

二审裁定生效后，广东省人民检察院提请最高人民检察院按照审判监督程序向本院提出抗诉。最高人民检察院抗诉提出，《刑法》第 180 条第 4 款属于援引法定刑的情形，应当引用第 1 款处罚的全部规定；利用未公开信息交易罪与内幕交易、泄露内幕信息罪的违法与责任程度相当，法定刑亦应相当；马某的行为应当认定为犯罪情节特别严重，对其适用缓刑明显不当。本案终审裁定以《刑法》第 180 条第 4 款未对利用未公开信息交易罪规定有"情节特别严重"为由，对此情形不作认定，降格评价被告人的犯罪行为，属于适用法律确有错误，导致量刑不当，并且对类似案件及法律适用有重大误导，应当依法纠正。

最高人民法院第一巡回法庭公开开庭审理此案，最高人民检察院依法派员出庭履行职务，原审被告人马某的辩护人当庭发表了辩护意见。最高人民法院审理认为，《刑法》第 180 条第 4 款虽然没有明确表述"情节特别严重"，但是根据本条款设立的目的、法条文意及立法技术，应当包含"情节特别严重"的情形和量刑档次。法条没有重复表述不等同于法律没有明确规定。在法律已有明确规定的情况下，应当适用该法律规定，而不再适用有利于被告人的原则，因此最高人民检察院对《刑法》第 180 条第 4 款援引法定刑的理解及原审被告人马某的行为属于犯罪情节特别严重的抗诉意见正确，应予采纳。原审裁判因对《刑法》第 180 条第 4 款援引法定刑的理解错误，导致降格认定了马某的犯罪情节，进而对马某判处缓刑确属不当，应予纠正。原审被告人马某的行为已构成利用未公开信息交易罪。马某利用未公开信息交易股票 76 只，累计成交额 10.5 亿余元，非法获利 1800 多万余元，属于情节特别严重。鉴于马某具有主动从境外回国投案自首的法定从轻、减刑处罚情节；在未受控制的情况下，将股票兑成现金存在涉案 3 个账户中并主动向中国证券监督管理委员会说明情况，退还了全部违法所得，认罪悔罪态度好，赃款未挥霍，原判罚金刑得已全部履行等酌定从轻处罚情节，对马某可予减轻处罚。第一审判决、第二审裁定认定事实清楚，证据确实、充分，定罪准确，但因对法律条文理解错误，导致量刑不当，应予纠正。依照《刑法》第180条第4款、第1款、第67条第1款、第52条、第53条、第64条及《最高人民法院关于适用〈中华人民共和国刑事诉讼法〉的解释》第389条第1款第3项的规定，判决如下：①维持广东省高级人民法院（2014）粤高法刑二终字第137号刑事裁定和深圳市中级人民法院（2014）深中法刑二初字第27号刑事判决中对原审被告人马某的定罪部分；②撤销广东省高级人民法院（2014）粤高法刑二终字第137号刑事裁定和深圳市中级人民法院（2014）深中法刑二初字第27号刑事判决中对原审被告人马某的量刑及追缴违法所得部分；③原审被告人马某犯利用未公开信息交易罪，判处有期徒刑3年，并处罚金人民币1913万元；④违法所得人民币19 120 246.98元依法予以追缴，上缴国库。

二、法律问题

1. 如何认定某罪是否规定了情节加重犯？
2. 哪些情节有资格用于衡量是否成立情节加重犯？

三、法理分析

1. 《刑法》第180条第1款对内幕交易、泄露内幕信息罪规定为："证券、期货交易内幕信息的知情人员或者非法获取证券、期货交易内幕信息的人员，在涉及证券的发行，证券、期货交易或者其他对证券、期货交易价格有重大影响的信息尚未公开前，买入或者卖出该证券，或者从事与该内幕信息有关的期货交易，或者泄露该信息，或者明示、暗示他人从事上述交易活动，情节严重的，处5年以下有期徒刑或者拘役，并处或者单处违法所得1倍以上5倍以下罚金；情节特别严重的，处5年以上10年以下有期徒刑，并处违法所得1倍以上5倍以下罚金。"第4款对利用未公开信息交易罪规定为："证券交易所、期货交易所、证券公司、期货经纪公司、基金管理公司、商业银行、保险公司等金融机构的从业人员以及有关监管部门或者行业协会的工作人员，利用因职务便利获取的内幕信息以外的其他未公开的信息，违反规定，从事与该信息相关的证券、期货交易活动，或者明示、暗示他人从事相关交易活动，情节严重的，依照第 1 款的规定处罚。"

对于第 4 款中"情节严重的，依照第 1 款的规定处罚"应如何理解，在司法实践中存在不同的认识。一种观点认为，第 4 款中只规定了"情节严重"的情形，而未规定"情节特别严重"的情形，因此，这里的"情节严重的，依照第 1 款的规定处罚"只能是依照第 1 款中"情节严重"的量刑档次予以处罚。该案中辩护人、一审法院和二审法院便是秉持该种观点；另一种观点认为，第 4 款中的"情节严重"只是入罪条款，即达到了情节严重以上的情形，依据第 1 款的规定处罚。至于具体处罚，应看符合第 1 款中的"情节严重"还是"情节特别严重"的情形，分别依情况依法判处。情节严重的，"处 5 年以下有期徒刑"，情节特别严重的，"处 5 年以上 10 年以下有期徒刑"。该案中公诉机关和最高人民法院法院便是秉持该种观点。上述争议从表面上看仅仅是一个量刑问题，但其背后则涉及对罪刑法定原则、罪责刑相适应原则、存疑时有利于被告人原则、刑法解释方法的理解和运用等诸多问题。

最高人民法院对于《刑法》第 180 条第 4 款援引法定刑时应当是对第 1 款全部法定刑进行援引（"情节严重""情节特别严重"两种情形和两个量刑档次）还是仅仅是部分援引进行了详细论证，该论证具有说服力，详细引用如下：①从立法目的上理解，由于我国基金、证券、期货等领域中，利用未公开信息交易行为比较多发，行为人利用公众投入的巨额资金作后盾，以提前买入或者提前卖出的手段获得巨额非法利益，将风险与损失转嫁给其他投资者，不仅对其任职单位的财产利益造成损害，而且严重破坏了公开、公正、公平的证券市场原则，严重损害客户投资者或处于信息弱势的散户利益，严重损害金融行业信誉，影响投资者对金融机构的信任，进而对资产管理和基金、证券、期货市场的健康发展产生严重影响。为此，《刑法修正案（七）》新增利用未公开信息交易罪，并将该罪与内幕交易、泄露内幕信息罪规定在同一法条中，说明两罪的违法与责任程度相当。利用未公开信息交易罪也应当适用"情节特别严重"。②从法条文意理解，首先，《刑法》第 180 条第 4 款中的"情节严重"是入罪条款，《最高人民检察院、公安部关于公安机关管辖的刑事案件立案追诉标准的规定（二）》对利用未公开信息交易罪规定了追诉的情节标准，说明该罪需达到"情节严重"才能被追诉。利用未公开信息交易罪属情节犯，立法要明确其情节犯属性，就必须借助"情节严重"的表述，以避免"情节不严重"的行为入罪。③本条款中"情节严重"并不兼具量刑条款的性质，刑法条文中大量存在"情节严重"兼具定罪条款及量刑条款性质的情形，但无一例外均在其后列明了具体的法定刑，《刑法》第180条第4款中"情节严重"之后，并未列明具体的法定刑，而是参照内幕交易、泄露内幕信息罪的法定刑，因此本款中的"情节严重"仅具有定罪条款的性质，而不具有量刑条款的性质。从立法技术上理解，援引法定刑是指对某一犯罪并不规定独立的法定刑，而是援引其他犯罪的法定刑作为该犯罪的法定刑。《刑法》第180条第4款援引法定刑的目的是避免法条文字表述重复，并不属于法律规定不明确的情形。综上，《刑法》第180条第4款虽然没有明确表述"情节特别严重"，但是根据本条款设立的立法目的、法条文意及立法技术，应当包含"情节特别严重"的情形和量刑档次。法条没有重复表述不等同于法律没有明确规定。在法律已有明确规定的情况下，应当适用该法律规定，而不再适用有利于被告人的原则。

2. 有资格标识情节加重犯的情节只是刑法情节中的一种，并非所有刑法中的情节都有资格标识情节加重犯。什么是刑法中的情节，各家学者众说纷纭，至少有几十种之多。大多数刑法学者都将刑法中的情节与人身危险性和社会危害性相联系。如有观点认为"刑法中的情节应当定义为：犯罪构成共同要件以外的，体现行为的社会危害性和行为人的反社会性程度，并且影响定罪量刑和行刑的各种主客观事实情况"[1]；另有观点认为"情节作为一个刑法术语，是指表明行为是否具有社会危害性和行为人是否具有人身危险性，以及社会危害和人身危险程度轻重的主客观事实情况"。[2]事实上，刑法中的部分情节与犯罪的社会危害及犯罪人的人身危险并无关系，它们只代表着一种人道主义关怀或是纯粹刑事政策考虑。如我国《刑法》第49条第1款规定"犯罪的时候不满18周岁的人和审判的时候怀孕的妇女，不适用死刑"。此处规定的"18周岁"及"审判的时候怀孕"两情节，显然与社会危害和人身危险无关。再如有些学者主张在判处罚金刑时要考虑当事人的财产状况，钱多

〔1〕　赵廷光主编：《中国刑法原理》（总论卷），武汉大学出版社1992年版，第284~285页。
〔2〕　胡学相：《量刑的基本理论研究》，武汉大学出版社1998年版，第164页。

的多判，钱少的少判。（这种主张笔者并不赞同。该种主张的基点是针对同样情况，使不同当事人遭受到同样程度的刑罚痛苦。如果该种主张成立，那便意味着在同样犯罪情况下，在判处自由刑时，必须考虑犯罪人的身体强壮程度，只有如此才能使监禁中强制劳动的痛苦相当，这显然是欠妥的。）该情节如果在司法实践中得到认可，那么与其说它体现了社会危害或是人身危险而影响量刑，莫不如说它体现了出于对某种刑事政策考虑而影响量刑。再如我国《刑法》规定在外国已经受过刑事处罚的，可以免除或者减轻处罚，该种情节的规定显然也与社会危害性和人身危险性无关。

刑法中的情节大致可分为三类：一类是体现客观损害和主观罪过的情节，它们代表着罪行的严重程度，如法益侵害；二类是体现人身危险性的情节，它现今被限定为再犯可能性，如累犯；三类是纯粹基于刑事政策、人文关怀考虑而规定的情节，如前面提到的妇女怀孕情节。犯罪之所以不能和刑罚直接对应，最主要便是因为有后两类情节的存在。后两类情节虽不影响罪行的轻重，但却最终影响刑罚的宣告。刑罚的宣告并不是犯罪的单一结果，而是以罪行为前提，附加考虑人身危险性、刑事政策和人文关怀的综合产物。我国 1997 年《刑法》第 5 条规定，刑罚的轻重，应当与犯罪分子所犯的罪行和承担的刑事责任相适应。如果狭义地理解刑事责任，那么影响刑事责任的因素当指人身危险性、刑事政策和人文关怀。

情节加重犯表示的是罪行的严重程度，它既不是人身危险性的思考，也不是刑事政策和人文关怀的表征。因此，只有表示罪行的情节，即表示客观损害和主观罪过的情节才是有资格标识情节加重犯的情节。与罪行本身轻重无关的情节，如刑法总则中规定的表示人身危险性的情节、表示刑事政策和人文关怀的情节，诸如累犯、未成年、怀孕、自首、立功等，都无资格标识是否成立情节加重犯。换句话说，在认定是否成立情节加重犯罪的时候，与罪行无关的情节不能纳入考量范围，即不能用这些情节确定适用罪刑单位（也称量刑档次）。这些与罪行本身无关的情节只能在罪行单位（即量刑档次）确定之后，才能在此基础之上对最终的宣告刑起到修正作用。本案中各级人民法院秉持的也是此种观点，在具体认定刑罚档次时，根据罪行本身的情节认定是否成立情节加重犯罪，之后在此档次基础之上，才考虑自首、返还赃款等情节的修正作用。

四、参考意见

1.《刑法》中有些犯罪和对应刑罚明确表述了情节加重犯，有些犯罪和对应刑罚没有明确表述情节加重犯，但是规定了援引其他犯罪的定罪和量刑规定，这种情况下要根据条款设立的立法目的、法条文意及立法技术等通盘考虑，考虑是全部援引还是部分援引。

2. 只有表示罪行的情节，即表示客观损害和主观罪过的情节才是有资格标识情节加重犯的情节。与罪行本身轻重无关的情节，如刑法总则中规定的表示人身危险性的情节、表示刑事政策和人文关怀的情节，诸如累犯、未成年、怀孕、自首、立功等，都无资格标识是否成立情节加重犯。

案例二：柳某等人生产、销售有毒、有害食品，生产、销售伪劣产品案

13 - 2

一、基本案情

被告人柳某，原系山东省济南博汇生物科技有限公司（以下简称博汇公司）、山东省济南格林生物能源有限公司（以下简称格林公司）实际经营者。被告人鲁某等系上述二公司的员工。自 2003 年始，被告人柳某在山东省平阴县孔村镇经营油脂加工厂，后更名为中兴脂肪酸甲酯厂，并转向餐厨废弃油（俗称"地沟油"）回收再加工。2009 年 3 月、2010 年 6 月，柳某又先后注册成立了博汇公司、格林公司，扩大生产，进一步将地沟油加工提炼成劣质油脂。自 2007 年 12 月起，柳某从四川、江苏、浙江等地收购地沟油加工提炼成劣质油脂，在明知他人将向其所购的劣质成品油冒充正常豆油等食用油进行销售的情况下，仍将上述劣质油脂销售给他人，从中赚取利润。柳某先后将所加工提炼的劣质油脂销售给经营食用油生意的山东聊城昌泉粮油实业公司、河南郑州宏大粮油商行等（均另案处理）。前述粮油公司等明知从柳某处

购买的劣质油脂系地沟油加工而成，仍然直接或经勾兑后作为食用油销售给个体粮油店、饮食店、食品加工厂以及学校食堂，或冒充豆油等油脂销售给饲料、药品加工等企业。截至 2011 年 7 月案发，柳某等人的行为最终导致金额为 926 万余元的此类劣质油脂流向食用油市场供人食用，金额为 9065 万余元的劣质油脂流入非食用油加工市场。期间，经被告人柳某招募，被告人鲁某负责格林公司的筹建、管理；被告人李某负责地沟油采购并曾在格林公司分提车间工作；被告人柳某甲从事后勤工作；被告人于某负责格林公司机器设备维护及管理水解车间；被告人刘某作为驾驶员运输成品油脂；被告人王某作为驾驶员运输半成品和厂内污水，并提供个人账户供柳某收付货款。上述被告人均在明知柳某用地沟油加工劣质油脂并对外销售的情况下，仍予以帮助。其中，鲁某、于某参与生产、销售上述销往食用油市场的劣质油脂的金额均为 134 万余元，李某为 765 万余元，柳某甲为 457 万余元，刘某为 138 万余元，王某为 270 万余元；鲁某、于某参与生产、销售上述流入非食用油市场的劣质油脂金额均为 699 万余元，李某为 9065 万余元，柳某甲为 4961 万余元，刘某为 2221 万余元，王某为 6534 万余元。

2011 年 7 月 5 日，柳某、鲁某、李某、柳某甲、于某、刘某、王某因涉嫌生产、销售不符合安全标准的食品罪被刑事拘留，8 月 11 日被逮捕。该案侦查终结后，移送浙江省宁波市人民检察院审查起诉。浙江省宁波市人民检察院经审查认为，被告人柳某、鲁某、李某、柳某甲、于某、刘某、王某违反国家食品管理法规，结伙将餐厨废弃油等非食品原料进行生产、加工，并将加工提炼而成且仍含有有毒、有害物质的非食用油冒充食用油予以销售，并供人食用，严重危害了人民群众的身体健康和生命安全，其行为均触犯了《刑法》第 144 条，犯罪事实清楚，证据确实充分，应当以生产、销售有毒、有害食品罪追究其刑事责任。被告人柳某、鲁某、李某、柳某甲、于某、刘某、王某又违反国家食品管理法规，结伙将餐厨废弃油等非食品原料进行生产、加工，并将加工提炼而成的非食用油冒充食用油予以销售，以假充真，销售给饲料加工、药品加工单位，其行为均触犯了《刑法》第 140 条，犯罪事实清楚，证据确实充分，应当以生产、销售伪劣产品罪追究其刑事责任。2012 年 6 月 12 日，宁波市人民检察院以被告人柳某等人犯生产、销售有毒、有害食品罪和生产、销售伪劣产品罪向宁波市中级人民法院提起公诉。2013

年 4 月 11 日，宁波市中级人民法院一审判决：被告人柳某犯生产、销售有毒、有害食品罪和生产、销售伪劣产品罪，数罪并罚，判处无期徒刑，剥夺政治权利终身，并处没收个人全部财产，其他被告人亦被判处不同刑期的有期徒刑。

一审宣判后，柳某、鲁某、李某、柳某甲、于某、刘某、王某提出上诉。浙江省高级人民法院二审认为，柳某利用餐厨废弃油加工劣质食用油脂，销往粮油食品经营户，并致劣质油脂流入食堂、居民家庭等，供人食用，其行为已构成生产、销售有毒、有害食品罪。柳某还明知下家购买其用餐厨废弃油加工的劣质油脂冒充合格豆油等，仍予以生产、销售，流入饲料、药品加工等企业，其行为又构成生产、销售伪劣产品罪，应予二罪并罚。柳某生产、销售有毒、有害食品的犯罪行为持续时间长，波及范围广，严重危害食品安全，严重危及人民群众的身体健康，情节特别严重，应依法严惩。鲁某、李某、柳某甲、于某、刘某、王某明知柳某利用餐厨废弃油加工劣质油脂并予销售，仍积极参与，其行为分别构成生产、销售有毒、有害食品罪和生产、销售伪劣产品罪，亦应并罚。在共同犯罪中，柳某起主要作用，系主犯；鲁某、李某、柳某甲、于某、刘某、王某起次要或辅助作用，系从犯，原审均予减轻处罚。原判定罪和适用法律正确，量刑适当；审判程序合法。2013 年 6 月 4 日，浙江省高级人民法院二审裁定驳回上诉，维持原判。

二、法律问题

情节严重、严重情节的考量？

三、法理分析

法律有时明确指出哪些情节表示罪行的加重，这时按法律规定直接适用即可，如第 263 条关于抢劫罪的规定。但更多的时候，法律并不指明哪些情节是表示加重程度的情节，只是抽象规定"情节严重"或是"其他严重情节"。此时，就需要根据一定的价值观进行认定。本案中二审判决从持续时间长、波及范围广、严重危害食品安全、严重危及人民群众的身体健康等角度综合认定本案达到情节特别严重。

这种轻重的价值判断，貌似简单，实则至难。中国古代有篇名作叫《登徒子好色赋》，讲的是楚襄王的侍臣宋玉遭到楚大夫登徒子的弹劾，说他好色。宋玉在辩解中声称："天下之佳人莫若楚国；楚国之丽者莫若臣里；里之美者莫若臣东家之子。东家之子，增之一分则太长，减之一分则太短；著粉则太白，施朱则太赤。眉如翠羽，肌如白雪，腰如束素，齿如含贝。嫣然一笑，惑阳城，迷下蔡。然此女登墙窥臣三年，至今未许也。登徒子则不然。其妻蓬头挛耳，齞唇历齿，旁行踽偻，又疥且痔。登徒子悦之，使有五子。王孰察之，谁为好色者矣。"[1]宋玉以自己能抵御美色的诱惑从而为自己不好色作辩解，此处他采用的好色标准是喜爱美女。然而在攻击登徒子时，他却话锋一转，说登徒子连那么丑的老婆都喜欢，可见他是多么好色，此处好色的标准变成了喜爱丑女。该则典故悠久流传的原因之一在于它提出了一个评价标准如何把握的问题。事实上情节加重犯的判断也面临着同样的难题。举例而言，某人专门抢劫银行，某人却出没于街头巷尾、楼梯胡同，连几元钱也不放过。从数额角度看，当然是前者的危害大于后者。但若从社会的恐怖感知程度上看，却是后者的恐怖程度要绝对大于前者，因为后一种情况会产生一种"人心惟危"的恐怖感。生活中，对于前一类型的"大"抢劫犯，公众会感到治安的弱化，但却很少会感到自身的危险。对于普通公众而言，他们不是前类抢劫犯的目标。生活中经常会出现这样的现象：某人外出时，亲戚朋友往往会告诫他要小心，而该人经常会说："怕什么，我这么一点钱，谁会看上眼抢它呀。"对于前一类"大"抢劫犯，普通公众可以"有恃无恐"。但对于后一类抢劫犯，普通公众却会被它闹得风声鹤唳、草木皆兵。

情节的轻重认定不可避免地向主观化倾斜，但这并不意味着情节轻重的区分毫无规律可循。犯罪是一种侵害，罪行的严重程度就是侵害的严重程度。无论是因情节严重而成立的综合情节加重犯，还是因具有某严重情节而成立的单情节加重犯，最终都归结为罪行的侵害达到严重程度。因此，情节的轻重研究便转化为侵害的轻重研究，凡能使侵害加重的因素，都是表示加重的情节。犯罪作为一种特殊侵害，既是对法益主体的侵害，也是对社会（公众）

---

〔1〕（清）姚鼐纂集：《古文辞类纂》，上海古籍出版社1998年版，第688～689页。

的侵害。因此，犯罪侵害可以从两个层次上加以研究。第一层次：对法益主体的侵害；第二层次：对社会（公众）的侵害。[1]

第一层次：对法益主体的侵害。

法益主体是指国家、政府、团体、个人、非特定多数人等法益的直接拥有者。法益主体遭受的侵害轻重取决于法益的性质、法益的种类、法益的数量、法益侵害的附增等因素。

法益的性质。法益的性质指的不是通常所说的个人法益、国家法益、社会法益，而是指生命、财产、健康、自由、安全等分类意义上的法益。如同是决水罪，毁坏诸多生命的决水罪便重于毁坏大量财产的决水罪。

法益的种类。同一犯罪侵害的法益种类越多，其造成的侵害越大。例如，使无辜的人受到刑罚处罚的伪证罪，比使有罪的人逃避惩罚的伪证罪会产生更多的损害。因为前者不但侵害了国家司法法益，而且侵害了个人人身权法益。后者只侵害了国家司法法益。

法益的数量。这里特指同一类法益的数量。一个犯罪可能会产生多个同一类法益侵害，这种犯罪自然大于只有一个法益侵害的犯罪。如同是故意伤害，一个人故意伤害了几个人，另一个人只故意伤害了一个人，前者显然重于后者。

法益侵害的附增。法益受侵害的程度通常会因下列附增因素而加重：①痛苦的附增。这里的痛苦既包括肉体的痛苦，也包括精神的痛苦。如同是故意伤害，一人一刀刺进，另一人用刀慢慢刺进，后者重于前者，因为后者增大了被害人的肉体痛苦。再如，同是强奸，强迫亲人对亲人强奸便重于普通强奸，因为前者造成了精神痛苦的附增。②恐怖的附增。如一些影片中经常描写的杀人之后还装神弄鬼，弄得当地居民人心惶惶。再如制造爆炸案后谎称炸弹中含有放射性元素。③耻辱的附增。同是故意伤害，将人的生殖器官割掉便重于将人的手割掉，因为前者造成了绝对重于后者的耻辱。④造成无法弥补的损害。如故意毁坏财产罪中，犯罪人故意毁坏对被害人而言具有特别意义的财产，如结婚戒指、父母遗物等。再如故意割断歌唱家的声带。

---

[1]　本文关于如何判断罪行程度的论述主要得益于边沁先生的犯罪二层次恶的理论。详见［英］吉米·边沁：《立法理论——刑法典原理》，孙力等译，中国人民公安大学出版社1993年版，第6～22页。

这些犯罪都会因造成无法弥补的损害而加重罪行。⑤附带引发其他损害。其他损害既包括对被害人产生的其他损害，也包括因犯罪结果衍生出的对被害人之外的其他人的损害。前者如因非法监禁或伤害等犯罪致使被害人丧失应有的职位、婚姻、利润等，后者如被告人的子女因被告人入狱而被迫辍学等。

第二层次：对社会（公众）的侵害。

犯罪侵害与其他违法侵害的最大区别在于它不但是对法益主体的侵害，更是一种公众侵害（public harm），或称之为社会侵害（social harm）。国家并不是以仲裁人的身份介入刑事法律关系，而是以一方刑事法律关系主体的身份列席于刑事法律关系中。国家之所以能具有这样的法律地位，就是因为犯罪不仅是对法益主体的侵害，同时也是对公众的侵害，国家作为公众的代表，从而具有了刑事法律关系主体的身份。当然也有观点认为国家之所以介入刑事法律关系，是因为个人力量太弱，需要国家力量帮助。如果此观点成立，那就意味着国家只是以帮助人的身份出现在刑事法律关系中。如此一来，如果被害人放弃了对犯罪的指控，或者是被害人拒绝国家的帮助，那么国家就无权对犯罪进行指控和处理。但事实并非如此。国家介入刑事法律关系只取决于犯罪事实本身，而不取决于被害人。只有在极个别情况下，出于刑事政策的考虑，国家才不轻易介入，而将起诉权有保留地让与被害人，此时表现为自诉案件。

犯罪因为具有对公众的侵害性，才使犯罪不单是犯罪人与被害人之间的私人恩怨，更是犯罪人与公众的公共事务。犯罪对公众的侵害体现为使公众产生的恐怖心理。具体可从如下几方面进行分析：

（1）罪过形式。不同的罪过，之所以产生不同的责任，是因为它们带给人们的恐怖感不同。无论是故意犯罪还是过失犯罪，其结果都是一样的，但产生的惊恐感不同。对于故意犯罪，犯罪人故意对抗法律，公然蔑视社会秩序，它使人们笼罩在不安、危险、恐惧和焦虑中。而对于非故意犯罪，犯罪人并不想使自己与法律对立，他之所以犯罪或者是由于缺乏避免犯罪的意念，或者是各种不幸汇集到一起的缘故。"被公平的本能所引导的人们几乎总是认为对于一个过失犯罪的罪犯来说，与其谴责他还不如同情他。实际上，一个具有一般感觉力的人对于由于他的无知而产生的罪恶，会感到无限的悔恨。

比起惩罚来他更需要同情。他甚至不比其他人更可怕，他对过去的悔恨为将来提供了特别的安全"。[1]

（2）罪犯身份。罪犯的身份对其引起的惊恐也会产生不同的影响。军队抢劫、杀人造成的恐惧就大于一般身份的人实施的抢劫、杀人。医生杀死病人造成的恐惧要大于普通人杀人引起的恐惧。多家媒体曾报道某英国医生利用医疗便利杀死 50 多个病人，该案例触目惊心。医院原本是救死扶伤的地方，医生被看作是白衣天使，但医院现在成了屠宰场，医生成了屠夫，其造成的惊恐可想而知是多么巨大。

公务人员的身份对其犯罪造成的恐怖有特殊的影响。在政治参与感较弱的社会历史条件下，盗窃会产生明显的惊恐，而财务管理人员挪用或侵吞财物的行为一般不会产生同样的影响，人们感到更多的是义愤，而不是恐惧。我国学界经常提及盗窃罪和贪污罪不同数额起点的问题，质问贪污罪的数额起点为何高于盗窃罪。笔者认为贪污罪的起点高于盗窃罪的一个重要理由就是在以往的社会历史条件下，人们的政治参与感较弱，对公务人员的行为关注不多，因而对前者感受的恐惧要低于后者。当然，随着社会条件的变化，公务人员的行为开始备受关注，贪污和侵占带来的恐惧也与日俱增，甚至有超过盗窃的趋势，此时两者在起点上若再具有差别，则于理不通。

（3）犯罪动机。动机对犯罪恐怖程度的影响并不体现在动机是好是坏，而是体现在动机出现的频率上。动机越特殊越不常见，造成的惊恐就越小。动机越普通越常见，造成的惊恐就越大，因为动机的常见性、频繁性会使人们时刻生活在惊恐之中。例如，为谋求巨额遗产而杀人造成的恐怖就轻于因为超车、抢座位而杀人造成的恐怖。

动机的好坏对行为性质并无影响。一个人偷面包，一个人买面包，他们的动机都是饥饿。一个人投笔从戎，一个人献身科学，动机都是爱国。学者们安贫乐道、洁身自好，崇尚门面的人极尽奢华、夸奇斗富，王侯们攻城掠地、白骨盈野，勇士们怒而拔剑、奋然一击，他们都是被同样的动机所驱

[1]　［英］吉米·边沁：《立法理论——刑法典原理》，孙力等译，中国人民公安大学出版社1993 年版，第 9 页。

使——对名誉的酷爱。

动机的好坏最多只能影响行为的道德质量，但却无法改变行为的性质。最令人满意的动机也不能使有害行为变为有益的行为，最邪恶的动机也不能将有益行为变为有害行为。动机的好坏对犯罪的侵害并无影响，只有动机出现的频率才对犯罪产生影响。

（4）犯罪预防的难易。犯罪越容易预防，它引起的惊恐就会越少。犯罪越难预防，它引起的惊恐就会越大。

（5）犯罪的时间、地点、环境。如同黑的背景能进一步表现白的色调一样。犯罪的时间、地点、环境作为活动背景能够进一步凸显犯罪的严重程度。如在公共场所抢劫，光天化日之下强奸，发生洪水、地震时大肆犯罪等。

四、参考意见

在本案当中，被告人的主观罪过属于故意，即故意利用餐厨废弃油加工劣质食用油脂，并且在明知下家购买其用餐厨废弃油加工的劣质油脂冒充合格豆油等的情况下，仍予以生产、销售，流入饲料、药品加工等企业，其主观恶性大；生产、销售有毒、有害食品的犯罪行为持续时间长，波及范围广，严重危害食品安全，严重危及人民群众的身体健康，情节特别严重，应依法严惩。

案例三：梁某盗窃案

13 - 3

一、基本案情

2015 年 6 月 15 日 3 时许，旅客麦某持有效客票从沈阳北站乘上齐齐哈尔开往北京的 T48 次旅客列车，铺位号为 4 车厢 14 号中铺。麦某上车后将随身携带的白色布包放置在 14 号铺位对应的行李架上方，包内有和田玉原石 13

块、手链 7 串（经鉴定，共价值人民币 82.9 万元）及衣物、学生证、银行卡等物品。次日 9 时，麦某被设定的手机闹钟唤醒，看到自己放在行李架上的布包还在原位，之后又睡去。当麦某于 9 时 30 分许再次醒来时，发现列车已经停靠终点站北京站，车厢内旅客已经全部下车，自己放置在行李架上的布包丢失。麦某立即找到正在锁闭车门的本车厢列车员张某，向其报告布包丢失的情况。张某与麦某一同在 4 车厢寻找未果后，麦某向列车长报告。副列车长陈某与麦某、张某在 4 车厢内各个铺位的中、下铺及铺下再次寻找未果后，麦某向公安机关报案。被告人梁某及其妻子刘某（另案处理）系北京东方之星保洁有限公司合同制保洁工人，负责列车终到北京站后车厢内的保洁工作。梁某、刘某共同负责本次列车 3、4、5、6、加 2 车厢的保洁工作。梁某于当日 9 时 25 分许从该次终到北京的 T48 次列车 3 车厢车门上车，经 4 车厢走到 6 车厢开始保洁作业。当日 14 时许，梁某在 4 车厢进行保洁作业过程中，在 9 号上铺发现麦某的白色布包，并将布包交给同在 4 车厢作业的妻子刘某。梁某在旁边观看，刘某将布包打开，并将其中的和田玉原石、手链、2 件半袖衫及白色布包装入梁某的工作包内，将其余物品丢弃到该车厢的垃圾桶中。梁某、刘某完成保洁工作后，将上述物品带回刘某的集体宿舍。刘某将其中的 2 件半袖衫送给同宿舍工友，在工友不要的情况下丢弃。将和田玉原石、手链放置在宿舍内一木质衣柜下方藏匿。公安机关经侦查，将梁某、刘某列为重点嫌疑人并于 2015 年 6 月 26 日在北京站将 2 人抓获归案。在刘某指认下，公安民警在刘某宿舍内木质衣柜下方查获和田玉原石 13 块、手链 7 串。破案后，全部赃物已返还被害人。梁某归案后交代了自己在 4 车厢 9 号上铺发现布包并占为己有的事实。

公诉机关针对指控的上述事实，向法庭提供了证人证言、被害人陈述、相关物证、书证、鉴定意见等证据。公诉机关认为，被告人梁某以非法占有为目的，秘密窃取他人财产，数额特别巨大，其行为触犯了《刑法》第 264 条之规定，构成盗窃罪。梁某不具备对被盗财物价值特别巨大的认识，可以综合本案案情，在主客观相一致的范围内对盗窃数额进行数额较大或者数额巨大的认定；梁某归案后如实供述自己的罪行，系坦白，根据《刑法》第 67 条第 3 款的规定，可以对其从轻处罚。

一审法院认为，被告人梁某以非法占有为目的，秘密窃取他人财物，其行为已构成盗窃罪。公诉机关指控的事实清楚，证据确实、充分，罪名成立，应予支持。公诉机关指控梁某存在价值认识错误的观点正确，予以采纳。经查，社会一般人对和田玉的真伪及价值缺乏完整、准确的判断。根据梁某、刘某的文化程度、生活阅历，2 人辩解称自己不知道是和田玉、不知道价值这么高是合理的；梁某与刘某发现麦某提包后，将其中的 2 件半袖衫及玉石带回宿舍，并将玉石以黑色塑料袋包装存放于可居住 8 人的集体宿舍木质衣柜下方，直至案发 10 日后被公安机关缴回，期间未予转移、销售，也证明 2 人对财物的价值产生了错误认识。虽然 2 人对财物的价值产生了错误认识，但 2 人除和田玉石外，将麦某提包及包内的其他物品均予丢弃或赠送他人，可以认定 2 人对和田玉石价值较大是有认识的。根据主客观相一致、罪责刑相适应的刑法原则，结合本案的具体情节，和梁某的一贯表现，梁某应承担盗窃数额较大的刑事责任。另外，盗窃犯罪中的盗窃数额是衡量犯罪行为危害大小的重要依据，但不是唯一依据。梁某明知包裹是他人的物品，以占便宜的动机予以占有且拒不上交，其行为具有社会危害性。客观上也造成了被害人数额特别巨大的财物受到损失的现实危险。该行为应当受到刑法的否定评价，应当予以定罪处罚。同时，对其定罪处罚亦能对社会公众起到应有的指引、示范作用。辩护人提出的梁某的行为构成侵占罪的辩护观点错误，不予采纳。经查，被害人麦某将包裹存放于 4 车厢 14 号铺位对应的行李架上方，虽然现有证据无法确定是谁将包裹置于 9 号上铺，但不外乎以下三个可能：一是由被告人梁某从行李架上盗窃后藏匿于此；二是由他人盗窃后藏匿于此，此时包裹由盗窃人占有，梁某未经他人同意取得财物的行为是盗窃行为；三是由他人出于不良动机将包裹转移丢弃于此，此时因车辆属封闭空间，车内财物应由车辆的管理者占有，梁某的行为仍是盗窃行为。故不论是哪种可能，此物品在客观上均不属于遗忘物，梁某的行为均不构成侵占罪。本案中梁某是经受过培训的工作人员，其与所在公司签订的劳务合同和安全协议中也明确记载捡拾到物品应上交列车长或本公司。拒不上交的，公司可以解除劳动合同；情节严重的，移交公安机关处理。梁某应当明知车上物品应由列车管理者或本公司管理者管理，也应当明知自己捡拾财物拒不上交的法律后果，因此其不会产生错误认识。梁某归案后如实供述犯罪事实，系坦白，依法可以从轻处罚；全部赃物被依法收缴并返还给被害人，客观上减轻了社会危害，依法可以酌情从轻处罚。依照《刑法》第 264 条、第 67 条第 3 款、第 64 条、第 52 条、第 53 条、第 72 条第 1 款、第 3 款、第 73 条第 1 款、第 3 款的规定，判决如下：①被告人梁某犯盗窃罪，判处有期徒刑 1 年，缓刑 2 年，并处罚金人民币 5000 元；（缓刑考验期限，从判决确定之日起计算。罚金在判决生效后 10 日内缴纳）。②追缴的和田玉原石 13 块、手链 7 串，依法返还被害人麦某（已返还）。

二、法律问题

对加重情节是否需要主客观一致才能认定成立情节加重犯？

三、法理分析

情节的归责是否与主观认识相关，这在国内外刑法理论中都是一个颇有争议的问题。如早期的意大利刑法理论便坚持对情节应当"客观归罪"，行为人主观认识与刑法情节的归责无关。但后期《意大利刑法典》却对此改弦更张，提出"减轻或免除刑罚的情节应作有利于行为人的认定，即使行为人对此没有认识，或错误地认为其不存在"，"加重刑罚的情节，只有在为行为人所认识，或者因过失而没有认识，或因过失决定的错误而认为其不存在时，才应由行为人承担"。如此一来，表减轻的情节归责采用客观标准，表加重的情节归责则以行为人至少有过失为标准。《意大利刑法典》作出如此改变的理由是认为对加重刑罚的情节如不考虑主观认识，则不符合《意大利宪法》规定的罪过原则。[1]

对于表减轻程度的情节，中外学者意见比较统一，都倾向于"客观归责"。因为表减轻程度的情节更多体现的是人文关怀和刑事策略，所以不必强调必须与认识相关，只要客观上可归属于当事人，当事人就可受益，如此做法才更有利于发挥表减轻程度情节的人文关怀和刑事策略功效。

争议较大的是对于表加重程度情节，是否需要与主观相联系才能让当事人负责。换句话说，在认定是否成立情节加重犯的时候，除了考虑客观情节

---

〔1〕 ［意］杜里奥·帕多瓦尼：《意大利刑法学原理》，陈忠林译，法律出版社 1998 年版，第 275~276 页。

外，是否要同时考虑当事人对客观情节的主观认识问题。以盗窃罪为例，对所窃取财物的价值是否需要包含在对对象的认识之中，引发了学者激烈的争论，形成了否定说和肯定说两种观点。否定说认为罪与非罪、罪重与罪轻的界限并不是由行为人的自我认识决定，而是由司法机关根据法律和事实确定，盗窃罪的行为客体只是财物，取得财物是盗窃的结果，至于盗窃数额本身并非盗窃的结果，因而不能纳入盗窃罪故意的认识范围。肯定说认为根据主客观相统一原则，行为人对窃取财物价值的认识必须达到数额较大、数额巨大或者数额特别巨大的具体程度。

刑事责任问题归根结底是归责与负责问题，如有学者所说："于客观（即外部）有行为，并有结果，且行为与结果有联络，即有因果关系……称曰行为之危险性，又可称曰犯罪之物界要素，亦称曰物界之罪性，简称曰物性。又于主观（即内部），行为人因一定心理状态或精神状态与其行为及结果有联络，此可称曰犯罪之心理要素，亦称心界之罪性，简称曰心性……故责任之为物心两界之联络，即物性与心性之结合，以物性归着心性，称曰归责。使心性承担物性，称曰负责。责任在此即指归责及负责之全体条件而言也。"[1]

四、参考意见

从负责的角度而言，必须查明行为人是否有辨认控制能力，是否有故意过失、期待可能性，以主观要件来限制刑罚范围。无论是基本行为还是加重情节，行为人都需要对其具有认识或者至少是认识可能性。就盗窃罪而言，行为人必须要对加重的犯罪数额有一定程度的认识，或者说至少要有预见的可能性。具体到本案中，根据生活常识以及被告人文化程度、生活阅历，被告人辩解称自己不知道是和田玉、不知道价值这么高是合理的，但是被告人将提包及包内的其他物品均予丢弃或赠送他人，可以认定被告人对和田玉石价值较大是有认识的。根据主客观相一致、罪责刑相适应的刑法原则，结合本案的具体情节，被告人应承担盗窃数额较大的刑事责任，不宜按照数额巨大这一加重情节认定量刑档次。

---

[1] 陈瑾昆：《刑法总则讲义》，中国方正出版社 2004 年版，第 94 页。

拓展案例

案例：李某犯传播淫秽物品牟利罪案

一、基本案情

原判认定，2016年9月28日至10月10日期间，被告人李某以自己的微信号×××，昵称DJMV（之前的昵称"山仔哥"）建立并运行一个名为"［CCTV10］龙某手专区"的微信群，亲自或允许群内其他成员拉人入群并向该群上传淫秽视频，在此期间，被告人李某向个别新加入群的成员通过微信红包的方式收取10元至30元不等，牟取利益，共非法获利400多元。经肇庆市公安局鼎湖分局从被告人李某及"［CCTV10］龙某手专区"微信群成员张某2、张某1、温某的手机中共提取到"［CCTV10］龙某手专区"微信群的246个视频并作鉴定，以上视频均被鉴定为淫秽物品。

原判认定上述事实，有搜查笔录、远程勘验工作记录、电子物证检查工作记录、照片截图、鉴定书、证人证言、被告人的供述与辩解等证据证实。原判根据上述证据和事实认为，被告人李某以牟利为目的，利用互联网传播淫秽物品，其行为已构成传播淫秽物品牟利罪，且情节严重。鉴于被告人李某归案后能如实供述自己的犯罪事实，依法可以从轻处罚。依照《刑法》第363条第1款、第67条第3款、第64条、第52条、第53条、第72条、第73条以及《最高人民法院、最高人民检察院关于办理利用互联网、移动通讯终端、声讯台制作、复制、出版、贩卖、传播淫秽电子信息刑事案件具体应用法律若干问题的解释（一）》（以下简称《淫秽电子信息犯罪解释（一）》）第1条第1款第1项、第2条之规定，判决：①被告人李某犯传播淫秽物品牟利罪，判处有期徒刑3年，缓刑4年，并处罚金人民币15 000元。②追缴被告人李某的违法所得人民币400元，上缴国库；随案移送的三星手机1台，予以没收，存档备查。

广东省德庆县人民检察院抗诉认为：①李某在侦查阶段先是供认"［CCTV10］龙某手专区"微信群由其建立，后又否认，在第二次庭审时又供认由其建立。在第二次庭审中，李某否认在"［CCTV10］龙某手专区"微信群上传淫秽视频。原判认定其"如实供述自己的犯罪事实"有错误。②被告人李某本人亲自或允许他人上传淫秽视频达 246 个，属情节严重，法定量刑幅度在 3 年以上 10 年以下，且没有法定减轻、从轻情节，李某在警告后仍不知悔改，主观恶性非常大，原判对其判处 3 年有期徒刑是最低法定刑，属于量刑畸轻。③本案属"情节严重"，不能适用缓刑，原判对被告人李某适用缓刑不当。综上，提出抗诉，提请依法判处。

广东省肇庆市人民检察院支持抗诉意见认为，李某没有如实供述自己罪行，不具备悔罪表现，不符合适用缓刑的条件，原判对李某适用缓刑错误，应当撤销缓刑。

李某辩护人提出：①李某对自己行为的辩解属于法律赋予其基本权利，抗诉机关据此认为李某"认罪态度不好"并提出抗诉的理由不成立。②公安机关在李某手机内存仅查获 5 个淫秽视频，而在其他证人的手机内存查获的淫秽视频远远超过这个数量，抗诉机关认为李某亲自或允许他人传播淫秽视频 246 个，没有证据证实，并据此提出原判对其量刑畸轻缺乏事实和法律依据。③《刑法》第 72 条明确规定了适用缓刑的法定条件，原判对李某适用缓刑是依法行使审判裁量权，抗诉机关以"适用缓刑不当"为由提起抗诉，属滥用法律监督权。综上，抗诉机关的抗诉理由不成立。④根据法律规定构成传播淫秽物品牟利罪必须符合以牟利为目的、传播淫秽物品达到一定数量、违法所得达到 5000 元三个基本特征，公安机关仅在李某手机查获 5 个淫秽视频，且其供述仅收取红包 400 元，故其行为不构成犯罪，原判对其判处罚金 15 000 元超过其违法所得的 5 倍，属认定事实不清，适用法律错误。综上所述，建议二审查清事实，改判无罪。

二、法律问题

情节加重犯适用条件的"情节严重"与缓刑适用条件中的"犯罪情节较轻"在适用时是否相矛盾？

三、重点提示

《刑法》第 363 条第 1 款及《淫秽电子信息犯罪解释（一）》规定，传播淫秽视频文件 100 个以上认定为"情节严重"，应处 3 年以上 10 年以下有期徒刑。可见，传播淫秽物品牟利案件中的"情节严重"属于情节加重犯。本案中，李某传播淫秽视频文件在 105 个以上，依法应认定为"情节严重"。

《刑法修正案（八）》对缓刑适用条件规定，对于被判处拘役、3 年以下有期徒刑的犯罪分子，同时符合下列条件的，可以宣告缓刑：①犯罪情节较轻；②有悔罪表现；③没有再犯罪的危险；④宣告缓刑对所居住社区没有重大不良影响。

拓展资料

13 - 4

| 专题十四 |

追诉期限

📖 知识概要

　　追诉期限，是指刑事法律规定的，对犯罪分子追究刑事责任的有效期限。犯罪已过追诉期限的，不再追究刑事责任。对于追诉期限的制度价值，学界基本存在如下几种学说：

　　"怠于行使说"认为因为国家司法机器在足够长的时间内不积极、有效、如期地行使追诉权和刑罚权，就意味着国家求刑权代行机关默示放弃自己的权利，从而导致求刑权归于消灭。

　　"社会遗忘说"认为犯罪人在犯罪后经过足够长的时间，"社会已逐渐遗忘其犯罪行径，被害人对他的仇恨也因时间的流逝而消解，犯罪人的家庭生活亦已步入正常"；[1]如果继续予以追究刑事责任，则会由于"刑法的这种机械干预而使已经恢复正常的社会有序秩序重新遭到破坏，引起新的不安定因素"。[2]

　　"证据湮灭说"强调"时间的消逝对于诉讼的影响，特别是对于证据的搜集以及证据的证明力保全的影响至关重要，……可能严重妨碍诉讼权的实施，影响定罪处刑的质量"，[3]不公正裁判的可能性大大增加，因此，与其增加司法程序上的麻烦，案件的处理存有疑虑，不如设立时效制度，让刑罚权归于消灭；同时，时效制度可以使司法机关放弃陈年旧案的无意义的纠缠，集中

---

〔1〕　高铭暄、马克昌主编：《刑法学》，北京大学出版社2000年版，第321～322页。
〔2〕　马克昌主编：《刑罚通论》，武汉大学出版社1995年版，第669页。
〔3〕　马克昌主编：《刑罚通论》，武汉大学出版社1995年版，第501页。

精力处理现行犯罪。

"刑罚同一说"认为犯罪人实施犯罪后，在逃避国家刑法制裁的长期过程中，昼夜寝食难安、惶惶如丧家之犬，"其无形之痛苦，实不亚于实际适用刑罚"。[1]虽然对犯罪人没有处以刑罚，但事实上经历了相当程度的肉体的痛苦与精神的折磨，实际也达到了刑罚的目的。

"改善推测说"认为犯罪人在实施犯罪后相当长的时期内没有再犯新罪，可以推定其主观恶性和人身危险性都已有所改善，再犯罪的危险性已经消除。此时，对于犯罪人不仅没有通过处以刑罚进行特殊预防的必要，而且会使已经趋于稳定的社会关系重新变得不稳定，甚至引发新的社会矛盾。

我国刑法在规定追诉期限时，已经充分考虑了犯罪分子利用时效制度逃避法律制裁的可能性，因此对于不同严重程度的犯罪分别规定不同的追诉期限，同时还规定了追诉期限重新计算和不受追诉期限限制的情况。

法定最高刑期	法定追诉期限
法定最高刑为不满 5 年有期徒刑的。	追诉期限为 5 年。
法定最高刑为 5 年以上不满 10 年有期徒刑的。	追诉期限为 10 年。
法定最高刑为 10 年以上有期徒刑的。	追诉期限为 15 年。
法定最高刑为无期徒刑、死刑的。	追诉时效的期限为 20 年。如果 20 年以后认为必须追诉的，报请最高人民检察院核准后，仍然可以追诉。

追诉期限的起算	追诉期限从犯罪之日起计算，犯罪行为有连续或者继续状态的，从犯罪行为终了之日起计算。
追诉期限的重新计算	在追诉期限以内又犯罪的，前罪追诉的期限从后罪成立之日起计算。
不受追诉期限限制的情形	（1）人民检察院、公安机关、国家安全机关立案侦查或者在人民法院受理案件以后，逃避侦查或者审判的，不受追诉期限的限制。 （2）被害人在追诉期限内提出控告，人民法院、人民检察院、公安机关应当立案而不予立案的，不受追诉期限的限制。

---

〔1〕　于志刚：《追诉时效制度比较研究》，法律出版社 1998 年版，第 5 页。

经典案例

案例一：李某滥用职权案

14 - 1

一、基本案情

中山市第一人民法院审理中山市第一市区人民检察院指控原审被告人李某犯滥用职权罪一案，于 2016 年 12 月 16 日作出（2016）粤 2071 刑初 2291 号刑事判决。原审被告人李某不服，提出上诉。二审法院于 2017 年 3 月 21 日作出（2017）粤 20 刑终 19 号刑事裁定，撤销原审判决，发回中山市第一人民法院重新审判。中山市第一人民法院另行组成合议庭审理了本案，于 2017 年 5 月 31 日作出（2017）粤 2071 刑初 765 号刑事判决。原审被告人李某不服，提出上诉。

一审法院查明，2010 年 8 月，被告人李某在负责使用新型墙体材料工程申请返退基金的审批工作期间，接受时任中山市港口镇建设管理所副所长邬某（已判刑）的请托，利用审批的职务便利，在审批中山市金龙游乐设备有限公司（以下简称金龙公司）申请退回新型墙体材料专项资金的过程中，明知金龙公司提供虚假的发票、检验报告，不符合退款条件，不按规定到现场检测墙体材料，滥用职权违规认定金龙公司符合退款要求，审批退回金龙公司新型墙体材料专项资金人民币 429 011 元。同年 10 月 15 日，金龙公司收到返退的新型墙体材料专项资金人民币 429 011 元。后邬某收受金龙公司赠送的好处费人民币 204 630 元。同年 11 月，李某收受邬某从中给予的好处费人民币 50 000 元。2016 年 3 月 8 日，被告人李某接侦查人员电话通知后自行到案，并如实供述上述犯罪事实。案发后，李某退缴赃款人民币 50 000 元至中山市第一市区人民检察院账户。

一审法院认为，被告人李某无视国家法律，身为国家机关工作人员，徇私舞弊，滥用职权，致使国家财产遭受重大损失，并利用职务上的便利，为他人谋取利益，非法收受他人财物，其行为已分别构成滥用职权罪、受贿罪，依法应予惩处。李某在判决宣告前犯滥用职权罪、受贿罪，依法应当数罪并罚。犯罪分子违法所得的一切财物，依法应当予以追缴。李某犯罪后自动投案，如实供述自己的罪行，是自首，依法可以从轻处罚。李某归案后积极退缴赃款，有悔罪表现，可以酌情从轻处罚。公诉机关指控李某犯滥用职权罪的事实清楚，证据确实、充分，罪名成立，予以支持；但未指控李某犯受贿罪，应依法予以认定并追究其刑事责任。根据《刑法》第397条第2款、第385条第1款、第386条、第383条第1款第1项、第69条第1款、第3款、第67条第1款、第64条、《最高人民法院、最高人民检察院关于办理渎职刑事案件适用法律若干问题的解释（一）》第1条第1款、第3条、《最高人民法院、最高人民检察院关于办理贪污贿赂刑事案件适用法律若干问题的解释》第1条第1款、第17条、第19条及《最高人民法院关于处理自首和立功具体应用法律若干问题的解释》第1条的规定，作出如下判决：①被告人李某犯滥用职权罪，判处有期徒刑1年5个月；犯受贿罪，判处有期徒刑6个月，并处罚金人民币10万元；总和刑期有期徒刑1年11个月，并处罚金人民币10万元；决定执行有期徒刑1年6个月，并处罚金人民币10万元。②被告人李某退缴的违法所得人民币5万元依法予以追缴。

被告人李某以本案已过追诉期限为由提出上诉，请求二审法院宣告其无罪。

二审法院查明，一审判决认定原审被告人李某滥用职权的事实清楚，证据确实、充分，且证据均已经原审法院庭审举证、质证，法院予以确认。关于上诉人李某提出本案已过追诉期限的意见，二审法院认为：①关于上诉人李某所犯滥用职权罪是否已过追诉期限的问题。经查，依照《刑法》第397条的规定，国家机关工作人员徇私舞弊，滥用职权，致使国家遭受重大损失的，处5年以下有期徒刑或者拘役。本案中，上诉人李某滥用职权，致使国家遭受重大损失，又从中收受他人贿送的款项，即属以上规定的情形，依法应当处以5年以下有期徒刑或者拘役。依照《刑法》第87条的规定，法定最高刑为5年以上不满10年有期徒刑的，追诉期限为10年。上诉人李某滥用职权的行为终了之日为2010年10月15日，侦查机关对李某涉嫌滥用职权行为立案侦查的时间为2016年3月8日，故上诉人李某所犯滥用职权罪未过追诉期限。②关于原判认定上诉人李某所犯受贿罪是否已过追诉期限的问题。经查，根据《最高人民法院关于被告人林少钦受贿请示一案的答复》，追诉期限应当根据司法机关立案侦查时的法律规定予以认定。本案中，侦查机关对上诉人李某涉嫌受贿行为立案侦查的时间亦为2016年3月8日，故应按此时刑法的规定确定追诉期限。根据《刑法》第386条、第383条第1款第1项及《最高人民法院、最高人民检察院关于办理贪污贿赂刑事案件适用法律若干问题的解释》第1条第1款的规定，上诉人李某受贿5万元属数额较大，依法应当处3年以下有期徒刑或者拘役，并处罚金。依照《刑法》第87条的规定，法定最高刑不满5年有期徒刑的，追诉期限为5年。据此，上诉人李某所犯受贿罪的追诉期限为5年。本案中，上诉人李某受贿行为发生时间为2010年11月，而侦查机关对李某受贿行为立案侦查的时间为2016年3月8日，此时已过追诉期限。故上诉人李某提出其所犯受贿罪已过追诉期限的意见成立，予以采纳，但所提全案已过诉讼时效，请求宣告其无罪的意见不能成立，不予支持。

二审法院认为，一审判决认定的事实清楚，证据确实、充分，但认定上诉人李某所犯受贿罪未过追诉期限不当，导致定性有误，量刑不当，依法予以纠正。依照《刑事诉讼法》（2012年修正）第225条第1款第2项、《刑法》第397条、第67条第1款、第64条、《最高人民法院、最高人民检察院关于办理渎职刑事案件适用法律若干问题的解释（一）》第1条第1款第2项、《最高人民法院关于处理自首和立功具体应用法律若干问题的解释》第1条的规定，判决如下：①维持中山市第一人民法院（2017）粤2071刑初765号刑事判决第1项中对原审被告人李某所犯滥用职权罪的定罪量刑部分及第2项即追缴违法所得部分；②撤销中山市第一人民法院（2017）粤2071刑初765号刑事判决第1项中对原审被告人李某所犯受贿罪的定罪量刑部分及总和刑罚、执行刑罚部分；③上诉人（原审被告人）李某犯滥用职权罪，判处有期徒刑1年5个月。

二、法律问题

1. 如何认定追诉期限的时间点?
2. 追诉期限的新旧刑法衔接问题?

三、法理分析

追诉期限实际上是一个时间段的概念,法律将追诉期限时间段的起点规定为犯罪之日,如果犯罪行为有连续或者继续状态的,追诉期限从犯罪行为终了之日起计算。

1. 犯罪之日一般认为是指犯罪成立之日,即不法行为符合某一犯罪的犯罪构成之日。某一行为是否可以被视为犯罪,不仅要考虑犯罪行为,而且还要考虑犯罪构成的其他要件,如因果关系、危害后果、行为主体等多个要素。可以说,犯罪行为是犯罪成立的核心要素,但仅仅是一个要素,并不能代表犯罪构成的全部内容。因此,将犯罪行为实施之日或者完成之日作为追诉期限的计算起点,就有可能将那些不构成犯罪而仅仅是一般违法行为的实施时间作为犯罪追诉的起点,导致追诉期限提前;也可能将那些隔时犯如犯罪行为实施在前,犯罪结果发生在后的行为,以超出追诉期限为由使之逃避惩治。因此,将犯罪之日理解为犯罪成立之日符合不枉不纵原则。由于刑法对不同种类和形态的犯罪所规定的构成要件不同,因而其犯罪成立之日的计算标准亦相应不同。行为犯或以某种危害结果的发生为既遂构成所必需的犯罪,应从犯罪行为实施之日起计算;危险犯,应从实施危险行为之日起计算;结果犯,应从犯罪结果发生之日起计算,过失类犯罪、渎职类犯罪一般都如此。对于特殊犯罪形态,应该结合特殊犯罪形态予以特殊确认,对于预备犯,应从预备犯罪之日起计算;中止犯,应当分情况予以确定:如果是在着手实行犯罪后中止犯罪,应从犯罪行为实施之日起计算;如果在预备阶段中止犯罪,则应从犯罪中止成立之日起计算;未遂犯,应从犯罪未遂成立之日起计算;共同犯罪,以整体共同犯罪行为得以实施之日起计算。犯罪行为发生在我国境外,而犯罪结果发生在我国境内的犯罪,考虑到管辖是从结果发生才开始,因此对追诉期限的起点计算也应从犯罪结果发生之日起计算。需要特殊说明的是,法律往往规定了一些加重结果或者加重情节，这些加重情节或者加重结果可能是与犯罪成立时间同时，也可能是时间滞后于犯罪成立时间，但无论怎样，只要不是犯罪成立要件，那就不影响追诉期限的起算时间，至多影响追诉期限的时间长短计算。

刑法上连续犯是指在同一预先犯罪故意下，在一定时间内连续实施数个相对独立的犯罪行为，触犯同一罪名的犯罪形态。连续犯要求数个行为都构成独立犯罪，且数个行为是在同一预先犯罪故意下实施，即具有连续意图。刑法上的继续犯是指作用于同一对象的一个犯罪行为与不法侵害状态在一段时间内都处于持续状态中的犯罪形态。比如非法拘禁、重婚。继续犯要求是一个行为、针对相同对象、行为与不法侵害处于持续状态。对于连续犯和继续犯，因为犯罪虽已成立，但仍处于连续或继续状态，对其追诉的时效期间当然不应从犯罪行为开始计算，否则就可能造成犯罪尚未停止，而追诉期限已过的逻辑矛盾。

具体到本案中，被告人的滥用职权的行为发生在 2010 年 8 月，即被告人李某明知金龙公司提供虚假的发票、检验报告，不符合退款条件，不按规定到现场检测墙体材料，滥用职权，违规认定金龙公司符合退款要求，审批退回金龙公司新型墙体材料专项资金人民币 429 011 元。但是滥用职权的结果发生在 2010 年 10 月 15 日，即金龙公司收到返退的新型墙体材料专项资金人民币 429 011 元。考虑到滥用职权的成立要求有后果，因此办案中滥用职权罪的追诉期限起算时间点从犯罪成立之日，即 2010 年 10 月 15 日起算。受贿事宜上，被告人 2010 年 11 月收受邬某从中给予的好处费人民币 50 000 元，受贿犯罪此时已经成立，因此受贿罪的追诉期限从此时算起。

2. 《刑法》经过多次修订，有关诉讼时效的相关法律规定也经历过多次修订，由此就引发了如何适用新、旧刑法问题。《最高人民法院关于被告人林少钦受贿请示一案的答复》（［2016］最高法刑他 5934 号）明确，追诉期限是依照法律规定对犯罪分子追究刑事责任的期限，在追诉期限内，司法机关应当依法追究犯罪分子刑事责任。对于法院正在审理的贪污贿赂案件，应当依据司法机关立案侦查时的法律规定认定追诉期限。依据立案侦查时的法律规定未过时效，且已经进入诉讼程序的案件，在新的法律规定生效后应当继续审理。

此批复虽然是针对贪污贿赂作出的批复，但对其他类型的案件也具有指导借鉴意义。按此批复，追诉期限以司法机关立案侦查时的法律规定为准。具体到本案中，虽然被告人的案件发生在 2010 年，但是对其立案侦查的时间亦为 2016 年 3 月 8 日，故应按当时《刑法》即 2015 年修正的《刑法》的规定确定追诉期限。根据《刑法》第 386 条、第 383 条第 1 款第 1 项及《最高人民法院、最高人民检察院关于办理贪污贿赂刑事案件适用法律若干问题的解释》第 1 条第 1 款的规定，上诉人李某受贿 5 万元属数额较大，依法应当处 3 年以下有期徒刑或者拘役，并处罚金。依照《刑法》第 87 条的规定，法定最高刑不满 5 年有期徒刑的，追诉期限为 5 年。据此，上诉人李某所犯受贿罪的追诉期限为 5 年。

四、参考意见

1. 法律将追诉期限时间段的起点规定为犯罪之日，犯罪之日一般认为是指犯罪成立之日，即将不法行为符合某一犯罪的犯罪构成之日作为追诉期限起算的时间点。如果犯罪行为有连续或者继续状态的，追诉期限从犯罪行为终了之日起计算。

2. 对于法院正在审理的案件，应当依据司法机关立案侦查时的法律规定认定追诉期限。

案例二：孙某甲、孙某乙被控故意伤害因超过追诉期限终止审理案

一、基本案情

1998 年 11 月 15 日下午 5 时许，被告人孙某甲在无锡市黄巷街道高田上 28 号门口与邻居孙某清发生争执，后以其在场的母亲孙某菊额部被砖块砸伤为由，与弟弟即被告人孙某乙及其父母一起闯入 29 号孙某清家中，与孙某清、孙某秀夫妇发生厮打。期间，孙某甲将孙某清左手环指扳伤，孙某乙将孙某秀嘴部打伤。无锡市公安局于 1999 年 5 月 24 日出具法医鉴定意见，认定孙某清左环指远侧指间关节活动不能，呈屈位；孙某秀左上第一、右上第一牙缺失，牙龈红肿，活动性出血，左上第二牙牙折。孙某清、孙某秀所受的损伤均已构成轻伤。

1999 年 9 月 14 日，无锡市公安局原郊区分局立案侦查，1999 年 10 月 30 日以被告人孙某乙涉嫌犯故意伤害罪向原无锡市郊区人民检察院提请逮捕。同年 11 月 5 日，原无锡市郊区人民检察院以该案事实不清为由出具了不批准逮捕、补充侦查决定书。

2002 年 7 月 2 日，无锡市公安局北塘分局（黄巷街道划归北塘区管辖）又以被告人孙某乙涉嫌犯故意伤害罪提请无锡市北塘区人民检察院提起公诉。同年 10 月 14 日，无锡市北塘区人民检察院以该案事实不清、证据不足为由，出具了补充侦查决定书。

2003 年 3 月 16 日，无锡市公安局北塘分局又以群众电话报警为案件来源，对该案被告人孙某甲并案立案侦查，并于同年 3 月 20 日分别对被告人孙某甲、孙某乙进行了传唤。2005 年 8 月 12 日，无锡市公安局北塘分局对被告人孙某甲、孙某乙采取了取保候审的措施。同年 8 月 16 日，无锡市公安局北塘分局以被告人孙某甲、孙某乙涉嫌犯故意伤害罪提请无锡市北塘区人民检察院提起公诉，无锡市北塘区人民检察院于 2005 年 9 月 29 日向无锡市北塘区人民法院提起公诉，该院于同日经立案审查受理了本案。

无锡市北塘区人民检察院以被告人孙某甲、孙某乙犯故意伤害罪，向无锡市北塘区人民法院提起公诉。

无锡市北塘区人民法院经审查认为，本案已经超过追诉期限，应当终止审理。主要理由是，被告人孙某甲、孙某乙所犯故意伤害罪的法定最高刑为有期徒刑 3 年，追诉期限为 5 年，本案发生于 1998 年 11 月 15 日，至法院受理时已经超过 5 年。而且，被告人孙某甲、孙某乙在公安机关立案后对其多次传唤和讯问时，没有任何规避的行为，法院受理以后的所有诉讼活动也能准时参加，不存在《刑法》（2005 年修正）第 88 条第 1 款规定"逃避侦查或者审判"的情形。依照《刑事诉讼法》（1996 年修正）第 15 条之规定，犯罪已过追诉期限的，不追究刑事责任，已经追究的，应当撤销案件，或者不起诉，或者终止审理，或者宣告无罪。《最高人民法院关于执行〈中华人民共和国刑事诉讼法〉若干问题的解释》（现已失效）第 117 条第 5 项规定，对于符合《刑事诉讼法》第 15 条第 2 至第 6 项规定的情形的，应当裁定终止审理或决定不予受理。既然法院已经受理，应当作出终止审理的裁定。

据此，依照《刑事诉讼法》（1996 年修正）第 15 条第 2 项、《最高人民法院关于执行〈中华人民共和国刑事诉讼法〉若干问题的解释》（现已失效）第 117 条第 5 项的规定，于 2005 年 12 月 8 日作出裁定：本案终止审理。

二、法律问题

追诉期限届满应以哪一时间点为准？

三、法理分析

追诉期限实际上是一个时间段的概念，即在此时间段内进行追诉，除非有特殊情况，否则过了这个时间段就不能再追诉。法律将时间段的起点规定为犯罪之日或犯罪行为终了之日，但是对于时间段的终点却没有作出规定，即自犯罪成立之日和犯罪行为终了之日起到哪一个事件的时间点为止作为衡量是否过了诉讼时效未作明确规定。比如，某罪最高刑罚就是 3 年，显然该罪的追诉期限是 5 年，如果没有特殊情况，从犯罪之日起开始计算，但是计算到哪一事件的时间点来衡量是否已经超过 5 年了呢？是计算到立案时看是否超过 5 年，还是计算到起诉时看是否超过 5 年，还是计算到审判时看是否已经超过 5 年？不同的终点日期理解会导致截然不同的结果。

具体到本案中，被告人孙某甲、孙某乙实施故意伤害行为的时间为 1998 年 11 月 15 日，且造成被害人孙某清、孙某秀轻伤的结果也出现在当日，事后又未发现被告人孙某甲、孙某乙有再次实施犯罪的事实。同时，本案不存在前述的《刑法》第 88 条规定的情形。因此，对被告人孙某甲、孙某乙追诉期限的起算时间应当为 1998 年 11 月 15 日。被告人孙某甲、孙某乙实施故意伤害行为造成被害人孙某清、孙某秀的损伤程度均仅为轻伤，依照《刑法》第 234 条第 1 款的规定，法定最高刑为有期徒刑 3 年。依照《刑法》第 87 条之规定，法定最高刑不满 5 年有期徒刑的，追诉期限为 5 年。因此，对被告人孙某甲、孙某乙追诉期限的完成时间应当为 2003 年 11 月 14 日。本案对孙某乙立案时间是 1999 年 9 月 14 日；对孙某乙移送审查起诉是 2002 年 7 月 2 日，被检察院退回；对孙某甲立案是 2003 年 3 月 16 日；对孙某甲、孙某乙进行传唤是 2003 年 3 月 20 日，采取取保候审的措施是 2005 年 8 月 12 日；对孙某甲和孙某乙移送审查起诉是 2005 年 8 月 16 日；检察院向法院提起公诉是 2005 年 9 月 29 日；法院作出判决是 2005 年 12 月 8 日。如果以立案日 1999 年 9 月 14 日或者实施强制措施日 2005 年 8 月 16 日作为适用追诉期限的终点，那么对被告人的追诉就没有超过追诉期限。但是如果以移送审查起诉日 2005 年 8 月 16 日或者起诉日 2005 年 9 月 29 日甚至是法院判决日 2005 年 12 月 8 日作为适用追诉期限的终点，那么对被告人的追诉就已经超过了追诉期限。

刑法学理论界和实务界对于哪一事件的时间点可以作为追诉期限的终点计算时间问题，目前看有强制措施日说、立案日说、起诉日说、法院受理日说、审判日说、结果日说。

"强制措施日说"认为追诉期限应从犯罪嫌疑人犯罪之日或犯罪行为终了之日计算到其被采取强制措施之日为止，此后的侦查、起诉、审判时间不再受追诉期限的限制。换句话说，只有在被采取强制措施之日还没有超过追诉期限的，才能追诉。最高人民法院于 1981 年 11 月印发的《关于执行刑法中若干问题的初步经验总结》中明文规定："追诉期限应当从犯罪构成之日起计算……在法定追诉期限内，自诉案件从自诉之日，公诉案件从采取强制措施之日都视为已被追诉，此后的侦查、起诉、审判时间不再受追诉期限的限制。"

"立案日说"认为案件追诉期限应从犯罪嫌疑人犯罪之日或犯罪行为终了之日计算到其被立案或者其案件被法院受理之日为止，此后的侦查、起诉、审判时间不再受追诉期限的限制。换句话说，只有在被立案之日或者案件被法院受理之日还没有超过追诉期限的，才能追诉。最高人民检察院曾在 1982 年 8 月 19 日印发的《最高人民检察院关于贪污罪追诉时效问题的复函》（以下简称《复函》）中指出："检察机关决定立案时未过追诉期限的贪污犯罪，在立案以后的侦查、起诉或者判处时超过追诉期限的，不得认为是超过追诉时效的犯罪，应当继续依法追究。"（注：该规定目前已经被废止）。《刑法》第 88 条不受追诉期限限制的情形中也提到了立案和法院受理，也有观点认为这代表了立案日说、法院受理日说。

　　"起诉日说"认为追诉的正式含义是国家提起公诉，因此追诉期限应该从犯罪嫌疑人犯罪之日或犯罪行为终了之日起计算到其被正式提起公诉之日。换言之，只有在正式提起公诉之日还没有超过追诉期限的，才能追诉。

　　"法院受理日说"认为案件追诉期限应从犯罪嫌疑人犯罪之日或犯罪行为终了之日计算到其案件被法院受理之日为止，此后的审判时间不再受追诉期限的限制。

　　"审判日说"认为追诉不只包括起诉的含义，而是包括侦查、起诉、审判的全过程，因此追诉期限应从犯罪嫌疑人犯罪之日或犯罪行为终了之日起计算到其被审判之日为止。换言之，只有在审判之日还没有超过追诉期限的，才能追诉。

　　"结果日说"认为追诉就是追究犯罪嫌疑人或被告人的刑事责任，只有在追究或不追究刑事责任的最终结果出现时，追诉才告完成，只有到此时才可以将追诉的结果落实到具体的人身上，也才谈得上实质意义上的追诉。追诉本身必须经由刑事诉讼的过程，而这个过程从立案侦查经由起诉到一审、二审终结，在时间上需有相当的期限。因此，在立案时尚未过追诉期限的案件，在追诉结果出现前，有可能因追诉的持续而在侦查、起诉、一审或二审的任一时点上追诉期限届满。相应地，以追诉结果的出现作为追诉期限的终点，应该是根据追诉一词的本义所推导出的必然结论。

　　总体而言，我们更倾向于"审判日说"。其一，《刑法》第88条第1款规定："在人民检察院、公安机关、国家安全机关立案侦查或者在人民法院受理案件以后，逃避侦查或者审判的，不受追诉期限的限制。"根据此法条，可以解读出"在人民检察院、公安机关、国家安全机关立案侦查或者在人民法院受理案件以后，未逃避侦查或者审判的，受追诉期限的限制"。《刑法》第88条第2款规定："被害人在追诉期限内提出控告，人民法院、人民检察院、公安机关应当立案而不予立案的，不受追诉期限的限制。"根据该规定，可以解读出"被害人在追诉期限内提出控告，人民法院、人民检察院、公安机关应当立案而予以立案的，受追诉期限的限制"。由此，不难看出，《刑法》对追诉期限的截止时间并未以侦查机关立案之日作为终止日，也不是以追诉机关强制措施之日作为终止日，也不是以审判机关受理之日作为终止之日，而是延伸至法院受理之日后，因此其当然可以延伸到审判期间。其二，从逻辑上讲，追诉的确是涵盖侦查、起诉与审判三大环节的一个过程，将"审判日"作为追诉期限的终点更符合追诉一词的本意，也与刑事诉讼的法定程序相对应。既然法条上可以解读出适用追诉期限的终止日可以延伸到审判期间，那么立案日说、起诉日说、强制措施日说自然就被摒弃。当然，"审判日说"也有一个问题，那就是以受理日作为审判日，还是以开庭日作为审判日，抑或以一审宣判日、二审宣判日作为审判日。如果"审判日说"认为追诉期限的终止日延伸到二审宣判日，那么其结果就和结果日说其实是一样了。如果"审判日说"将受理日作为审判日，那么其就与结果日说有所不同。审判日说的另外一个问题是其将追诉过程本身也置于追诉期限的限制之下，在刑事立案尚未超过诉讼时效的情况下，必然要求办案人员在之后的侦查、审查起诉、审判环节有较高的办案效率，否则可能出现案件因为办案单位或者办案人员的"拖沓"，而在之后的诉讼环节超过追诉期限而不追究刑事责任的情形。

本案中侦查机关和公诉机关显然是认为立案之日是适用追诉期限的终止日，法院的判决对此持否定意见，法院认为截至法院受理之日，案件已经超过追诉期限。该判决从字面上看似乎可以解读为法院采用了"受理日说"。

需要说明的是，目前司法实践中对于追诉期限届满日如何计算问题的回答可谓是五花八门，有采取保守的"立案日说"，也有采取进一步的"起诉日说"，但类似本案中将追诉期限届满日向后延伸到法院受理之日的案例屈指可数。当然，笔者认为，这种屈指可数的判决更与法律规定相符。

四、参考意见

目前司法实践中对于追诉期限届满日如何计算问题的回答可谓是五花八门，有采取保守的"立案日说"，也有采取进一步的"起诉日说"，极少数案件采取了法院受理日说。本书认为，该案中将追诉期限届满日向后延伸至法院受理之日的做法更加妥当，也更符合法律规定。

案例三：蔡某、陈某等（抢劫）不核准追诉案

14 – 2

一、基本案情

犯罪嫌疑人蔡某、林某于 1991 年初认识了在福建、安徽两地从事鳗鱼苗经营的一男子（姓名身份不详），该男子透露莆田市多人集资 14 万余元赴芜湖市购买鳗鱼苗，让蔡某、林某设法将钱款偷走或抢走，自己作为内应。蔡某、林某遂召集陈某、李某、蔡某甲、陈某甲赶到芜湖市。经事先"踩点"，蔡某、陈某等六人携带凶器及作案工具，于 1991 年 3 月 12 日上午租乘一辆面包车到被害人林某租住的房屋附近。按照事先约定，蔡某在车上等候，其余 5 名犯罪嫌疑人进入屋内，陈某上前按住林某，其他人用水果刀逼迫林某，抢到装在一个密码箱内的 14 万余元现金后逃跑。

1991 年 3 月 12 日，被害人林某到芜湖市公安局报案，4 月 18 日芜湖市公安局对犯罪嫌疑人李某、蔡某甲、陈某甲进行通缉，4 月 23 日对三人作出刑事拘留决定。李某于 2011 年 9 月 21 日被江苏省连云港市公安局抓获，蔡某甲、陈某甲于 2011 年 12 月 8 日在福建省莆田市投案（三名犯罪嫌疑人另案处理，均已判刑）。李某、蔡某甲、陈某甲到案后，供出同案犯罪嫌疑人蔡某、陈某甲、林某甲（已死亡）三人。莆田市公安局于 2012 年 3 月 9 日将犯罪嫌疑人蔡某、陈某抓获。2012 年 3 月 12 日，芜湖市公安局对两名犯罪嫌疑人刑事拘留（后取保候审），并通过芜湖市人民检察院层报最高人民检察院核准追诉。

芜湖市人民检察院、安徽省人民检察院分别对案件进行审查并开展了必要的调查。2012 年 12 月 4 日，安徽省人民检察院报最高人民检察院对蔡某、陈某核准追诉。

另据查明：①犯罪嫌疑人蔡某、陈某与被害人（林某等当年集资做生意的群众）达成和解协议，并支付被害人 40 余万元赔偿金（包括直接损失和间

接损失），各被害人不再要求追究其刑事责任。②蔡某、陈某居住地基层组织未发现二人有违法犯罪行为，建议司法机关酌情不予追诉。

最高人民检察院审查认为：犯罪嫌疑人蔡某、陈某伙同他人入户抢劫 14 万余元，依据《刑法》第 12 条、1979 年《刑法》第 150 条的规定，应当适用的法定量刑幅度的最高刑为死刑。本案发生在 1991 年 3 月 12 日，案发后公安机关只发现了犯罪嫌疑人李某、蔡某甲、陈某甲，在追诉期限内没有发现犯罪嫌疑人蔡某、陈某，二人在案发后也没有再犯罪，因此已超过 20 年追诉期限。本案虽然犯罪数额巨大，但未造成被害人人身伤害等其他严重后果。犯罪嫌疑人与被害人达成和解协议，并实际赔偿了被害人损失，被害人不再要求追究其刑事责任。综合上述情况，本案不属于必须追诉的情形，依据 1979 年《刑法》第 76 条第 4 项的规定，决定对蔡某、陈某不予核准追诉。

2012 年 12 月 31 日，最高人民检察院作出对蔡某、陈某不予核准追诉决定。2013 年 2 月 20 日，芜湖市公安局对蔡某、陈某解除取保候审。

二、法律问题

追诉期限是否最长为 20 年？

三、法理分析

《刑法》按照犯罪可能判处的刑罚轻重，设计了不同的追诉期限，其中法定最高刑为无期徒刑、死刑的追诉期限为 20 年。《刑法》在该规定的后半部分同时作了一个特殊规定，即"如果 20 年以后认为必须追诉的，须报请最高人民检察院核准"。法律如此规定，意味着追诉期限并非最长是 20 年，或者说犯罪并非经过 20 年后就绝对不再追诉。国家规定了追诉期限制度，但同时对追诉权力作了一个保留，对于法定最高刑为无期徒刑、死刑的，即使经过了 20 年，最高人民检察院仍然有权决定是否起诉。需要说明的是，国家只在可能判处无期徒刑、死刑的案件上作了权力保留，在其他案件上没有该种权力保留，即其他案件过了追诉期之后就不能再追诉。

从最高人民检察院发布的指导性案例看，对于法定最高刑为无期徒刑、死刑的案件，经过 20 年追诉期限后是否仍然追诉，主要考虑到涉嫌犯罪情节是否恶劣，后果是否严重，犯罪后是否积极逃避侦查，犯罪嫌疑人是否有明显悔罪表现，是否通过赔礼道歉、赔偿损失等方式获得被害方谅解，犯罪造成的社会影响是否消失以及不追诉是否影响社会稳定或者产生其他严重后果，等等。

具体到本案中，本案发生在1991年3月12日，案发后公安机关只发现了犯罪嫌疑人李某、蔡某甲、陈某甲，在追诉期限内没有发现犯罪嫌疑人蔡某、陈某，二人在案发后也没有再犯罪，因此已超过20年追诉期限。本案虽然犯罪数额巨大，但未造成被害人人身伤害等其他严重后果。犯罪嫌疑人与被害人达成和解协议，并实际赔偿了被害人损失，被害人不再要求追究其刑事责任。也就是说，犯罪嫌疑人没有再犯罪危险性，并且通过赔礼道歉、赔偿损失等方式积极消除犯罪影响，被害方对犯罪嫌疑人表示谅解，犯罪破坏的社会秩序明显恢复，不追诉不会影响社会稳定或者产生其他严重后果，所以对犯罪嫌疑人可以不再追诉。

四、参考意见

追诉期限最长20年，这种说法并不严谨。对于法定最高刑为无期徒刑、死刑的，即使经过了20年，最高人民检察院仍然有权决定是否起诉。

📚 拓展案例

案例：被告人李某星、丘某金非法占用农用地案

14-3

一、基本案情

2006年3月间，被告人李某星向上杭县稔田镇叶坑村村民李某光、李某富置换了位于本村"谱刚下赤竹窝"山场的经营权。后与被告人邱某金在该山场合伙开发果园，雇请他人劈山和推挖林地。2006年8月29日，被告人李某星、邱某金因非法开垦林地1800平方米，上杭县林业局作出了责令停止违法行为，限期恢复原状，罚款5400元的行政处罚决定。后被告人李某星、邱某金伙同他人在未办理采矿手续、林木采伐许可手续和林地征、占用手续的情况下，雇请工人在"谱刚下赤竹窝"山场推挖林地用于非法开采稀土矿直至2007年11月稀土矿点被彻底捣毁，造成山场植被严重破坏。2007年6月28日，经上杭县林业局稔田林业站认定，被告人李某星、邱某金非法开采林地面积3369平方米（实际开采林地面积6219平方米，扣除2007年7月9日处罚叶某华的2850平方米）。期间，被告人李某星陆续在该山场脚下修建养猪场、养鸡场等直至2010年，至2015年7月公安机关立案时，被告人李某星仍持续占用林地用于养猪等。2009年9月8日，被告人李某星因未经批准在"谱刚下赤竹窝"山场非法推挖林地面积260平方米，上杭县林业局对其作出了责令限期恢复原状，罚款2600元的处罚决定。被告人李某星在非法采矿点周围非法占用林地范围经其本人指认及上杭鹭安林业技术咨询服务所认定，被告人李某星新挖平台、开便道、修建猪舍、修建鸡舍、修建管理房分别占用林地面积1169平方米、1608平方米、176平方米、132平方米、616平方米，共计3701平方米（包含2009年9月8日被行政处罚的260平方米），折5.55亩。上述山场均为国家级生态公益林，对应上杭县稔田镇2013年林业地理信息图11林班11大班5、6、7、8小班范围内。

公诉机关认为，被告人李某星、邱某金违反土地管理法规，应当以非法占用农用地罪追究其刑事责任，属共同犯罪。被告人李某星的辩护人辩护理由之一认为：被告人李某星在"谱刚下赤竹窝"山场修建管理房的行为已超过刑事追诉期限，应排除在本案非法占用农用地之外。李某星的管理房建于2003年至2004年间，该区域仅占用林地面积0.92亩，占用非林地面积0.36亩，未达到刑事立案标准。之后李某星虽有在该山场修建猪舍、鸡舍的行为，但与建管理房属独立行为，不具有连续或继续状态，且占用林地面积仅0.47亩，非林地0.62亩，亦未达到刑事立案标准，并已于2009年被上杭县林业局行政处罚，不应重复处罚。被告人邱某金的辩护人辩护理由之一是：被告人邱某金的犯罪行为已超过了刑事追诉期限，依法不应再追究刑事责任。被告人邱某金的犯罪行为终止时间是2007年7月9日，公安机关却在2015年7月才立案侦查，早已超过了5年的追诉期限。

二、法律问题

对逐步占有农用土地的行为如何认定其追诉期限的时间起点？

三、重点提示

现有证据证实本案被告人李某星、邱某金在未办理林地征、占用手续的情况下，推挖林地用于农林开发及非法开采稀土矿的行为发生在 2006 年至 2007 年间，非法占用农用地的面积经鉴定为 7.75 亩，该山场为生态公益林，数量较大，依法应当以非法占用农用地罪追究其刑事责任。非法占用农用地罪法定最高刑期是 5 年，我国刑法规定的追诉时效为法定最高刑为 5 年以上不满 10 年有期徒刑的，追诉时效为 10 年。本案公安机关在 2015 年 7 月立案侦查，并未超过法定追诉时效。

📚 拓展资料

14 - 4

| 专题十五 |

盗窃与诈骗、侵占的区分

🔖 知识概要

针对个别财产的犯罪	领得罪	移转罪	夺取罪	盗窃罪、抢劫罪、抢夺罪、聚众哄抢罪
			交付罪	诈骗罪、敲诈勒索罪
		非移转罪	侵占罪	侵占罪、职务侵占罪
			挪用罪	挪用资金罪、挪用特定款物罪
	毁弃罪			故意毁坏财物罪、破坏生产经营罪
	不履行债务罪			拒不支付劳动报酬罪

如上表所示，我国刑法分则第五章所规定的侵犯财产的犯罪，都属于针对个别财产的犯罪，而非针对全体财产的犯罪。换言之，并不是从被害人最终的经济得失上看是否遭受损害，而是考虑行为人是否以违背被害人的意愿或基于被害人有瑕疵的意思的方式造成某具体财物的损失。例如，甲深夜进入小超市，持枪胁迫正在椅子上睡觉的店员乙交出现金，乙说："钱在收款机里，只有购买商品才能打开收款机。"甲掏出100元钱给乙说："给你，随便买什么。"乙打开收款机，交出所有现金，甲一把抓跑。事实上，乙给甲的现金只有88元，甲"亏了"12元。本案中，从乙最终的经济得失上看，反而"赚了"12元，并没有财产损失。但是，仍然要认定甲构成抢劫现金88元既遂。因为针对收款机里的88元现金这一具体财物，甲是通过胁迫并压制乙的反抗这一方式获得的，违背了乙的意愿。

我国的财产犯罪可以分为领得罪、毁弃罪与不履行债务罪这三大类。领得罪与毁弃罪的区别在于，成立前者需要在行为时具有利用财物的意思，而成立后者则无此要求。简言之，领得罪是损人利己的财产犯罪，而毁弃罪是损人不利己的财产犯罪。在领得罪中，根据是否需要发生财物占有的转移，又可细分为移转罪与非移转罪。在非移转罪中，根据在行为时是否具有返还财物的意思，再分为侵占罪与挪用罪；而在移转罪中，根据是违背他人意愿转移财物占有，还是他人基于有瑕疵的意思交付财物，再分为夺取罪与交付罪。在财产犯罪中，判断的一大难点在于盗窃罪与诈骗罪、侵占罪的区分。

盗窃罪与诈骗罪虽然都属于转移占有型财产犯罪，但前者是夺取罪，后者是交付罪。盗窃是指，以非法占有为目的，使用平和手段，违反占有人的意志，将他人占有的财物转移为自己或第三人占有。诈骗则是指，以非法占有为目的，实施欺骗行为，使受骗人产生错误认识并基于该错误认识处分财产，进而由行为人取得财产使得被害人遭受损失。可见，盗窃与诈骗的关键区别在于，行为人是否实施了足以使他人陷入处分财产的认识错误的欺骗行为以及被害人是否基于认识错误处分财产。换言之，即便使用了欺骗的方法，但如果该行为并不具有使对方基于认识错误处分财产的性质，则仍定盗窃罪，而非诈骗罪。另需要注意的是，盗窃行为并不以"秘密窃取"为必备条件，完全存在公然窃取的情形。例如，乙女在路上被铁丝绊倒，受伤不能动，手中钱包（内有现金5000元）摔出七八米外。路过的甲捡起钱包时，乙大喊："我的钱包不要拿。"甲说："你不要喊，我拿给你。"乙信以为真没有再喊。甲捡起钱包后立即逃走。本案中，虽然甲采用了欺骗手法，但乙并没有因甲的欺骗而陷入认识错误进而将钱包的占有处分给甲，所以甲不能认定为诈骗罪。另一方面，甲虽然是公然违背乙的意愿将其钱包的占有转移到自己控制之下，但并不能因此否定甲成立盗窃罪。本案中，甲虽然不是秘密窃取，但仍然构成盗窃罪。

盗窃罪与侵占罪虽然都属于领得型财产犯罪，但盗窃罪是移转罪，侵占罪是非移转罪。《刑法》第270条规定了两种侵占罪，第1款是委托物侵占，第2款是脱离占有物侵占。委托物侵占是将代为保管的他人财物非法占为己有，数额较大，拒不退还的行为；脱离占有物侵占是将他人的遗忘物或者埋藏物非法占为己有，数额较大，拒不交出的行为。与此相对，盗窃则是违背他人意愿，将他人占有的财物转移为自己或第三人占有的行为。可见，盗窃与侵占的区别，关键在于判断财物由谁占有、是否脱离占有。如果行为时财物既不处于行为人占有之下，也不处于被害人占有之下，而是脱离占有物，那么针对该财物应成立脱离占有物侵占；如果行为时财物处于行为人占有之下，那么针对该财物应成立委托物侵占；如果行为时该财物处于被害人占有之下，那么针对该财物应成立盗窃。

在判断财物的占有状态时，需同时考虑事实上的支配与社会观念上的支配。例如，菜贩刘某将蔬菜装入袋中，放在居民小区路旁长条桌上，写明"每袋20元，请将钱放在铁盒内"。然后，刘某去3公里外的市场卖菜。甲数次公开拿走蔬菜时假装往铁盒里放钱。本案中虽然刘某没有站在蔬菜旁而是去了3公里外，对蔬菜事实上的支配力很弱，但社会观念上仍然认为该蔬菜属于刘某占有，即在社会一般观念上刘某对蔬菜的支配力仍然很强，所以甲属于盗窃，而非脱离占有物侵占。尤其需要注意的是，在有管理人的场合，原物主一旦丧失占有，管理人就获得占有。例如，乙将手提箱忘在出租车的后备厢，后甲搭乘该出租车时，将自己的手提箱也放进后备厢，并在下车时将乙的手提箱一并拿走。虽然手提箱脱离了乙的占有，但由于出租车后备厢属于司机的管理范围，所以乙一旦丧失对手提箱的占有，司机就获得了该手提箱的占有，甲将乙的手提箱拿走的行为，侵害了司机对手提箱的占有，不是侵占，而是盗窃。倘若是司机将乘客遗忘在后备厢的财物取走，则成立侵占。此外，占有辅助人对财物没有占有，占有仍然归属于原物主。例如，酒店服务员在帮客人拎包时，将包中的手机放入自己的口袋据为己有的，虽然该服务员事实上拎着包，但其只是占有辅助人，包的占有仍然归属于客人，所以该服务员成立盗窃罪。

最后，无论是盗窃、诈骗还是侵占，在认定犯罪时需要遵循素材的同一性原理，即被害人丧失占有或所有的财物与行为人设立新的支配的财物需具有同一性。例如，如果说甲盗窃了乙的苹果，那么一定是甲获得了苹果而乙失去了苹果，而不能是甲获得了苹果而乙失去了香蕉。同样，如果说甲盗窃了乙的现金，那么一定是甲获得了现金而乙失去了现金，而不能是甲获得了现金而乙失去了对银行的债权。素材同一性原理是整理、分析财产犯罪案件时十分有用的工具。即首先通过行为人所获得的财物确定被害财物是什么，进而根据被害财物的原归属状态去确定谁才是案件中的被害人，最后考虑行为人是通过什么行为从被害人那里获得了被害财物。下面通过三个案例具体讨论盗窃与诈骗、委托物侵害以及脱离占有物侵占的区分。

经典案例

案例一：邹某盗窃案

15 - 1

一、基本案情

2017 年 2 月至 3 月间，被告人邹某先后到石狮市沃尔玛商场门口台湾脆皮玉米店、章鱼小丸子店、世茂摩天城商场可可柠檬奶茶店、石狮市湖东菜市场、长福菜市场、五星菜市场、洋下菜市场，以及晋江市青阳街道等地的店铺、摊位，趁无人注意之机，将上述店铺、摊位上的微信收款二维码调换（覆盖）为自己的微信二维码，从而获取顾客通过微信扫描支付给上述商家的钱款。经查，被告人邹某获取被害人郑某、王某 1 等人的钱款共计人民币6983.03 元。案发后，赃款均未追回。

2017 年 3 月 25 日，被告人邹某在石狮市华山酒店附近路边被公安人员抓获。另查明，被告人邹某因上述在晋江市调换商家二维码窃取财物后于同月16 日被晋江市公安局行政拘留 9 日。

石狮市人民法院认为，被告人邹某以非法占有为目的，多次采用秘密手段窃取公民财物，总金额为人民币6983.03 元，属数额较大，其行为已构成盗窃罪。

关于本案的定罪问题。首先，被告人邹某采用秘密手段，调换（覆盖）商家的微信收款二维码，从而获取顾客支付给商家的款项，符合盗窃罪的客观构成要件。秘密调换二维码是其获取财物的关键。

其次，商家向顾客交付货物后，商家的财产权利已然处于确定、可控状态，顾客必须立即支付对等价款。微信收款二维码可看作是商家的收银箱，顾客扫描商家的二维码即是向商家的收银箱付款。被告人秘密调换（覆盖）二维码即是秘密用自己的收银箱换掉商家的收银箱，使得顾客交付的款项落入自己的收银箱，从而占为己有。

第三，被告人并没有对商家或顾客实施虚构事实或隐瞒真相的行为，不能认定商家或顾客主观上受骗。所谓"诈骗"，即有人"使诈"、有人"受骗"。本案被告人与商家或顾客没有任何联络，包括当面及隔空（网络电信）接触，除了调换二维码外，被告人对商家及顾客的付款没有任何明示或暗示。商家让顾客扫描支付，正是被告人采用秘密手段的结果，使得商家没有发现二维码已被调包，而非主观上自愿向被告人或被告人的二维码交付财物。顾客基于商家的指令，当面向商家提供的二维码转账付款，其结果由商家承担，不存在顾客受被告人欺骗的情形。顾客不是受骗者，也不是受害者，商家是受害者，但不是受骗者。

综上，被告人邹某的行为不符合诈骗罪的客观构成要件，其以秘密手段调换商家二维码获取财物的行为，符合盗窃罪的客观构成要件，应当以盗窃罪追究其刑事责任。公诉机关指控被告人邹某构成诈骗罪定罪不当，应予纠正。被告人邹某归案后如实供述其犯罪事实，依法予以从轻处罚。被告人邹某多次盗窃作案，酌情从重处罚。依照《刑法》第264条、第67条第3款和第64条的规定，判决如下：

（1）被告人邹某犯盗窃罪，判处有期徒刑8个月，并处罚金人民币2000元。（刑期从判决执行之日起计算。判决执行以前先行羁押的，羁押一日折抵刑期一日，即自2017年3月25日起至2017年11月15日止。罚金应于本判决生效后10日内缴纳。）

（2）责令被告人邹某赔偿被害人经济损失人民币5609.2元。追缴被告人违法所得人民币1373.83元予以没收，上缴国库。扣押在石狮市公安局的作案工具苹果4代手机1部予以没收，由扣押机关依法处理。

二、法律问题

1. 本案中的被害人是谁？被害财物是什么？

2. 区分诈骗罪与盗窃罪的关键点是什么？本案被告人实施的行为是盗窃还是诈骗？

三、法理分析

关于这类"偷换二维码"案件的处理，大体存在四种处理意见。

第一种意见认为，被告人的行为构成对商户的盗窃罪。石狮市人民法院即采用该观点。该法院看重的是盗窃手段的"秘密性"，如其在判决书中所指出的，"被告人邹某采用秘密手段，调换（覆盖）商家的微信收款二维码，从而获取顾客支付给商家的款项，符合盗窃罪的客观构成要件。秘密调换二维码是其获取财物的关键""被告人秘密调换（覆盖）二维码即是秘密用自己的收银箱换掉商家的收银箱，使得顾客交付的款项落入自己的收银箱，从而占为己有""商家让顾客扫描支付，正是被告人采用秘密手段的结果，使得商家没有发现二维码已被调包，而非主观上自愿向被告人或被告人的二维码交付财物"。但是，盗窃罪未必以"秘密窃取"为必要条件，完全存在公然窃取的情形。盗窃与诈骗的区别在于，盗窃是指违反被害人的意志，将他人占有的财物（包括财产性利益）转移给自己或者第三者占有；而诈骗是通过欺骗方法使被骗人产生认识错误，进而基于认识错误将财产处分给行为人或者第三者占有。在财产犯罪中，素材同一性原理要求行为人所获得的财物与被害人所损失的财物一致。如果认为商户是被害人，那么商户损失的是商品和对顾客的债权。可是，行为人没有获得商品，所以本案中商品不是被害财物，不能认为行为人盗窃了商户的商品。另一方面，就商户对顾客的债权，即货款请求权而言，行为人并没有使之发生转移，不符合盗窃罪中违反被害人意志转移财物的基本构造。所以，该意见不可取。

第二种意见认为，被告人的行为是"双向诈骗"，构成诈骗罪，诈骗的对象既是商户又是顾客，但因为只有一个行为，按想象竞合处理。即被告人的欺骗行为使商户基于认识错误将商品处分给顾客，同时使顾客基于认识错误将银行债权处分给自己。针对顾客的银行债权的诈骗暂且不论，针对商户商品的诈骗能否成立值得怀疑。一方面，虽然商户失去了商品，但行为人并没有获得商品，不符合素材同一性原理。另一方面，虽然在诈骗罪中行为人可以通过欺骗手段令被骗人将财物处分给第三人占有，但第三者占有仅限于可以等同视为行为人自己占有的场合。让顾客占有商品显然不等同于行为人自己占有商品，所以也没有符合素材同一性原理。因此，该意见也不可取。

第三种意见认为，被告人的行为是三角诈骗，顾客是被骗人，商户是被害人，构成诈骗罪。详言之，顾客被行为人的二维码所欺骗陷入错误认识，处分了本应支付给商户的财物，顾客是处于可以处分商户财产地位的人，被害人是商户，所以被告人的行为属于三角诈骗。但需注意的是，这种三角诈骗不同于传统类型的三角诈骗，而是另一种类型的三角诈骗。传统类型的三角诈骗的构造是：行为人实施欺骗行为—受骗人产生或者继续维持认识错误—受骗人基于认识错误处分或交付被害人的财产—被告人获得或者使第三者获得财产—被害人遭受财产损失。而诸如本案这样的新类型的三角诈骗的构造为：被告人实施欺骗行为—受骗人产生或者继续维持认识错误—受骗人基于认识错误处分或交付自己的财产—被告人获得或者使第三者获得财产—被害人遭受财产损失。所以，新类型的三角诈骗与传统类型的三角诈骗都是被告人实施欺骗行为，受骗人基于认识错误处分财产，都是使受骗人之外的被害人遭受财产损失；不同之处在于，新类型的三角诈骗中是受骗人处分自己的财产，而传统类型的三角诈骗中是受骗人处分被害人的财产。但是，在传统型的三角诈骗中，要求受骗人具有处分被害人财产的权限，从而使得受骗人的处分与被害人自己的处分具有相同性质。在该意见所支持的新类型的三角诈骗中对于能否认定受骗人具有处分被害人财产的权限或地位，并非没有疑问。换言之，能否断言顾客具有处分商户财产的权限或地位？

第四种意见认为，被告人的行为是普通的诈骗行为，构成诈骗罪，诈骗的对象是顾客，即顾客基于错误认识处分了本应该给商户的款项并最终失去该款项。诚如上述第三种意见所指出的，在本案这样的诈骗中，被告人实施欺骗行为后，受骗人产生或者继续维持认识错误进而基于认识错误处分或交付的是"自己的"财产。既然如此，将受骗人直接认定为被害人更为合理。两种意见的不同之处在于，第三种意见认为顾客没有财产损失，从而出现了受害人与被骗人的不一致，呈现出三角关系，但为了坚持诈骗罪的结论，所以不得不创设出一种新型的三角诈骗；而第四种意见则认为受骗的顾客本身就是被害人，从而不存在所谓的三角关系。的确，从一般观念上看，会认为顾客获得了商品，没有经济损失；而商户没有收到货款，又失去了商品，是最终的被害人。但是，我国的诈骗罪是针对个别财产的犯罪，而不是针对全体财产的犯罪。如果顾客知道自己扫描的二维码不是商户的二维码，当然不会进行转账交易，从这一点上看，行为人基于认识错误转账给行为人的货款（实际上是顾客针对银行的债权）这一个别具体的财产正是本案的被害财物，而不管顾客是否获得了等额的商品。从素材的同一性原理来看，行为人通过顾客的转账实际获得的是针对银行的债权，所以案件中的被害财物也应该是针对银行的债权。在行为人实施诈骗行为时，针对银行的债权归属于顾客，而非商户，所以将顾客认定为本案的被害人更为合适。

第四种意见中基于素材同一性所运用的分析模式在盗窃罪中也常常使用。例如，甲盗窃乙的银行卡后通过试密码的方法在 ATM 机上取出现金的，虽然最终经济上受损的是乙，但仍然应当认定银行是甲盗窃现金行为的被害人。这是因为，当乙将现金存入银行后，乙不再占有现金，乙只是获得了对银行的债权，银行是现金的占有人。当甲将银行卡盗窃到手后，甲获得一张银行卡的同时乙丧失了一张银行卡，根据素材同一性原理，乙是甲盗窃银行卡行为的被害人。但是，乙丧失银行卡并不等于丧失了现金。否则，甲在获得银行卡的时点就对卡里所记载的金额成立盗窃罪既遂，这一结论并不合理。当甲利用盗得的银行卡从 ATM 机中将现金取出时，甲获得的是现金，根据素材同一性原理，被害人必须是该被盗现金的占有人，即银行而不是乙。换言之，一方面认为甲获得了现金，一方面又认为乙丧失了对银行的债权，则违背了素材同一性原理。乙针对银行的债权并没有因为甲盗窃现金的行为而转移到甲的名下。在一般生活观念中之所以认为乙是受害人，不过是因为银行一旦丧失对现金的占有，立即根据与储户之间的存款协议将财产损失转移给了储户乙而已。

四、参考意见

本书赞成上述第四种意见，应认定本案中的被害人是顾客而非商家，被害财物是顾客针对银行的债权，而不是商户的商品，也不是商户对顾客的债权。盗窃罪属于夺取罪，是违反被害人的意志，将他人占有的财物（包括财产性利益）转移给自己或者第三者占有。与此相对，诈骗罪属于交付罪，是通过欺骗方法使被骗人产生错误认识，进而基于错误认识将财产处分给行为人或者第三者占有。如果将顾客认定为本案中的被害人，那么被告人针对顾客的行为显然应当属于诈骗而非盗窃。

另需注意的是，《刑法》第47条规定，"有期徒刑的刑期，从判决执行之日起计算；判决执行以前先行羁押的，羁押一日折抵刑期一日"。所谓"判决执行以前先行羁押的"，不包括因行政拘留而羁押的天数。本案中，被告人虽然于2017年3月16日被晋江市公安局行政拘留9日，但最终判决书中指出，折抵刑期是从2017年3月25日起算，不包括先前行政拘留的天数。

案例二：刘某盗窃案

15－2

一、基本案情

经审理查明，2016年2月左右至2016年7月中旬，被害人王某某雇用被告人刘某在王某某负责经营的盘山县某轮胎销售中心（东明轮胎店）负责轮胎安装和维修工作。该店未设置仓库保管员，进出轮胎必须经王某某指示。工作人员没有私自销售轮胎的权利，工作人员在店内住宿时也帮忙照看店面，防止店内物品丢失。2016年5月的一天17时至21时之间，刘某趁店内只有其一人之机，秘密窃取韩泰、SK、黑蚂蚁三种品牌轮胎共18条，总价值人民币18 400元，并雇用李某驾驶的辽L×1号白色轻型普通货车将轮胎存放至其事先租用的，盘山县居民宋某某家的一间房屋内。2017年1月26日上午，刘某又雇用闻某某驾驶的辽L×2号蓝色轻型普通货车将轮胎转移，并存入大洼县刘某甲废品收购站的一间房屋内。2017年2月的一天，上述轮胎被刘某再次转移后丢失。

辽宁省盘山县人民法院评判意见如下：

关于辩护人提出的被告人刘某负责看管库房轮胎、收钱等工作，在销售轮胎时也并非必须经王某某同意，被告人刘某是在其具有看管和经手店内轮胎的职务便利期间转移轮胎，其行为不符合盗窃罪的构成要件。经查，在案证据之间能够相互印证，并形成完整的证据链条，足以证明如下事实，被害人王某某经营的东明轮胎经销中心为个体工商户，王某某为该轮胎店的负责人，被告人刘某系王某某雇佣的员工并负责维修和更换轮胎工作，其无私自处分轮胎的权利。日常对外销售轮胎时，员工均须经过王某某的同意或打电话请示，晚间员工在该店住宿时顺便帮王某某看护门店，防止财物丢失。综上所述，刘某系王某某的雇员，系上下主从关系，王某某为店内财物的实际占有者与支配者，存在对财物事实上及法律上的支配关系。刘某对店内财物不具有法律意义上的占有，即使刘某事实上占有财物，也不过是单纯的监视者或者占有辅助人，王某某与刘某之间不存在委托保管关系，刘某亦不存在任何的职务便利。再则，结合相关证据能够证明，被告人刘某事先预谋，提前选好用于藏匿轮胎的地点，趁晚间其一人在店内时，运走店内轮胎 18 条，且将轮胎转移藏匿多处地点，足以认定被告人刘某是以非法占有为目的，秘密窃取他人财物，且数额较大，其行为符合盗窃罪的构成要件，应认定为盗窃罪。辩护人提出的该辩护意见，理由不能成立，本院不予采纳。

辽宁省盘山县人民法院认为，被告人刘某以非法占有为目的，采取秘密手段，窃取他人财物，且数额较大，其行为侵犯了他人财产所有权，已构成盗窃罪。公诉机关的指控成立，本院予以支持。被告人刘某自愿认罪，可酌情从轻处罚。被告人刘某积极退赔被害人全部经济损失并取得被害人的谅解，均可酌情从轻处罚。判决如下：被告人刘某犯盗窃罪，判处有期徒刑 6 个月，并处罚金人民币 2 万元。

二、法律问题

1. 被告人实施行为时被害财物处于谁的占有之下？
2. 被告人的行为属于盗窃还是职务侵占？

三、法理分析

《刑法》第 270 条第 1 款规定了委托物侵占，即"将代为保管的他人财物非法占为己有，数额较大，拒不退还的，处 2 年以下有期徒刑、拘役或者罚金；数额巨大或者有其他严重情节的，处 2 年以上 5 年以下有期徒刑，并处罚金"。第 271 条第 1 款规定了职务侵占，即"公司、企业或者其他单位的人员，利用职务上的便利，将本单位财物非法占为己有，数额较大的，处 5 年以下有期徒刑或者拘役；数额巨大的，处 5 年以上有期徒刑，可以并处没收财产"。职务侵占罪的行为方式是利用职务上的便利将数额较大的单位财物（包括财产性利益）非法占为己有。

关于职务侵占罪中"非法占为己有"的含义，存在业务侵占说与贪污行为说的争议。业务侵占说认为，"非法占为己有"只包括侵占的方法，窃取、骗取本单位财物的不能成立职务侵占罪，只能成立盗窃罪或诈骗罪。与此相对，贪污行为说认为，职务侵占罪与贪污罪只是行为主体不同，行为方式相同。既然《刑法》第 382 条第 1 款规定贪污行为时表述为"……利用职务上的便利，侵吞、窃取、骗取或者以其他手段非法占有公共财物"，那么职务侵占罪中的"非法占为己有"也包括"侵吞、窃取、骗取或者以其他手段"，因此除了侵占方法外，如果利用职务上的便利窃取、骗取本单位财物的，也能成立职务侵占罪。当然，即便按照贪污行为说，如果窃取、骗取本单位财物时没有利用职务上的便利，那么也只能成立盗窃罪或诈骗罪。关于"利用职务上的便利"的含义，贪污行为说认为，是指利用本人职务上所具有的自我决定或者处置单位财物的权力、职权，而不是利用工作机会。而业务侵占说同时还要求行为人据为己有的财物是基于行为人的职务所占有的本单位的财物。

本书赞成业务侵占说，职务侵占是委托物侵占的一种特殊形式，本质上仍然是一种侵占行为，只是在行为主体上提出了特殊要求，即"公司、企业或者其他单位的人员"，且在行为方式上要求"利用职务上的便利"。职务侵占与委托物侵占是法条竞合关系，当一个行为既符合侵占罪的成立条件，又符合职务侵占罪的成立条件时，应成立职务侵占罪。因此，与侵占罪一样，职务侵占罪也属于非移转罪，其与盗窃罪的区分关键在于判断行为时财物由谁占有。倘若行为时财物处于行为人基于职务的占有之下，那么成立职务侵占罪；倘若行为时财物处于他人的占有之下，那么成立盗窃罪。

如前所述，在判断财物的占有状态时，需同时考虑事实上的支配与社会观念上的支配。即便某人对财物事实上的支配很弱，但根据社会一般观念仍然认为财物处于该人的支配之下时，那么应当认为财物由该人占有。尤其是在有占有辅助人的场合，虽然表面上占有辅助人事实上接触财物，但根据社会一般观念该财物的占有仍然归属于原物主。例如，本案中关于被告人是否构成盗窃罪的争议点即在于实施行为时被害财物是否处于被告人基于职务的占有之下，亦即本案被告人是被害人的财物的占有人还是占有辅助人。如果被告人是被害人财物的占有人，那么应当成立职务侵占罪；如果被告人仅仅是占有辅助人，那么应当成立盗窃罪。

具体到案情中，对事实的争议即在于被告人对外销售轮胎时是否必须经过被害人的同意。换言之，如果必须经过被害人的同意，则说明被告人仅仅是占有辅助人；如果被告人自己有独立判断如何销售、处置轮胎的权限，那么被告人即便不是轮胎的所有权人，也可以认定为是轮胎的占有人。所以辩护人提出"被告人刘某负责看管库房轮胎、收钱等工作，在销售轮胎时也并非必须经王某某同意"，意在证明被告人是轮胎的占有人，不是占有辅助人，从而"其行为不符合盗窃罪的构成要件"。但法院结合证据最终认定"日常对外销售轮胎时，员工均须经过王某某的同意或打电话请示"，所以被告人"系王某某的雇员，系上下主从关系，王某某为店内财物的实际占有者与支配者，存在对财物事实上及法律上的支配关系。刘某对店内财物不具有法律意义上的占有，即使刘某事实上占有财物，也不过是单纯的监视者或者占有辅助人，王某某与刘某之间不存在委托保管关系，刘某亦不存在任何的职务便利"。法院的意见是一方面否定被告人对被害财物的占有，认为其只是占有辅助人，所以根据业务侵占说，至此即可否定职务侵占罪，应认定为盗窃罪；另一方面又进一步说明被告人实施行为时没有利用职务上的便利，所以即便根据贪污行为说，也要否定职务侵占罪的成立，应认定为盗窃罪。

四、参考意见

本案被告人实施行为时被害财物（轮胎）处于被害人（王某某）的占有之下，所以被告人是以盗窃的方式侵害了被害人的财产。根据业务侵害说，职务侵占罪的行为方式只包括侵占，不包括窃取、骗取，所以被告人不成立职务侵占罪，而应成立盗窃罪。本书赞成该观点。即便根据贪污行为说，虽然职务侵占罪的行为方式除了侵占外还包括窃取、骗取，但成立该罪同时要求"利用职务上的便利"。本案中被告人在销售、处置轮胎这一事务上不存在职权地位，仅仅是因工作机会能够接触到被害财物而已，其盗窃轮胎的行为并非利用职务之便，所以也不构成职务侵占罪，应成立盗窃罪。

案例三：高某某盗窃案

15 - 3

一、基本案情

2016 年 7 月 3 日，被害人石某和其朋友来到库伦旗某旅游景区游玩，到景区停车场后先把平衡车拿出来转了两圈，然后将平衡车放置于景区的停车场，去沙漠里游玩。当天，上诉人高某某从沈阳开车来到库伦旗某旅游景区游玩。在沙漠里玩完后来到景区停车场，发现在停车场凉亭处有一辆红黑颜色相间的平衡车，高某某试骑了一下平衡车，然后向周围人打听平衡车的主人，后来在不确定平衡车的主人是谁的情况下，将平衡车装到自己的白色吉普越野车里拿走。石某再回到停车场时发现自己的平衡车不见了，随后找停车场工作人员查看监控，发现其车被别人拿走，后向库伦旗公安局报案。经鉴定，平衡车价值为人民币 5323 元。案发后，高某某向石某赔偿了人民 7000 元，石某对高某某的行为表示谅解。

库伦旗人民法院认为，被告人高某某以非法占有为目的，秘密窃取他人财物，盗窃数额为人民币 5323 元，属数额较大，其行为构成盗窃罪。被告人高某某及其辩护人辩称的高某某的行为不构成犯罪的意见不能成立，不予采纳。因为"遗忘物"是指财产所有人、占有人出于自己的本意，本应带走却因遗忘没有带走的财物。在本案中，被害人石某将平衡车放置于景区停车场后自己去沙漠游玩，是有意识地将平衡车放在停车场。高某某在根本不知道平衡车车主是谁的情况下，以"车是与自己同一个地方沈阳市人的车，将车送去给车主"的理由，将车辆装到自己的车里拿走，其辩解不符合常理，主观上具有非法占有的目的。在客观上实施了秘密窃取的行为，所谓秘密窃取，是指行为人采取自认为不被财物占有人、保管人发现的方法，暗中窃取他人财物的行为，秘密针对的是财物持有人，只要未经被害人同意或者违背被害人的意思而窃取其财物均可构成盗窃罪的秘密窃取行为。综上，被告人高某某的行为符合盗窃罪的犯罪构成要件。案发后，被告人高某某积极赔偿被害人的损失，并取得谅解，对其可酌情从轻处罚。根据本案的事实及高某某的认罪态度、悔罪表现，判决被告人高某某犯盗窃罪，判处有期徒刑6个月，并处罚金5000元。

一审宣判后，原审被告人高某某不服，提出上诉。其主要上诉理由是：高某某不构成盗窃罪，其行为性质是拾得他人遗忘物的行为，根据刑法关于侵占罪的相关规定，其主动返还，且涉案财物不足1万元，不应当按犯罪处理。其辩护人的辩护观点是上诉人拾得财物属他人遗忘物，其主动返还，不应当按犯罪处理。

通辽市中级人民法院认为，上诉人高某某以非法占有为目的，秘密窃取他人财物，盗窃数额为人民币5323元，属数额较大，其行为构成盗窃罪。高某某的上诉理由不能成立。经查，涉案平衡车属被害人存放于停车场，不属遗忘物。高某某在停车场发现平衡车后，未向停车场管理人员报告，而是擅自将平衡车带走，至警方找到高某某前，高某某也没有作出以其供述的方式主动寻找失主或报案的行为，因而无证据证明其具有寻找失主的意愿。由此，可以认定其主观上具有非法占有的故意。所以高某某的上诉理由及辩护人的辩护意见不能成立，不予采纳。裁定如下：驳回上诉，维持原判。

二、法律问题

1. 被告人实施行为时，被害财物是否属于遗忘物（脱离占有物）？

2. 被告人实施行为时是否具有盗窃的故意与非法占有目的？

三、法理分析

根据《刑法》第 270 条第 2 款，"将他人的遗忘物或者埋藏物非法占为己有，数额较大，拒不交出的……"，作为侵占罪处罚。侵占遗忘物或者埋藏物的，学理上统称为脱离占有物侵占。遗忘物是指非基于他人本意而脱离他人占有，偶然（即不是基于委托关系）由行为人占有或者占有人不明的财物。埋藏物是指埋于地下或者藏于他物之中的，他人所有但并未占有，偶然由行为人发现的财物。与委托物侵占一样，脱离占有物侵占也是非移转罪。所以，区别脱离占有物侵占与盗窃的关键在于判断行为时财物是否处于脱离他人占有的状态。如果行为时财物既不处于行为人占有之下，也不处于被害人占有之下，而是脱离占有物，那么针对该财物应成立脱离占有物侵占。如果行为时该财物处于被害人占有之下，那么针对该财物应成立盗窃。

在判断是否脱离原物主占有时，也要同时考虑原物主对该财物事实上的支配与社会观念上的支配。即便财物并不在原物主触手可及的范围内，只要社会一般观念上认为原物主并没有丧失对财物的占有，那么转移该财物占有的行为就属于盗窃而非脱离占有物侵占。例如，大学生上课或进食堂吃饭时习惯于用手机、钱包等物占座，行为人将学生用于占座的财物拿走的，属于盗窃而不是脱离占有物侵占。又如，某地突发百年未遇的冰雪灾害，乙离开自己的住宅躲避自然灾害。两天后，大雪压垮了乙的房屋，家中财物散落一地。灾后最先返回的邻居甲路过乙家时，将乙垮塌房屋中的 2 万元现金拿走的，也属于盗窃而不是脱离占有物侵占。再如，将他人停放在车棚内未上锁的自行车骑走卖掉的或者从没有关好门的小轿车内拿走他人公文包的，仍然属于盗窃而不是脱离占有物侵占。

本案中，被害人虽然将平衡车放置于景区停车场后自己去沙漠游玩，事实上对该车的支配力减弱，但被害人并没有放弃对平衡车的占有，而是有意识地将平衡车停放在特定位置，从社会一般观念来看，客观上平衡车仍然处于被害人的占有之下。被告人将处于被害人占有之下的平衡车转移至自己占有之下，客观上是盗窃行为，而不是侵占脱离占有物的行为。

　　我国刑法分则第五章规定的所有财产犯罪都是故意犯罪，所以成立相应的犯罪时必须证明行为人有相应的犯罪故意。此外，对于诸如盗窃罪、侵占罪这样的领得罪而言，主观上还要求具备非法占有目的或不法所有目的。非法占有目的或不法所有目的由排除意思与利用意思构成。排除意思是指排除权利人，将他人的财物作为自己的财物进行支配的意思；利用意思是指遵从财物的用途进行利用、处分的意思。

　　客观上是他人占有之物，误以为是遗忘物而非法占为己有的，即客观上是盗窃行为，主观上却只有侵占的故意时，由于主观上认定不了盗窃故意，所以不能成立盗窃罪，而应作为抽象的事实认识错误处理（抽象的事实认识错误则是指行为人主观上认识的事实与客观上实际发生的事实不一致，且分属不同构成要件的情形）。发生抽象的事实认识错误时，如果主观上认识到的事实与实际发生的事实所分属的两个犯罪是同质的，则可在重合的限度内成立轻罪的故意既遂犯。盗窃罪与侵占罪都属于侵犯财产的领得型犯罪，罪质相同，盗窃罪是重罪，侵占罪是轻罪，所以在盗窃罪与侵占罪之间发生抽象的事实认识错误时，可以成立侵占罪既遂。例如，甲在 8 楼阳台上浇花时，不慎将金镯子（价值 3 万元）甩到了楼下。甲立即让儿子在楼上盯着，自己跑下楼去拣镯子。路过此处的乙看见地面上有一只金镯子，以为是谁不慎遗失的，在甲到来之前捡起镯子迅速逃离现场。甲经多方询查后找到乙，但乙否认捡到金镯子。乙的行为客观上属于盗窃，但乙主观上只有侵占的故意，最终只能成立侵占罪。

　　与此不同的是，本案中法院根据证据材料认定，被告人主观上具备了盗窃的故意，即认识到自己正在将他人占有之物（而非遗忘物）转移至自己占有之下，同时具备非法占有目的，因此没有发生抽象的事实认识错误，而是完全符合了盗窃罪的主客观要件，认为应当成立盗窃罪。

四、参考意见

　　被告人实施行为时，被害财物即平衡车并不是遗忘物（脱离占有物），在社会一般观念上，被害人仍然对该车具有较强的支配力，该车属于被害人占有之下的财物。所以被告人客观上实施的是违反被害人意志，将被害人占有的财物转移为自己占有的行为，即盗窃行为。实施该行为时，被告人主观上具备盗窃的故意与非法占有目的（即排除意思与利用意思）。因此，被告人成立盗窃罪，而不是侵占罪。

拓展案例

案例一：关某盗窃案

15－4

一、基本案情

事实一：2016 年 5 月 16 日 16 时许，被告人关某通过 QQ 联系被害人吴某某谎称租用相机。二人商议确定租用细节后，当日吴某某将黑色尼康牌 D5300 型相机一部、尼康 AF－SDX35mmF1.8G 镜头一个和尼康 18－105mmVR 镜头一个（经鉴定，共计价值人民币 4702 元）出租给关某，关某于当日将上述物品以 1600 元的价格销赃给成都市总府路附近一路边收受二手手机的老年男子，所获赃款用于吃喝。

事实二：2016 年 5 月 20 日 14 时许，吴某某找到关某要求归还该相机。后关某将吴某某带至成都市武侯区某大学东园三舍女生宿舍楼下，谎称相机放置于该女生宿舍楼一宿舍内，以自己不方便进入女生宿舍为由，交给吴某某一把钥匙自取相机，同时要求吴某某从该女生寝室搬一箱书到楼下。吴某某同意后，关某提出吴某某背包搬东西不方便，愿意帮忙看管吴某某的背包。吴某某将背包交给关某上楼后，关某携带该背包逃离。该背包内有一台粉色三星牌 905S3G 笔记本电脑（经鉴定，价值人民币 3057 元）、一部白色酷派牌手机以及其他物品。当日，被告人关某在总府路销赃未果后，将白色酷派牌手机送给路边收受二手手机的青年男子，将粉色三星牌 905S3G 笔记本电脑带回住处。

事实三：2016 年 6 月 1 日 17 时许，被告人关某到成都市武侯区新生路某摄影店内，要求被害人赵某某为其拍摄毕业照。赵某某携带一部黑色佳能牌

1200D 型相机（经鉴定，价值人民币 2160 元）与关某到成都市武侯区某大学内拍摄。期间，赵某某发现相机电量不足。关某提出可以借到相机，并将赵某某带到某大学北园四舍女生宿舍楼下，以自己不方便进入女生宿舍为由，要求赵某某上楼自取，并提出愿意帮赵某某看管佳能牌相机。赵某某将相机交给关某上楼后，关某携带相机逃离。被告人关某于当日将该部黑色佳能牌 1200D 型相机以 500 元的价格销赃给本市总府路附近一路边收受二手手机的中年男子，所获赃款用于吃喝。

事实四：2016 年 6 月 8 日 14 时许，被告人关某致电被害人李某某，假意称要组织人员旅游。商议后，关某将李某某带至成都市武侯区某大学商学院教学楼下。关某以需要到商学院教学楼内拷贝资料为由借用李某某的手机，李某某遂将自己的小米牌手机和数据线交给了关某，并将手机的解锁密码告知关某，关某进入商学院的教学楼后，携带该部手机从教学楼的另一个门逃离。

二、法律问题

1. 事实一中被告人的行为属于诈骗还是侵占（暂不考虑追诉数额）？

2. 事实二、三、四中被告人的行为属于盗窃、诈骗还是委托物侵占？即被告人实施行为时是否已经获得被害财物的占有？若没有，被害人是否基于错误认识将财物的占有处分或交付给了行为人？

三、重点提示

盗窃罪与诈骗罪虽然都属于转移占有型财产犯罪，但前者是夺取罪，后者是交付罪。盗窃是指，以非法占有为目的，使用平和手段，违反占有人的意志，将他人占有的财物转移为自己或第三人占有。诈骗则是指，以非法占有为目的，实施欺骗行为，使受骗人产生错误认识并基于该错误认识处分财产，进而由行为人取得财产使得被害人遭受损失。可见，盗窃与诈骗的关键区别在于，行为人是否实施了足以使他人陷入处分财产的认识错误的欺骗行为以及被害人是否基于认识错误处分财产。换言之，即便使用了欺骗的方法，但如果该行为并不具有使对方基于认识错误处分财产的性质，则仍定盗窃罪，而非诈骗罪。

案例二：邱某盗窃案

15 – 5

一、基本案情

2016 年 10 月 24 日 8 时许，被告人邱某在北京市东城区新中街 68 号 7 号楼二层网吧内，窃取被害人李某黑色背包 1 个，内有"联想"牌 Y700 – 15ISK – ISE 型笔记本电脑 1 台（经鉴定，物品价值人民币 5759 元）、森海塞尔 In – EarG 型耳机 1 副（经鉴定，物品价值人民币 599 元）及鼠标、键盘等物。后邱某将笔记本电脑、耳机等物变卖，得款人民币 1900 元，其余物品被其丢弃。2016 年 10 月 31 日，被告人邱某被公安机关抓获，变卖赃物所得款人民币 1500 元被起获并扣押在案。

被害人李某的陈述证实，2016 年 10 月 24 日，李某前往北京市东城区新中街 68 号 7 号楼二层的网吧上网。当缴费归来时，李某发现放在包间座位上的黑色背包丢失，内有"联想"牌 Y700 – 15ISK – ISE 型笔记本电脑 1 台、森海塞尔 In – EarG 型耳机 1 副及鼠标、键盘等物。通过观看网吧内的监控录像，李某发现一名体态中等、留有胡须的男子将背包拿走。后李某报警。

证人吴某的证言及辨认笔录证实，案发当日，一名男子告诉吴某其放在包间内的电脑丢失，要求查看网吧内监控录像。通过查看录像，吴某看到一名穿灰色上衣的男子在网吧大厅内溜达了几圈，后进入事主所在包间拿走了黑色背包。该男子曾在网吧内留宿，但在事发后多日未来。10 月 31 日，吴某发现该男子出现在网吧，遂通知事主。事主报警后，民警将穿灰色上衣的男子抓获。经辨认，证人吴某指认被告人邱某系在案发当日进入包间拿走事主黑色背包的男子。

被告人邱某的供述证实，案发当日，邱某在涉案网吧内溜达时，发现包间内的座位上有 1 个黑色的双肩背包，旁边没有人。邱某在大厅内溜达一圈后，返回包间将背包拿走。离开网吧后，邱某发现背包内有笔记本电脑、鼠标、耳机、键盘、衣服等物。隔了几日，邱某前往中关村将笔记本电脑、鼠标、耳机、键盘变卖，得款人民币1900元，背包及衣服被其丢弃。2016年10月31日，邱某回到该网吧时被公安机关抓获，变卖物品所得款人民币1500元被扣押。

二、法律问题

1. 被告人实施行为时，被害财物由谁占有？是由原物主李某占有？网吧管理人占有？还是属于脱离占有物？

2. 被告人的行为应当如何定性？是盗窃还是脱离占有物侵占？

3. 被告人主观上具有盗窃的故意还是侵占的故意？

三、重点提示

本案当中，被告人趁被害人去缴费期间拿走了放在被害人座位上的包，该包仍属于被害人占有，属于观念上的占有，被告人拿走包的行为属于转移占有的盗窃行为。

拓展资料

15 - 6

| 专题十六 |

环境犯罪

📚 知识概要

"环境犯罪"涵括环境污染和破坏自然资源两类犯罪。具体而言：①环境污染犯罪，主要包括污染环境罪、非法处置进口的固体废物罪、擅自进口固体废物罪和环境监管失职罪，少数情形下也可能涉及投放危险物质罪、危险物品肇事罪、走私废物罪等其他罪名。②破坏自然资源犯罪。该类案件是环境资源犯罪的主要构成部分[1]，且通常集中在自然资源较为丰富的区域[2]。具体而言，可分为破坏动物资源犯罪（主要包括走私珍贵动物、珍贵动物制品罪，非法捕捞水产品罪，非法猎捕、杀害珍贵、濒危野生动物罪，非法收购、运输、出售珍贵、濒危野生动物、珍贵、濒危野生动物制品罪，非法狩猎罪）；破坏土地资源犯罪（主要包括非法占用农用地罪，非法批准征用、占用土地罪，非法低价出让国有土地使用权罪）；破坏矿产资源犯罪（主要包括非法采矿罪、破坏性采矿罪）；破坏森林资源犯罪〔主要包括走私国家禁止进出口的货物、物品（珍稀植物及其制品）罪，非法采伐、毁坏国家重点保护植物罪，非法收购、运输、加工、出售国家重点保护植物、国家重点保护植物制品罪，盗伐林木罪，滥伐林木罪，非法收购、运输盗伐、滥伐的林木罪，违法发放林木采伐许可证罪〕。

---

〔1〕 例如，北京法院近10年来（2006~2015年）审理涉及刑法分则第六章第六节的案件592件，破坏自然资源刑事案件占比91.1%。参见喻海松："环境资源犯罪案件的审理路径"，载《人民司法（案例）》2018年第8期。

〔2〕 该类案件地域特点明显。例如，微山湖地区森林资源、野生动物资源丰富，非法狩猎、盗伐、滥伐林木刑事案件数量较多；新沂骆马湖等地砂资源丰富，非法采砂刑事案件较为多发。

环境是人类生存之基。刑法是环境治理的重要方式，运用刑法规定惩治和防范环境犯罪，加大对环境的刑事司法保护力度，是维护生态环境的重要环节。基于当前环境犯罪的态势，根据宽严相济基本刑事政策的要求和刑法的规定，当前环境犯罪的惩治应当把握如下对策：

1. 从严惩治环境犯罪。对于环境犯罪刑事政策的基本取向应当是从严惩治，这是当前通过刑法方式治理环境问题的必然要求。降低环境资源犯罪的入罪和法定刑升档门槛，从严惩治环境资源犯罪，是环境资源犯罪司法适用的典型特征。对此，环境污染犯罪和矿产资源犯罪相关司法解释都得以充分体现。就前者而言，2013 年发布的《最高人民法院、最高人民检察院关于办理环境污染刑事案件适用法律若干问题的解释》（已失效）和 2016 年发布的《最高人民法院、最高人民检察院关于办理环境污染刑事案件适用法律若干问题的解释》均降低了污染环境罪的入罪门槛；就后者而言，2016 年发布的《最高人民法院、最高人民检察院关于办理非法采矿、破坏性采矿刑事案件适用法律若干问题的解释》则未因经济社会发展水平提高而大幅提升定罪量刑标准。

2. 突出环境法益的独立地位。与传统法益不同，环境法益具有相对独立性。保护环境法益是环境刑法的应有之义。对此，应当从两个方面理解和把握：一方面，环境刑法保护可以还原成个体法益的人身法益和财产法益；另一方面，环境刑法保护无法还原成个体法益的环境法益，特别是对尚未直接侵害人身、财产等法益，但侵害环境法益的行为进行惩治。这在污染环境罪中尤为明显。污染环境罪不仅规制"造成重大环境污染事故，致使公私财产遭受重大损失或者人身伤亡的严重后果的"情形，而且规制虽未发生实害后果但侵害环境法益的严重污染环境行为。

3. 拓展环境犯罪的规制领域。随着人类对环境法益的重视，环境所涉的领域不断拓展，环境刑法的规制范围也日益扩张。因此，在刑法相对稳定的前提下，如何通过司法的适度能动适用，尽可能拓展环境资源犯罪的规制领域，是一项重要的任务。例如，实践中非法采砂等行为对环境的危害日益严重，将砂资源解释到矿产资源之中，适用非法采矿罪对非法采砂行为进行规制，成为当下的选择。这就拓展了非法采矿罪的规制领域，将范围扩充到砂资源，加大了对砂资源的刑事司法保护力度。

4. 体现适当从宽的政策要求。刑罚不是目的，只是手段。就环境犯罪领域而言，在宽严相济刑事政策之下，采取何种具体对策，均是为了有效保护生态环境。考虑到司法实践中的复杂情况，宜对实施相关环境犯罪情节轻微的情形予以从宽处理，以促使行为人在实施环境资源犯罪后及时采取措施，或者积极赔偿损失，充分发挥刑法的威慑和教育功能。这一做法的实质目的就在于更为有效地保护生态环境。

经典案例

案例一：宋某污染环境案

16 - 1

一、基本案情

2014 年 5 月 7 日，被告人宋某未经审批非法开办电镀加工点，于当月 16 日被查获。该加工点未经处理直接向外排放含重金属铬的废水，涉案加工点屋内地面积水样品中的六价铬含量为 558mg/L，总铬含量为 621mg/L，均超过国家污染物排放标准 3 倍以上。宋某归案后如实供述自己的行为，但辩称自己不知道会污染环境。浙江省平阳县人民法院一审判决、温州市中级人民法院二审裁定认为，宋某经营的电镀加工场明显与正常的生产活动不同。据此，法院认定其具有污染环境的故意，进而以污染环境罪判处被告人宋某有期徒刑 10 个月，并处罚金人民币 10 000 元。

二、法律问题

如何把握污染环境罪的主观罪过形式？

三、法理分析

在《刑法修正案（八）》施行前，关于重大环境污染事故罪的主观罪过形式即存在不同认识：①故意说，即认为该罪的主观方面只能是故意，过失不构成本罪。[1]②过失说，即认为该罪的主观方面只能是过失。[2]③混合罪过说，即认为该罪的主观方面既可以是故意，也可以是过失。[3]刑法以处罚故意犯罪为原则，以处罚过失犯罪为例外。一般而言，刑法在条文表述上除明确使用"过失"以外，也常用"事故""玩忽职守"等体现对过失罪过的规定。因此，关于重大环境污染事故罪的主观罪过形式，本书主张过失说。该说为刑法理论界的通说，而从司法适用来看，也基本认为重大环境污染事故罪的主观罪过形式是过失。

在《刑法修正案（八）》将重大环境污染事故罪修改为污染环境罪后，关于污染环境罪的主观罪过形式仍然存在较大争议：①故意说。有观点认为，1997 年《刑法》第 338 条规定的重大环境污染事故罪为过失犯罪，但经《刑法修正案（八）》修正的第 338 条规定的污染环境罪的主观方面为故意。[4]②过失说。有观点认为，该罪的主观方面由过失构成，即行为人对于违反环境保护相关国家规定，排放、倾倒或者处置有害物质是明知的，但对于由此造成的严重后果并非为行为人所希望。[5]③混合罪过说。有观点认为，污染环境罪的主观方面既包括故意，也包括过失。[6]

关于污染环境罪的主观罪过形式，本书主张混合罪过说，即污染环境罪的主观罪过通常是故意，但也可以由过失构成。其主要考虑如下：

第一，根据《刑法修正案（八）》的修法精神，不宜否认污染环境罪可以由过失构成。如前文所述，在《刑法修正案（八）》施行前，刑法理论和司法实务通常主张 1997 年《刑法》第 338 条可以由过失构成，即违反国家规定，过失造成重大环境污染事故，致使公私财产遭受重大损失或者人身伤亡的严重后果的，可以成立重大环境污染事故罪。而《刑法修正案（八）》对

---

〔1〕 周道鸾等主编：《刑法的修改与适用》，人民法院出版社 1997 年版，第 691 页。

〔2〕 赵秉志主编：《新刑法全书》，中国人民公安大学出版社 1997 年版，第 1132 页。

〔3〕 张穹主编：《刑法适用手册》（上、中、下三册），中国人民公安大学出版社 1997 年版，第 1201 页。

〔4〕 张明楷：《刑法学》，法律出版社 2016 年版，第 1131 页。

〔5〕 周道鸾编：《刑法罪名精释》，人民法院出版社 2013 年版，第 858 页；高铭暄、马克昌主编：《刑法学》，北京大学出版社、高等教育出版社 2016 年版，第 582 页。

〔6〕 汪维才："污染环境罪主客观要件问题研究——以《中华人民共和国刑法修正案（八）》为视角"，载《法学杂志》2011 年第 8 期。

1997年《刑法》第338条的修改，显然是为了更好地适应日益严峻的环境保护形势，增强刑法规定的可操作性。如果主张污染环境罪的主观方面不能由过失构成，则意味着在《刑法修正案（八）》之前可以以重大环境污染事故罪论处的行为，在之后却不能以污染环境罪论处，可能会得出《刑法修正案（八）》关于1997年《刑法》第338条的修改实际上提升了主观罪过门槛的结论。这显然不符合修法精神。

第二，从司法实践来看，不宜否认污染环境罪可以由过失构成。过失污染环境的案件时有发生，否认污染环境罪可以由过失构成不符合实际。例如，违反操作规程处置污染物发生事故，违反相关规定盛放污染物发生泄漏等。上述案件中，行为人对污染物污染环境在主观上并非持希望或者放任的态度，不能认定为故意。如果否认过失可以成立污染环境罪，则意味着上述案件即使导致严重污染环境的实害后果的，也不能以污染环境罪论处，明显不合适。[1]特别是，当前和今后一段时期是我国环境高风险期，强调污染环境罪的过失罪过形式，对于促使有关单位和个人严格遵守环境保护相关国家规定，避免环境风险转化为实害后果，有重大现实意义。

第三，从国外的立法规定来看，污染环境犯罪的主观方面涵括故意和过失是通例。特别是，德国刑法和日本《关于危害人体健康的公害犯罪制裁法》均是从故意犯罪和过失犯罪两个方面来规定污染环境犯罪的。例如，《德国刑法典》第324条规定："①未经许可污染水域或对其品质作不利改变的，处5年以下自由刑或罚金刑。②犯本罪未遂的，亦应处罚。③过失犯本罪的，处3年以下自由刑或罚金刑。"[2]其他关于污染土地、污染空气等环境犯罪的规定亦规定可以由过失构成。而我国刑法关于污染环境犯罪的规定主要集中在污染环境罪，宜主张其主观方面涵括故意和过失，以免人为限缩规制范围。

第四，从刑法体系协调的角度，主张污染环境罪的主观方面为复合罪过

---

〔1〕 当然，有论者可能主张适用过失以危险方法危害公共安全罪等其他罪名。本书不赞同上述主张。主要考虑是：该类案件更为符合污染环境罪的规制目的，且可以通过合理解释污染环境罪主观罪过形式加以适用，没有必要适用其他罪名，而且，按照上述主张，可能加剧以危险方法危害公共安全罪等罪名的"口袋罪"趋势，导致罪名之间的界限愈加模糊。

〔2〕 徐久生、庄敬华译：《德国刑法典》，中国方正出版社2004年版，第160页。

有先例可循。在我国，关于复合罪过的问题确有一定争议。需要说明的是，本书认为，不能以同一个条文涉及的两个罪名分别涉及故意和过失而主张复合罪过在刑法中的存在。例如，《刑法》第397条虽然同时规定了滥用职权罪和玩忽职守罪（通常认为主观方面分别为故意和过失），但这是两个相对独立的罪名，与复合罪过并不相关。同样，《刑法》第398条规定的故意泄露国家秘密罪和过失泄露国家秘密罪，也不涉及复合罪过的问题。但是，在《刑法修正案（八）》之后，刑法典中规定有复合罪过却是不争的事实。例如，《刑法修正案（八）》增设的食品监管渎职罪（第408条之一）涉及滥用职权和玩忽职守两种情形，无疑包括故意和过失在内，认定该罪系复合罪过并无问题。

四、参考意见

综上，污染环境罪的主观方面为复合罪过，即包括故意和过失两种罪过形式。司法适用中需要注意的是，故意是通常的罪过形式，即污染环境罪通常由故意构成；过失是例外的罪过形式，即污染环境罪在一定条件下也可以由过失构成。而且，在过失污染环境的案件中，通常而言，行为人对于违反国家规定是明知故犯，而且限于造成实害后果的情形。此外，对于后文所述的共同犯罪，也限于共同故意犯罪，对于两人以上共同过失污染环境犯罪的，不以共同犯罪论处，应当负刑事责任的，按照他们所犯的罪分别处罚。

故意是污染环境罪的基本罪过形式，司法实践中须妥当把握。需要注意的是，行为人到案后对主观心态的供述，是认定其主观罪过形式的重要证据。但是，如果行为人到案后否认其主观上的罪过，则无法直接根据其供述认定主观罪过形态。"主观见之于客观"，司法实践宜注重结合客观证据推定主观罪过形态。特别是，行为人实施行为与正常经营活动明显不同的，可以认定其具有污染环境的主观故意。从本案来看，宋某经营的电镀加工场生产时间为夜间12点到凌晨，加工场内设置隔离板进行伪装。宋某的电镀加工活动明显异于正常的电镀加工，表明其主观上认识到所实施行为会污染环境，具有主观故意。

案例二：黄某污染环境案

16－2

一、基本案情

黄某于 2013 年先后开办两处非法电镀工场，分别雇用杨某、张某进行非法电镀。杨某、张某将电镀过程中产生的污水直接排放在电镀工场的地上，通过水沟直接排放到外面河道内。2014 年 2 月，加工场被查获。其中，一处电镀加工场排放的废水中六价铬含量为 41.5mg/L（标准限值 0.2mg/L），锌含量为 295mg/L（标准限值 1.5mg/L），超国家污染排放标准 3 倍以上；另一处电镀加工场排放的废水中六价铬含量为 16.5mg/L（标准限值 0.2mg/L），总氰化物含量为 11.2mg/L（标准限值 0.3mg/L），超国家污染排放标准 3 倍以上。浙江省乐清市人民法院经审理认为，被告人黄某、杨某、张某违反国家规定，排放含重金属的废水超过国家污染物排放标准 3 倍以上，严重污染环境，其行为均已构成污染环境罪，以污染环境罪分别判处被告人黄某有期徒刑 1 年 4 个月，并处罚金人民币 16 000 元；被告人杨某有期徒刑 10 个月，并处罚金人民币 10 000 元；被告人张某有期徒刑 10 个月，并处罚金人民币 10 000 元。

二、法律问题

行为人对所实施污染环境行为是否构成犯罪以及构成何种犯罪的认识，是否会影响污染环境犯罪故意的认定？

三、法理分析

关于违法性的认识是否属于犯罪故意的明知内容，我国刑法学界存在肯定说、否定说和折中说三种不同观点。目前，否定说是我国刑法学界的通说，即主张犯罪故意的明知只要求行为人明知其行为及结果的危害性，而不要求行为人明知其行为及结果的违法性。但是，例外情况下，可以因行为人无违法性认识而否定其主观故意性，即某种行为一向不为法律所禁止，后来在某个特殊时期或者某种特定情况下为刑法所禁止，如果行为人确实不知道法律所禁止而仍实施该行为的，难以认定行为人具有犯罪的故意。[1][2] 对污染环境犯罪亦应坚持这一立场，即行为人对所实施污染环境行为是否构成犯罪以及构成何种犯罪的认识，通常不影响污染环境犯罪故意的认定。

四、参考意见

行为人对所实施污染环境行为是否构成犯罪以及构成何种犯罪的认识，通常不影响污染环境犯罪故意的认定。

本案中，辩护人提出，被告人黄某所办的电镀厂规模小，政府监管不力，在开办电镀厂期间没有对其进行查处，被告人也不知道自己的行为违法。本案即涉及违法性认识的问题，即行为人以不知道其所实施的污染环境行为违法为由提出抗辩的，能否认定其主观上具有污染环境的故意。本书认为，上述意见难以成立。其主要考虑如下：①行为人认识到自己的行为具有实质违法性，即可推定其主观上具有违法性认识。本案中，黄某开办电镀工场，杨某、张某从事电镀作业，对于所排放的含有重金属的电镀废水会污染环境，此种实质危害性和违法性是具有通常常识的从业人员都能认识到的。②行为人对所实施行为的违法性认识，不要求认识到刑事违法性。换言之，只要行为人认识到行为具有违法性，为国家法律所禁止，即应当认定其主观上具有违法性认识。就本案而言，对于超标排放含有重金属的废水，污染环境的行为具有行政违法性，是国家相关规定所禁止的，这是一般人都能具有的常识，可以推定行为人具有这方面的认识。当然，行为人可能确实不知道《最高人民法院、最高人民检察院关于办理环境污染刑事案件适用法律若干问题的解释》第1条第3项将排放特定污染物超标3倍以上的情形规定为"严重污染环境"，从而不知道所实施的行

---

〔1〕　王作富：《刑法》，中国人民大学出版社2011年版，第80页。

〔2〕　《德国刑法典》对违法性认识错误的处理有专门规定，第17条规定："行为人行为时没有认识行为的违法性，如果该错误认识不可避免，则对其行为不负责任。如果该认识错误可以避免，则依照第49条第1款的规定减轻处罚。"参见徐久生、庄敬华译：《德国刑法典》，中国方正出版社2004年版，第10页。

为构成《刑法》第 338 条规定的污染环境罪，但这并非犯罪故意所要求的认识内容。基于上述考虑，法院对上述辩护意见未予采纳。

案例三：浙江汇德隆染化有限公司污染环境案[1]

16-3

一、基本案情

被告单位浙江汇德隆染化有限公司（以下简称汇德隆公司）是一家年产 4 万吨保险粉及 3800 吨亚硫酸钠的化工企业，绍兴腾达印染有限公司（以下简称腾达公司）主要经营印花、染色等项目，上述两公司实际控制人均为被告人严某某。在保险粉合成、过滤干燥过程中产生的精馏残液（含有甲醇、甲酸钠、亚硫酸钠等成分），属于危险废物。2012 年七八月间，为缓解汇德隆公司处理精馏残液的排污压力，严某某经与被告人潘某甲（汇德隆公司总经理）、潘某乙（腾达公司土建主管）商议，将汇德隆公司的精馏残液外运至无危险废物处置资质的腾达公司。精馏残液经与腾达公司自身产生的废水混合后，通过暗管直接排入管网，累计排放 5000 余吨。2012 年 10 月起，为缓解汇德隆公司处理精馏残液的排污压力，潘某甲又以 50~80 元/吨的价格委托无危险废物处置资质的被告人汝某甲外运处置汇德隆公司的精馏残液，严某某明知且默许上述外运处置行为。汝某甲伙同被告人汝某乙、汝某丙，分别雇佣被告人徐某某、唐某某、李某某、罗某某等人采用槽罐车将上述精馏残液运至杭州湾上虞工业园区外海塘等地直接倾倒，累计倾倒 18 000 余吨。被告人潘某丙（汇德隆公司仓库主管）明知汇德隆公司非法外运处置精馏残液，仍接受潘某甲的指派，组织人员负责对运输精馏残液的槽罐车过磅、填写供

〔1〕 方芳："环境污染犯罪典型案例"，载最高人民法院网：http://www.conrt.gov.cn/zixun-xiang qing-33791.html，访问时间：2019-3-1。

货清单等工作。浙江省绍兴市上虞区人民法院一审判决、绍兴市中级人民法院二审裁定认为：被告单位汇德隆公司伙同被告人汝某甲、汝某乙、汝某丙等违反国家规定，排放、倾倒、处置有毒有害物质，严重污染环境，构成污染环境罪，且属后果特别严重。综合考虑案发后自首、立功、如实供述、退缴违法所得、补缴污水处理费等情节，以污染环境罪判处被告单位浙江汇德隆染化有限公司罚金人民币 2000 万元；判处被告人严某某有期徒刑 4 年 6 个月，并处罚金人民币 100 万元；判处其他被告人相应刑罚；禁止被告人徐某某、唐某某、李某某、罗某某在缓刑考验期限内从事与排污相关的活动。

二、法律问题

非法排放、倾倒、处置危险废物的，何种情形下构成污染环境罪？

三、法理分析

就 1997 年《刑法》规定的重大环境污染事故罪而言，入罪要件为"造成重大环境污染事故，致使公私财产遭受重大损失或者人身伤亡的严重后果"，这意味着只有人身、财产等法益因污染环境行为受到侵害的，才能予以刑事处罚。这一立法模式没有体现环境的独立价值，不利于保护人类的整体利益与长远利益。《刑法修正案（八）》将重大环境污染事故罪调整为污染环境罪，将入罪要件修改为"严重污染环境"，对污染环境行为的入罪不再限于对人身法益和财产法益的侵害，体现了立法者对环境法益的重视。[1]而且，这一修法理念的转变也贯穿于刑事司法实践。关于环境污染犯罪司法解释的修订正是充分考虑了环境法益的独立性，将"严重污染环境"这一要件的情形多样化，不再限于侵害人身法益和财产法益的情形，开始涉及特定区域污染环境、危险废物污染环境、排放特定污染物超标、隐蔽排污等情形，而后者并非以人身、财产等法益受到侵害为要件，侵害的对象是环境本身，恰恰体现了环境法益的独立性。

危险废物具有腐蚀性、毒性、易燃性、反应性和感染性等危害特性，利用或处置不当会严重污染环境、危害人体健康，甚至对生态环境造成难以恢

---

〔1〕 孙佑海："从重大环境污染罪到严重污染环境罪——罪名之变？立法理念之变？"，载《中国环境报》2010 年 9 月 27 日，第 3 版。

复的损害。各国对危险废物实行全过程管理体系，即从"摇篮"到"坟墓"的管理体系。近年来，我国危险废物管理工作取得了积极进展，构建了以《固体废物污染环境防治法》为龙头，以《危险废物经营许可证管理办法》和《医疗废物管理条例》为骨干，以《国家危险废物名录》《危险废物转移联单管理办法》和危险废物鉴别、贮存、焚烧、填埋标准及系列技术指南为枝干的一系列全过程管理制度。特别是《固体废物污染环境防治法》设专章对危险废物污染防治作了特别严格的规定。

当前，非法排放、倾倒、处置危险废物的行为较多，对环境甚至人体健康造成有害影响，亟须加以规制。为了加大对此类行为的刑事惩治力度，促进危险废物的规范处理，《最高人民法院、最高人民检察院关于办理环境污染刑事案件适用法律若干问题的解释》（法释〔2016〕29号，以下简称《环境污染犯罪解释》）第1条第2项将非法排放、倾倒、处置危险废物3吨以上的行为直接规定为"严重污染环境"的情形。

司法实践中，对于非法排放、倾倒危险废物的认定未见争议。但是，对于非法处置危险废物的认定争议较大。为统一相关案件的处理，《环境污染犯罪解释》第6条专门规定："无危险废物经营许可证从事收集、贮存、利用、处置危险废物经营活动，严重污染环境的，按照污染环境罪定罪处罚；同时构成非法经营罪的，依照处罚较重的规定定罪处罚。实施前款规定的行为，不具有超标排放污染物、非法倾倒污染物或者其他违法造成环境污染的情形的，可以认定为非法经营情节显著轻微危害不大，不认为是犯罪；构成生产、销售伪劣产品等其他犯罪的，以其他犯罪论处。"非法处置危险废物以未取得经营许可证为前提，但是否以违法造成环境污染为要件，则存在不同认识。依据《环境污染犯罪解释》第6条的规定，本书持肯定态度。根据《环境污染犯罪解释》第1条第2项的规定，"非法处置危险废物3吨以上"是认定"严重污染环境"的具体情形之一。但是，污染环境罪保护的法益是环境法益。如果未取得经营许可证处置危险废物，在处置过程中未违法造成环境污染的，未对环境法益造成侵害，不宜以污染环境罪论处。此外，对于无资质处置危险废物，尚未污染环境，未构成污染环境罪的情形，是否可以适用非法经营罪的相关规定，实践中存在不同认识。对此，有些地方持肯定态度，但这实际上形成悖论：无资质处置危险废物，违法造成环境污染的，以污染环境罪最高只能处 7 年有期徒刑；未违法造成环境污染的，以非法经营罪最高可以处 15 年有期徒刑。为此，《环境污染犯罪解释》第 6 条作出了明确规定，确立无危险废物经营许可证从事收集、贮存、利用、处置危险废物经营活动的入罪以违法造成环境污染为实质要件，未违法造成环境污染的，可以认定为情节显著轻微，危害不大，不认为是犯罪[1]。

四、参考意见

非法排放、倾倒、处置危险废物 3 吨以上的，构成污染环境罪；非法排放、倾倒、处置危险废物 100 吨以上的，属于污染环境"后果特别严重"情形。

本案中，行为人将危险废物混合后通过暗管直接排入管网，又低价委托无危险废物处置资质的被告人汝某甲外运处置，后汝某甲将其直接倾倒。无疑，本案的行为属于非法排放、处置危险废物的情形，法院最终认定为污染环境"后果特别严重"，以污染环境罪判处相应刑罚。

拓展案例

案例一：朱某等污染环境案

16 - 4

一、基本案情

2014 年 2 月，被告人朱某擅自开办电镀厂，进行镀镍、镀锌作业。被告人叶某受雇在该厂从事日常管理以及负责镀镍作业。被告人朱某、叶某等人将电镀产生的废水未经处理排放于工厂地面，废水沿地面水槽流向墙外，直接对外排放。经检测，该电镀厂 1 号车间电镀废水排放口提取的水样中重金属含量为：六价铬 165mg/L、铜 16.1mg/L、锌 36.5mg/L、镍 25.5mg/L；2 号车间电镀废水排放口

---

[1]　但是，有关行为构成生产、销售伪劣产品等其他犯罪的，以其他犯罪论处。

提取的水样中重金属含量为：六价铬 0.044mg/L、铜 8.47mg/L、锌 2.66mg/L、镍 2.68×103mg/L。其中六价铬、铜、锌、镍的含量均已超过国家规定的 3 倍以上（《电镀污染物排放标准》规定的重金属排放标准为：六价铬 0.2mg/L、铜 0.5mg/L、锌 1.5mg/L、镍 0.5mg/L）。浙江省永嘉县人民法院经审理认为，被告人朱某、叶某违反国家规定，非法排放超过国家污染物排放标准 3 倍以上的含重金属污染物，严重污染环境，其行为均已构成污染环境罪。鉴于被告人朱某到案后提供线索，帮助侦查机关侦破 3 起刑事案件，系立功；被告人叶某在共同犯罪中起次要作用，系从犯；结合两名被告人归案后均如实供述罪行，决定予以不同程度的从轻处罚。据此，以污染环境罪判处朱某有期徒刑 9 个月，并处罚金人民币 15 000 元；叶某有期徒刑 8 个月，并处罚金人民币 10 000 元。

二、法律问题

本案的监测取样点如何确定？

三、重点提示

对于排放含重金属的污染物的浓度，可以通过监测进行判断，根据《环境污染犯罪解释》，如果监测数据显示超过特定污染物的排放标准 3 倍/10 倍以上的，可以认定构成"严重污染环境"。本案的关键问题在于监测取样点如何确定，以及依照有关规定对污染物进行监测，在不同取样点获取不同值的，应当如何进行评价。

关于监测取样点的问题，本书认为，对于超标排放污染物的监测取样点应当依据环境监测的相关规定[1]，不一定要以最终排入外环境点为标准。其主要考虑如下：①污染环境罪属于行政犯。依据刑法理论，对于行政犯的相关要件的判断，需要依据相关行政法律法规的规定。就污染环境罪的入罪要件"严重污染环境"而言，《环境污染犯罪解释》第 1 条作出了明确规定。而其中超标倍数的判断，自然应当根据环境监测行政法律法规的相关规定进行。

---

[1] 《环境污染犯罪解释》第 12 条第 2 款规定："公安机关单独或者会同环境保护主管部门，提取污染物样品进行检测获取的数据，在刑事诉讼中可以作为证据使用。"在刑事立案后或者初查阶段，公安机关单独或者会同环境保护主管部门提取污染物样品的，应当同时遵循刑事现场勘查规则的相关规定。

而从相关规定来看，相关监测点不一定是排入外环境的点位（有的是生产车间的排污口，而非企业排污口）。[1]②如果要求以排入外环境点作为监测取样点，则可能导致行为人恶意利用法律漏洞，无法体现污染环境罪的规制宗旨。实践中，如某类重金属以车间排污口为取样点，行为人在污染物排出车间后可以将其与其他污水进行混合，必然导致排入外环境的重金属浓度不超标。但是，所排放的重金属对于环境的危害是实质存在的。综上，本案在车间电镀废水排放口对六价铬、镍进行取样监测，是符合有关规定的。

关于同一重金属在不同车间检出的含量不同，本案的裁判法院认为，应当根据其最高值进行评价，本案中六价铬、镍的含量达到国家排放标准数十倍乃至数万倍，其社会危害性较大。本书原则上赞同上述观点，认为对于依照有关规定对污染物进行监测，在不同取样点获取不同值的，应当以最高值进行评价。但是，同时应当注意的是要排除由于其他原因形成的含量明显异于标准的情形，如根据工艺排除了所排放的污染物为监测最高值的可能（最高值可能是由于沉淀物累积而成），则应当根据实际情况选择适当的监测值。

案例二：浙江金帆达生化股份有限公司等污染环境案

16 – 5

一、基本案情

方埠化工厂系浙江金帆达生化股份有限公司（以下简称金帆达公司）下

---

[1]　为防止重金属的稀释排放，水污染物排放标准中规定了重金属等一类有毒有害污染物均要求在车间或者生产设施排放口达标排放。例如，根据《污水综合排放标准》（GB 8978 – 1996）规定，按性质及控制方式将排放的污染物分为两类：一是第一类污染物，如铬、镍、汞等，不分行业和污水排放方式，也不分受纳水体的功能类别，一律在车间或车间处理设施排放口采样。二是第二类污染物，如锌、铜等，在排污单位排放口采样。排入 GB3838 Ⅲ类水域（划定的保护区和游泳区除外），执行一级标准。

属企业，专门生产农药草甘膦。2011 年，方埠化工厂生产农药草甘膦而产生的危险废物草甘膦母液因得不到及时处理而胀库。为不影响生产，并降低处理成本，被告人杜某某（金帆达公司副总经理）、宋某某（金帆达公司国内贸易部经理），经被告人浦某某（金帆达公司总经理）默许，委托不具备危险废物处置资质的杭州联环化工有限公司（以下简称联环公司）、湖州德兴化工物资有限公司（以下简称德兴公司）、富阳博新化工有限公司（以下简称博新公司）及被告单位衢州市新禾农业生产资料有限责任公司（以下简称新禾公司）等有业务往来的化工原料提供单位非法外运处置草甘膦母液。被告人李某某（方埠化工厂分管物管部的副厂长）明知产生的草甘膦母液应委托有处理资质的企业处置，仍负责联系宋某某通知新禾公司等单位非法拉运草甘膦母液。2011年 10 月至 2013 年 5 月，金帆达公司共非法处置草甘膦母液 35 000 余吨，直接倾倒至外环境。2011 年下半年，被告单位新禾公司为谋取利益，在不具备危险废物处置资质的情况下，违反国家规定，经被告人吴某某（新禾公司法定代表人）同意，由被告人洪某某（新禾公司副总经理）与杜某某、宋某某联系，约定为金帆达公司处置草甘膦母液，并收取每吨 80～100 元的处置费用。2012 年年初至 2013 年 5 月期间，新禾公司通过被告人黄某某、王某合伙经营的槽罐车将共计 5000 余吨的草甘膦母液从方埠化工厂运至衢州，倾倒在小溪、沙滩、林地等处，并支付黄某某、王某每吨 50～60 元的处置费用。被告人严某（新禾公司股东）负责与黄某某、王某及金帆达公司结算草甘膦母液处置费用、开具发票等事宜。被告人林某某、舒某某、柴某某、杨某某、傅某某、陈某某、张某某、方某某、邱某某、蒋某某作为槽罐车的驾驶员、押运员，参与草甘膦母液的运输及协助倾倒。浙江省龙游县人民法院一审判决、浙江省衢州市中级人民法院二审裁定认为：被告单位浙江金帆达生化股份有限公司、衢州市新禾农业生产资料有限责任公司与被告人黄某某、王某等违反国家规定，倾倒、处置危险废物，严重污染环境，其行为均已构成污染环境罪，且属后果特别严重。综合考虑案发后自首、如实供述、退缴违法所得等情节，以污染环境罪判处被告单位浙江金帆达生化股份有限公司罚金人民币 7500 万元；判处被告单位衢州市新禾农业生产资料有限责任公司罚金人民币 400 万元；判处被告人杜某某有期徒刑 6 年，并处罚金人民币 100 万元；以及其他各被告人相应有期徒刑和罚金。此外，浙江省杭州市富阳区人民法院、萧山区人民法院、杭州市中级人民法院、德清县人民法院、湖州市中级人民法院均已分别对涉案的博新化工、联环化工、德兴化工及相关被告人依法作出裁判。

二、法律问题

明知他人无危险废物经营许可证，向其提供或者委托其收集、贮存、利用、处置危险废物，严重污染环境的，如何处理？

三、重点提示

对危险废物污染防治经营活动实行许可证制度，以防止无资质的单位和个人从事危险废物的收集、贮存、利用、处置，造成严重的环境污染事故，是各国的通例。我国亦不例外。《固体废物污染环境防治法》明确规定对危险废物污染防治实行经营许可证制度，并且规定危险废物收集、贮存、处置的经营活动主体限于单位，个人不得从事上述活动。

为了加强对危险废物收集、贮存和处置经营活动的监督管理，防治危险废物污染环境，根据《固体废物污染环境防治法》，国务院制定了《危险废物经营许可证管理办法》，规定从事危险废物收集、贮存、处置经营活动的单位须依法领取危险废物经营许可证。

根据有关规定，禁止无经营许可证或者不按照经营许可证规定从事危险废物收集、贮存、处置经营活动。实践中，由于危险废物的正常处置费用较高，非法处置危险废物成为环境污染犯罪产业化中最为集中的形态。据有关方面介绍，工业生产中产生的危险废物、有毒物质、固定废物等污染物，如果按照环保要求处理，其正常处理费用为每吨 2800~3200 元，但这些企业委托他人非法处置的价格在每吨 60~120 元，非法处置危险废物存在巨大的利益空间。[1]因此，一些企业为降低所产生的危险废物的处置成本，将危险废物交由未取得危险废物经营许可证的企业处理，而这些企业往往再倒手有偿转给他人处理。实践中也发生过不少通过交通运输工具将危险废物运输至偏僻地方进行倾倒的事件。

---

〔1〕 陈光多："在浙江法院保障'五水共治'依法推进建设'两美浙江'新闻通气会上的发言稿"，中国新闻网，http://finance.chinanews.com/ny/2014/06-11/6269171.shtml，访问时间：2019-7-22。当然，不少地方危险废物的处置、利用费用远高于这一价格。

由于上述危险废物收集、贮存、利用、处置方实际不具有相应的技术、设施和能力，无法按照相关规定的要求对危险废物进行有效处置，往往将危险废物直接倾倒在土壤、河流中。而由于危险废物的特性，如果不加处理就进入大气、水体和土壤，直接参与生态系统的物质循环，将会对人体健康和环境造成严重危害。在司法实践中，对于接受危险废物后将危险废物直接倾倒、污染环境的行为人，往往可以以污染环境罪追究刑事责任。但是，对于危险废物提供方或者委托方，其往往辩解不明知危险废物的接收方会实施污染环境的行为，而司法机关也往往无法对其以污染环境罪的共同犯罪论处。经过调研发现，从支付的费用看，有关单位对污染环境的后续行为往往心知肚明，但为了降低危险废物的处置费用对严重污染环境的结果实际持放任心态，认定共同犯罪应无疑问。

为加强对此类犯罪的惩治，充分发挥司法解释的警示、教育功能，《环境污染犯罪解释》专门对涉危险废物的环境污染共同犯罪的认定规则作了明确，第7条规定："明知他人无危险废物经营许可证，向其提供或者委托其收集、贮存、利用、处置危险废物，严重污染环境的，以共同犯罪论处。"

需要注意的是，《环境污染犯罪解释》第7条采取推定的证明方式，即只需要证明行为人明知对方无危险废物经营许可证或者超出经营许可范围即可，而无须证明行为人明知危险废物的接收方会实施后续的污染环境行为。此种情形下，对于危险废物接收方实施后续的污染环境犯罪行为，应当共同归属于危险废物提供方和接收方，以污染环境罪的共同犯罪论处。申言之，只需要证明行为人明知对方无经营许可资质，无须证明行为人明知对方会实施后续污染环境具体行为，即可对行为人以污染环境罪的共同犯罪论处。

拓展资料

16－6

| 专题十七 |

网络犯罪

📖 知识概要

当前，除了非法获取计算机信息系统数据、破坏计算机信息系统等网络犯罪凸显外，盗窃、诈骗等传统犯罪也日益通过计算机网络实施。除了强奸罪等必须以行为人自身或者他人的人身作为犯罪工具的传统犯罪外，其他犯罪基本可以通过互联网实施。即使是前述传统犯罪，也日益涉及互联网，甚至与互联网交织在一起，如通过互联网雇凶杀人。[1]据统计，在英、美等国家，网络犯罪已成为第一大犯罪类型。在我国，网络犯罪已占犯罪总数的近1/3，而且每年还在大量增加。[2]网络犯罪不仅严重侵害公民的人身安全和财产安全，而且严重影响社会秩序甚至国家安全，依法有效惩治网络犯罪已经成为当前及未来一段时期的重要任务。特别是，随着云计算、物联网、大数据、人工智能等新技术的快速发展与广泛应用，网络犯罪的风险被聚集放大，

---

[1] 例如，作为中国"硅谷"的北京市海淀区，传统犯罪网络化增长明显。从该区人民法院审理的案件情况来看，较之将网络作为犯罪对象的新型网络犯罪，将网络作为实施犯罪行为的中介、场所的更为常见，尤其是网络诈骗、网络传播淫秽物品、网络盗窃、网络销售违禁品等。此类犯罪是传统犯罪网络化的表现，近十年该院审结此类网络犯罪案件共计230件（全部网络犯罪案件为322件）。参见游涛、杨茜："2007年至2016年海淀区人民法院审结网络犯罪案件情况调研报告"，海淀法院网，http://bjhdfy.chinacourt.org/public/detail.php? id＝4705，访问时间：2017 11 23。

[2] 参见蔡长春："充分发挥法治对创新的引领规范作用 善用法治方式提高社会治理效能"，载《法制日报》2016年10月14日，第1版。

防范和惩治的难度会进一步加大。[1]

我国的惩治犯罪的刑事对策主要是以传统犯罪为基准设置的，故应对传统犯罪较为有效。经过不懈努力，当前我国社会治安形势持续好转，严重暴力犯罪量持续下降，人民群众安全感稳步上升。据统计，近年来，我国杀人、爆炸、抢劫等严重暴力犯罪和非正常上访、群体性事件数量持续下降，人民群众安全感保持在90%以上。2015年我国每10万人中发生杀人案件0.67起，是世界上杀人案件发生率最低的国家之一。[2]与之形成反差的是网络犯罪的态势。近年来，网络犯罪案件数量的上升趋势日渐显著[3]，电信网络诈骗、侵犯公民个人信息等新类型案件层出不穷。网络犯罪已成为危害社会的一大毒瘤。上述局面的形成，究其原因，就在于沿袭传统犯罪的对策应对网络犯罪，没有充分考虑网络犯罪自身的特点，导致刑事对策在一定程度上失灵。某种意义上，网络犯罪是"现代"的，而应对网络犯罪的对策却还是传统的，所形成的局面可能是"人在天上飞，我在地下追"。互联网时代刑事对策的谋划必须置身于互联网生活之中，充分考虑网络犯罪的态势与特点。应对日新月异的网络犯罪，要求在宽严相济的刑事政策之下，根据网络犯罪的自身特点及时调整对策，实现与网络犯罪作斗争的对策的适当转型。

第一是适度扩张网络犯罪圈的范围。1997年《刑法》制定于我国接入互联网的初始阶段，网络犯罪的猖獗态势尚未显现，当时的刑法不可能对网络犯罪有过多考虑。进入21世纪，针对计算机信息系统本身的网络攻击破坏活动日益增多，危害愈发严重。2009年《刑法修正案（七）》全面系统地完善

---

　　[1]　2017年，一款叫作WannaCry的病毒在全球范围内快速爆发，被该款病毒攻击的计算机几乎所有文件都被加密锁定，尔后黑客会向用户索要价值300到600美元的比特币作为赎金。全球150多个国家的网络被攻击。中英两国受害程度最为严重，英国的NHS服务器遭受大规模的网络攻击，至少40家医疗机构内网被黑客攻陷。在中国，北京、上海、天津、江苏等多地的出入境、派出所等公安网也疑似遭遇了病毒攻击，众多高校成为重灾区。参见朱迅垚："勒索病毒暴露了网络安全的脆弱性"，载《南方周末》2017年5月18日，B18版。

　　[2]　参见孙春英、郭宏鹏、蔡长春："近几年我国人民群众安全感保持90%以上　全国刑事类警情下降超二成"，载《法制日报》2016年10月14日，第1版。2016年，我国每10万人中发生的杀人案件数进一步下降为0.62起。

　　[3]　北京海淀法院近十年审理的网络犯罪案件数量总体态势增长较快。自2015年以来，犯罪数量呈现稳中有升的趋势，2015年审结案件数量相较2014年增长68.9%。参见游涛、杨茜："2007年至2016年海淀区人民法院审结网络犯罪案件情况调研报告"，海淀法院网，http://bjhdfy.chinacourt.org/public/detail.php？id=4705，访问时间：2017-11-23。

了危害计算机信息系统安全犯罪的刑法规定，实现了网络犯罪的第一次集中扩张。随着技术的发展，传统犯罪日益向互联网迁移，以互联网为手段的新型网络犯罪凸显，危害日益严重。针对这一情况，2015年《刑法修正案（九）》突出了对网络犯罪的关注，有8个条文直接针对新型网络犯罪，涉及新增犯罪、扩充罪状、降低门槛、增加单位犯罪主体等多种方式。这些规定对于加大对信息网络保护力度，促进互联网的健康发展，维护广大人民群众的合法权益，具有重要意义。然而，可以预见，网络犯罪还将在相当长的时期内保持高发、频发态势，且规制的难度将逐渐加大。为了应对这一态势，网络刑法的扩张也应是长期、不间断的过程，在今后相当长的时期内，主要的趋势仍然是不断扩充网络犯罪的犯罪圈。

第二是充分发挥网络刑事法的功能。由于各种原因，我国关于网络的法律体系尚不健全，不少网络犯罪欠缺前置规定。一方面，应当适时完善其他部门法的规定；另一方面，刑法也可以主动作为，在其他部门法管控不力时率先封住底线。侵犯公民个人信息犯罪的刑法规定就是佐证。近年来，非法获取、出售、提供公民个人信息的违法犯罪日趋普遍，危害日益严重。与之同时，关于公民个人信息保护的专门法律未能出台。在此情况下，立法机关于2009年通过《刑法修正案（七）》先行增设了侵犯公民个人信息的专门犯罪，并于2015年通过《刑法修正案（九）》作出较大幅度的修改完善。可以说，刑法先于其他部门法明确了侵犯公民个人信息犯罪的界限，通过刑法的积极适用来防止侵犯公民个人信息违法犯罪持续蔓延，为系统治理奠定基础。

第三是适度前移网络犯罪的刑事防线。根据网络犯罪"打早打小"的策略要求，应当实现网络犯罪刑法防线的适度前移，有针对性地对尚处于预备阶段的网络犯罪行为入罪处罚，实现从规制刑法向预防刑法的适度转型。基于此，《刑法修正案（九）》增设非法利用信息网络罪，将为实施诈骗、销售违禁品、管制物品等违法犯罪活动而设立网站、通讯群组、发布信息的行为独立入罪。可以说，设立非法利用信息网络罪，目的就是解决网络犯罪中带有预备和未遂性质的行为如何处理的问题，将刑法规制的环节前移，以适应惩治网络犯罪的现实需要。

第四是有效惩治网络犯罪黑色产业链。信息时代，网络犯罪一个极为重要的特点就是犯罪活动分工细化，形成利益链条。[1]当前打击网络犯罪的关键是要斩断利益链，突出对网络犯罪黑色产业链的惩治。立足现行刑法规定，对于利益链条的打击主要靠适用共同犯罪的有关规定。需要注意的是，网络环境下共同犯罪具有殊于传统共犯的特性，固守传统共犯理论难以有效解决问题。因此，亟需对网络共同犯罪帮助行为作出专门规制。对此，大致有两种路径：一种路径是提供侵入、非法控制计算机信息系统程序、工具罪的立法模式，将本来是一个共同犯罪行为中的帮助行为独立入罪，作为单独的犯罪处理。[2]另一种路径是帮助信息网络犯罪活动罪的立法模式，针对无法构成共同犯罪，或者按照共同犯罪处罚较轻的情况下，将明知他人利用信息网络实施犯罪，为其犯罪提供互联网接入、服务器托管、网络存储、通讯传输等技术支持，或者提供广告推广、支付结算等帮助，情节严重的行为规定为帮助信息网络犯罪活动罪，并配置专门刑罚规定。

第五是深度融合法律规范与技术规则。实现网络犯罪刑事对策的现代化，必经路径是深度融合法律规范与技术规则，真正做到技术为法律所用。未来一段时期，网络犯罪刑事规范的技术化是必然趋势。网络犯罪是现代信息技术发展的产物，其以互联网技术为工具，故无论是增设罪名，还是完善现有罪刑规范，都必须考虑技术的要素，确保相应规范满足实践所需。否则，可能出现的局面就是法律与技术"自说自话"。法律专家与技术专家合作，实现技术与法律相结合的刑事一体化，恐是发展的必然趋势。

经典案例

案例一：曾某、王某破坏计算机信息系统案

17-1

---

〔1〕 顺带提及的是，当今网络犯罪的牟利性动机越发突出，已不同于 21 世纪初网络犯罪行为人普遍有炫耀技术动机的情形。

〔2〕 参见黄太云："《刑法修正案（七）》解读"，载《人民检察》2009 年第 6 期。

一、基本案情

2016 年 10 月至 11 月，被告人曾某与王某结伙或者单独使用聊天社交软件，冒充年轻女性与被害人聊天，谎称自己的苹果手机因故障无法登录"iCloud"（云存储），请被害人代为登录，诱骗被害人先注销其苹果手机上原有的 ID，再使用被告人提供的 ID 及密码登录。随后，曾、王二人立即在电脑上使用新的 ID 及密码登录苹果官方网站，利用苹果手机相关功能将被害人的手机设置修改，并使用"密码保护问题"修改该 ID 的密码，从而远程锁定被害人的苹果手机。曾、王二人再在其个人电脑上，用网络聊天软件与被害人联系，以解锁为条件索要钱财。采用这种方式，曾某单独或合伙作案共 21 起，涉及苹果手机 22 部，锁定苹果手机 21 部，索得人民币合计 7290 元；王某参与作案 12 起，涉及苹果手机 12 部，锁定苹果手机 11 部，索得人民币合计 4750 元。2016 年 11 月 24 日，二人被公安机关抓获。2017 年 1 月 20 日，海安县人民法院作出判决，认定被告人曾某、王某的行为构成破坏计算机信息系统罪，分别判处有期徒刑 1 年 3 个月、有期徒刑 6 个月。一审宣判后，二被告人未上诉，判决已生效。

二、法律问题

1. 对刑法规定的"计算机信息系统"与"计算机系统"宜否作同一理解？

2. 智能手机终端是否是计算机信息系统？

3. 锁定智能手机导致不能使用的行为如何定性？

三、法理分析

《刑法》第 286 条关于破坏计算机信息系统罪的规定使用了"计算机信息系统"与"计算机系统"两个概念，其中《刑法》286 条第 3 款有关制作、传播计算机病毒等破坏性程序的条款中使用"计算机系统"的概念，其他条款使用"计算机信息系统"的概念。[1]

---

〔1〕　此外，《刑法》第 287 条使用了"计算机"的概念。而《刑法修正案（九）》增设的第 286 条之一、第 287 条之一、第 287 条之二还使用了"信息网络"的概念。

经研究认为，对"计算机信息系统"与"计算机系统"两个概念不应作区分，而应进行统一解释。主要考虑如下：一是区分这两个概念不具有实质意义。立法区分这两者的原意可能是考虑侵入计算机信息系统、破坏计算机信息系统的对象应当是数据库、网站等提供信息服务的系统，而传播计算机病毒如果只影响计算机操作系统（计算机系统）本身，即使不对系统上的信息服务造成影响也应当受到处罚。但实质上，对这两者作出区分并无实质意义，因为随着计算机技术的发展，计算机操作系统与提供信息服务的系统已密不可分。如很多操作系统自身也提供 WEB（互联网）服务、FTP（文件传输协议）服务，而侵入操作系统也就能够实现对操作系统上提供信息服务的系统实施控制，破坏操作系统的数据或者功能也就能够破坏操作系统上提供信息服务的系统的数据或者功能，从立法的角度上无法准确划分出提供信息服务的系统和操作系统。二是从保护计算机信息系统安全这一目的出发，对这两个概念进行区分没有必要。不管破坏的是计算机系统本身还是破坏提供信息服务的信息系统，只要造成严重后果或者有严重的情节，都应当受到同等的处罚。三是经对美国、德国等发达国家网络犯罪的立法调研，这些国家都在立法中使用单一的计算机系统、计算机等名词，而未对计算机信息系统和计算机系统作出区分。

基于以上考虑，《最高人民法院、最高人民检察院关于办理危害计算机信息系统安全刑事案件应用法律若干问题的解释》（法释〔2011〕19 号，以下简称《危害计算机信息系统安全犯罪解释》）第 11 条第 1 款规定，"计算机信息系统"和"计算机系统"是指具备自动处理数据功能的系统，包括计算机、网络设备、通信设备、自动化控制设备等。[1] 具体而言：①具备自动处理数据功能的设备都可能成为被攻击的对象，有必要将其纳入刑法保护范畴。随着信息技术的发展，各类内置有可以编程、安装程序的操作系统的数字化设备广泛应用于各个领域，其本质与传统的计算机系统已没有任何差别，这些

---

〔1〕 1997 年刑法施行后，2000 年 12 月 28 日通过的《全国人民代表大会常务委员会关于维护互联网安全的决定》第 1 条第 2 款规定，故意制作、传播计算机病毒等破坏性程序，攻击计算机系统及通信网络，致使计算机系统及通信网络遭受损害，构成犯罪的，依照《刑法》有关规定追究刑事责任。根据《危害计算机信息系统安全犯罪解释》第 11 条第 1 款的规定，"计算机系统"无疑包括通信设备在内。故而，对此种行为追究刑事责任应当适用《刑法》第 286 条第 3 款的规定。

设备都可能受到攻击破坏。互联网上销售的专门用于控制手机的木马程序，可以通过无线网络获取手机中的信息；通过蓝牙、WIFI（将电脑、手持设备等终端以无线方式互相连接的技术）等无线网络传播病毒的案件也呈现快速增长态势；在工业控制设备中可能植入破坏性程序，使得工业控制设备在特定条件下运行不正常；在打印机、传真机等设备中可以内置程序秘密获取相关数据。总之，任何内置有操作系统的智能化设备都可能成为入侵、破坏和传播计算机病毒的对象，因此应当将这些设备的安全纳入刑法保护范畴。②本定义借鉴了多个国家有关法律的相关定义。如美国将计算机定义为"具备自动处理数据的功能的一个或者一组设备"，欧盟《网络犯罪公约》将计算机系统定义为"指任何一个装置或一套互相连接或有关的装置，而其中的一个或多个装置具有根据程序自动处理执行数据的能力"，其出发点都是将保护计算机信息系统安全的法律适用于所有具有自动处理数据功能的设备。我国法律中唯一出现计算机信息系统定义的法律是《计算机信息系统安全保护条例》，其中第 2 条规定："本条例所称的计算机信息系统，是指由计算机及其相关的和配套的设备、设施（含网络）构成的，按照一定的应用目标和规则对信息进行采集、加工、存储、传输、检索等处理的人机系统。"综合上述定义，将"计算机信息系统"和"计算机系统"界定为"具备自动处理数据功能的系统"，而不强调是"由软件和硬件构成的"，因为所有自动处理数据的功能必定是由软件实现的（有的是固化在硬件中的软件，有的是可以自行安装修改的软件），无需专门强调。③为使相关界定更加明确，方便司法实践适用，采用了概括加列举的解释方法，即在对"计算机信息系统""计算机系统"作归纳定义的同时，还列举"计算机""网络设备""通信设备""自动化控制设备"等具体情形。其中，网络设备是指路由器、交换机等组成的用于连接网络的设备；通信设备是指手机、通信基站等用于提供通信服务的设备；自动化控制设备是指在工业中用于实施自动化控制的设备，如电力系统中的监测设备、制造业中的流水线控制设备等。

本案中，行为人通过修改被害人手机的登录密码，远程锁定被害人的智能手机设备，使之成为无法开机的"僵尸机"，属于对计算机信息系统功能进行修改、干扰的行为。造成 10 台以上智能手机系统不能正常运行，符合《刑法》第 286 条破坏计算机信息系统罪构成要件中"对计算机信息系统功能进行修改、干扰""后果严重"的情形，构成破坏计算机信息系统罪。

《刑法》第287条规定："利用计算机实施金融诈骗、盗窃、贪污、挪用公款、窃取国家秘密或者其他犯罪的，依照本法有关规定定罪处罚。"《刑法》第287条强调以"计算机"作为犯罪工具实施诈骗、盗窃等传统犯罪的，与传统犯罪并无实质差异，仍然应当依照刑法规定定罪量刑。对此，不能作如下理解：对于利用计算机实施金融诈骗、盗窃、贪污、挪用公款、窃取国家秘密或者其他犯罪，属于牵连犯，《刑法》第287条已对此作出了特别规定，对此种情况无须再判断重罪，应当直接适用目的行为或者结果行为所涉及的罪名。如果作这种理解，在通过实施危害计算机信息系统安全犯罪进而实施敲诈勒索、破坏生产经营等犯罪的情形下，可能会出现罪刑失衡的问题。行为人采用非法手段锁定手机后以解锁为条件，索要钱财，在数额较大或多次敲诈的情况下，其目的行为又构成敲诈勒索罪。在这类犯罪案件中，手段行为构成的破坏计算机信息系统罪与目的行为构成的敲诈勒索罪之间成立牵连犯。牵连犯应当从一重罪处断。破坏计算机信息系统罪后果严重的情况下，法定刑为5年以下有期徒刑或者拘役；敲诈勒索罪在数额较大的情况下，法定刑为3年以下有期徒刑、拘役或管制，并处或者单处罚金。本案应以重罪即破坏计算机信息系统罪论处。

四、参考意见

智能手机终端，应当认定为刑法保护的计算机信息系统。锁定智能手机导致不能使用的行为，可认定为破坏计算机信息系统。

案例二：王某非法获取计算机信息系统数据案

17 – 2

一、基本案情

被告人王某于2015年5月至2016年4月间，购买他人非法获取的北京光宇在线科技有限责任公司独家运营的《问道》网络游戏账号和密码 6 万余组，后将上述账号内的游戏装备等物品通过互联网变卖牟利。在此期间，其共销售游戏装备等物品数额达人民币 69 093 元。被告人王某于 2016 年 4 月 29 日被公安机关抓获归案，后如实供述了上述犯罪事实。海淀法院判处被告人王某犯非法获取计算机信息系统数据罪，判处有期徒刑 4 年，并处罚金 5 万元。一审宣判后，被告人提出上诉。北京市第一中级人民法院于 2017 年 6 月 15 日作出刑事裁定，驳回上诉，维持原判。

二、法律问题

非法获取虚拟财产的如何定性？

三、法理分析

这涉及刑法理论和实务界长期争论的一个热门问题，即网络盗窃、特别是网络盗窃虚拟财产行为的定性之争。实际上，无论针对何种对象，只要通过侵入计算机信息系统或者采用其他技术手段，非法获取他人计算机信息系统数据的行为，都可以称之为"网络盗窃"。因此，包括盗窃网络虚拟财产在内的行为都可以为"网络盗窃"的概念所涵括。需要注意的是，对于网络盗窃、特别是网络盗窃虚拟财产的行为，理论界和实务界大多认为应以犯罪论处，但在具体罪名的选择上存在盗窃罪说、侵犯通信自由罪说、非法获取计算机信息系统数据罪说等不同观点。

讨论这一问题，有必要回顾我国关于盗窃网络虚拟财产刑事对策的演变过程。1997 年《刑法》制定之时，网络游戏尚未在我国兴起，与之相伴随的网络盗窃虚拟财产现象几乎没有，刑法自然未对此类行为作出明确规定。进入 21 世纪以来，互联网的快速发展及网络游戏的兴起，导致网络盗窃虚拟财产案件的逐渐多发。关于此类案件的定性问题引起刑法理论界的关注和争议，其中不少刑法学者主张扩大解释《刑法》第 92 条第 4 项规定的"其他财产"的范围，将虚拟财产纳入盗窃罪的犯罪对象。尽管存在着种种争议，刑事司法实务必须解决业已出现并日趋多发的网络盗窃虚拟财产案件，故法院分别以盗窃罪、侵犯通信自由罪等罪名作出过相关有罪判决。在《刑法修正案（七）》的研究过程中，公安部网络安全保卫部门针对非法获取他人账号、身份认证信息、窃取计算机信息系统数据犯罪凸显的情况，建议将非法获取计算机信息系统中存储、处理或者传输的数据的行为规定为犯罪。[1]虽然用刑法保护网络虚拟财产的呼声愈来愈高，有的建议在刑法中增设盗窃虚拟财产罪，[2]但立法机关没有通过立法将此类行为规定以盗窃罪论处，而是基于刑事立法者应有的睿智和审慎，充分借鉴境外成熟立法例，在《刑法》第285条增设了非法获取计算机信息系统数据罪。为统一司法适用，《危害计算机信息系统安全犯罪解释》对非法获取计算机信息系统数据的行为规定了明确的定罪量刑标准。由此可以看出，当前关于盗窃网络虚拟财产的刑事对策已经十分清晰，即采用技术手段非法获取包括虚拟财产在内的计算机信息系统数据的行为应当以非法获取计算机信息系统数据罪论处。实际上，在《最高人民法院、最高人民检察院关于办理盗窃刑事案件适用法律若干问题的解释》（法释〔2013〕8号）起草过程中，也有意见提出，应当在司法解释中明确，对盗窃游戏币等虚拟财产的，以盗窃罪定罪处罚。经研究认为，此意见不妥。对于盗窃虚拟财产的行为，如确需刑法规制，可以按照非法获取计算机信息系统数据等计算机犯罪定罪处罚，不应按盗窃罪处理。[3]

对于本案，法院定性为非法获取计算机信息系统数据罪，对此控辩双方均无争议。这实际上反映了司法实务部门对于此类案件定性所持立场的转变。对此本书完全赞成，主要考虑如下：

第一，虚拟财产的财物属性不明。我国台湾地区地方法院的部分法官认为，玩家盗窃虚拟的"天币"或"宝物"的行为，充其量只能被评为"干扰他人游戏之游戏违规行为"罢了，而且"天币""宝物"在现实社会中并无客观上的价值，就像玩大富翁盖房子游戏，这些房子在现实社会并无客观价值。因此盗窃此类物品并未侵害实际的"财产法益"。[4]而在我国大陆，以虚

---

[1] 参见黄太云："《刑法修正案（七）》解读"，载《人民检察》2009年第6期。

[2] 参见黄太云："知识产权与网络犯罪立法完善需认真研究的几个问题"，载《中国刑事法杂志》2007年第3期。

[3] 参见胡云腾、周加海、周海洋："《关于办理盗窃刑事案件适用法律若干问题的解释》的理解与适用"，载《人民司法》2014年第15期。

[4] 参见于志刚："论网络游戏中虚拟财产的法律性质及其刑法保护"，载《政法论坛》2003年第6期。

拟财产中的网络游戏币为例，网络游戏虚拟货币发行种类、价格、总量等情况按规定报送注册地省级文化行政部门备案后就生效，也就是说，虚拟货币的价格是发行单位自行定下来的，不是市场交易所决定的。因此，根据相关规定，网络游戏虚拟货币的使用范围仅限于兑换自身提供的网络游戏产品和服务，不得用于支付、购买实物或者兑换其他单位的产品和服务。这实际上很好理解，因为虚拟货币的价格是发行商自行确定的，不是根据市场交易形成的，所以是不能用于自由流通交易的，难以纳入财物的范畴。而《刑法》第 264 条明确规定"盗窃公私财物的"才构成盗窃罪，因此盗窃虚拟财产的行为不构成盗窃罪。

有论者进一步指出，虚拟财产实际上不具有稀缺性，不能成为刑法中的"财物"。针对被告人吴某非法获取网络游戏《画皮世界》游戏币案，有观点认为："虚拟财产特点是只要程序设置完毕，可以无限产出，游戏币不像真的货币那样存在发行量的限制，网络服务上的虚拟财产的损失与现实财产的损失有明显不同。即使被告人吴某非法获取了《画皮世界》100 亿个游戏币，《画皮世界》依旧可以满足其他所有用户对游戏币的需求，并不代表麒麟公司就损失了 100 亿元财产，也并不代表别的游戏玩家就无法再购买游戏币。实际上被害单位麒麟公司本身注册资本是 9000 万元，可能正常经营 10 年，在《画皮世界》这个游戏中也不可能卖出 100 亿个游戏币。"因此，不宜将网络游戏币认定为财产犯罪中的财物，不能以诈骗、盗窃等财产犯罪论处。[1]

第二，虚拟财产的法律属性是计算机信息系统数据。虚拟财产不是财物，本质上是电磁记录，是电子数据，这是虚拟财产的物理属性。但是，这个电磁记录、电子数据在法律上尤其是在刑法上应当有特定的法律属性。举一个例子，企业的商业秘密可能就是一组数据，其物理属性是数据，但法律属性却是知识产权，非法获取这组数据可能构成侵犯知识产权罪中的侵犯商业秘

---

[1]　2014 年 8 月，被告人吴某发现网络游戏《画皮世界》的充值系统存在漏洞，可利用火狐浏览器及相关插件对该系统数据进行修改，使得充入 0.01 元人民币即可获得 5000 游戏币（游戏内规则为充值 1 元人民币获得 1 游戏币）。2014 年 8 月至 9 月间，被告人吴某利用上述漏洞进行反复操作，多次向 8 个《画皮世界》游戏账号充值，并通过他人在互联网上变卖上述账号内的部分游戏币，获利人民币 2.1 万元。参见游涛、杨茜："应对网络新型犯罪：做足功课　拿出对策"，载《人民法院报》2017 年 3 月 5 日第 3 版。

密罪。回到虚拟财产的概念上来，这种电磁记录、电子数据在刑法上的法律属性是计算机信息系统数据，故而，盗窃虚拟财产的行为应当适用非法获取计算机信息系统数据罪。

第三，对盗窃网络虚拟财产的行为适用盗窃罪会带来一系列棘手问题。如果对非法获取虚拟财产的行为适用盗窃罪，最为困难的问题就是价格认证。正如有论者所指出的："游戏用户花了 500 元人民币买游戏币，玩到一定级别，可以拥有游戏商赠送的虚拟财产——价值 5000 元的屠龙刀，如果屠龙刀被窃，被盗窃虚拟财产的价值如何计算？是价值 500 元，还是 5000 元？对整天沉湎于游戏的玩家来说，头盔、战甲、屠龙刀等虚拟财产价值千金，但对局外人来说可能一文不值。对于虚拟财产能否有一个能够被普遍接受的价值计算方式？"[1]实际上，虚拟财产没有，也不可能有一个能够被普遍接受的价值计算方式。一个五位数的 QQ 号到底值多少钱？游戏装备值多少钱？这些问题恐难有统一答案。

第四，不适用盗窃罪同样能够甚至更好地解决问题。如果换一个思路，不要往盗窃罪方面靠，而往非法获取计算机信息系统数据罪方面靠，则问题好解决得多。盗窃一个五位数的 QQ 号，卖了之后获利 5 万元，这个时候要认定为盗窃罪，则必须认定这个 QQ 号的价值是多少，谁来作这个认定都会有争议，都不合适。而如果按照非法获取计算机信息系统数据罪办理，根据《危害计算机信息系统安全犯罪解释》的规定，违法所得 5000 元以上的就可以入罪了，适用非法获取计算机信息系统数据罪一点问题也没有。

第五，对盗窃网络游戏虚拟货币的行为适用非法获取计算机信息系统数据罪，符合罪责刑相适应原则。非法获取计算机信息系统数据，情节严重的，处 3 年以下有期徒刑或者拘役，并处或者单处罚金；情节特别严重的，处 3 年以上 7 年以下有期徒刑，并处罚金。可见，适用非法获取计算机信息系统数据罪，并不会放纵盗窃网络游戏虚拟货币的行为，仍然能够对其罚当其罪。

---

[1]　参见黄太云："知识产权与网络犯罪立法完善需认真研究的几个问题"，载《中国刑事法杂志》2007 年第 3 期。

第六，不承认虚拟财产的财产属性符合世界惯例。根据目前掌握的资料，域外关于网络盗窃虚拟财产的定性也处于探索尝试阶段，未见有直接按照盗窃罪定罪处罚的。例如，德国联邦议会于 2007 年 8 月 7 日通过了《关于打击网络犯罪的第 41 部刑法修正案》，其中针对非法获取计算机信息系统数据的行为增设了刑法第 202b "获取数据"，规定："通过运用技术手段，无权为自己或者他人从非公开的数据传输或者数据处理装置中获取不属于行为人的数据（同第 202a 第 2 款的界定），如果其他条款没有规定更重的刑罚的，则处 2 年以下自由刑或者罚金刑。"从这一规定不难看出，对于盗窃网络虚拟财产的行为，《德国刑法典》没有将其作为诸如盗窃罪等财产犯罪处理，而是单独规定为获取数据。而我国台湾地区 1997 年修正"刑法"时，在第 323 条将"电磁记录"增设为动产，对窃取电磁记录的行为适用盗窃罪。但是，我国台湾地区在 2003 年修正"刑法"时，又将"电磁记录"从动产的范围内删除，实际上是否定了 1997 年"刑法"的修正，将窃取电磁记录之行为纳入新增之妨害电脑使用罪一章中规范。[1]这种否定之否定的探索历程令人深思。

综上所述，对盗窃网络游戏虚拟货币的行为，目前宜适用非法获取计算机信息系统数据罪等计算机犯罪定罪量刑。当然，如果未来相关民事法律明确虚拟财产的财物属性，作为其他部门法的保障法的刑法再行跟上，对于盗窃虚拟财产的行为适用盗窃罪等财产犯罪，本书亦持支持态度。[2]

四、参考意见

对盗窃网络游戏虚拟货币的行为，目前宜适用非法获取计算机信息系统数据罪等计算机犯罪定罪量刑。

---

〔1〕 这一修改的主要考虑在于：刑法上所称之窃盗，须符合破坏他人持有，建立自己持有之要件，而电磁记录具有可复制性，此与电能、热能或其他能量经使用后即消耗殆尽之特性不同；且行为人于建立自己之持有时，未必会同时破坏他人对该电磁记录之持有。因此将电磁记录窃盗纳入窃盗罪章规范，与刑法传统之窃盗罪构成要件有所扞格。参见陶百川等编纂：《最新综合六法要旨增编 判解指引 法令援引 事项引得全书》，三民书局股份有限公司 2011 年版，第 4~79 页。

〔2〕 2017 年 10 月 1 日起施行的《民法总则》对此也采取了回避态度，第 127 条规定："法律对数据、网络虚拟财产的保护有规定的，依照其规定。"

案例三：张某等侵犯著作权案

17－3

一、基本案情

2007 年起，被告人张某伙同被告人黄某针对《冒险岛》网络游戏研究制作外挂程序。2010 年 2 月起，由黄某负责制作外挂的功能模块，由张某编写外挂主程序，进行模块整合、功能细化，将外挂程序细分为周卡、月卡，取名"CS 辅助"。经鉴定，涉案的"CS 辅助"通过内存挂钩方式入侵《冒险岛》网络游戏客户端程序，获得对该程序内存地址、数据修改的控制权，调用、复制了《冒险岛》124 项客户端软件功能数据的数据命名、数据结构、运行方式，通过改变数据的数值、参数，以加强应用功能。为集中研发外挂以应对《冒险岛》游戏更新和更好地销售，张某与被告人梁某某通谋，由张某提供外挂，梁某某担任销售总代理，负责外挂销售。张某与梁某某之间以"CS 辅助周卡"每张 4 元、"CS 辅助月卡"每张 14 元的价格结算。梁某某再通过网络以周卡每张约 5.5 元、月卡每张 16 元的价格批发出售给分销下线。其中被告人阮某某、刘某是两个主要的分销商。从 2010 年 2 月起，阮某某以营利为目的，明知系外挂程序仍从梁某某处购买《冒险岛》外挂"CS 辅助"周卡和月卡，并在淘宝网上以周卡一口价 10 元、月卡一口价 30 元对外销售。2010 年 6 月起，刘某以营利为目的，明知系外挂程序仍从梁某某处购买《冒险岛》外挂"CS 辅助"周卡和月卡，并在淘宝网上以周卡一口价 10 元、月卡一口价 18 元、25 元或者 30 元不等的价格对外销售。经查明，被告人张某收取被告人梁某某涉案外挂款 1 412 100 元，被告人黄某获取张某通过银行转账的款项 317 346 元；被告人梁某某对外销售涉案外挂，收取货款 1 565 822 元；被告人阮某某购买涉案外挂支付 537 850 元，对外销售收款 478 802 元；被告人刘某购买涉案外挂支付 870 800 元，对外销售收款 364 461 元。

二、法律问题

对非法生产、销售网络游戏外挂程序的行为如何定性？

三、法理分析

进入 21 世纪，随着网络游戏在中国的快速发展，制作、销售网络游戏外挂程序的行为也日益增多。而且，随着信息技术的不断发展，涉网络游戏外挂的案件数量不断增长，形式不断翻新。对于制作、销售网络游戏外挂是否应当予以刑事处罚以及适用何种罪名，存有较大争议。[1]从司法实践来看，主要有侵犯著作权罪、非法经营罪、破坏计算机信息系统罪等几种观点。

本书认为，对于制作、销售网络游戏外挂程序的行为，要全面综合判断行为的社会危害性，秉持刑法的谦抑性，慎用刑事制裁手段。对于社会危险性严重、确需追究刑事责任的制作、销售互联网游戏外挂程序的行为，也应妥善选择适用罪名。对制作、销售网络游戏外挂程序的行为，应适用侵犯著作权罪（或者销售侵权复制品罪），但不宜适用非法经营罪、破坏计算机信息系统罪等其他罪名。主要考虑如下：

（一）对制作、销售网络游戏外挂程序行为应慎用刑事制裁手段

网络游戏外挂程序，又被称为网络游戏辅助程序，是指通过破解网络游戏软件的技术保护措施，利用网络游戏程序的技术漏洞，能够在用户端改变游戏程序操作的一种独立程序。其利用服务器判别数据的缺陷，自行或者让游戏客户端发送不正常的数据包给服务器，该数据包经服务器解析后可使用户状态发生与游戏开发商定义的状态不同的变化。用户利用外挂程序可以轻易得到其他正常用户无法得到，或者通过长期在线动手运行才能得到的游戏效果。简言之，使用外挂程序，主要是将外挂程序连接到网络游戏程序当中，通过截取并修改游戏发送到服务器的数据而修改客户端内存中的数据，实现客户端各种功能的增强。而网络游戏外挂程序的危害，主要是使得网络游戏服务器需要处理的数据激增，有时也可能影响到网络游戏的运行速度，最为重要的是影响了网络游戏运营商的预期经济收益。需要注意的是，外挂程序本身并不破坏网络游戏运行系统，对于社会主义市场经济秩序和社会秩序的危害程度也有限。因此，对于制作、销售网络游戏外挂程序的行为，要全面

---

〔1〕　参见刘守芬、申柳华："网络犯罪新问题刑事法规制与适用研究"，载《中国刑事法杂志》2007 年第 3 期。

综合判断行为的社会危害性，秉持刑法的谦抑性，慎用刑事制裁手段。

（二）对制作、销售网络游戏外挂程序行为必要时适用侵犯著作权罪

1. 制作、销售网络游戏外挂程序的行为符合侵犯著作权罪的构成要件。网络游戏外挂程序是某些人利用自己的电脑技术专门针对一个或多个网络游戏，通过改变网络游戏软件的部分程序，制作而成的作弊程序。制作、销售互联网游戏外挂程序与私自架设网络游戏服务器不同，前者只是复制了互联网游戏程序的源代码中的部分内容，而后者则是复制了互联网游戏程序的源代码中的全部内容。因此，私自架设网络游戏服务器的行为被毫无争议地认定为侵犯著作权罪。而制作、销售互联网游戏外挂程序的行为是否构成侵犯著作权罪的定性之争，主要就在于其对网络游戏程序的复制发行，是否属于侵犯著作权罪中的"复制发行"。侵犯著作权罪的核心特征在于"复制发行"，即行为人所制作发行的作品应与权利人的作品具有较高程度的相似性，否则不宜认定为侵犯著作权罪的行为。一个很简单的例子是，行为人发行的作品与权利人的作品仅有5%的相似性，恐怕是不会被认定为侵犯著作权罪中的"复制发行"的。但是，毫无疑问，研发网络游戏外挂程序须以网络游戏原有程序为基础，存在着复制网络游戏数据的客观事实。因此，外挂程序对网络游戏程序本身的复制行为，可以作为此种行为被定性为侵犯著作权罪的考虑之一。此外，外挂程序未经著作权人许可，破译和擅自使用了网络游戏的通信协议。通信协议又称通信规程，是指通信双方对数据传送控制的一种约定，即对数据格式、同步方式、传送速度、传送步骤、检纠错方式以及控制字符定义等问题作出统一规定，通信双方必须共同遵守。只有经过网络游戏经营者的许可，才可以使用网络游戏的通信协议。网络游戏外挂程序破译并擅自使用网络游戏的通信协议，截取并修改游戏发送到游戏服务器的数据，修改客户端内存中的数据，以达到增强客户端各种功能的目的。外挂程序这种以营利为目的，未经授权，使用网络游戏通信协议的行为，进一步说明了制作、销售网络游戏外挂程序行为的侵犯著作权特性。总之，本书认为，制作、销售网络游戏外挂程序的行为基本符合侵犯著作权罪所规定的"复制发行"的要求，可以认定为侵犯著作权罪；对于其中单纯的销售行为，可以考虑适用销售侵权复制品罪。

2. 制作、销售互联网游戏外挂程序的行为，不宜被认定为破坏计算机信

息系统罪，但可能构成提供侵入计算机信息系统的程序、工具罪。外挂程序通过破坏网络游戏的技术保护措施，进入游戏服务器系统，其虽未达到控制计算机信息系统的程度，但干扰了游戏系统的正常运行。在我国刑法中，只将非法控制计算机信息系统的行为规定为犯罪（第285条第2款），对于干扰计算机信息系统功能的，必须造成计算机信息系统不能正常运行，才构成犯罪（第286条第1款）。使用互联网游戏外挂程序，尚不会造成网络游戏系统自身不能正常运行，故不宜认定为破坏计算机信息系统罪。[1]

3. 制作、销售网络游戏外挂程序的行为，不宜被认定为非法经营罪。从司法实践来看，制作、销售互联网游戏外挂程序的行为不少被以非法经营罪追究刑事责任。[2]持此种观点的主要依据是《最高人民法院关于审理非法出

---

〔1〕 需要注意的是，有观点认为，提供侵入计算机信息系统的程序、工具罪的程序、工具不应要求以刑法第285条第1款限定的三大领域计算机信息系统（国家事务、国防建设、尖端科学技术领域的计算机信息系统）为对象，而是包括其他领域的计算机信息系统。一般而言，网络游戏外挂程序也难以对主程序进行非法控制，但除了脱机类外挂程序外，通常都会避开或者突破主程序的安全保护措施，对主程序发送数据或者请求，唯此才能实现"作弊"目的。因此，将此类程序理解为"专门用于侵入计算机信息系统的程序、工具"，进而适用提供侵入计算机信息系统的程序、工具罪。而从近年来的司法实践来看，已有此类案件适用提供侵入、非法控制计算机信息系统程序、工具罪，如江苏省常州市天宁区人民法院（2016）苏0402刑初736号刑事判决书、四川省成都市高新技术产业开发区人民法院（2014）高新知刑初字第3号刑事判决书、广东省广州市海珠区人民法院（2016）粤0105刑初1040号刑事判决书均认定构成提供侵入、非法控制计算机信息系统程序、工具罪。以此为基础，不排除相关案件出现同时竞合侵犯著作权罪（或者销售侵权复制品罪）与提供侵入计算机信息系统的程序、工具罪的情形，应当"择一重罪处断"。

〔2〕 从司法实践来看，在北京、南京、深圳等地，不少制作、销售网络游戏外挂程序的案件都被以非法经营罪定罪处罚。例如，被告人董某、陈某通过互联网向他人（网名"拉哥"）购买名为"冰点传奇"的"外挂"程序，并与该程序卖家"拉哥"协商合作利用"外挂"进行游戏代练。2007年3月以来，董某、陈某以80元/周、300元/月等价格帮助游戏玩家使用"冰点传奇"的"外挂"程序代练升级。董某、陈某将雇佣来的12名员工分成客服组和代练组利用"外挂"软件"冰点传奇"日夜经营代练。至案发时止，已先后替1万多个《热血传奇》游戏玩家的账户代练升级。自2007年3月至2007年12月7日，二被告人收取了全国各地游戏玩家汇入的巨额代练资金，其二人仅通过户名为"张五强"的银行账户向"冰点传奇""外挂"程序卖家"拉哥"汇去的费用就达130多万元。江苏省南京市江宁区人民法院一审、南京市中级人民法院二审裁定认为，"冰点传奇""外挂"软件在出版程序上没有经过主管部门的审批，违反了《出版管理条例》的规定，在内容上也破坏了《热血传奇》游戏软件的技术保护措施，不仅违反了《信息网络传播权保护条例》的相关规定，而且侵犯了著作权人的合法权益，被《出版管理条例》《互联网出版管理暂行规定》（现已失效）所禁止，属于《最高人民法院关于审理非法出版物刑事案件具体应用法律若干问题的解释》第11条所规定的严重危害社会秩序和扰乱市场秩序的非法出版物的行为。被告人董某、陈某利用"外挂"软件从事"代练升级"，客观上是对该非法"外挂"程序的发行、传播，属于出版非法互联网出版物的行为，应当以非法经营罪定罪处罚。综上，以非法经营罪分别判处被告人董某有期徒刑6年、罚金人民币160万元，被告人陈某有期徒刑3年、缓刑4年、罚金人民币140万元。参见江苏省南京市江宁区人民法院（2008）江宁刑初字第953号刑事判决书。

版物刑事案件具体应用法律若干问题的解释》（以下简称《非法出版物犯罪解释》）第 11 条或者第 15 条的规定。该《非法出版物犯罪解释》第 11 条规定："违反国家规定，出版、印刷、复制、发行本解释第 1 条至第 10 条规定以外的其他严重危害社会秩序和扰乱市场秩序的非法出版物，情节严重的，依照刑法第 225 条第 3 项的规定，以非法经营罪定罪处罚。"第 15 条规定："非法从事出版物的出版、印刷、复制、发行业务，严重扰乱市场秩序，情节特别严重，构成犯罪的，可以依照刑法第 225 条第 3 项的规定，以非法经营罪定罪处罚。"本书认为，上述规定在起草过程中有特定的背景，不宜扩大适用范围。其一，《非法出版物犯罪解释》第 11 条主要是针对内容上有问题的非法出版物的行为，[1] 即"不黄不黑"的非法出版行为。[2] 无疑，网络游戏外挂程序属于一种非法出版物，但不同于内容上有问题的出版物。其二，《非法出版物犯罪解释》第 15 条的适用条件是严重扰乱市场秩序，情节特别严重。制作、销售网络游戏外挂程序的行为，主要是影响了网络游戏经营者的利益，尚未严重扰乱市场秩序，不应当适用上述规定。其三，私自架设网络游戏服务器的社会危害性明显大于制作、销售外挂程序的社会危害性，而对前者适用侵犯著作权罪，对后者适用非法经营罪，也会造成罪刑明显失衡，不符合罪责刑相适应原则。因此，对制作、销售网络游戏外挂程序的行为，不能以非法经营罪追究刑事责任，以避免非法经营罪的适用范围被无限扩大，成为新的"口袋罪"。其四，《关于办理侵犯知识产权刑事案件适用法律若干问题的意见》明确规定："非法出版、复制、发行他人作品，侵犯著作权构成犯罪的，按照侵犯著作权罪定罪处罚，不认定为非法经营罪等其他犯罪。"如前所述，制作、销售外挂程序的行为构成侵犯著作权罪，自然不应当再考虑非法经营罪的适用。

四、参考意见

对制作、销售网络游戏外挂程序的行为，应以侵犯著作权罪（或者销售

---

〔1〕 参见孙军工："《关于审理非法出版物刑事案件具体应用法律若干问题的解释》的理解与适用"，载《法律适用》1999 年第 2 期。

〔2〕 黄晓新、李一昕："磨砺正义之剑——《最高人民法院关于审理非法出版物刑事案件具体应用法律的若干问题的解释》出台始末"，载《出版经济》1999 年第 1 期。

侵权复制品罪）定罪处罚，但不宜适用非法经营罪、破坏计算机信息系统罪等其他罪名。

案例四：童某等破坏计算机信息系统案[1]

一、基本案情

被告人童某自2005年2月至2009年6月间、被告人蔡某某自2000年3月至2005年6月间，分别被公安局交通警察大队聘为协管员，因工作关系掌握了通过计算机信息系统对车辆违章行为作出行政处罚的程序，以及相关的计算机操作知识和工作流程。2009年4月，被告人童某、蔡某某预谋通过盗用交警大队干警和财务的银行对账用户名和密码的方式进入道路交通违法信息管理系统，在该系统上对电子监控的车辆违章行为进行虚假处罚后，在未打印、送达《行政处罚决定书》和被处罚人未实际缴纳罚款的情况下，变造收款票据号码，撤销罚款（造成罚款已缴纳的假象，系统校验通过后，写入本地违法数据库，并通过接口函数更新网上公布的违法数据），从而清除被处罚人的网上违章记录，收取违章人员给付的"处理费"后二人平分。2009年4月至6月间，被告人蔡某某通过邹某某（另案处理）等人向他人收集机动车违章信息，谎称可以按罚款金额的35%收费后，对违章行为予以内部处理，且不扣分。被告人童某根据被告人蔡某某提供的交通违章信息，在交通警察大队配给其使用的电脑上，采用盗用了他人的用户名、猜试密码（部分工作人员的密码所有协管员都知道，但部分工作人员的密码是利用工作之便偷看并记住其中一部分后，通过猜试的方式得到的）的方式进入道路交通违法信息管理系统，非法处理违章车辆37部、违章记录770条、应缴纳罚款金额共计人民币80 850元。被告人童某、蔡某某从中非法获利人民币25 000余元。案发后，被告人童某、蔡某某主动向公安机关投案，如实供述了自己的主要犯罪事实。被告人童某退出赃款人民币7500元，被告人蔡某某退出赃款人民币15 000元。

---

[1]　最高人民法院刑事审判庭第一至五庭主办：《刑事审判参考》（总第86集），法律出版社2013年版，第70页。

二、法律问题

对非法删除交通违章信息的行为如何定性？

三、法理分析

关于本案的定性，在审查起诉阶段即形成不同认识，主要有如下几种观点：①构成非法侵入计算机信息系统罪；②构成非法控制计算机信息系统罪；③构成破坏计算机信息系统罪；④构成盗窃罪；⑤构成诈骗罪。审理过程中，关于本案的定性，形成了盗窃罪、诈骗罪、破坏计算机信息系统罪、非国家工作人员受贿罪等不同观点。

本书认为，违反国家规定，对交警部门计算机信息系统中存储的交通违章信息进行删除，收取违章人员的好处，应当认定为《刑法》第 286 条第 2 款规定的对计算机信息系统中存储、处理、传输的数据进行删除的操作，以破坏计算机信息系统罪定罪处罚。[1]

（一）破坏计算机信息系统数据罪的适用

根据《刑法》第 286 条的规定，破坏计算机信息系统包括破坏计算机信息系统功能，破坏计算机信息系统数据、应用程序，以传播计算机病毒等破坏性程序形式破坏计算机系统三种行为方式。《刑法》第 286 条第 2 款的规定"数据和应用程序"应当理解为"数据""应用程序"均可以成为犯罪对象。根据《刑法》第 286 条第 2 款的规定，破坏计算机信息系统数据、应用程序行为有"删除、修改、增加"三种方式。此外，破坏计算机信息系统数据、应用程序入罪不以被破坏的数据无法恢复为要件，也不要求"造成计算机信息系统不能正常运行"或者"影响计算机系统正常

---

[1] 司法实践中对此类案件的定性基本如此。例如，武某系江苏省溧水县公安局交巡警大队协管员。武某私自收取违章司机的钱财后，通过盗用民警计算机信息系统账户，登录公安交通管理综合应用平台，帮助机动车司机消除交通违章记录。2011 年 4 月 13 日至 8 月 2 日，武某对 2752 起交通违章记录非正常强行对账后删除，涉及金额 48 万余元，非法获取 28 万余元。溧水县人民法院认为，武某违反国家规定，对计算机信息系统中存储、处理的数据进行删除、修改的操作，后果特别严重，其行为构成破坏计算机信息系统罪。2012 年 4 月 10 日，溧水县人民法院以破坏计算机信息系统罪，一审判处被告人武某有期徒刑 5 年 6 个月。参见赵兴武等："江苏一被告人犯破坏计算机信息系统罪获刑"，载《人民法院报》2012 年 4 月 14 日，第 3 版。

运行"。

（二）符合破坏计算机信息系统罪的构成[1]

1. 本案以计算机信息系统数据为犯罪对象，侵犯的客体主要是计算机信息系统管理秩序。本案中，行为人对道路交通违法信息管理系统中的数据进行非法删除，显然侵害了正常的计算机信息系统管理秩序，危害了计算机信息系统管理者和使用者的合法权益，符合破坏计算机信息系统罪的犯罪客体要件。而且，作为本案的犯罪对象的道路交通违法信息管理系统中的违章车辆的违章记录，系计算机信息系统数据，根据前述分析，仅仅以计算机信息系统数据的破坏可以构成《刑法》第 286 条第 2 款规定的破坏计算机信息系统罪。

2. 本案符合破坏计算机信息系统罪的客观方面要件。违反国家规定，对计算机信息系统中存储、处理或者传输的数据进行删除、修改、增加的操作，可以构成破坏计算机信息系统罪。①本案中童某侵入道路交通违法信息管理系统并删除系统数据的行为，显然违反了《计算机信息系统安全保护条例》以及国家对计算机信息系统管理的其他有关规定。②被告人童某实施了删除计算机信息系统数据的行为。要注意的是，对计算机信息系统中存储、处理或者传输的数据进行破坏，以进入该计算机信息系统为前提，如未进入计算机信息系统，则无法对其中的数据进行破坏。[2]本案中，被告人童某实施的显然是"侵入计算机信息系统"。"侵入计算机信息系统"是指无权或者超越权限进入计算机信息系统的情形。司法实践中，一些侵入、破坏计算机信息系统等危害计算机信息系统犯罪案件，往往表现为通过植入木马等黑客手段，具有相当的技术含量。而本案中，被告人童某主要通过多次猜试密码的方式进入道路交通违法信息管理系统，该种进入计算机信息系统的手段并无过高技术含量。但是，对于行为是否符合犯罪构成要件，不应拘泥于具体形式，应当从规范角度予以评判。本案中，被告人童某虽然系交警大队协管员，但

---

〔1〕　本案中，被告人童某、蔡某某系共同犯罪，童某系实行犯，故后文关于侵入计算机信息系统、非法控制计算机信息系统、破坏计算机信息系统等部分内容的分析主要围绕实行犯童某的行为进行。

〔2〕　当然，进入包括但不限于侵入计算机信息系统。如果行为人虽然具有进入某计算机信息系统的权限，但合法进入该计算机信息系统后，非法删除其中数据的行为，也可以构成破坏计算机信息系统罪。

并不具有进入道路交通违法信息管理系统的权限。因此，其通过试密码的方式进入该计算机信息系统的行为，从规范意义上无疑属于"侵入"。[1]从规范意义而言，即使被告人童某非法获悉了他人的用户名和密码，从而直接进入计算机信息系统，也属于无权进入，构成"侵入"。在进入道路交通违法信息管理系统的行为即被认定为"侵入"的前提下，被告人童某后续实施的对该计算机信息系统中存储的违章记录的删除行为，自然属于非法删除计算机信息系统数据。③本案在审理过程中，曾就被告人童某删除的违章记录是否可以恢复进行过专门研究。这些被删除的违章记录是否可以恢复，并不影响本罪的成立。此外，破坏计算机信息系统数据也不要求造成计算机信息系统不能正常运行和影响计算机信息系统正常运行的后果，因此，本案中童某侵入道路交通违法信息管理系统并删除该计算机信息系统中数据的行为，虽未影响到该计算机信息系统的正常运行，但已经符合了破坏计算机信息系统罪的客观构成要件。

3. 破坏计算机信息系统罪的主体为一般主体，主观方面为故意。本案中，被告人童某作为交警大队的协管员，明知是道路交通违法信息管理系统中违章车辆的违章信息，而故意予以删除，无疑符合破坏计算机信息系统罪的主体和主观方面要件。

（三）不宜适用其他罪名

1. 本案不构成盗窃罪。本案中，被告人童某、蔡某某系以缴纳部分罚款可内部处理，并不扣分为名，收取车主所交的好处费，不符合盗窃公私财物的特征，不能认为两被告人窃取了违章车辆车主的财产。而且，当时违章车辆车主应当缴纳的罚款尚未缴纳，在罚款未交付之前，钱款仍然属于违章车辆车主所有，不能认为这些钱款属于国家财产，故亦不能认为两被告人窃取了国家财产。

2. 本案不构成诈骗罪。诈骗罪是指以非法占有为目的，用虚构事实或者

---

〔1〕 实际上，此种猜试密码的方式不能被认为完全没有技术含量。目前，作为黑客常用获取密码方式的暴力破解，本质上也是猜试密码，即运用穷举法（将密码进行逐个推算直到找到真正的密码为止）的密码破解方法。例如，一个已知是四位且全部由数字组成的密码，其可能有 10 000 种组合，故最多猜试 10 000 次就能找到正确的密码。只是在这一猜试的过程中，黑客使用了暴力破解工具进行猜试操作而已。

隐瞒事实真相的方法，骗取数额较大的公私财物的行为。诈骗罪的核心特征是：行为人虚构事实、隐瞒真相，使被害人产生错误认识，被害人基于错误认识"自愿"给付财物。而综观本案审理认定的事实、证据，被告人的行为并不符合诈骗罪的构成：①因违章人员对于被告人系违法处理交通违章信息这一点并未产生错误认识，甚至主动委托处理车辆违章信息，并自愿给付处理费，故其不存在被骗问题，不属于诈骗被害人。②本案中，被告人童某、蔡某某系以缴纳部分罚款可内部处理，并不扣分为名，收取车主所交的好处费，并为车主实施了相应的处理违章信息的行为，虽然所实际实施的行为与宣称的事项之间有所出入，但毕竟实施了与收取好处费基本相对应的后续行为，且被告人实施了清除交通违章记录的允诺，故不宜被认定为虚构事实骗取财物。③至于本案案发后，交警部门仍要对违章人员依法处罚，导致其先前支付给被告人的"好处费"受损，并不能反推其当初是被骗。因为上述人员对这一结果是应当有认识、自愿承受的。

3. 本案不构成非法侵入计算机信息系统罪。《刑法》第 285 条第 1 款规定："违反国家规定，侵入国家事务、国防建设、尖端科学技术领域的计算机信息系统的，处 3 年以下有期徒刑或者拘役。"基于上述认识，本案中，被告人童某在交警大队配给其使用的电脑上，采用盗用他人的用户名、猜试密码的方式非法进入道路交通违法信息管理系统，确实属于违反国家规定，非法侵入计算机信息系统，但显然不能适用非法侵入计算机信息系统罪。主要考虑如下：①道路交通违法信息管理系统虽然属于公安部统一管理、地方具体执行的政府网站，但显然不属于"国家事务领域的计算机信息系统"。②被告人童某侵入道路交通违法信息管理系统后，实施了删除被处罚人网上违章记录，即删除该计算机信息系统数据的后续行为。对于上述行为，认定为破坏计算机信息系统数据，进而适用破坏计算机信息系统罪予以评价，更能全面评价行为的性质，不应当也没有必要适用非法侵入计算机信息系统罪。③从惩治犯罪的角度考虑，对本案适用破坏计算机信息系统罪也优于非法侵入计算机信息系统罪，更符合罪责刑相适应的刑法原则。

4. 本案不构成非法控制计算机信息系统罪。非法控制计算机信息系统，是指在非法侵入计算机信息系统后，通过控制计算机信息系统实施特定操作的行为。本案中，被告人童某侵入道路交通违法信息管理系统，仅仅实施了删除其中数据的行为，对于这一行为已有《刑法》第286条评价为"破坏计算机信息系统罪"，而其并未控制该计算机信息系统实施其他的操作，故不构成非法控制计算机信息系统罪。

5. 本案不构成非国家工作人员受贿罪。非国家工作人员受贿罪以利用职务上的便利为构成要件，而本案中，被告人童某侵入道路交通违法信息管理系统并删除被处罚人网上违章记录，并不在被告人童某的职权范围内。而且，被告人童某偷看他人部分密码的行为也不能被认定为利用职务上的便利。利用与财务人员在同一办公室的便利条件，偷配钥匙，非法从该财务人员保险柜中窃取现金的行为不能被认定为利用了职务上的便利，这一认识在刑法理论和实务中都没有争议。那么，同样的道理，本案被告人童某利用的也并非职务上的便利。

四、参考意见

违反国家规定，对交警部门计算机信息系统中存储的交通违章信息进行删除，收取违章人员的好处的，应当以破坏计算机信息系统罪定罪处罚。

📚 拓展案例

案例一："熊猫烧香"病毒案

17－4

一、基本案情

2006年10月，行为人李某编写了"熊猫烧香"病毒并在网上广泛传播，并且还以自己出售和由他人代卖的方式，在网络上将该病毒销售给120余人，非法获利10万余元。经病毒购买者进一步传播，该病毒的各种变种在网上大面积传播，对互联网用户计算机安全造成了严重破坏。李某还于2003年编写了"武汉男生"病毒，于2005年编写了"武汉男生2005"病毒及"QQ尾巴"病毒。此外，其他行为人通过改写、传播"熊猫烧香"等病毒，构建"僵尸网络"，通过盗窃各种游戏和 QQ 账号等方式非法牟利。法院认定被告人李某犯破坏计算机信息系统罪，判处有期徒刑 4 年；其他被告人也构成破坏计算机信息系统罪，判处相应刑罚。

二、法律问题

对故意制作、传播计算机病毒的行为如何处理？

三、重点提示

《刑法》第 286 条第 3 款将故意制作、传播计算机病毒等破坏性程序的行为规定为犯罪，规定："故意制作、传播计算机病毒等破坏性程序，影响计算机系统正常运行，后果严重的，依照第 1 款的规定处罚。"《危害计算机信息系统安全犯罪解释》第 5 条对"计算机病毒等破坏性程序"的具体范围作了规定，第 6 条对"后果严重""后果特别严重"的具体情形进行了明确。

根据《刑法》第 286 条第 3 款的规定，故意制作、传播计算机病毒等破坏性程序，影响计算机系统正常运行，是破坏计算机信息系统的一种情形。需要注意的是，故意制作、传播计算机病毒行为并非独立的提供工具犯。[1]《刑法》第 286 条第 3 款对制作、传播计算机病毒等破坏性程序作出了规定，但这一规定有别于《刑法》第 285 条第 3 款关于提供侵入、非法控制计算机信息系统程序、工具罪的规定，后者是独立的提供工具犯，对于提供侵入、非法控制计算机信息系统的程序、工具的行为可予以独立打击，而前者并非独立的工具犯罪，制作、销售计算机病毒等破坏性程序的行为是否构成犯罪取决于其是否"影响计算机系统正常运行"。故意制作、传播计算机病毒等破坏性程序是破坏计算机信息系统罪的一种行为方式，故意

---

〔1〕 从域外情况来看，不少立法将制作、传播计算机病毒的行为单独入罪。例如，我国台湾地区"刑法"第 362 条规定了"制作专供犯罪电脑程式罪"，规定"制作专供犯本章之罪之电脑程式，而供自己或他人犯本章之罪，致生损害于公众或他人者，处 5 年以下有期徒刑、拘役或科或并科 20 万元以下罚金。"该罪中所涉及的"电脑程式"既包括变更他人电脑或其相关设备之电磁记录的电脑程式（木马），也包括干扰他人电脑或相关设备的电脑程式（病毒）。

制作计算机病毒并销售，但病毒并未被植入计算机信息系统，不可能给计算机信息系统造成影响，不能依照破坏计算机信息系统罪定罪处罚。[1]因此，对于互联网上制作、销售计算机病毒等破坏性程序的行为无法像制作、提供专门用于非法控制计算机信息系统、非法获取数据的程序的行为那样进行独立打击，只有制作、提供的计算机病毒等破坏性程序最终被使用并产生影响计算机信息系统正常运行后果的行为，才能依据破坏计算机信息系统罪予以打击。

本案中，行为人李某等制作、传播"熊猫烧香"等病毒，若未造成影响计算机信息系统正常运行的后果，尚不构成破坏计算机信息系统罪。但在本案中，被告人李某等制作、传播的计算机病毒，特别是"熊猫烧香"病毒及其变种在互联网上通过多种方式大规模传播，并将感染的所有程序文件改成熊猫举着三根香的模样，同时该病毒还具有盗取用户游戏账号、QQ账号等功能。该病毒传播速度快，危害范围广，有上百万个人用户、网吧及企业局域网用户遭受感染和破坏，严重影响了众多计算机系统正常运行，后果严重，应当认定为破坏计算机信息系统罪。

案例二：李某甲犯制作、复制、出版、贩卖、传播淫秽物品牟利

17－5

一、基本案情

自2014年12月开始，被告人李某甲先后注册云盘账号后从其他QQ群下载淫

---

[1] 关于《刑法》第286条第3款规定的"制作、传播计算机病毒等破坏性程序"的具体行为方式，学界存在不同认识，有观点认为是制作、传播、制作并传播三种，也有观点认为是传播、制作并传播两种。参见皮勇："论我国刑法中的计算机病毒相关犯罪"，载《法学评论》2004年第2期。本书赞同第二种观点，对于单纯制作计算机病毒等破坏性程序而未传播的行为，由于不可能影响计算机系统正常运行，不能适用破坏计算机信息系统罪定罪处罚。

秽视频、图片，再向他人有偿提供云盘账号和密码的方式贩卖淫秽视频、图片。期间，李某甲将其 QQ 取名为"海量 AV 资源手机电脑随便"，将其 QQ 签名亦写成类似内容，通过加入别人 QQ 群的方式散布贩卖信息，并通过 QQ 与买家联系。2015 年 4 月 15 日，公安机关抓获李某甲，并查获作案工具苹果牌 Mini1iPad 一部及一个网络云盘的账号、密码。经鉴定，从被查获的云盘内获取的 1053 个疑似淫秽视频及 189 张疑似淫秽电子图片中，有 533 个视频文件及 120 张电子图片属于淫秽物品。经查，李某甲将该云盘贩卖给李某乙，获利 68 元。法院最终在法定刑以下判处被告人有期徒刑 2 年 3 个月，并报请最高人民法院核准。

二、法律问题

对利用网络云盘制作、复制、贩卖、传播淫秽电子信息的如何处理？

三、重点提示

近年来，随着网络技术的不断发展，特别是云技术的发展，网络云盘的应用越来越广泛。由于网络云盘存储、传输、共享信息较为方便，一些不法分子开始利用其传播淫秽电子信息。据统计，在全国"扫黄打非"办 2016 年挂牌督办的大要案件中，云盘类案件占比近 20%。[1] 由于网络云盘的存储空间大，此类案件的涉案淫秽电子信息往往数量巨大。

从实践来看，不排除个别案件中行为人违法所得数额高、传播人数多，[2] 但多数案件获利数额不大、传播人数不多。如套用《淫秽电子信息犯罪解释（一）》（法释〔2004〕11 号）、《最高人民法院、最高人民检察院关于办理利用互联网、移动通讯终端、声讯台制作、复制、出版、贩卖、传播淫秽电子信息刑事案件具体应用法律若干问题的解释（二）》（法释〔2010〕3 号，以下简称《淫秽电子信

---

〔1〕　参见张红兵、沈思宇："全国扫黄打非办挂牌督办 10 起云盘涉黄案件"，法制网，http://legalduilg aon. cn/judicial/content/2010－05/17/content_ 6630183. htm，访问时间：2017－12－2。

〔2〕　例如浙江绍兴"12·23"网络贩卖淫秽视频车利案。该团伙共有上、下线 100 余人，淘宝成交记录从几百单到几十万单不等，个别犯罪嫌疑人获利 30 多万元。公安机关抓获犯罪嫌疑人 17 名，查获存储淫秽视频的百度云、360 等云盘账号 200 余个，淫秽视频或漫画文件 10 万余个，涉案总金额达 100 余万元。参见张贺、袁晴："全国扫黄打非：破获多起通过云盘贩卖淫秽视频案"，载光明网：http://politics. gmw. cn/2017－02/24/content_ 23809541. htm，访问时间：2017－12－2。

息犯罪解释（二）》），的标准定罪量刑[1]，可能出现量刑畸重的结果，有违罪责刑相适应原则的要求。

近年来出现的利用云盘贩卖、传播淫秽电子信息案件，是一类新型的淫秽电子信息犯罪，是信息网络技术不断发展下的新类型犯罪。而《淫秽电子信息犯罪解释（一）》制定于2004年，当时难以预见利用此类技术传播淫秽电子信息的情形。因此，适用《淫秽电子信息犯罪解释（一）》相关规定定罪量刑，将利用云盘贩卖、传播的淫秽电子信息的数量与《淫秽电子信息犯罪解释（一）》规定的淫秽电子信息的数量等同起来，难免会出现量刑畸重的现象，有违罪责刑相适应原则的要求。而如果像前述案件那样适用《淫秽电子信息犯罪解释（一）》，但在法定刑以下判处刑罚，进而报最高人民法院核准，程序过于繁琐，也不可取。基于此，针对利用网络云盘制作、复制、贩卖、传播淫秽电子信息牟利案件的新情况、新特点，最高人民法院会同最高人民检察院，在公安部等有关部门的大力支持下，经深入调查研究、广泛征求意见，起草了《最高人民法院、最高人民检察院关于利用网络云盘制作、复制、贩卖、传播淫秽电子信息牟利行为定罪量刑问题的批复》（法释〔2017〕19号，以下简称《网络云盘批复》）。2017年8月28日最高人民法院审判委员会第1724次会议、2017年10月10日最高人民检察院第十二届检察委员会第70次会议审议通过了《网络云盘批复》，自2017年12月1日起施行。

根据《网络云盘批复》的规定，对于利用网络云盘制作、复制、贩卖、传播淫秽电子信息牟利行为的定罪量刑，应当综合考虑有关情节，做到罪责刑相适应。具体而言：

1. 利用网络云盘制作、复制、贩卖、传播淫秽电子信息牟利行为的入罪

---

[1] 利用互联网、移动通讯终端、声讯台制作、复制、出版、贩卖、传播淫秽电子信息刑事案件，较之传统的淫秽物品犯罪，传播范围更为广泛，社会危害性更大。因此，上述司法解释针对此类淫秽电子信息犯罪规定了单独的定罪量刑标准，较之一般淫秽物品犯罪，从严予以打击。例如，《淫秽电子信息犯罪法律解释（一）》明确以牟利为目的，利用互联网、移动通讯终端制作、复制、出版、贩卖、传播淫秽视频文件20个以上的即构成犯罪，100个以上的即应当在"3年以上10年以下有期徒刑，并处罚金"的幅度内量刑，500个以上的即应当在"10年以上有期徒刑或者无期徒刑，并处罚金或者没收财产"的幅度内量刑。《淫秽电子信息犯罪解释（二）》进一步规定利用互联网、移动通讯终端制作、复制、出版、贩卖、传播内容含有不满14周岁未成年人的淫秽电子信息的，定罪量刑标准减半计算。

标准。《网络云盘批复》规定，对于以牟利为目的，利用网络云盘制作、复制、贩卖、传播淫秽电子信息的行为，是否应当追究刑事责任，适用《刑法》和《淫秽电子信息犯罪解释（一）》《淫秽电子信息犯罪解释（二）》的有关规定。从实践来看，利用网络云盘制作、复制、贩卖、传播淫秽电子信息牟利案件所涉的淫秽视频往往数量较大（通常会远多于20个视频的入罪标准），故适用《淫秽电子信息犯罪解释（一）》《淫秽电子信息犯罪解释（二）》规定的入罪标准，并不存在问题。当然，对于此类案件，虽然达到《淫秽电子信息犯罪解释（一）》《淫秽电子信息犯罪解释（二）》规定的入罪标准，但根据具体情况属于犯罪情节轻微的，也可以不起诉或者免予刑事处罚。

2. 利用网络云盘制作、复制、贩卖、传播淫秽电子信息牟利行为的量刑标准。《网络云盘批复》规定："对于以牟利为目的，利用网络云盘制作、复制、贩卖、传播淫秽电子信息的行为，在追究刑事责任时，鉴于网络云盘的特点，不应单纯考虑制作、复制、贩卖、传播淫秽电子信息的数量，还应充分考虑传播范围、违法所得、行为人一贯表现以及淫秽电子信息、传播对象是否涉及未成年人等情节，综合评估社会危害性，恰当裁量刑罚，确保罪责刑相适应。"据此，对于利用网络云盘制作、复制、贩卖、传播淫秽电子信息牟利行为的量刑，基于网络云盘的特点，不应唯数量量刑、特别是升档量刑，而应综合考虑有关情节量刑，确保罪责刑相适应。主要考虑如下：

第一，《淫秽电子信息犯罪解释（一）》《淫秽电子信息犯罪解释（二）》制定之时，无法预见到利用网络云盘制作、复制、贩卖、传播淫秽电子信息的情形，将其量刑标准、特别是升档量刑标准直接适用于相关案件，存在不妥。

第二，从实践来看，由于网络云盘存储量大，利用网络云盘制作、复制、贩卖、传播淫秽电子信息的案件，涉案淫秽电子信息往往数量巨大，以淫秽视频为例，普遍在500个以上，甚至成千上万个。但由于网络云盘系相对封闭的网络空间，利用其制作、复制、贩卖、传播淫秽物品，往往传播范围、获利数额又不大。特别是，有的案件传播人数、违法所得极少（仅向一两人传播，获利仅数百元、甚至数十元）。如果适用《淫秽电子信息犯罪解释（一）》《淫秽电子信息犯罪解释（二）》的量刑标准，则对于此类案件应当在10年以上量刑，明显畸重。

第三，《网络云盘批复》明确规定，对利用网络云盘制作、复制、贩卖、传播淫秽电子信息牟利案件，量刑时，不应单纯考虑制作、复制、贩卖、传播淫秽电子信息的数量，还应充分考虑传播范围、违法所得、行为人一贯表现以及淫秽电子信息、传播对象是否涉及未成年人等情节，综合评估社会危害性，恰当裁量刑罚，确保罪责刑相适应。这为此类案件处理提供了量刑指引。根据规定，如行为人具有利用网络云盘传播淫秽电子信息范围广、获利多或者有前科等严重情节的，仍可判处重刑，不会导致轻纵犯罪。

案例三：赵某军等侵犯公民个人信息案

17－6

一、基本案情

2015年9月6日，有联公司注册成立，公司主营房产信息咨询服务、房屋产权抵押贷款代办服务等业务。被告人赵某军任公司总经理，负责公司总体业务；被告人曾某任公司业务总监，负责业务组管理。为提高公司业绩，赵某军通过购买、向熟人收受等途径，非法获取各类公民个人信息共计14万余条，其中涉及财产信息30 000余条。曾某通过购买、向熟人收受等途径，非法获取各类公民个人信息共计40 000余条，其中涉及财产信息10 000余条。

2015年初，赵某军因办理业务认识开州联通公司职工被告人李某，两人逐渐熟悉，后赵某军向李某索要其所在单位存储的客户信息，李某表示同意。2016年至2017年期间李某二次通过QQ邮箱，向赵某军发送自己工作中所获取各类公民个人信息共计18 000余条。

2016年下半年的一天，被告人曾某明知其同学被告人李某甲为开州联通公司职工，遂向李某甲索要所在单位存储的客户资料，李某甲表示同意。2016年10月31日，李某甲通过聊天实时对话窗口，向曾某发送公司系统中客户宽带信息共计 19 000 余条。

2017 年春节期间的一天，被告人曾某通过他人介绍，认识开州区"艾纹形象"美发店老板被告人龚某。曾某向龚某索要店内会员资料，龚某表示同意。后曾某在"艾纹形象"店中电脑内拷贝姓名、联系电话等会员资料共计8000 余条，另外还拷贝了其电脑中的楼盘信息等个人信息共计 8000 余条。

二、法律问题

对公民个人公开信息的案件如何处理？

三、重点提示

如何妥当把握"公民个人信息"的范围，直接影响到侵犯公民个人信息罪在司法实践中的正确适用。为统一司法适用，《最高人民法院、最高人民检察院关于办理侵犯公民个人信息刑事案件适用法律若干问题的解释》（以下简称《解释》）第 1 条，明确规定："刑法第 253 条之一规定的'公民个人信息'，是指以电子或者其他方式记录的能够单独或者与其他信息结合识别特定自然人身份或者反映特定自然人活动情况的各种信息，包括姓名、身份证件号码、通信通讯联系方式、住址、账号密码、财产状况、行踪轨迹等。"然而，由于相关行政法律法规对"公民个人信息"的内涵和外延缺乏进一步的详细规定，当前审判实践中对于"公民个人信息"认定仍然存在争议，集中表现为公民个人信息的主体是否限于中国公民、公民个人信息是否包括公开信息、公民个人信息的关联程度如何判定等三个方面的问题。赵某军等侵犯公民个人信息案，就涉及公民个人信息的范围问题，即公开的工商企业登记信息是否是公民个人信息系本案审理的实质争议所在。

概览域外数据信息法律保护模式，美国主要采取隐私权保护模式，以隐私权为基础，通过大量判例逐步构建起了一套保护制度。而欧盟关于数据信息的保护，则是从法律上将数据信息视为人格权的延伸。[1]但是，"国际社会对个人信息的保护目的远超隐私利益，是在全面的个人基本权利意义上设计

---

〔1〕 参见来小鹏："数据信息法律保护模式思考"，载《中国审判》2017 年第 3 期。

个人数据保护规则的"。[1]对于"个人隐私"的范围本身存在不同认识，但通常认为，个人信息与个人隐私之间虽有交叉但亦有区别。《解释》第1条没有采用"涉及个人隐私信息"的表述，而是表述为"反映特定自然人活动情况的各种信息"。因此，公民个人信息不要求具有个人隐私的特征。即便相关信息已经公开，也不属于个人隐私的范畴，但仍有可能成为"公民个人信息"。然而，相关公民个人信息既然已经公开，获取行为无疑是合法的，但后续出售、提供的行为是否合法，是否可能构成侵犯公民个人信息罪，则在司法实践中存在争议。本书主张不应一概而论，宜区分情况作出处理：

第一，对于权利人自愿公开、甚至主动公开的公民个人信息，行为人获取相关信息后出售、提供的行为，目前不宜以侵犯公民个人信息罪论处。主要考虑如下：①关于公民个人信息的权利属性，存在不同看法。但一般认为，公民个人信息一定程度上是从隐私权中分离出来的权利。特别是在我国，以往对公民个人信息的界定直接采用了"涉及个人隐私"的表述。[2]因此，侵犯公民个人信息罪所保护法益的重要方面应当为隐私和生活安宁。由于行为人自愿公开、甚至主动公开相关个人信息，将其获取后并出售或者提供的行为，通常不会对权利人的隐私和生活安宁造成侵犯，不宜适用侵犯公民个人信息罪。特别是，有些情形下行为人希望相关信息传播，如涉及公民个人信息的广告信息，将其认定为犯罪明显违背一般人的认知。②根据《刑法》第253条之一的规定，向他人出售或者提供公民个人信息构成侵犯公民个人信息罪，须以"违反国家有关规定"为前提。为稳妥起见，对于相关情形追究刑事责任，应当进一步审查出售、提供行为是否违反法律、行政法规、部门规章的禁止性规定。[3]对于权利人自愿公开、甚至主动公开的公民个人信息，经整理后（未形成新的信息内容）向他人提供的行为，是否可以推定被收集

---

[1] 参见高富平："法律应如何保护个人信息"，载《中国审判》2017年第3期。实际上，从世界范围来看，对于个人信息的保护，已经逐渐过渡到将个人信息作为独立的权利加以保护。

[2] 《全国人民代表大会常务委员会关于加强网络信息保护的决定》第1条第1款明确规定："国家保护能够识别公民个人身份和涉及公民个人隐私的电子信息。"《最高人民法院、最高人民检察院、公安部关于依法惩处侵害公民个人信息犯罪活动的通知》（公通字〔2013〕12号）也明确规定"公民个人信息"包括"能够识别公民个人身份或者涉及公民个人隐私的信息、数据资料"。

[3] 根据《解释》第3条第2款的规定，未经被收集者同意将合法收集的公民个人信息向他人提供的，属于"提供公民个人信息"，但此种情形是否构成侵犯公民个人信息罪，还需要进一步判断是否"违反国家有关规定"。

者存在概括同意，从而无须就出售或者提供行为再次获得被收集者同意，实践中存在不同认识。本书认为，关于公开公民个人信息获取后出售或者提供的行为，是否需要权利人"二次授权"，目前我国相应的法律法规和部门规章缺乏明确规定。在此背景下，除相关权利人明确要求或者推定要求"二次授权"的外，宜认为存在概括同意，不宜对收集后出售或者提供的行为要求"二次授权"，也就不应认为行为人出售或者提供公民个人信息的行为系"违反国家有关规定"。③当前，我国侵犯公民个人信息违法犯罪泛滥，公民个人信息保护水平整体不高。在此背景下，对侵犯公民个人信息罪的适用应当主要以涉侵犯未公开的公民个人信息案件为重点，切实加大对公民个人信息的保护水平。否则，由于涉出售或者提供公开公民个人信息的案件侦办难度相对较小，公安机关可能以此类案件为打击重点，反而会造成对未公开的公民个人信息刑事保护的不力，长此以往，可能会偏离侵犯公民个人信息罪的立法旨趣和修法精神。

第二，对于行为人非自愿公开或者非主动公开的公民个人信息，行为人获取相关信息后出售、提供的行为，可以根据情况以侵犯公民个人信息罪论处。实践中，有些公开信息并非权利人自愿公开，如个人信息被他人通过信息网络或者其他途径发布；有些信息并非权利人主动公开，如有关部门为救济、救助或者奖励而公示的公民个人信息；有些信息的扩散并非权利人的意愿，如权利人发现个人信息被收集后主动要求行为人删除。上述情形中，获取相关信息的行为可以认定为合法，但后续的出售或者提供行为明显违背了权利人意愿，对其个人隐私和生活安宁造成侵犯，对其中情节严重的行为完全可以适用侵犯公民个人信息罪予以惩治。

就赵某军等侵犯公民个人信息案而言，法院认为，公开的个人信息也可以成为侵犯公民个人信息罪的行为对象。本案中，部分工商企业信息中包含有法定代表人姓名、联系电话等内容，该部分信息可以在"国家企业信用信息公示系统"中查询，确实已不具有私密性，但是，上述信息相结合完全能够识别到特定自然人，属于公民个人信息。而国家企业信用信息公示系统通过合法渠道收集工商企业信息并进行网络公开，但其设立目的是方便民众查询以确认企业信息是否真实有效。可见，权利人同意的内容应该仅限于在该系统公开，而不包括同意其他人收集其信息并提供给他人。因此，行为人可以通过国家企业信用信息公示系统来查询收集相关信息供自己使用，但如果被告人未征得被收集者同意，在未进行匿名处理的情况下提供给他人的，应当认定为非法提供公民个人信息。据此，法院以侵犯公民个人信息罪对被告人赵某军等判处相应刑罚。从个案处理的角度而言，上述论理较为充分细致，但鉴于此类案件具有相当普遍性，未来的公民个人信息保护法和相关法律法规宜对公民个人公开信息的问题作出明确规定，以便相关案件的处理。

拓展资料

17 - 7